国家社科基金
GUOJIA SHEKE JIJIN HOUQI ZIZHU XIANGMU
后期资助项目

发现医病纠纷

民国医讼凸显的社会文化史研究

Discovering the Doctor-Patient Disputes:
A Study of Cultural History on the Medical Litigation
in the Republic of China

马金生 / 著

社会科学文献出版社
SOCIAL SCIENCES ACADEMIC PRESS (CHINA)

国家社科基金后期资助项目
出版说明

后期资助项目是国家社科基金设立的一类重要项目，旨在鼓励广大社科研究者潜心治学，支持基础研究多出优秀成果。它是经过严格评审，从接近完成的科研成果中遴选立项的。为扩大后期资助项目的影响，更好地推动学术发展，促进成果转化，全国哲学社会科学规划办公室按照"统一设计、统一标识、统一版式、形成系列"的总体要求，组织出版国家社科基金后期资助项目成果。

全国哲学社会科学规划办公室

内容提要

20 世纪三四十年代，医病纠纷在近代中国社会开始引起人们的广泛关注和讨论。这一在中国传统社会一直未成为社会问题的"问题"，何以在近代社会成为一个公共问题，这本身便充满了趣味。

从历史发展来看，明清时期的医病关系即已趋于紧张，但医病纠纷却相对沉寂。其原因与当时的医疗文化、人们的生命观念以及缺乏公共话语空间息息相关。此外，相对封闭、传统的人情伦理社会，也使许多纠纷在小范围内即能够得到解决。不过，这些制约医病纠纷凸显的传统因素，在近代社会的转型中，却一一发生了深刻变化。

民国建立之后，国家开始介入医疗卫生事务。其中重要的一个方面，便是有组织地考试医生和取缔非法行医。在南京国民政府统治后期，全国卫生行政体系初步确立，相关活动给现实中的医病关系带来了深刻影响。随着南京国民政府时期司法改革的进行，现代医讼的生成具备了制度空间与法律资源。特别是"业务过失"等法律条款的颁布，成为医讼形成的直接原因。医生、病人、律师、检察官以及法官等群体，围绕相关条款的解读而产生的认知差异，更加使医讼的解决一波三折，充满变数。

此外，随着西医的在华传播，一种迥异于传统的现代医疗模式被广泛推行。在此过程中，医病双方的相互磨合对医讼的频发也影响颇深。在科学主义话语的影响下，西医及其团体在医讼中格外强势，致使西医讼案往往一讼再讼、不易息结。同是在中西文化激烈碰撞的背景下，中医也不时介入或被卷入西医讼案之中，使得西医讼案更加扑朔迷离。

民国时期繁荣发展的新闻媒体对医讼案件表现出极大兴趣，报道往往单方面塑造病家悲惨无助的媒体形象，衬托医家的冷漠无情与不负责任。医病形象的这一媒体建构与再现，使得现实中的医病关系愈形微妙。

面对医讼案件的频繁发生，中、西医界为保障自身合法权益，纷纷谋求因应之道与病家、社会和国家相周旋。其应对医讼的不同方式，折射出二者在整个近代中国不同的历史际遇。

总之，民国时期医病纠纷的凸显，恰恰是特定历史时期一系列社会文化因素交织并存、共同作用的时代产物，深刻地反映了国人传统的生命、法制观念向近代转型的历史轨迹。现代国家的建构与医讼案件的兴起、本土传统与西方文化的紧张、城乡空间与人际关系的嬗递等一系列关乎"传统"与"现代"的议题，无不可由此进行有益的探索与尝试。

序 一

信者为医？药开多了是过度医疗，开少了是水平不行。

待患如亲？给治好了是"涌泉相报"，治不好是"拔刀相向"。

贪生怕死莫入此门，升官发财请走它路。横批：不要学医。

当今中国社会干扰医疗秩序和伤害医生的"医闹"和"医暴"事件的频发，不仅激起了医病双方尤其是医生群体的集体焦虑，也又一次为往往以戏谑和调侃来缓解焦虑的民间智慧找到了出口，以上所录的就是诸多"段子"中随便摘录的两则。面对这一颇为严重的社会问题，一些媒体也纷纷给予了"深度关注"。比如《南方周末》在一篇题为《中国医疗暴力史》的文章中，对当前医暴事件频发、医疗纠纷日渐严重等现象及其根源做了深度报道，该文虽然名之为暴力史，但实际谈的基本都是当前的社会问题，不过在开头还是通过历史的对比展现了该问题在当下的严重性。

历史上，医生社会地位颇高，《文正公愿为良医》中有"不为良相，当为良医"一说。上世纪80年代，医患关系亦相当和睦。权威调查显示，1991年，全国百家大医院共发生医患纠纷232件，1998年上升至1400件，而2003年仅北京就有5000件。[①]

文中关于历史上医生的社会地位的判断，不过是作者随意的想象，并不符合基本的专业认知，不过见诸记载的医疗纠纷不断增多，则应是不争的事实。立足现实，对于这一社会问题的根源，我们固然可以给出国家和社会医疗投入不足、整个社会缺乏基本的信任感和整体社会矛盾较深等一系列相对深刻的解释，但就像《中国医疗暴力史》一文所提示的，医患纠

---

① 刘俊、刘悠祥：《中国医疗暴力史》，《南方周末》2013年11月7日。

纷和医疗暴力是有历史的。既然它是一个由来已久的历史问题，若缺乏历史观照，相关的分析自然也就难以完善。上述文章虽然还缺乏历史的深度，但多少也展现出希望从历史的维度来认识该问题的意愿。这样的意愿，相信可能是很多关注并有意探究社会问题的媒体人或研究者都有的，但往往囿于可资参考的文献有限或过于专业而浅尝辄止。

出现这样的遗憾，至少不无历史学提供的专业知识不足方面的责任，这无疑值得专业历史研究者省思。在相当长一段时间内，疾病医疗问题并不在现代历史学关注的范围之内。20世纪末以来，虽然史学界的中国医疗史取得了长足的进展，但整体上的薄弱仍显而易见。尽管如此，现有的研究也已颇具说服力地向学界展示了这一研究的价值与活力。诚然，历史研究自有其内在规范和价值，决不能秉持完全实用主义的态度，但也肯定不可能只是为个人发思古之幽情，关注现实和回应时代的关切与需求，毫无疑问，乃是历史学和每一个历史研究者不可回避的责任。面对医患纠纷日益严重这一社会问题，历史学理应做出自己的回应。

在这样的情势下，马金生博士推出他思考和钻研多年的力作《发现医病纠纷：民国医讼凸显的社会文化史研究》，可谓恰逢其时。该著的出版，不仅向世人呈现了一份真正从历史的维度对现实医病纠纷做出阐释的良好答卷，而且必将为那些希望从历史、社会和医学等多方面来综合思考这一问题的研究者和媒体人提供可资参考的重要资源。它的价值，我相信一定会溢出历史学本身，成为一项具有重要现实意义的研究成果。

当然，这样说，绝不是说这一著作在学术性和学术贡献上无甚可表。实际上，我认为该著是目前中国医疗史领域一部非常值得称道的力作。通读全稿，其优长和价值至少有以下几个方面。

首先，作者拥有良好的学术训练和宏阔的学术视野，探究民国的医患纠纷，并没有将眼光仅仅局限于近代甚或民国，而是能将这一现象置于中国近世历史发展的脉络中来加以认识和理解，专章探讨明清时期的医病纠纷情况，并对相关历史现象做了合情合理的解说，从而大大增强了该书的历史纵深感。同时，在横向方面，也没有就中国论中国，而尽可能地将其研究置于国际学术发展的脉络中来展开，将现代世界医疗模式的转变纳入到对民国时期医讼凸显的思考中。不仅如此，作者还能从制度史、医疗卫生史和法制史等多个角度来对民国时期医患纠纷做出探讨。

其次，该著是一部将其研究建立在已有研究基础上并扎实推进已有研究之作。该著无疑可以归入中国医疗社会文化史研究之列，对于国内该研究的兴起和发展的学术脉络，作者有相当全面和系统的了解和把握，并对其他领域，比如法制史的相关研究，也有很好的掌握，这使得该研究能够坚实地建立在已有研究的基础上并进一步展开。对于目前一些非常重要的相关研究，比如龙伟《民国医事纠纷研究（1927～1949）》，作者也有很好的概括，并能对其不足之处做出实事求是的批评。在此基础上，通过较为扎实细致的资料搜集和爬梳，对近代医病纠纷由沉寂到凸显的历史脉络及其成因做了颇有说服力的论说，提出民国时期医讼案件的凸显，并不像前人研究所指出的是民国司法体系不成熟所致，而恰恰是现代司法制度的出现以及司法资源的增加，促成了医讼案件的大幅增加。

最后，该著借由作者良好的历史感和研究能力，对民国期间医讼案件大量增加这一历史现象做出了具有创新性和说服力的阐释，作者没有简单地据此认为其反映了当时医患关系的恶化，而是从社会文化史的角度，将其放在近代以来社会文化变迁的背景中综合地加以探究，通过从法制建设、医疗卫生制度演变和公共传媒的发展等方面的考察，较为全面地展现了这一现象背后的社会文化意涵和权力关系。从中，我们可以较为清晰地体会到，医生与病人的矛盾冲突是一种天然的存在，是任何存在医疗行为的社会中都不可避免的，但其表现方式、激烈程度则受社会文化和医疗模式等诸多因素影响而多有不同。民国时期所谓医讼的凸显，既有医病关系冲突的社会现实因素，也不乏媒体助推等文化建构的成分，同时还是医生与病人、中医与西医、司法机构与律师以及国家与社会等诸多权力利益博弈的结果。

这样一些建立在较为坚实的史料基础上的论述，相信无论对于我们观察历史的演进还是认识现实的医病纠纷都会大有裨益。金生博士这一成果是在他博士论文的基础上修改而成，不过相较于博士论文，显然已扎实深入很多，修改增加的篇幅当在一半以上。最近这些年，金生不时有相关论文刊发于国内重要刊物上，现在又有力作问世，可谓成果丰硕。他的这些成绩，即使作为历史学领域专业的研究者，大概也已值得称道了，但实际上，他并非供职于高校和历史方面的研究机构，这些成果几乎都是他利用业余时间完成的，着实令人惊叹！不过以我对金生十多年的了解，对此并不感到意外。从大学期间授课和担任其学年论文的指导教师开始，我就对他的踏实、勤奋和执着有了深刻的印象，认为他是一位有追求、肯干事的有志青年，假以时日，必当有很好的成绩。大学毕业后，他离开南开前往北京求学、任职，但我们仍保持着交往，对他学术上的追求和发展也一直有比较全面的了解。后来的交往，更加深了我当初的印象。该著的出版，我想只是金生阶段性的成果，相信未来一定会有更多成果和成绩贡献于学林和社会。

国内的医疗史研究，经过十多年的发展，已到了由"新"所带来的红利日渐消退的瓶颈期，如果这时我们不能不断贡献出能引起学界和社会关注的力作，其未来的发展必然会后继乏力。现在，金生积十余年之功而完成的力作的问世，对于中国医疗史研究来说，无疑是个利好。学术的生命力在于创新，作为"新史学"一分子的医疗史，理应在引入新理念、实践新方法、探究新问题和展现新气象等方面扮演起先行者的角色，担负起更大的责任，唯有如此，才能推动这一研究的持续发展，才能使这一研究更好地嘉惠学林和社会。显而易见，着眼于医疗史未来的发展，我们决不能满足于现有的成绩、研究模式和方法，而必须勇于追求超越自我，不断真正地展现这一研究的新意。我谨以此期许于自己，也更期许于金生等更年轻的学界同仁。

是为序。

余新忠

2016 年 8 月 23 日于津门寓所

序 二

马金生博士《发现医病纠纷：民国医讼凸显的社会文化史研究》一书，是目前学术界关于民国时期医患矛盾、纠纷、讼争问题的历史研究专著，也是民国社会史研究领域专门问题的鼎力之作。这部著作记录着作者从一个普通的历史学科班学生，经十五六年刻苦求学，不懈努力，成长为一名出色的历史学青年学者的不平凡道路；蕴含着作者在学术探索道路上卧薪尝胆，不断攀登，积多年研究而成思想结晶的心血。

本书作者将论述重点设定在民国时代，而研究视线的触角则几乎穿越了四个世纪，即上溯至16世纪初的明代中后期，下限截至20世纪前半叶的1949年。为了深入考察历史实际，作者不惜气力，几乎遍读关于这个问题的重要研究资料，尽可能消化并吸收前贤时哲的全部研究成果，从长时段进行大跨度观察，勾勒出医讼现象的历史变化曲线，全面把握问题发展脉络，准确侦知问题变化关键，做出了合乎历史实际的科学解释。作者之所以能够取得这一研究成果，首先得益于对历史研究基本功的刻苦训练与掌握，对该课题相关档案、文献资料的长期浸润、全面搜集；与此同时，得益于对史学理论的高度重视，具有理论思维的长期训练与良好基础。因为在以历史遗存为中介，以整体性、复杂性、综合性为特质，以历史考证、历史编纂和历史解释为重心的历史研究全程中，理论思维具有不可替代的主导地位。

作者以医讼现象为核心，重点考察了民国时期社会、政治、法律、科学尤其是医学、文化传统与习俗等领域的情形及其与医讼问题的关系，探知医病纠纷的历史过程，寻求医病纠纷现象产生的历史背景，寻求在这一现象背后所蕴含着的社会文化变迁信息与契机，从而认识变迁信息、历史契机对于理解当前医病关系的重要价值与意义。

本书作者持续多年沉浸于浩如烟海的档案、文献资料，深知历史研究这一学术活动中，第一戒律是"史无不征""无征不信"。作者的探索与发现，就是建立在翔实的史料基础之上的。当然，历史研究如果轻视理论，走纯粹自然主义路线，只要排列史料，剪裁史料，就可以取代艰深的学术探索，必将见识肤浅，难以得出科学结论。因此，历史研究必须高度重视理论思维，积极抽绎历史本体论、认识论、价值论范畴，运用历史实证、比较、逻辑、解释与跨学科研究方法，以验证史学成果的客观真实，重建历史轨迹的运行系统，阐释历史演化的机制规律，发现历史世界的智慧真理。

在书稿的内容上，本书作者在对明清和民国时期医病纠纷、医讼问题大量历史资料的综合与分析后，认为明清时期医病纠纷"沉寂"的关键原因，在于医家的传统施诊策略、病家的求诊行为、官方的相关态度以及传统社会特质等因素彼此交互作用。之后，由于这些社会文化因素在现代社会转型过程中逐一发生变化，导致了民国时期医病纠纷升级成为一个社会公共问题。民国时期，现代医学的理念、诊治手段、现代城市社会的发展以及国家的制度建设，无不发生了相当程度的变化，深刻影响了民国时期的医病关系，促使医讼案件凸显。民国时期的医讼现象如同一面镜子，映现了中国传统社会的现代转型与变化，以及这种变化给现实医病关系带来的冲击与诸多影响。作者建议，从近现代以来在城市中所发生过的现代制度建设及其对人们的日常生活的影响中去寻找医讼原因，或可逼近这一问题的核心与实质。相关认识的提出，既平实公允，也启人深思。

本书作者的一个基本结论，就是民国时期医病纠纷问题为探讨中国社会从传统向现代转型与演进，提供了非常好的素材。审视当今医病关系的社会，谋求医病关系的改善，必须将视野扩展到更为广阔的背景，这对于构建和谐医病关系以及建设"健康中国"的当下来说，具有极为重要的社会意义与时代价值。

读罢全书，我认为，马金生博士的这部学术论著，有着多方面的价值。第一，就学术价值而言，全书是在长期学习与思考中，发现问题，通过丰富的档案文献资料，对问题进行历史梳理，吸收现有研究成果进行综合思考，最后做出令人信服的历史重建与历史解释。第二，就现实价值而言，全书为当今异常激烈的医患纠纷提供了一幅全景式的历史图像，避免人们对于错综复杂的医患矛盾产生简单、机械甚至错误的认识。第三，就决策价值而言，全书提供了十分有益的历史信息，对医患纠纷历史文化生态环境进行了有效的跨学科分析，为国家和政府妥善解决医患纠纷，出台一系列科学合理的方针、政策、法律、法规，提供了科学决策基础和智力支撑。

一部学术论著能具有以上这么多的价值，自然难能可贵，也是令人欣喜的。当然，全书也还存在一些没有完全解决、仍然需要继续深思的问题。例如：中国与西方契约社会的比较，就是一个有难度的课题。正是因为中西社会契约形态、契约内涵的区别，才使大量医患纠纷升级成医讼矛盾，也使这类矛盾显得如此尖锐，乃至不可调和。还有，行医者的资格以及医疗事故等的科学评估标准、评估机构以及相关法律问题等，也需要做进一步的资料统计、比较等工作。

总之，作者集中力量深入探讨的医讼问题，是考察一个国家文明状况的检测指标，是折射一个社会发展面貌的历史缩影，是衡量一个时代科学水平的影响因子，也是评价一个民族实际生活指数的量化依据。在历史长河中，医讼问题不算是多么宏观或者特别重大的问题，但是这一问题的研究，以及研究成果的现代科学转换，关系千家万户，关系社会和谐与时代进步，也考验着政府治国理政的能力和智力，容不得丝毫懈怠。在本书付梓之后，我们也期待马金生博士以及海内外更多的年轻学者，以"为天地立心，为生民立命，为往圣继绝学，为万世开太平"的学术精神和责任意识，投身到这类研究之中，再接再厉，做出新的探索、新的贡献。

是为序。

徐兆仁（中国人民大学历史系教授）

2016 年 7 月 18 日

目 录

绪　论

一　问题的提出

作为一门跨学科的史学研究分支，医疗社会史通过对医学领域内相关议题的精心选择和深入研究，希冀重新呈现并更好诠释长期以来为人们所遮蔽或忽视的重要历史面相。① 这一研究在兴起之初即彰显对身体和生命高度观照的取向，因此具有浓厚的人文主义色彩。② 伴随着近年来大陆医疗社会史研究的发展，许多未曾被传统史家过多留意的议题，渐次进入当代史学研究者的视野。③ 历史上的疾病、医疗、卫生、医病关系等议题，都在近些年成为研究的热点。其中，学界对历史上医病关系的关注，一方面与医疗社会史研究的内在发展理路直接相关，"伴随着上个世纪七八十年代以来文化转向的出现，传统以技术和医家为中心的传统医学史研究开始受到越来越多的批评，医学史的研究开始越来越关注疾病体验、身体感觉、医患关系以及非精英医疗者等，越来越以意义为中心"；④ 另一方面也与有关学者强烈的社会现实观照密不可分。中国当

---

① 参见余新忠《中国疾病、医疗史探索的过去、现实与可能》，《历史研究》2003 年第 4 期。

② 关于医疗社会史研究所具有的强烈的人文主义关怀，可参考杜正胜《医疗、社会与文化——另类医疗史的思考》，《新史学》第 8 卷第 4 期，1997 年 12 月；余新忠《关注生命——海峡两岸兴起疾病医疗社会史研究》，《中国社会经济史研究》2001 年第 3 期；等等。

③ 关于医疗社会史研究的现状及其未来前景，可参阅余新忠《中国疾病、医疗史探索的过去、现实与可能》，《历史研究》2003 年第 4 期；《当今中国医疗史研究的问题与前景》，《历史研究》2015 年第 2 期。

④ 关于当代西方医疗社会史研究的文化史转向的具体讨论，参见余新忠《导言——新世纪中国医疗社会文化史刍议》，载余新忠、杜丽红主编《医疗、社会与文化读本》，北京大学出版社，2013，第 V 页；另见余新忠《回到人间　聚焦健康——新世纪中国医疗史研究刍议》，《历史教学》2012 年第 11 期。

下高度紧张的医病关系，特别是医病纠纷时有发生，已然成为一大社会问题。① 正是在这种大的研究理路的转型以及社会现实观照的共同推动下，中国的医病关系史研究得以渐次展开。

由于中国医疗社会史研究尚处于起步阶段，远未形成相对成熟的研究范式，② 因此，如何从史学的视角对历史上的医病纠纷进行观照与解读，从而为理解或改善现实中的医病关系提供历史镜鉴，便需要史学研究者的积极思索与认真探讨。如前所述，综合国内外的研究情形来看，医疗社会史研究的社会文化史取向显然应该着力秉持并继续实践。③ 从本质上来讲，这一学术要求也是与医病关系的社会文化性格分不开的。④

1970 年代以来，伴随着对医师权威以及传统医史编撰模式的深刻反思，特别是深受"视角向下"史学思潮影响的社会史家的加入，西方的医学史研究呈现出一种崭新的面貌。相关研究不再仅仅聚焦于医家或医家群体，而是开始将关注点"放在患者一方"，"为医学史引入了许多新的维

---

① 比如，在 2008 年 2 月由《中国青年报》和"丁香园网"联合组织的一次调查中，有60% 的医生表示曾经"经历或看到同事被打"。高度紧张的医病关系，使医生对"职业环境充满了焦虑和不满"，并进而严重影响了"医生的职业感受和预期"（参见董伟等《本报和丁香园网联合调查表明　六成医生曾经历或看到同事被打》，《中国青年报》2008 年 2 月 25 日）。特别是近几年来，越来越多的医院被患者打砸，更有医生被残忍伤害的事例不断发生，且其数量在逐年增加。相关事例在媒体的报道下持续发酵，刺激着每一个人的神经。本应有着高收入和崇高社会地位的医生，已经成为一种高风险的职业。

② 医疗社会史的兴起，对于晚近的中国史学界来说，显然是吹进了一股新风。但是，相对于中国史学研究的主流来说，医疗社会史的研究尚处于边缘的地位。当如何提炼能与主流史学相得益彰的议题并形成自身相对成熟的研究范式，对于现阶段的医疗社会史学者来说，依然是不小的挑战。相关代表性论述，可参见梁其姿《为中国医疗史研究请命（代序）》，载氏著《面对疾病：传统中国社会的医疗观念与组织》，中国人民大学出版社，2012，第 13 页；余新忠《当今中国医疗史研究的问题与前景》，《历史研究》2015年第 2 期。

③ 对于"社会文化史"的概念，目前国内学界的认识还不尽一致。在此，我更倾向于余新忠教授提出的"将社会文化史视为新文化史在国内学术背景中的新称呼"的观点。在相关讨论中，余新忠对医疗社会文化史的研究取向也充满了希望和期许。参见余新忠《导言——新世纪中国医疗社会文化史刍议》，载余新忠、杜丽红主编《医疗、社会与文化读本》，第 X～XII 页。

④ 对于医病关系的本质属性，目前学界依然聚讼纷纭。不同学科出身的学者，分别从各自学科角度出发，对医病关系的本质属性进行了讨论。如学者认为医患关系本质上是一种法律关系，有的认为则是一种技术关系，还有学者认为是一种社会关系。相关论述参见印石《医患关系具有多种属性——一论医患关系》，《卫生经济研究》2003 年第 1 期；黄丁全《医事法新论》，法律出版社，2013，第 124～140 页；等等。

度"。可以说，正是"病人"与"病人角色"的发现，开启了当代西方医病关系史的研究。① 在此后的二三十年间，相关研究的不断深入开展，使得人们对医病关系的社会文化性格有了越来越清晰的认知。

西方医病关系史研究的重要开拓者、美国著名医史学家亨利·西格里斯（Henry E. Sigerist）曾经指出："每一个医学行动始终涉及两类当事人：医生和病人，或者更广泛地说，医学团体和社会，医学无非是这两群人之间多方面的关系。"② 亨利·西格里斯在这里谈的是医学，其实也是在谈医病关系。医生和病人的关系，显然构成了医病关系的核心内容。从历史发展来看，正是"医生"和"病人"这两个概念及其内容的丰富性与变动不居，很大程度上影响甚至决定着特定时期医病关系的发展面相。

当今对"医生"的定义，在很大程度上是以现代职业标准界定的。③如果以现代的标准去衡量历史上的"医家"的话，显然会遗漏掉很多内容。从医学的发展史看，无论是在东方还是西方，从最初的与宗教（或准宗教）相关度极高的"治疗者"，到伴随着科学的发展引起的医与巫相分离，再到现代社会医家成为一种正式职业，不同历史时期医家的构成、演变及其在社会中的地位，本身便是一个内容驳杂的历史过程，在相当程度上直接影响着医病关系的内涵和实质。在话语上掌控主导权的正统医家姑且不论，即以民间医学为例，约翰·伯纳姆（John Burnham）曾无限感慨地写道："千百年来，有多少种人就有多少种民间医学，民间医学的根源来自家庭传统和社群传统、神秘主义和各式的迷信。"④ 换句话说，在正统医家之外，与民间医学相对应的，还有着执业样态多元、规模庞大的民间医生群体。现有研究表明，正是后者在民间社会有着更为活跃的医疗市场，同大众的生活存有紧密的联系。⑤ 由此可见，将历史上的"医家"称

---

① 〔美〕约翰·伯纳姆：《什么是医学史》，颜宜葳译，北京大学出版社，2010，第4～5页。

② 〔美〕H. P. 恰范特、蔡勇美、刘宗秀、阮芳斌：《医学社会学》，上海人民出版社，1987，第67页。

③ 关于"现代职业"的构成，一般包括有系统的高等专业知识、严格的准入制度、有着同业间的伦理道德规范等多重标准，相关论述可参见徐小群《民国时期的国家与社会：自由职业团体在上海的兴起（1912～1937）》，新星出版社，2007，第9～10页。

④ 〔美〕约翰·伯纳姆：《什么是医学史》，第23页。

⑤ 有关西方的案例，参见〔美〕约翰·伯纳姆《什么是医学史》，第23～27页；有关中国的案例，参见涂丰恩《救命：明清中国的医生与病人》，三民书局，2012，第66～80页。

为"治疗者"，或许更为恰当。显然，这个称谓的内容是相当多元且变动不居的。

同样，历史上的病人，所能够赋予医病关系的内容亦有许多。研究表明，即使在同一时代，因病人的社会背景、性别和种族的不同，医病关系所体现的特征便有很大的文化差异。① 以病人所罹患的疾病属性或者种类为例，研究发现，在急性疾病情境中的医病关系，医生更有决定权与掌控力。然而，伴随着现代社会和科技的发展，当急性病的重要性日渐变小，诸如高血压、糖尿病等慢性疾病开始成为人们的主要疾病时，病人在与医生的交往中却开始表现得越来越趋于主动。如果再加细分，罹患不同种类疾病的患者（如一般大众性疾病患者与患有性病等隐私性较强的疾病患者），在社会文化观念的影响下，其与医家互动中所表现出的特征又有所不同。②

可见，历史上医生群体的庞杂与变动不居，同病人群体的不特定性，共同建构了不同时期的医病关系。诚如亨利·西格里斯所说，如果医学指的是医生与病人两个群体多方面的关系的话，那么，将历史上的医家群体与不同社会属性、疾病种类的病人交相对应，相互"集合"而成的医病关系，显然是形式多样、多姿多彩的。

医生和病人群体的互动，构成了医病关系的主要内容。不过，医病关系的发展，却并非仅是医生和病人两个群体之间相互推动的。在这两个群体之外，第三方外在因素的影响至关重要。研究表明，医疗模式的变化、国家政策的改变以及科学技术的发展等，都可能会对医病关系的发展带来重要影响。以医疗模式的转化和医学知识的生产为例，英国医学社会学家尼古拉斯·朱森（Nicholas Jewson）的研究表明，18～19世纪的西方医学先后经历了"临床医学"、"医院医学"和"实验室医学"三种医学知识生产模式。伴随着这三种模式的变迁，医家关注的焦点渐从病人的身心状况转移到了病人的躯体、器官，直至更为微小的细胞组织。当以"人"为导向的医学宇宙观到了19世纪转向了以"物"为导向的宇宙观后，病人从医家的"医学宇宙观"中消失了，病人完全屈服

① 〔美〕威廉·考克汉姆：《医学社会学》，高永平、杨渤彦译，中国人民大学出版社，2012，第130～131、134页。

② 〔美〕约翰·伯纳姆：《什么是医学史》，第49、68～69页。

于医生的权威之下。① 这一变化，对传统的医病关系构成了根本性的颠覆。以医疗技术为例，西方的医史学家发现，当 1846 年外科手术引入麻醉术后，医生和病人的互动越来越"脱离了病人的控制"。② 当今社会，伴随着科学技术的迅猛发展，科技对医病关系的影响越来越大。特别是计算机科学的广泛应用，不仅可以使病人在网络上即时获得疾病信息，并通过电子邮件的方式咨询医生，甚至可以与医生一起共同探讨诊疗方案。这一对科学技术高度依赖的医学形式，正在使医病关系发生变化。③ 在对当代医病关系的发展与演变进行一番考察后，有社会学家不得不感喟，"非常清楚的一点是，外在原因会对医患关系的未来发挥作用，并可能引发新的改变"。④

综上可见，医病关系史的研究，除了关注历史上医生和病人两个群体的构成和互动之外，更应对与其相关的外在社会文化因素有充分认知。换句话说，医生、病人及其与外在因素（科技的、文化的、国家的诸多方面）交相影响、相互作用而对医病关系形成的影响，应成为医病关系史研究的关键所在。⑤ 如若我们秉持这样的一种社会文化史视野，去审视和剖析中国历史上的医病关系时，便会发现有着诸多有趣的议题值得去探索。

对中国历史上的医病关系，特别是医病纠纷研究产生浓厚兴趣，与我多年来的学术困惑密不可分。在早些年的研究中，我曾对明清时期医疗中存在的不正之风进行过梳理和探析，发现明清时期医病关系比较紧张，医家的社会形象颇为不佳。⑥ 不过，在查阅相关历史资料的过程中，我却很少发现关乎医病纠纷的相关载记。特别是医疗诉讼案，更是少之又少。这样的一种形似"悖论"的现象，着实令我诧异与费解。在此后查阅史料和阅读相关著述的过程中，我惊奇地发现，到了民国时期特别是到了 20 世

---

① Nicholas Jewson, "The disappearance of the sick-man from medical cosmology, 1770 – 1870," *Sociology* X (1976): 225 – 244.

② 〔美〕约翰·伯纳姆：《什么是医学史》，第 51 页。

③ John V. Pickstone, *Ways of Knowing: A New History of Science, Technology and Medicine* (Manchester, UK: Manchester University of Press, 2000).

④ 〔美〕威廉·考克汉姆：《医学社会学》，第 136 页。

⑤ 更进一步的讨论，参见马金生《中国医患关系史研究刍议》，《史学理论研究》2015 年第 2 期，第 140 页。

⑥ 参见马金生、付延功《明清时期医德问题的社会史考察——以 16 至 18 世纪为中心》，《史林》2008 年第 3 期。

纪三四十年代，医病纠纷竟然作为一个公共问题在社会上开始引发人们的广泛关注和热烈讨论，所谓"医讼案件纠纷，此为医界今日最头痛之事。无论中西医，皆不能免"。[①] 医讼问题的这种时代差异性，使我产生了一探究竟的好奇和冲动。

具体而言，从明清社会医病纠纷的"寥寥无几、难觅踪迹"，到1930年代的"医病纠纷，极于今日"，[②] 如若从一个较长的历史时段来加以审视与考量的话，就会发现，在从传统社会向现代社会的转型过程中，医病纠纷经历了一个从"隐而不彰"到逐渐进入人们的视野，并最终演化成为一个"公共问题"的过程。那么，这一历史现象如何会出现？在这一现象的背后，又蕴含着哪些社会文化变迁的信息？这些信息，对于理解当前的医病关系是否具有积极的意义？类似种种问题，纷至沓来，萦绕于脑际，最终促使我下决心对这一论题进行深入开掘。

二　学术史回顾

关于医病关系史的研究，我曾尝试将其研究内容划分为五个层面，即医病行为史、医病纠纷史、医病认知史、医病伦理史和医病形象史。当然，这五个方面并非彼此割裂，而是互相依存、相互渗透，从不同层面构成了医病关系史的重要组成部分。[③] 作为医病关系史研究的一个重要内容，医病纠纷史的研究显然是一个多学科交叉的领域。因此，对这一课题进行研究，便离不开历史学、医学与法学等相关学科成果的支撑与参照。

（一）医史学界的研究

伴随着西方医学史研究在1970年代发生的文化转向，欧美医史学者在中国医学史研究领域也先后结出了一些硕果。在医病关系史和医德史的研究上，德国学者文树德（Paul Unschuld）和英国学者古克礼

---

① 此为1935年时任《神州国医学报》主编的吴去疾，在刊发中华医学会理事长牛惠生呈文司法部如若发生医讼案件应请正式法医予以检定的新闻后所作的"按语"中的话，参见《医讼案件纠纷请由正式法医检定》，《神州国医学报》第3卷第10期，1935年，第19~20页。

② 宋国宾编《医讼案件汇抄》第1集，中华医学会业务保障委员会，1935，"序"。

③ 马金生：《中国医患关系史研究刍议》，《史学理论研究》2015年第2期。

（Christopher Cullen）的贡献必须予以提及。1979 年，文树德出版了
《中华帝国的医学伦理：历史人类学的研究》一书。书中，作者从经济、
文化和思想等社会层面对中国古代医学伦理的发展脉络进行了精彩讨
论。① 1993 年，古克礼运用文本分析的方法，通过对明代小说《金瓶
梅》的解读，开了中国古代医病关系史研究的先河。② 在这篇文章中，
古克礼发现，明代医病双方之间的关系非常微妙，病人对医生不信任，
医生也往往"择病而医"，生怕担负责任。文树德、古克礼的研究具有
开拓性的意义，特别是两人的研究取向与研究方法，在很大程度上启迪
了后来的历史学者。

　　反观中国大陆方面，长期以来，医史学界的研究往往多注目于医学
源流、医学理论、医家技艺等纯医学问题，具有鲜明的技术史取向。在
传统医史研究中，医病关系史研究一直都很薄弱。③ 不过，伴随着晚近
国外学界的影响以及跨学科研究的兴起，特别是一些青年学者的加
入，这一情形已有很大改观。不少研究已很注意将相关议题置于特定
的历史文化背景中予以考察。医病关系史长期受冷遇的状况也随之有
所改变，专门探讨不同历史时期的医病关系、医德状貌的著述渐趋
出现。

　　对民国时期医病纠纷最早予以关注和研究的，当推北京大学医学人文
研究院的张大庆教授。2006 年，张大庆教授的《中国近代疾病社会史
（1912～1937）》一书出版。作者虽出身于医史学界，但在研究旨趣上却
致力于探析并厘清中国近代疾病与社会的互动关系。客观地讲，这是一部
在中国近代医疗社会史领域具有拓荒意义的著作。同时，该书所彰显的浓
厚的人文理念和现实观照色彩，使其与一般的医史著作迥然有别。出版之

---

① 　Paul U. Unschuld, *Medical Ethics in Imperial China: A Study in Historical Anthropology* (Berkeley: University of California Press, 1979).

② 　参见 Christopher Cullen, "Patients and Healers in Late Imperial China: Evidence from the Jinpingmei," *History of Science* 31: 2 (June, 1993): 99 – 150.

③ 　2004 年以前，在医学史研究的综述性文章中，类似研究几乎很少被提起。相关文章参见
傅芳《中国古代医学史研究 60 年》，《中华医史杂志》1996 年第 3 期；甄志亚《60 年来
中国近代医史研究》，《中华医史杂志》1996 年第 4 期；李经纬、张志斌《中国医学史研
究 60 年》，《中华医史杂志》1996 年第 7 期；朱建平《五年来中国医学史研究之概况》，
《中华医史杂志》1999 年第 1 期；朱建平《近五年来中国的医学史研究》，《中华医史杂
志》2004 年第 1 期。

初，即不乏肯定与嘉许之声。①

在这部著作中，最吸引我的莫过于该书的第七章。该章专门研究"民国时期发生的医事诉讼案"。张大庆指出，他所收集到的关于民国时期医病纠纷的"最早"案例见于1929年。进入1930年代，大量的医讼案开始不断涌现。其中，1934年甚至被时人冠以"医事纠纷年"。此外，通过对所收集案例的初步统计，张大庆发现，大量的医事纠纷发生于江苏、浙江等地区的大都市。其中，又以上海为最多。在时空分布上，具有明显的区域特征。②

关于民国时期医病纠纷的频繁发生，该书认为应主要从医家与病家两方面分别讨论。作者发现，在医家方面，往往会因误诊、缺乏责任心以及态度问题而致讼。此外，医界中人彼此中伤、相互倾轧，也是一个不容忽视的重要因素。对病家而言，尽管医家的诊治并无过错，但病者及其家属则常常因不满治疗效果而涉讼，这种情形在相关案例中明显占据多数。同时，也有部分病家有意为难，或存心不良、借机敲诈，故意兴讼。总体来看，医病双方的关系非常紧张。此外，作者还注意到，媒体在医讼报道上的推波助澜同样不容小觑。③

张大庆教授首开民国医病纠纷研究的先河，相关努力是颇可称道的。不过，该书对医病纠纷成因的分析，多少仍存有一定的不足。比如，除去媒体的宣传之外，如若我们将医病双方的相关情形与明清时期一一加以对比的话，便会发现并无太大差异。如前所述，明清时期的医家在诊疗过程中，同样存在着误诊以及不同程度的医疗态度问题。特别是医家普遍缺乏责任心，同道之间相嫉相欺的现象也非常普遍。至于病家不满医疗效果也多有载记，但在处理方式上却并不是去积极告官，人们也很难见到大量医病纠纷发生的相关记录。④ 可见，在医病双方的原因之外，依然存有其他

① 参见谢蜀生《医学的空间——中国近现代疾病、医学史的人文解读》，《中华读书报》2006年6月7日，第13版。

② 张大庆：《中国近代疾病社会史（1912～1937）》，山东教育出版社，2006，第194～196页。

③ 参见张斌、张大庆《浅析民国时期的医事纠纷》，《中国医学伦理学》2003年第6期。后经扩充，张大庆将此文收入《中国近代疾病社会史》一书中，是为第七章的雏形。

④ 参见马金生、付延功《明清时期医德问题的社会史考察——以16至18世纪为中心》，《史林》2008年第3期；祝平一《药医不死病，佛度有缘人：明、清的医疗市场、医学知识与医病关系》，《中央研究院近代史研究所集刊》第68期，2010年6月。

因素需要我们去认真探讨。

这就提示我们，如若不先行对明清时期的医病关系以及医病纠纷进行一番全方位考察的话，我们对民国医病纠纷的研究势必会缺乏历史的厚度。此外，若将相关思考再稍作延伸，我们还会发现另外一个问题。那就是在明清时期与医病纠纷凸显的 20 世纪三四十年代之间，俨然出现了一条灰色地带，令人难辨清其真面目。此种情形的出现，应当说也是与对中国近世以来的医病纠纷缺乏长时段的历史审视有关，是学界自我设限，将"传统"与"现代"人为进行"割裂"的结果。

当然，《中国近代疾病社会史》一书所处理的核心问题并不在于民国时期的医病纠纷。因此，在全书章节的设置与着墨上自有主次之别、轻重之分，在个别问题的处理上存有一定的不足，这都在情理之中。对此，我们并不能也无意苛求于作者。相反，该书所提出的问题，以及为此而进行的初步努力与尝试，不但对民国时期的医病关系研究有着筚路蓝缕之功，也为学界进一步研究与探讨奠定了基石。

除张大庆教授的研究外，在医史学界还有个别论文对民国时期的医病纠纷有所讨论。比较有代表性的是潘荣华和杨芳以发生在 1934 年南京中央医院的医讼案件为例，探讨了相关讼案的发生、经过及其社会影响。[①]另有安徽医科大学的朱慧以近代上海为切入点，对上海的医业道德与医病纠纷进行了讨论。[②] 这些研究分别从个案的角度，推动并拓展了对民国时期医病纠纷的研究。

也有个别学者对中国历史上的医病关系及其演变脉络进行了探讨，具有一定的参考价值。胡妮娜分别从"古代医患关系的社会背景""古代医患关系的思想道德背景""医生社会地位变迁与医患关系""医疗活动中的利益关系""诊疗中的医患互动"和"医患矛盾与纠纷的处理"等六个方面，对中国古代的医病关系展开了论述。尽管在研究方法上，作者仍缺乏一种必要而审慎的历史主义态度，但论文对中国古代医病关系特征的定位与归纳，特别是对古代医病纠纷的初步呈现与探讨，仍不失参考意义。[③]

---

① 潘荣华、杨芳：《1934 年南京中央医院被控案及其社会影响——以〈中央日报〉的报道为中心》，《南京中医药大学学报》2010 年第 1 期。

② 朱慧：《近代上海医业道德与医患纠纷研究》，硕士学位论文，安徽医科大学，2011。

③ 胡妮娜：《中国古代医患关系初探》，硕士学位论文，黑龙江中医药大学，2005。

在医病关系的历史演变上，彭红、李永国通过对中国医病关系历史嬗变的考察，指出中国历史上的医病关系大致走过了从古代的"相对和谐"，到近代的"日益紧张"，最后到现代的"冲突不断"的历史过程。而从各个时期的具体特征来看，传统医病关系中的义务性呈现泛道德化色彩，近代医病关系呈现出法律关系特征，当代医病关系则体现着由物化到博弈化的趋势。为了构建当代和谐的医病关系，作者认为只有"回归人文精神，树立医生的道德责任，以诚信为准则"。① 不难发现，该文的研究具有非常强烈的伦理学色彩。

目前，中国的医德史研究已逐渐摆脱过往通史性的论述形式，② 断代性的研究开始出现。2005 年 4 月，广州中医药大学博士生刘霁堂完成了毕业论文《明清（1368～1840）医学道德发展史研究》。在这篇博士论文中，刘霁堂旨在将"明清时期的医学道德的发展情况作为研究对象"，希冀"揭示明清时期医学道德的规范和发展规律"。总体而言，该论文仍不脱传统医史研究的技术性取向，但在研究过程中，作者也明显有意将医德置于特定的历史文化情景中进行考察，从而加深了人们对明清时期医德状貌的认知。③

一些医学通史类论著，对于医病关系史的研究同样颇具价值。在相关通史性著述中，关乎不同时期医事活动的法律条文，一般都会被纳入"医事制度"或"医政制度"中予以介绍。比如陈邦贤先生的《中国医学史》即循此体例。陈氏从各种典籍入手，分别辑出相应的法律条款放在"医事制度"的章节中逐条列述，为我们了解各个时期的相关内容提供了检索与参考的便利。④ 其他如刘伯骥的《中国医学史》（华冈出版部，1974）、俞慎初的《中国医学简史》（福建科学技术出版社，1983）、范行准的《中国医学史略》（中医古籍出版社，1986）、贾得道的《中国医学史略》（山

① 彭红、李永国：《中国医患关系的历史嬗变与伦理思考》，《中州学刊》2007 年第 6 期。
② 关于医德史的研究，在医史学界也不多见，现有的几本著作多是通论性质的著作。相关论述可参见何兆雄主编《中国医德史》，上海医科大学出版社，1988；王治民主编《历代医德论述选译》，天津大学出版社，1990；楼绍来：《源远流长的中华医德史略》，《医古文知识》1998 年第 1 期；等等。
③ 刘霁堂：《明清（1368～1840）医学道德发展史研究》，博士学位论文，广州中医药大学，2005。
④ 陈邦贤：《中国医学史》，商务印书馆，1937。

西科学技术出版社，2002）、李经纬和林昭庚主编的《中国医学通史：古代卷》（人民卫生出版社，2000）等，都与此种体例大同小异，恕不一一赘述。①

也有学者对中国古代的"医政制度"及其诸多方面，如医疗体制、医事法规、考试制度、医学教育等进行专门研究。中国中医科学院梁峻教授的博士论文便以整个封建社会的医政为中心，对中国古代社会医事制度的源流、发展与演变进行了细致的爬梳与考证。② 在医学教育与考试制度方面，王振国主编的《中国古代医学教育与考试制度研究》一书，无疑最具代表性。该书时限从上古时代一直延续至鸦片战争前后，是对中国古代医学教育与考试制度进行系统性研究的首次尝试。③ 此外，曲峰在《中国古代医事法规研究》一文中，对中国古代医事法规的缘起、发展、成熟及其特征，分别进行了归纳与总结。④ 在断代史方面，有文庠的《试述清代医政的嬗变》《试论民国时期中医开业管理政策法规与实施》《论南京国民政府时期的中医师考试制度与办法》《南京政府时期中医政策法规述评》诸篇论文，⑤ 分别对清代以及民国时期的"医政"进行了集中梳理。统而观之，类似研究的大量涌现，为我们了解不同历史阶段，特别是明清以及民国时期"医政"的内容和特征提供了极大的便利。

（二）历史学界的研究

如前所述，历史学界一般通过对医学领域内典型议题与社会互动关系

---

① 另据丁福保回忆，在 1909 年丁氏赴日考察卫生行政时，曾在上野公园帝国图书馆二楼书目中，"检得《栎窗类抄》一书，书系抄本，内载医事甚详。前列医政一门，上自《周礼·医官》以迄近代，并载《大清律例》医居何等职位，庸医杀人及配药不当，治以何等之罪，逐段附以论说，皆精确详明"，只是"惜此书不传于世耳"。（丁福保：《畴隐居士学术史》，诂林精舍出版部，1948，第 183 页）无疑，《栎窗类抄》一书对本研究具有十分重要的参考价值，可惜无缘得见。

② 梁峻：《中国封建社会医政研究》，博士学位论文，中国中医研究院，1992。

③ 王振国主编《中国古代医学教育与考试制度研究》，齐鲁书社，2006。

④ 曲峰：《中国古代医事法规研究》，《中国中医药报》2004 年 12 月 2 日。

⑤ 文庠的上述文章，请分别参见《南京中医药大学学报》2006 年第 4 期、《民国档案》2007 年第 4 期、《南京中医药大学学报》2001 年第 2 期和《南京社会科学》2005 年第 4 期。

的探讨，以更好地认识或理解历史变迁中的某些重要面相和问题为旨归，在研究路径与取向上与医史学界有着很大不同。① 作为医疗社会史研究的一个重要组成部分，医病关系史研究为史学研究者所关注，则要到1990年代。在当代西方史学研究的文化转向的影响下，台湾学者在此领域积极开拓，成就明显。大陆学者紧随其后，也有部分著述面世。相关研究秉持社会文化史的研究路径，在方法、角度以及资料的运用上往往别开生面，颇为精彩。

1998年，台湾学者张哲嘉在美国宾西法尼亚大学顺利通过了自己的博士学位论文。论文主要依据光绪和慈禧的宫廷医案，外加多名医家的回忆录及其他相关文献，力图通过对这些资料的多角度解读，进而揭示出医病双方在诊疗过程中所呈现的"不同观点、沟通过程、影响双方决定的因素以及诊治医家在社会出身、言行方面的相关性"。② 显然，作者对议题的选取、资料的诠释以及主旨的探讨诸方面，都是匠心独运、颇具趣味的。此外，在分析路径上，张氏的研究也与古克礼有着异曲同工之妙。

在英国学者古克礼对明代医病关系进行解读之后，台湾学者祝平一进而将明清时期江南地区的医病关系置入阶层、性别、市场等社会文化脉络中进行细致的考察。祝平一指出，在医学知识的生产、医者的人数和医学素质均缺乏权威管制的前提下，明清江南地区的病人面对的是一个多元且自由放任的医疗体系。虽然在医病双方的互动中，有条件的病家握有很大的主动权，但在求医过程中则经常无所适从，盲目就诊。对此，尽管一些名医曾多方呼吁谨慎择医，但收效甚微。病人的迷茫与对医者的不信任，加深了医病间的紧张与疏离感。最终，医病双方改善关系的努力以医家的无奈（徐大椿的"医者误人无罪"）和病家的激愤（俞樾的"废医"）为集中体现而宣告失败。渺不可知的命运，成为"自由医疗市场中那只看不见的手，让医病双方诉说着委屈与不满，亦

---

① 关于疾病医疗史研究的对象、意义、旨趣的论述与评说，参见余新忠《中国疾病、医疗史探讨的过去、现实与可能》，《历史研究》2003年第4期。

② Che - chia Chang, The Therapeutic Tug of War: the Imperial Physician - Patient Relationship in the Era of Empress Dowager Cixi (1874 - 1908) (Ph. D. Diss. , University of Pennsylvania, 1998).

成为双方委屈和不满的最终归因"。①

　　除此之外，台湾学者蒋竹山将研究的焦点置于晚明官僚祁佳彪家族的医疗活动上。他通过对《祁忠敏公日记》中大量关乎医疗活动记载的钩沉与梳理，尝试从病人的角度，透过祁佳彪与江南医生互动的个案研究，来挖掘包括祁氏家族在内的江南都市士绅家族的医疗活动史和医病关系。经过对与祁佳彪有着往来的 40 位医者的考察，蒋竹山敏锐地观察到，许多医者与祁佳彪有着直接或间接的朋友关系。这种医疗资源与文化资本的获得，主要得益于祁佳彪在地方公共事务中所累积的深厚人脉与显赫声誉。②

　　台湾学者涂丰恩对明清时期医病关系中所牵涉的权力和伦理进行了讨论，认为在医疗市场缺乏管制和规范的前提下，明清社会的病人利用人际网络相互荐医，或透过第三方延请医者，并且根据诊疗情况不时"换医"，可能活跃地主导着整个医疗过程。由此一来，医者不是来去匆匆，就是在同一个医疗场所内存在数名各执一词、各怀心事的医者。这种状况，深刻地反映出当时医病关系的紧张，以及彼此之间的"不信任"。③

　　通过以上的陈述，可以看出目前历史学界有水平的研究，主要集中于明清时期，前近代医病关系的大体轮廓已清晰可见。在此基础上，台湾学者雷祥麟开始思考西医东传后所引发的中西医论争给传统医病关系带来的影响。如上所述，明清时期的病人普遍不信医，"试医""择医"现象时有发生。而为了规避责任，医生也往往"择病而医"。然而，伴随着西医的东传，部分新式中医也开始接受西医的医疗模式与医学伦理。由此一来，西医对医生职业权力与责任的强调便得以空前加强。病人在医生面前逐渐丧失"话语权"，一种新型的医病关系从此萌生。④ 对于本研究而言，

---

① 祝平一：《药医不死病，佛度有缘人：明、清的医疗市场、医学知识与医病关系》，《中央研究院近代史研究所集刊》第 68 期，2010 年 6 月。

② 蒋竹山：《晚明江南祁佳彪家族的日常生活史——以医病关系为例的探讨》，孙逊、杨剑龙主编《都市、帝国与先知》（《都市文化研究》第 2 辑），上海三联书店，2006，第 181～212 页。

③ 涂丰恩：《择医与择病——明清医病间的权力、责任与信任》，常建华主编《中国社会历史评论》第 11 卷，天津古籍出版社，2010。另，作者在硕士学位论文的基础上，将相关研究成果以《救命：明清中国的医生与病人》为题（三民书局，2012）出版，书中对这一时期的医病关系有着更为生动细致的描述。

④ 雷祥麟：《负责任的医学与有信仰的病人——中西医论争与医病关系在民国时期的转变》，载李建民主编《生命与医疗》，中国大百科全书出版社，2005。

无论是对民国时期医病关系的思考，还是在相关资料的运用上，雷祥麟的文章都让我受益颇多。

反观大陆方面，类似研究还非常有限。除了本人关于明清时期医德问题的研究外，大陆对医疗社会史研究有着开拓之功的余新忠教授也有所涉及。在《中国家庭史》第四卷关于"明清时期家庭生活中的疾病医疗与护理"的章节中，余新忠教授从家庭的视角出发，结合日记、方志、笔记、小说以及医书等多种资料，分别就"疾病的应对方式"、"医生的选择与看病方式"以及"疾病的护理"三个层面，对前近代家庭医疗空间的历史状貌进行了多方位的考察与呈现，极大地方便了人们对明清时期医疗空间及其基本特征的认知。[①]

另一部必须要提及的著作是杨念群教授的《再造"病人"：中西医冲突下的空间政治（1832～1985）》一书。该书无论是在研究视角、方法上，还是在历史书写与问题意识上，都给人以耳目一新的感觉。[②] 甫一出版，即好评如潮。尽管作者可能并不认可自己在从事医疗社会史研究，而仅仅是在借助"医疗史"来理解现代政治，[③] 但书中在民国时期国人在面对新式医疗空间从恐惧逐步走向认同的复杂图景的处理与把握上，却也为人们更好地理解传统医病关系的现代转型提供了诸多镜鉴。[④] 其实，在这部书出版之前，杨念群在《"地方感"与西方医疗空间在中国的确立》一文中，即已对中国传统医疗空间的现代转型做过专门的探讨，[⑤] 如若与雷祥麟的文章相互参照，相信对理解近现代的医病关系会相得益彰，大有裨益。

①　余新忠：《中国家庭史·明清时期》，广东人民出版社，2007，第247～271页。
②　关于此著的评论，较有代表性的可参见吴飞《"拯救灵魂"抑或"治理病人"》，《读书》2006年第3期；沈洁《穿越历史的那些时刻》，《文汇读书周报》2006年8月18日；李志毓《现代政治史研究的新视野关于〈再造病人〉》，《中国图书评论》2006年第12期；余新忠《另类的医疗史书写——评杨念群著〈再造"病人"〉》，《近代史研究》2007年第6期；等等。
③　参见杨念群《如何从"医疗史"的视角理解现代政治》，常建华主编《中国社会历史评论》第8卷，天津古籍出版社，2007。
④　杨念群：《再造"病人"：中西医冲突下的空间政治（1832～1985）》，中国人民大学出版社，2006，第45～87页。
⑤　杨念群：《"地方感"与西方医疗空间在中国的确立》，载《杨念群自选集》，广西师范大学出版社，2000。

一直致力于通过跨国及跨文化视野来审视近现代中国社会文化变迁的胡成教授，近年来在医疗史与卫生史领域不断有佳作面世。其中，以 2013 年出版的《医疗、卫生与世界之中国（1820～1937）》一书最具代表性。作者的研究旨趣在于通过对医疗传教士、华人医药、公共卫生事业、卫生防疫等一系列具体案例的研究，从日常生活史的角度对底层社会、普通民众在现代中国转型进程中的角色和作用进行细致考察，特别是探讨在各种复杂的"权力"因素的控制和摆布下，中国的普通民众是如何因应并争取自身的生命权利与尊严的。在作者处理这些具体案例的过程中，部分地触及了医病关系研究的某些层面。比如，西医传教士如何积极因应本土的医疗风习，华人病家在与西医传教士的互动中又是如何实现角色转换的，以及现代中国的疾病、医疗格局的演变等。作者对上述诸多历史面相的揭示与解读，对于理解并研究近世以来中国医病关系的发展变迁颇有助益。①

伴随着医疗社会史研究的逐步深入，有部分青年学者针对民国时期的医病关系进行了专门研究。其中，比较有代表性的，如陈雁以 1934 年发生在南京中央医院的两桩医讼案件为中心，通过分析两案的成因及其解决途径，剖析了 1930 年代医病纠纷高发的原因、围绕医病纠纷的话语权争夺和正在逐渐完善中的医讼解决途径。② 再如，华中师范大学中国近代史研究所尹倩博士对民国时期中西医群体进行了专门研究，考察了中西医群体与国家、社会之间的复杂关系，对民国时期医生群体的职业化进程进行了颇为翔实的讨论。特别值得肯定的是，尹倩专门辟出一章论述民国时期的医病关系和医病纠纷。③ 复旦大学历史学系赵婧博士的论文，则将视角锁定在民国时期上海的分娩卫生上。在这一颇有意思的研究中，作者用专门的一章来论述因分娩而产生的医疗诉讼案。④ 特别有趣的是，四川大学

---

① 胡成：《医疗、卫生与世界之中国（1820～1937）：跨国和跨文化视野之下的历史研究》，科学出版社，2013。

② 陈雁：《民国时期的医患纠纷与解决途径：以 1934 年南京中央医院被控案为中心》，《贵州大学学报》2014 年第 5 期。

③ 尹倩：《民国时期的医师群体研究（1912～1937）——以上海为中心》，博士学位论文，华中师范大学中国近代史研究所，2008。

④ 赵婧：《近代上海的分娩卫生研究（1927～1949）》，博士学位论文，复旦大学历史学系，2009。相关章节经修改后，作者以《民国上海的产科医疗纠纷》为题，发表在《史林》2012 年第 4 期。

历史文化学院龙伟博士和我在 2009 年均以民国时期的医病纠纷为研究对象，并在同一年通过了博士学位论文答辩。虽然研究对象相同，但在研究旨趣上，我们之间则有很大的不同。在下文中我将详细讨论。[①] 彭浩晟博士则将研究焦点投向民国时期医事法律，力图通过对民国时期医事立法与司法进程的梳理，探讨其在制度上的创建和司法实践上的效果，希望能够为当下医疗诉讼的解决提供历史镜鉴。[②] 上述相关研究，对于本研究的开展均具有非常重要的参考价值。

在上述博士论文之中，龙伟博士的研究显然与本研究关系最为密切。他的博士论文经修改后，以《民国医事纠纷研究（1927～1949）》为题，于 2011 年由国家社科基金资助出版。应当说，这是目前国内第一部专门研究民国时期的医病关系，同时也达到了相当水准的学术著作。全书洋洋洒洒四十余万言，是一部相当"厚实"的学术专著。在书中，作者有着明确的研究构想，即"通过民国医事纠纷的研究，观察民国医患关系的演进过程，讨论政治、医学与病患间的互动关系"。[③] 从该书的研究实践来看，作者基本上实现了这一研究初衷。只不过，在研究理路上由于缺乏从明清史到近现代史"贯通"性的对照与分析，导致作者在对民国医讼案件的相关解读上仍欠深入，依然留有诸多的研究空间需待填补或提升。下面，我将对该书的研究成绩及其薄弱之处进行详细评说，并在此基础上提出我的研究构想。

首先就研究成绩而言，为了对民国时期的医病关系有一长时段的考察，作者采用了一种大历史的研究方法。在全书开篇便将研究触角延伸到了有清一代，希望通过对清代医病关系以及医病纠纷的梳理和呈现，进而同民国时期的医病纠纷加以对照和审视。这种长时段的史学视野打破了清史与近现代史的人为设限，将民国时期的医病纠纷纳入了宏阔的历史长河之中进行研究，显然弥足珍贵。在作者的仔细爬梳下，清代的医事纠纷并没有如民国时期那样沸沸扬扬，而是更多在民间的脉络中以

① 马金生：《沉寂与凸显：中国社会医病纠纷现象历史诠释（1500～1937）》，博士学位论文，中国人民大学历史学院，2009。
② 彭浩晟：《民国医事法与医事诉讼研究（1927～1937）》，博士学位论文，西南政法大学，2012。
③ 龙伟：《民国医事纠纷研究（1927～1949）》，人民出版社，2011，第 5 页。

自我调解的形态予以解决，进入官府形成诉讼的案件并不多见。作者的这一发现，对于丰富人们的历史认知来说，显然是颇有贡献的。只不过，略为可惜的是，作者并未对清代的医病纠纷何以会如此再进行进一步的深入分析。

在对清代的医病纠纷进行讨论后，作者接下来分别用四章的篇幅，先后对民国时期医讼案件发生的概况、成因、类型、解决模式以及影响因素进行了充分考察和详细讨论。

通过对收集到的169件医讼案件的统计分析，作者指出，民国时期医讼案件的高发期有两个时段，一为1933～1937年，一为1947～1949年。其中，1934年甚至被时人称为"医事纠纷年"。无论是中医、西医还是外籍医师，均能够在诉讼案中找到身影。尽管如此，作者发现，这一时期的诉讼案中，医师败诉的比例却较低。作者认为，在城乡医疗资源分布严重不均衡、医疗市场缺乏严格监管的前提下，医家医疗水平的参差不齐、医界的不团结、病人缺乏医学知识甚或无良敲诈以及司法体系的不成熟等诸多因素，直接或间接地导致了医讼的发生。在此基础上，作者据以推论，"如果只注意到医家和病家的观念和行为，无疑只是触摸到民国医事诉讼的表象。事实上，医家和病家的观念和行为都受到时代和社会的影响和制约，民国的医疗体系（观念、制度）可能恰恰是导致民国医家和病家冲突激化、医疗纠纷频繁的根源"。[①] 客观地讲，作者的这一判断是非常到位的。

通过对史料的归纳、总结，作者发现当时的医讼存在着业务过失和非法堕胎两大类型。与中国古代社会相比，南京国民政府于1928年颁布的《刑法》对"业务过失"有了明确的界定。尽管"业务过失"的法律条款并非专门针对行医而设，却使得律师有了控告医家的理由。作者同时独到地指出，相关条款的出台对于保障普通民众的生命大有裨益，但在何为"过失"这一点上仍很难明确区分和操作。如此一来，病人、医师和法官之间在责任的认定上便存在着巨大分歧和矛盾。正是这些分歧和矛盾，导致了社会各界对医师的"业务"责任边界的认识模糊不清。其后果不仅导致了医事诉讼的频繁发生，同时也影响了医事诉讼

---

① 龙伟：《民国医事纠纷研究（1927～1949）》，第113页。

的审理，加重了医家的职业忧虑。为了将这一问题说清楚，作者对中国历史上相关法律条款进行了条分缕析式的归纳和分析，并援引了美国学者胡宗绮（Jennifer Neighbors）等人的研究成果进行佐证，论述颇为详备。

此外，该书对非法堕胎的考察也非常精彩。作者通过大量的史实论证指出，尽管出于对保障人权和生命的考虑，国家对堕胎三令五申，严格禁止，但是旧有的道德观念以及动荡不安的社会现实却使根除非法堕胎成为一项不可能完成的任务，从一个侧面反映了国家法律与社会现实之间的错位。

在医讼案件的解决模式上，作者发现，相关案件的解决存在着三种不同的模式，即私下和解、行政处理和司法裁断。在司法裁断中，又有自诉和解、不起诉处分和司法审结三种形式。在医讼案件的审理中，作者同时敏锐地观察到，民国时期医学团体，特别是医学会、医师公会的介入，对诉讼案件的审理产生了重要的影响。在对医讼案件的基本类型和处理模式的相关论述中，作者对国家、医师和社会因素之间彼此互动的考察和分析是颇为充分和公允的。

在对医讼进行了上述讨论后，作者进而探讨当时的"防讼"之道。他认为，为了规避医讼案件的发生，民国时期的政府部门积极推动医疗卫生行政体制的建立，一方面取缔非法行医，另一方面如火如荼地开展医学考试，最终促成了医师执业制度的建立。在这一部分中，作者还对考试医生的制度实践进行了一定的考察。

在最后一章，作者对民国时期新型的医业伦理进行了论述，勾画出了一幅现代医病关系的新图景。在国家卫生行政的积极推动下，医学界也积极构建新式的医业伦理，倡导医学的职业特征，强调医家的绝对权力，极力塑造服从、听话的"现代病人"。当然，在国人旧有的择医而治的医疗习惯下，即使是西医，有时也不得不在行医中迁就病家的习惯。不过，当这种新型的医学伦理在1930年代确立后，病人终于被强大的现代医疗体制不断规训，完全处于边缘、弱势地位，最终不可逆转地被塑造成一个全新而被动的"现代病人"。

通过对该书基本框架、研究思路和主体内容的大致梳理，可以看出，龙伟有着一种勇于开拓、积极创新的学术精神。他对民国时期医讼的诸多面相都进行了翔实的论证，并且在很多方面有着比较独到和精彩的分析，基本实现了自己的研究预期，同时也为后续研究奠定了一块牢固的基石。作为一部聚焦医病纠纷而开展的医疗社会史论著，该书的大胆探索和努力尝试都是非常值得称道的。

当然，该书尽管有着上述的诸多优点，但如若循着作者的研究理路去仔细思考的话，也会发现有不少值得商榷和进一步完善之处。这里仅就民国时期的医患互动进行集中讨论。除了对国家与医生方面有着充分的论述之外，该书对病家一方的研究则相对薄弱许多。而这与作者的研究实践有着直接关系。

龙伟在论著中曾多次提及不仅要看到相关法律制度"官方表述"的一面，还要看到其"具体实践"的一面，说明其研究中有着很好的理论自觉和研究预设。只可惜，在具体的研究之中，他对这一理念贯彻的却并不彻底，由此对民众观念和行为的变化缺乏具体的研究和考察。

伴随着医学专业分工的细化，现代卫生行政体系也逐步走向完善和成熟，民国时期针对行医的各种条例与管理办法相继出台。对此，龙伟在全书中有着很好的梳理。不过，这些卫生法令陆续出台后，对现实中医病关系究竟产生了哪些影响，他却并未进行充分的考察。其实，一项卫生行政法令的出台，只要在现实中确曾颁布并实施过一段时期，不仅对现实中的行医活动会有所影响，同时也会影响到社会以及一般民众的观念。从晚清开始，中国政府即开始了卫生行政化的努力。警察系统开始署理卫生事务，在考试医生的同时严格取缔非法行医。正是借助这一活动，民众开始认识到这一举措本身对医病关系带来的影响，病家赴警署告医的现象随之产生。这种现象在民国时期的档案资料中，可以得到集中印证。①

在南京国民政府成立之后，卫生行政机构在全国范围内不断设立。同时，伴随着卫生行政化自上而下大范围地展开，国家在卫生事务方面对民众的控制也不断加深。正是借由这一进程，民众检控医生的行为在时空上也逐步扩大。具体而言，卫生行政机关在接到民众的投诉或者检举后，一

---

① 参见马金生《论民国初期北京地区的行医管理和医病关系》，《北京社会科学》2011年第4期。

般会不同程度地介入相关案件的审查和裁断之中。为明确诊疗是否有误，最后会将有关案件移交司法机关处理。对此，龙伟在关于行政处理的章节中有所论述。因此，从纵向的历史发展来看，卫生行政机构对非法行医的取缔以及对医疗卫生活动的全方位介入，使得原本很多可能在民间即能够达成和解的案件逐渐浮出水面，促成了医讼案件的形成。对此，龙伟在"防讼于未然"一章中，认为卫生行政机构的介入是为了"防讼"，显然有失偏颇。而他之所以有此判断，与其缺乏对历史纵向的对照，以及对相关制度颁布后的实效缺乏具体而微地考察是有关系的。

龙伟在病家考察上的薄弱，还表现在相关资料的援引和解读上。在资料的使用上，作者在书中曾多方援引医生的论述，来总结病家的求医心理和诊疗行为。无论民国时期的中医还是西医，均留下了大量的文字资料。相关资料既有中、西医对医政建设等方面的思考，同时也包含着对病家的观感。对这些资料的解读，对于我们了解当时的病家来说确实有着方便的一面。但不应忘记，这些资料多是以医生的眼光来打量病人的，反映的更多是医生的主观态度。因此，如仅以此为依据，论述病人医学知识的欠缺、病人的贪利诈财等行为导致了医讼的发生，相关结论不能说有误，但却是缺乏历史主义态度、也是不够全面和深入的。

显然，在这一问题上，应该更多发掘病患方面的素材，如此才能建构起这一时期医病双方的互动图景。在龙伟搜集到的169件诉讼案中，尽管绝大多数案件只能反映相关诉讼的基本轮廓，但是部分案件的兴起和审判细节还是有着清晰载记的。比如，民国时期中华医学会业务保障委员会编辑出版的《医讼案件汇抄》（第1、2集）所收录的病家的诉讼状，集中浓缩着病家对医生的观感，以及病家对于诊疗过程中"责任"的认定。在控诉书中，病人的疑惧、焦虑、彷徨和想象，无不一一展露，是我们考察并进而揭示病家心理状态的最好材料。此外，与诉讼书有所不同的，还有病人的供词。由于诉讼书多经由律师或者其他社会人员参与润色，相当书面化，有时并不能让我们直接捕捉到病人的原始情感。而供词则正好相反，是病患情感的最原始流露。如若对这些资料进行认真分析，相信会对再现病患的形象别具意义。只是很可惜，作者在对这些素材的挖掘和使用上是很不够的。

其实，如若对病人一方的材料进行深入解读的话，就会发现有很多颇具兴味的论题值得关注和探讨。比如，伴随着西医在华的迅速发展，西医所欲建构的医业伦理与中国传统的医病关系产生了不小的疏离与紧张。对此，雷祥麟、杨念群等人都曾有过精彩的论述。① 尽管作者在论著中也有所引用和述及，但却没有将其与医讼联系起来直接讨论。其实，新式医业伦理与传统医病关系的疏离与紧张，也是民国时期医讼频繁发生的一大原因。对此，如若结合这一时期的医讼案例进行分析的话，相关认识将会更加具体而深入。②

再如，相对于中医来说，西医执业观念背后所蕴含的一整套商业社会的交往原则与行为习惯（如契约精神），以及在诊疗过程中所采用的新式器械等，都是深受传统中医影响的国人所未曾接触过的，无不需要后者在现实中慢慢调适。在逐步接受西医医学伦理与现代医疗模式的过程中，国人的身体观念、疾病观念和生命观念都会悄然发生变化。甚至可以说，国人在这一过程中所表现出来的期待、痛苦与纠结等复杂情感，在很大程度上可以视为传统社会现代转型的一个缩影。显然，如若对类似命题进行深入挖掘的话，不仅会使人们对这一时期医讼的发生有更为深入的认识，同时对于认识传统社会的转型也将大有裨益。

作者之所以对病患方面的考察关注不够，是有着重要原因的。如上所述，其研究目的之一，是想对民国时期医患关系的嬗变进行历史考察。因此，龙伟将研究的视线投向了清代社会，并有着较为精彩的分析。不过，从后续各章的研究之中，我们却没能看到传统时期（清代）与现代时期（民国）之间比较好的对照与呼应。正是这一点，导致了作者在论述上出现了很多盲区。仅就病患方面而言，如其所述，清代社会的医病纠纷之所以并不突出，实际上是与时人的生命和医疗观念息息相关的。对此，龙伟用了不小的篇幅进行论述。那么，从清代国人的"听天由命""药医不死病、佛度有缘人"的生命、医疗观念，如何一下子到了民国时期就转变成为"是病皆可医""是病皆可愈"呢？民众进而秉持这一观念动辄向医师

---

① 相关研究，参见雷祥麟《负责任的医生与有信仰的病人：中西医论争与医病关系在民国时期的转变》，载李建民主编《生命与医疗》；杨念群《再造"病人"：中西医冲突下的空间政治（1832～1985）》，第45～75页。

② 马金生：《从医讼案看民国时期西医在华传播的一个侧面》，载常建华主编《中国社会历史评论》第13卷，天津古籍出版社，2012。

兴讼，认为医师应担负更大责任，这一历史转折又是如何完成的呢？对于这一问题，龙伟并未探讨。

不可否认，龙伟也曾独到地指出，医病双方以及社会各界对于医生责任的认定存有差异和矛盾是医讼频兴的一大原因。其实，从历史的角度来看，民国时期医病双方认知存有明显差异本身，也是特定时代的产物。在很大程度上，这种新的认知偏差与医讼的发生其实是"一体两面"的关系。甚至可以说，这种认识上的偏差，其实在很大程度上也是国人生命与医疗观念发生转变的体现。

显然，国人生命与医疗观念在民国时期的转变本身，应该成为研究民国医病纠纷凸显的核心之一。当然，这种观念的转型，势必牵扯到诸多方面的原因，需要多方位地深入思考。比如上文我所强调的西式医学伦理与医疗模式对国人身体观念和疾病观念的影响，以及卫生行政化实施过程中对病患所产生的影响等，都是我们在探索这一问题时需要认真对待和思考的。再比如，民国时期的媒体到底是采用一种什么样的方式去报道医讼案件的发生和审理？医病双方媒体形象的再现对于现实中医病关系又产生了何种影响？这对病患以及社会上的"潜在病人"（社会大众）的医疗观念又产生了什么影响？诸如此类深层次的因素，仍然还有待史学同仁进一步去认真挖掘和探索。

整体而论，《民国医事纠纷研究（1927～1949）》一书在研究理念上有着不俗的设想，并在此基础上对该时期医病纠纷的概况、起因、特征、样态以及审理诸层面进行了详细的讨论，相关论述颇为扎实。这一研究能够取得这样的成绩，是来之不易的。只是有所可惜的是，由于作者对相关研究理路贯彻得不够彻底，特别是由于对传统社会和民国时期医病纠纷的表现形态之所以不同缺乏更为深入的对照与审慎的分析，也就使得作者在部分论述上不免流于表面，同时对于其他诸多同样更具意义的话题也失去了进一步求索的可能。

（三）法制史学界的研究

医病纠纷与法制密切相关，按理法制史学界应有相关研究面世，但高水准的论述还尚未得见。在仅有的一两篇述论中，也多是对相关法制资料进行浮光掠影式的归纳与陈说，在研究上缺乏实质性的开拓和提升。

尽管如此，关于中国传统法律思想的主要特征，特别是对明清时期民事纠纷的研究，以及关于中国现代法制变革的研究成果，对我们理解不同时代的医病纠纷乃至医讼的解决，仍有重要的参考意义。

中国传统法律思想的主要特征是"重刑轻民"，"无讼、息讼"是中国古代政府管理的主要价值取向。在这种法文化的影响下，社会民众缺乏权利意识，仅以对国家、家族尽义务为天职，以争取权利为非分。① 这在对明清时期民事纠纷的研究上，有着集中体现。如张晋藩认为，为了息讼官府经常调处在先，惩罚倒在其次。为求息事宁人，官府往往忽视是非曲直。因此，民间调处以形式多样、适应性强，受到民众的欢迎。民间的争讼一般是先找亲邻、族长调处解决而不去官府申告。大量的民间纠纷在官府审理之前，已经在家族、乡里内部调处息讼，真正控诉到官并审理结案的是很少的一部分。② 日本学者滋贺秀三也持类似观点，他指出官府在处理民事案件时，往往依据"情、理、法"来裁断。其中，情理是法律存在的基础，法律本身的解释依据情理，而且法律也可依情理而变通。两者之间的界限是比较模糊的。县官在断案时，往往表现出如同父母调解儿女争执般的"道德劝谕"形式。③ 美国学者黄宗智与上述观点颇有不同，通过对清代民事档案的实证研究，他认为清代司法的"表达"与"实践"之间是相背离的。清代民间纠纷的处理体系包括村社宗族的调解、州县官府的审判以及官方与民间的互动所形成的"第三领域"。其中，官府在处理民事纠纷时，并非一味调处，更多是依法断案。同时，普通百姓也并非怯于告官，官司本身所带来的投入与回报，才是制约讼民何时告状、选择什么样的表达方式以及何时决定结束官司的重要原因。④ 尽管在研究路径和对法律具体运作的理解上，⑤ 学界目前仍见仁见智，但明清时期民事纠纷

① 张晋藩：《论中国古代法律的传统》，载张晋藩主编《中国法律的传统与近代化——'93 中国法律史国际研讨会论文集》，中国民主法制出版社，1996，第 178 页。
② 张晋藩：《中国法律的传统与近代转型》，法律出版社，1997，第 283～293 页。
③ 滋贺秀三：《清代诉讼制度之民事法源的概括性考察》，载〔日〕滋贺秀三等著《明清时期的民事审判与民间契约》，王亚新等编，法律出版社，1998，第 85～87 页。
④ 黄宗智：《清代的法律、社会与文化：民法的表达与实践》，上海书店出版社，2001，第 138～160 页。
⑤ 关于清代法制史研究的路径以及学者间对法律具体运作的特点及内涵方面的不同理解，可参考王洪兵、张思《清代法制史研究路径探析——以黄宗智著〈清代的法律、社会与文化〉为中心》，《史学月刊》2004 年第 8 期。

大多在民间得到调处解决，官府在裁断上相对倾向于息事宁人，基本已成共识。这样的法律传统与民事纠纷的解决方式，对民众的权利意识与观念的培育起到了扼杀的作用。

清末修律开启了中国法律近代化的进程。关于清末修律的历史意义，目前已有比较充分的研究。比如，公丕祥认为，清末的法制改革，不仅在形式上改变了古代的"诸法合体""民刑不分"的法律编纂体系，而且构成了以宪法为主导的公法与私法相分离、实体法与程序法相区别的现代西方式的法律体系。通过此次改革，开启了传统法律从否认民权向有条件的承认民权的转变，民事权利得到张扬。① 清末修律初步建立了中国的律师制度，王申指出，虽然清代诉讼法对律师制度的规定并不完备，但它无疑为当事人特别是为百姓设置了代理人，从制度上约束推事们的独断专行。② 与此同时，伴随着新式的诉讼审判制度以及相关法律原则的确立，现代司法制度初步建立。清末根据司法独立原则建立的法院组织和审判制度，虽然多流于形式，但也为民国时期现代化的司法建设提供了历史基础。③

清末改制，意义虽然深远，不过在实效上取得的成绩却非常有限。迨至民国建立，北洋政府也曾进行司法改革，但由于国内局势动荡收效也不大。南京国民政府成立后，基本上具备了全国进行司法改革的条件。在居正等人的领导下，司法改革取得了显著的成绩。不过，法制史学界对这一时期的研究，目前还比较薄弱，特别是对这一时期各地法院的普设情况、法官与律师群体的增长、数量以及地区差别等方面的研究，更是非常有限，可资借鉴的成果并不多。据我所见，香港中文大学历史系江照信博士的论文似目前唯一一篇对南京国民政府时期在"司法法庭化与法官化的努力"上做出过专门统计的论著。从他的统计表格来看，与此前相比，各地初级法院、高等分院、高等法院与法官的数量在 1929～1937 年，呈稳步增长的态势。1929 年各地法院总数与 1926 年相比已增加一倍有余。④ 此外，欧阳湘以广东为个

① 公丕祥：《清末法制改革与中国法制现代化》，《江苏社会科学》1994 年第 6 期。
② 王申：《中国近代律师制度与律师》，上海社会科学院出版社，1994，第 31 页。
③ 张晋藩：《中国法律的传统与近代转型》，第 471～472 页。
④ 参见江照信《居正法律思想与司法实践：1932～1948》，博士学位论文，香港中文大学历史系，2008，第 20～24 页；江照信《中国法律"看不见中国"：居正司法时期（1932～1948）研究》，清华大学出版社，2010，第 21～23 页。

案，梳理了从清末到 1949 年近现代中国法院普设的历史脉络，也具有一定的参考价值。[①]

三　研究的基本路径与总体框架

通过对既往研究的回顾可以发现，明清以及民国时期医病关系的基本特征已然清晰可辨，但在传统医病关系的现代转型上，相关研究却要薄弱许多。对于本研究而言，如若能够对明清和民国时期医讼形态的不同进行仔细比对，并对其成因进行历史主义的梳理和考察的话，相信会对从更为开阔的视野来认识传统医病关系的现代转型大有助益。易言之，当我们从头去"发现"民国时期的国人是如何"发现"医病纠纷这一新的社会问题时，无疑是饶有兴味而又充满挑战的。这里所用的"发现"一词有两重含义。一方面，我作为研究者从一个长时段的角度研究医讼何以会在民国时期凸显，并探索这一历史现象背后蕴藏着的社会文化变迁。另一方面，我也将重点考察民国时期的国家与时人（医生、病人、社会大众）是如何认识与因应医病纠纷的。要之，希望通过这种双重视角，来进一步推动民国时期医病关系史的研究。

在研究主旨上，本书以南京国民政府时期医讼的凸显为切入点，希冀在历史学、医学和法学的框架下，借助对医生、病人、社会与国家间互动关系的探讨与呈现，揭示国人生命观念和法制观念的现代转型，及其与相关制度架构间的关联，并进而探究传统与现代嬗递等诸多层面的关系。在时间跨度上，本书的上限将追溯至明清时期，确切地说是上溯至明代中后期，即大约 16 世纪初，[②] 下限至 1949 年。民国时期的医病纠纷，又称为"医事纠纷"，因后者包含词义较广（当时医生之间、医生与其他机构团体之间的纠纷亦包含在内），因此除引述原始史料或现有研究成果外，本书在研究分析时统一使用"医病纠纷"一词，重点研究医病双方之间因诊

---

① 欧阳湘：《近代中国法院普设研究：以广东为个案的历史考察》，知识产权出版社，2007。

② 从明代中后期开始，即大体为 16 世纪初，中国社会结构、思潮发生了很大的变动。基于此，近年来很多国内外学者对中国近代史的研究上溯到这一时期。我的研究起点也从这一时期开始。

疗而引发的纠纷或者诉讼案件。此外，因其他原因（诸如医生违反卫生行政法规被检举等）而对民国时期医病纠纷的发生产生影响的案例，亦在本书考察和探讨之列。此外，关于本书所使用的"医生"、"医家"、"医师"和"病家"称谓，在此也略作说明。"医生"的称谓，始于唐代，本为学医的生员，后逐渐演化为从事医疗行业者的通称。[①] 明清时期行医尚未成为一种职业，因此在第一章及其他章节相关部分，主要使用了"医家"这一称谓。进入民国时期，随着医学职业化的发展，"医师"称谓主要用以称呼西医，后中医亦取得了这一称谓资格。本书民国时期的相关讨论，主要使用了"医师"称谓。本书中的"病家"称谓，一般指病人及其家属等，视语境的不同有时也专指病人。

在具体的研究进路上，为了给民国时期医讼的凸显以历史的观照和对比，我在开篇便将研究的触角延伸到了明清社会。作为传统社会的最后阶段，明清社会的医病关系与医病纠纷究竟呈现出何等的历史状貌，我们仍旧不甚了了。现有研究表明，这一时期的医病关系尽管已趋于紧张，但医讼案件却较为少见。那么，究竟是哪些历史因素导致了这样的一幅历史图景？对于这些核心因素的追索，将构成本书深入展开的基石。与此同时，这些因素在民国时期的变化及其给医病关系所造成的影响，也将成为着力考察的重点。具体而言，本书将着重对如下问题进行审视与探析。

第一，现有研究表明，最早的医讼案发现于1920年代末。按照正常的逻辑，从明清社会医讼案的寥若晨星，到1930年代的大量涌现，其间应当有着某种历史性的过渡。至少，从部分省、市档案馆的档案资料来看，民国初期的警署内已有大量告医的现象存在。从广义上讲，这也是医讼。这个过渡阶段，显然不容忽视。对此，本书着力进行了讨论，用以同明清时期和南京国民政府时期医讼的生成状况进行对比，并指出其成因所在。

第二，南京国民政府成立后凸显的医病纠纷，其发生情形和主体特征如何？是什么因素对医讼的发生起到了"催生"作用，并进而影响到了其呈现特征？南京国民政府时期现代司法制度的构建与运作，和医讼形成及

---

① 张勇：《医生的称呼是怎么来的》，《北京晚报》2015年8月1日，第20版。

审理上又具有一种什么样的关联？是否真如有些学者所认为，医讼的发生是这一时期司法制度的不完善所致？对此，本书力图通过较为扎实的讨论，揭示出二者之间的关系。

第三，既有研究表明，民国时期西医的在华传播及其医疗模式的确立，给传统的医病关系带来了翻天覆地的冲击。这种冲击又对医讼案的发生带来了怎样的影响？此外，亦有学者指出，中西医论争对医讼的发生也曾产生影响。那么，这种影响究竟在医讼中有着哪些具体体现？凡此种种，无不需要我们进行具体的、实证性的研究与考察。

第四，民国时期的卫生行政管理从无到有，从相对零散到渐成体系，给现实中的医病关系带来了哪些影响？与北洋政府时期相比，伴随着南京国民政府时期全国卫生行政体系的初步建立，对医讼的"盛产"究竟是起到了抑制作用，还是推动作用？如果我们本着一种历史主义的态度去观察的话，相信会得出与现有研究截然不同的观点。

第五，民国时期的媒体在医病纠纷的形成和审理过程中，采取了一种什么样的报道态度？媒体对医病形象的刻画和建构，又对现实中的医病关系带来了哪些影响？显然，如果不对新闻报道文本进行细致入微地研究和分析，将无助于理解民国时期医讼案件的沸沸扬扬。

第六，医病纠纷在1930年代凸显后，中、西医界又是如何因应的？彼此在举措上有着怎样的不同？对此，我们依然所知甚少。相信对中、西医界在因应医讼案件中的相关态度及其举措的考察，将对明晰中、西医在民国时期的历史机遇大有裨益。

第七，上述国家、医界以及媒体等因素在医讼案件形成中的有关举措，又对现实中民众的生命和法制观念产生什么样的影响？换句话说，民众的观念转型与现代国家制度设计之间到底是一种什么样的关系？这也将成为我在本书中所要尝试回答的问题。

总之，中国近世以来医病纠纷从"沉寂"走向"凸显"，实际上是与中国从传统社会向现代社会转型分不开的。或者说，这一历史现象，是中国传统社会现代转型过程中的一个伴生物。通过对这一历史现象的诠释与解读，无疑为我们从一个新的角度、小的侧面来探讨现代国家的兴起与医讼案件的发生、社会转型与观念变迁等关涉传统与现代关系的一系列命题有所裨益。

四　资料说明

（一）历史档案类

对医讼问题进行专门讨论，自然离不开较为丰富的历史档案的支撑。相对来看，明清时期关乎医讼的历史档案相当少见。这部分的分析，更多只能通过其他途径来进行补充。

民国初期的医讼，总体上处于一种从传统向现代过渡的时期。这一时期档案资料的利用，主要借助于各省市档案馆特别是北京市档案馆的馆藏。北京市档案馆的档案开放程度相对较高，资料取得也较为容易。同时，由于在民国初期，北京在全国来说仍是政治中心，在一系列的改革中都走在前列，颇具代表性。因此，非常具有研究价值。在我索阅相关档案时，发现民国初期的大量关涉"取缔庸医"的资料可以利用。

为了更多地占有史料，上海市档案馆、中国第二历史档案馆、江苏省档案馆、南京市档案馆、苏州市档案馆、浙江省档案馆、杭州市档案馆、广东省档案馆、广州市档案馆、辽宁省档案馆、河北省档案馆、湖北省档案馆、武汉市档案馆、宁夏回族自治区档案馆等档案机构所收藏的相关档案也将有所甄别地加以利用。

（二）政书法制类

明清时期医讼历史档案的缺乏，可以通过这一时期刑事案件的汇编、法律判牍等资料予以弥补。其中，比较重要的有《刑部比照加减成案》和《刑部比照加减成案续编》（上海古籍出版社，1995）、《刑案汇览三编》（北京古籍出版社，2004）、《历代判例判牍》（中国社会科学出版社，2005）、《清代名吏判牍七种汇编》（台湾老古事业股份有限公司，2000）、《李渔全集·资治新书》（浙江古籍出版社，1991）等等。

民国时期的中华医学会业务保障委员会针对1930年代医讼案件的频发，曾主编出版了《医讼案件汇抄》（第1、2集），将当时影响较大的二十多起案件全部收录。这两部资料集洋洋30余万言，具有相当高的史料价值，基本上已反映出这一时代的医讼特征。病家的诉讼书、医生（律师）的辩诉状以及法院的审判书，乃至医生的相关评论等，《医讼案件汇抄》无不收录，内容丰富而全面，是研究民国时期医病纠纷必不可少的资料。只是由于印数有限，目前已属罕见史料。据我所知，《医讼案件汇抄》第 1 集现在上海图书馆和香港中文大学图书馆可以直接查阅使用；第 2 集藏于中国国家图书馆，只提供胶卷阅读服务。对于本书的研究而言，为了弥补民国时期医讼案件史料的缺乏，将重点利用《医讼案件汇抄》中所载的典型案例来展开相关议题的具体讨论。

（三）医书类

伴随着医疗社会史研究的展开，医案、医书已逐渐被史学家重视，内中隐含的社会文化信息开始被学者广泛挖掘。尽管医病关系史的资料比较分散，但只要在医案、医话中一一检索，集腋成裘，还是会有诸多意外的惊喜。近年点校出版的大量古代医籍，为我们的研究提供了便利。对本书写作极其重要的有《明清名医全书大成》（中国中医药出版社，1999）、《续名医类案》（人民卫生出版社，1997）、《明清十八家名医医案》（中国中医药出版社，1996）、《中国历代名医医话大观》（山西科学技术出版社，1996）、《近代中医珍本集·医话分册》（浙江科学出版社，1994）等。

随着民国时期各种医学团体的增多，各种中西医药期刊也开始大量涌现。从所开设专栏的有关情形来看，除学术性文章外，还会不时登载最近医界的动态、新闻、调查报告、医家随笔、读者来信等，这对本研究的展开非常有利。比如，在西医学界所创办的刊物中，《中华医学杂志》自1930 年开始，几乎每年都跟踪报道全国各地发生的比较有影响的医疗诉讼案件。另一份重要的医学刊物《医药评论》，针对医讼不断出现的原因，以及如何建设和谐的医病关系，医学界展开了广泛的讨论。在中医学界的刊物中，《神州国医学报》《光华医药杂志》则是民国中医探讨医病关系构建的主要阵地。因为与本书的研究具有极大的相关性，上述医刊是本书主要参考的资料。其他翻检的刊物，还有《博医会报》《绍兴医药月报》《新医与社会汇刊》《三三医报》《医事汇刊》《医界春秋》《中西医学报》《中华医报》等。

民国时期医生的医论集、回忆录同样值得我们珍视。具有代表性的，像余云岫的《医学革命论》、丁国瑞的《竹园丛话》、范守渊的《范氏医论集》、胡定安的《胡定安医事言论集》、陈养吾的《养吾医药论文》、丁福保的《畴隐居士七十自叙》、陈存仁的《我的医务生涯》等，都具有很高的参考和利用价值。

（四）笔记、小说和文集类

明清时期关乎医讼、医病纠纷的一手资料分散而少见，但这一时期出版的大量笔记、小说和文集，一定程度弥补了不足。在研究中，本书主要查考了《笔记小说大观》（江苏广陵古籍刻印社，1983—1984）等丛书中的有关资料。笔记、小说中不乏虚构的文学故事，在利用上需要多方审慎，但相应故事所反映的却是特定历史时期的医疗文化，也颇有可取之处。其中，晚清医林小说《医界镜》揭露了当时医界的众多"阴暗面"，是研究中不可或缺的重要资料。另外，明代小说《壶中天》尽管现已残破不全，但现存的章节对当时的行医活动有着比较详细的描写。至于文人文集，则比较侧重于对晚清与民国时期文集的阅读与翻检。诸如晚清的《吴汝纶全集》《郭嵩焘全集》《盛世危言》以及民国《鲁迅全集》《胡适文集》等。

（五）法律法规类

医生行医以及医讼案件的审理，都离不开相关法律。从历史上来看，相关条文在西周时期即已出现。尽管本书的研究起点为明清时期，但此前朝代的有关法律规定也不可忽视不理。特别是在《唐律疏议》中，首次对医疗事故责任有了专门规定，并在一定程度上对明清的法律产生着重要的影响。《大明律》《大清律例》与本书的研究直接相关，是重要援引与解读的资料。此后，晚清沈家本负责修订的《大清新刑律》，在行医的相关内容上有所增加。民国时期，尽管在1943年《医师法》出台以前，医师基本没有法律上的保障，但之前出台的诸如《管理医师暂行规则》（1922年）、《医师暂行条例》（1929年）、《西医条例》（1930年）等法律规范，都需要仔细解读。

（六）报刊、方志类

晚清和民国时期的报刊资料可谓汗牛充栋，对这些报刊资料均一一翻阅，显然是不可能的事情。出于研究所需，20 世纪三四十年代的《申报》《大公报》是查阅的重点。特别是两报中关于医讼的相关报道以及群众来信部分，更是重中之重。其他的报纸则视具体研究所需进行了部分查阅。

在地方志的"人物""隐逸"等条目中，往往载有一些历代名医的嘉言懿行。其中，不乏关乎医病关系的珍贵资料。出于研究的需要，这次并没有大规模运用，只是有选择地进行了典型引证。

第一章　明清时期的医病纠纷

　　明清时期，特别是 16～18 世纪，中国传统社会发生了很大的变化，不仅传统社会结构发生了深刻变动，新的时代思潮也在逐渐萌动、发展。[①]许多学者甚至将 18 世纪作为中国"前近代"或"近世"社会的开端，[②]从中去追寻中国社会经济与思想文化发展的"现代性"。尽管这种划分时代的方式，以及对中国历史上的现代性进行探索的做法，并不能赢得所有学人的普遍认同，[③] 但至少在某些问题的研究上，我们还是不能不将思维的触角上溯到这一时期。

　　对民国时期医病关系的研究便是如此。从现有研究来看，民国时期的医病关系已非常紧张，并由此带来了诸多问题，甚至在某种程度上还影响至今。[④] 这样的一种状况，无疑使多数国人"潜意识"中对传统社会医病

---

① 从国内外的相关研究来看，对中国近世社会进行宏观论述与专题讨论的论著、文章所在多有。如在中国近世社会的总论上，有日本学者岸本美绪的《发展还是波动？——中国"近世"社会的宏观形象》（《台湾师大历史学报》第 36 期，2006 年 12 月），探讨社会结构的论文则可参见赵毅、刘晓东《传统向现代的萌动》（《东北师大学报》1999 年第 1期），关乎中国近世思想萌动与社会变迁的著作如高翔《近代的初曙：18 世纪中国观念变迁与社会发展》（社会科学文献出版社，2000）等。

② 关于"近世"一词，目前学界尚无明确界定。最早曾由日本学者提出，专指宋元明清这一历史时期。近年来，在探讨中国社会的现代性起源时，中国与西方的研究者也在使用这一概念，一般指明代中后期至民国初年这一段时间，大体相当于西方学者所谓的"Late Imperial China"。

③ 比如，夏明方教授近年来便撰有多篇文章，对学界关于中国 18 世纪的"现代性建构"提出反思与批判，参见氏著《十八世纪中国的"现代性建构"——"中国中心观"主导下的清史研究反思》，《史林》2006 年第 6 期；《一部没有"近代"的中国近代史——从"柯文三论"看"中国中心观"的内在逻辑及其困境》，《近代史研究》2007 年第 1 期；《十八世纪中国的"思想现代性"——"中国中心观"主导下的清史研究反思之二》，《清史研究》2007 年第 3 期。

④ 参见张大庆《中国近代疾病社会史（1912～1937）》，山东教育出版社，2006，第194 页。

关系的"美好"平添了几分憧憬。特别是时下多数医史著作通过"选精""集粹"①的做法，对中国古代名医的嘉言懿行大加赞美与倡扬，更是加深了人们对传统社会医病关系相对融洽的印象。其实，无论是对传统时期医病关系"想当然"的良好感觉，还是医史学界"选精""集粹"的研究方法，恐怕都缺乏一种历史主义的态度。换句话说，民国时期医病关系的紧张，实非无本之木、无源之水。如若穷本溯源，我们还是非常有必要对明清时期的医病关系作一番探讨。

一　医病关系的紧张化趋向

明清时期的医病关系，虽然总体上仍然未脱离传统特色，但与前代相比却发生了很大的变化。明代万历年间曾官至内阁首辅的沈一贯在为名医徐春甫的医学著作《古今医统》所作的序中，便将当时与过往的医病关系进行过精彩的概括与对比。

> 古者人专师，师专法，师秘而不忍传，学者久而后可得。然且斋戒以将之，盟誓以信之，诚而听之，终而守之。其治人也，一意摄志，罔敢二三。故病者之听夫医，犹听神明，正反从逆，惟其所用，至割皮解肌浣肠剖骨不惜，医诚良而听之诚是也。今医师遍天下而不攻，学者亟求食而不能尽其术。病者疑信半而姑听命焉，而又以好全恶危之心待之。病非在皮肤，而效求于旦夕，旦不效旦更，夕不效夕更。而医不敢聚毒以尽其技，况敢言割皮解肌浣肠剖骨之难乎？故天下不尊医，而医亦不自尊。②

从沈一贯的这段话中，我们可以看出，在明代中后期，病人对医生

---

① "选精""集粹"指的是后人有意将前人的某些嘉言懿行专门编辑成册，进而起到教育后人的目的。这种做法，尽管不失其教育意义，但如果从史学的角度来看，显然不是历史主义的态度。在当前的医学界，类似做法有很多。如为了凸显古代名医的高尚医德，有意将古代名医关于倡扬医德的言论辑成一册，像何兆雄主编的《中国医德史》（上海医科大学出版社，1988）、王治民主编的《历代医德论述选译》（天津大学出版社，1990）、杨贵琦主编的《医德要览》（陕西人民出版社，2010）、辛洪波主编的《医者仁心》（江西高校出版社，2011）等，都明显有着这种痕迹。

② （明）徐春甫：《古今医统大全》上册，人民卫生出版社，1991，"序"，第15页。

的不信任以及医病之间的疏离感就已经很强烈。而医病关系之所以发生如此大的变化，显然与这一时期特定的社会文化背景有关。对此，学界已有一定的讨论。大体来看，伴随着医药学知识社会化的进一步发展，到了明清时期，行医已渐趋成为一种相对开放的职业。特别是在文化程度较高的江南地区，只要能够读书识字、诵读汤头歌诀，即能悬壶于世、开局行医。而国家与社会对行医活动又缺乏相应的监督和规范，导致行医者构成复杂，良莠不齐。大多数行医者纯粹是为了谋生，在医术上根本没有任何保证，不免给医病关系的恶化带来了严重影响。①

衡量医病关系紧张与否的标准有多种。其中，医家形象的好坏显然是重要标准之一。在一个多数医家并不以治病救人为宗旨的时代，医家的社会形象势必会大打折扣。揆诸明、清之世，我们发现，与此前历朝历代相比，医家的社会形象已非常之差，痛斥乃至丑诋医者的文字比比皆是。

清人黄凯钧在感叹"何近来为医之多耶"的同时便指出，其实大多数所谓的"医者"都是些"习举业而不售，为商贾而乏资，为农无力，为工不屑，于是手择易知易见之方书，春习而夏施"②之人。显然，在黄氏的心目中，大多数习医者都是些一无所能之辈，简直成了社会上最不值得称道的一个群体。字里行间，处处流露着黄氏对这些所谓"医者"的轻蔑与不屑。另一位清代医家俞廷举则以歌谣的形式，表达了对稍识药性即率尔操觚之医的不满与愤懑。在对古时医家研习医术的严肃认真进行一番赞美之后，他继续写道："不料医术至今日，家弦户诵滥如彼。一书不读任意为，其中更多白丁子。纵有儒者强观书，数卷便谓道在是。於戏！阴阳虚实了不知，草菅人命可悲矣！君莫龇，君不见招牌高挂长安市，牧猪奴

① 相关研究可参见余新忠《清代江南的瘟疫与社会：一项疾病医疗社会史研究》，中国人民大学出版社，2003，第308～310页；马金生、付延功《明清时期医德问题的社会史考察：以16至18世纪为中心》，《史林》2008年第3期；祝平一《药医不死病，佛度有缘人：明、清江南地区的医病关系》，《中央研究院近代史研究所集刊》第68期，2010年6月；梁其姿《宋元明的地方医疗资源初探》，载张国刚主编《中国社会历史评论》第3卷，中华书局，2001；等等。

② （清）黄凯钧：《友渔斋医话》，载沈洪瑞、梁秀清主编《中国历代名医医话大观》上册，山西科学技术出版社，1996，第400页。

儿亦为此。"① 由这些诗句可知,连最无智识的"牧猪奴"都能加入行医者的行列,那么,医家的良好信誉和形象将从何谈起?!

更有甚者,明清时期的部分贤者一改冷静抨击之态,对医技浅薄、医德低劣的行医者进行了赤裸裸的揶揄与辱骂。在《履园丛话》中,钱泳便绘声绘色地记述了一个"狗医"的故事。故事的主人公姓姜,浙江慈溪人,"素知医理"。但每次出诊,必然带着一条狗。因为这条狗不仅"知内外科,而又兼妇人科",曾几次三番在关键时刻纠正姜姓医者治疗上的过误之处。后来,"狗忽亡去,不知所之",姜在连连慨叹"吾道其衰"后不久辞世。在此,一位"素知医理"的医家竟然比不上一条狗,钱氏的用意是显而易见的。特别是在故事的最后,钱氏更是直接指斥那些"舟舆出入,勒索请封,若有定价而卒无效验或致杀人者"真是"狗彘之不若",将批判的矛头指向了多数的医家。②

检视明清时期的文集、笔记与小说,对医家进行类似钱泳式鞭挞的故事,多有载记。如龚炜在《巢林笔谈》中记载的"负技而骄,不多与金钱,虽当道或不赴"的医家,死后被哄传"堕入狗胎,有文在腹"③ 的故事,其嬉笑怒骂,与钱泳并无二致。当然,上述故事的真实性或可待考,但其所反映时人对于行医者的观感当属实情。④ 要之,明清时期医家社会形象如此之差,恰是这一时期医病关系紧张的突出体现之一。

对庸医单纯进行言语上的嘲讽与鞭挞,甚至丑化其社会形象,固然能泄一时之愤,但并不能为病家带来实质的益处。特别是在病人遭遇疾患,

---

① (清) 俞廷举:《金台医话》,载沈洪瑞、梁秀清主编《中国历代名医医话大观》上册,第 307 ~ 308 页。用诗歌的形式讽刺庸医,在这一时期并不少见,如名医徐大椿亦有类似诗句:"叹无聊,便学医。噫,人命关天,此事难为。救人心,作不得谋生计。不读方书半卷,只记药味几种。无论臌膈疯痨,伤寒瘰疾,只打听近日时医,惯用的是何方药。试一试,偶然得效,便觉得希奇。试得不灵,便弄得无主意。若还死了,只说是,药不错,病难医。绝多少单男孤女,送多少高年父母,折多少壮夫妻。不但分毫无罪,还要药本酬仪。问尔居心何忍,王法虽不及,天理实难欺。你若果有救真诚,还望你读书明理,做不来宁可改业,免得阴诛冥击。"转引自孙式广《敬录先贤徐灵胎俚歌一篇以警同道》,《光华医药杂志》第 3 卷第 6 期,1935 年,第 11 页。

② (清) 钱泳:《履园丛话》卷 21《狗医》,《笔记小说大观》第 25 册,江苏广陵古籍刻印社,1983,第 159 页。

③ (清) 龚炜:《巢林笔谈》,钱炳寰点校,中华书局,1981,第 100 页。

④ 关于时人对医家进行嘲讽与鞭挞的文字,可参见马金生、付延功《明清时期医德问题的社会史考察——以 16 至 18 世纪为中心》,《史林》2008 年第 3 期。

延请医家来诊之时，如何判断出对方能否胜任，显然需要一套较为"实际"的方式。一般来看，为了自身的健康与生命安全，多方试医、频频换医，是该时期有条件的病家所普遍采用的方法。其实，也不仅仅是病家，即使是一些名医，也纷纷献计献策，为病家择医指示津梁。比如，明代末期著名的医家萧京就是较为突出的一个。[①] 在其所著的六卷本《轩岐救正论》中，有着这样一段论述：

> 夫人大事，莫逾生死。百年之内，谁保无恙。乃一旦有疾，付之庸手，甘心受害，枉死无怨。……病固不得不求医，而医之明脉者，盖千百不一二数也。将谓不治，无以愈病；将敢听妄治，又恐丧生。余以为具慧鉴者，方别妍媸，凭荐扬者亦须勉受。唯有试之一法，庶几酌择匪谬。

那么，又应当如何来试医呢？萧京主张当病者将医家延请至家时，"切勿预言病症"，须先令医家"诊脉，察色，闻声"。脉毕，再静默倾听医家言说此病之阴阳虚实。一旦医家"言下十应二三，便称名手"。此后，"吾方告以得病之由，起居顺逆，饮食喜恶，病期久近，备详勿讳"。接下来，当医家开方时，病家也要注意，一定要问他所开之药主治何症，病期修短，能否治愈等等。这样做的目的无它，主要在于"看他学问浅深，见识高下，果属明良，信心任之无虞。设有不愈，非医之咎者"。[②]

再如，清代的名医徐大椿也提出了与萧京相类的建议。他指出，病家之选医，"犹如人君之用宰相"，必须遴选贤能之士而用之。否则，"小病无害，若大病，则有一不合，皆足以伤生"。那么，又当如何来"择贤"呢？徐大椿给出了他的经验之谈：

> 择贤之法若何？曰：必择其人品端方，心术纯正，又复询其学有根柢，术有渊源，历考所治，果能十全八九，而后延请施治。然医各有所长。或今所患，非其所长，则又有误。必细听其所论，切

---

① 关于萧京的生平事迹，参见陈俊孙《萧京生平考略》，《中医文献杂志》1999 年第 1 期。
② （明）萧京：《轩岐救正论》卷六《医鉴·试医》，中医古籍出版社，1983，第 541 ~ 544 页。

中病情，和平正大；又用药必能命中，然后托之。所谓命中者，其立方之时，先论定此方所以然之故；服药之后，如何效验。或云：必得几剂而有效，其言无一不验，此所谓命中也。如此试医，思过半矣。若其人本无足取，而其说又怪僻不经，或游移恍惚，用药之后，与其所言全不相应，则即当另觅名家，不得以性命轻试。此则择医之法也。①

从以上所引述的内容来看，萧京和徐大椿的建议不可谓不善，但这样的建议恐怕只适合士绅阶层中对医学有过一定修习之人；对于普通百姓来说，难免就有些要求过高了。有鉴于此，生活于明代末期的医家裴一中，提出了自己更为简捷而实用的方法。

择医疗病，不在临时，而在平时。能于平日知得深，信得确，则临病相延，不患不济事也。②

不过，从后世医家仍然在喋喋不休地呼吁病家宜审慎择医的情形来看，③似乎这些言论并没有对一般民众产生多大的影响。病家一旦生有疾患，病势危急时，还是有病乱投医。甚或医疗效果缓慢时，又频频换医，"世之延医治病，往往求其速效，更易医者，杂投方药而病转增剧，盖比比然矣"。④如此一来，不但对病人的康复十分不利，还会对医生掣手掣脚，因而不断招致时贤的指责。

今夫世之择医者，在平日，则恬不经心；及有病，即手忙脚乱，妄听妄从。有谓此良遂延此者，有谓彼良更延彼者。甚至道途之人，绝不晓医为何事，而或徇其荐荐之情，无　不可延之者。幸而愈，以

---

① （清）徐大椿：《医学源流论·病家论》卷下，刘洋主编《徐灵胎医学全书》，中国中医药出版社，1999，第158～159页。

② （明）裴一中：《裴子言医》，载沈洪瑞、梁秀清主编《中国历代名医医话大观》上册，第207页。

③ 譬如晚清医家徐延祚在《医粹精言》开篇便言病家"若不知择医，任医所措，以致轻者变重，重者立危"，因此他编辑是书，希望"病者得是书与医者周旋，一问答间，便知其贤否？而去取不误"。参见氏著《医粹精言》，载沈洪瑞、梁秀清主编《中国历代名医医话大观》上册，第804页。

④ （清）陆以湉：《冷庐医话考注》，朱伟常考注，上海中医学院出版社，1993，第66页。

为得人。不愈，则曰："疾既已剧，无可奈何，甘下泉而不悔矣。"愚者不怪，智者亦比比如之，可胜悼叹！①

如果说，病家频繁换医，尚不足说明医病关系的紧张，那么当病家在延请众多医家到场而出现不同的诊疗方案时，病家的无助、惶惑乃至孤注一掷，则更平添了一抹悲壮的色彩。每值此情形，一些病家百般无计，只得求助于鬼神，将生命托付于冥冥的上苍。类似记载颇不少见。当然，有的病家因此而选对药方，侥幸得以康愈。② 而有的病家，则因选错了方案，一药而毙。关于后者，我们来看一则案例。

在清代杭州名医魏之琇编纂的《续名医类案》中，载有这样一个故事。一个名叫施幼升的人，以卖卜为业，术多灵验。忽有一日不幸患上了时疫，病势危笃，遂多方延医。然而，让病者家属一筹莫展的是，群医定方彼此多不相同。开始所延请的两名医家，"一曰阴症，一曰阳症"，施幼升的妻子因两医在诊断上"天地悬绝"，自不敢采信两医所开设的药方。于是，又从外面延请了一名医家，医家诊以"阴毒，须灸丹田"。此后，"又三医续之，皆曰阴症"。施之妻无所适从，惶惑不已。最终，施幼升忽然想起了自己的老本行，自言："何不卜之神明？"结果，卜得阴吉阳凶，又因为医者议阴症者居多，遂服附子汤。不料，"下咽如火，烦躁之极"。病者于是慨叹"吾已矣，药之误也"，"言未已，转剧，不逾时竟殒"。③一位对自己的卜术颇为自信的卜者，最后竟然因病死在了占卜之上。虽然个中不乏讽刺的意味，但读来还是让人不胜唏嘘。如果换作是普通的民

---

① （明）裴一中：《裴子言医》，载沈洪瑞、梁秀清主编《中国历代名医医话大观》上册，第207页。

② 在检阅明清时期医家的医案中，类似事例尽管病人都最终痊愈，但个中却充满曲折与悬念，每每让人读后产生颇多的感慨。比如，明代医家孙一奎为王文川之子治病，按照医案上的记载，王之子"原伤饮食，又伤于冷菱等物，遍身发黄，眼如金色，夜里发热，天明则退，腹痛手不可近，号叫通宵"。病家显然是为了周全考虑，邀集众多医家一起讨论诊疗方案。然而，在用药上，孙一奎却与其他医家产生了分歧。其他医家多议"以草头药进"，唯有孙一奎力主食用保和丸，"议草头药者十九，而孙君独非之"。在一片喧嚣声中，王文川一时拿不定主意，乃"决于神"，"神允孙君，服果有效"。参见孙一奎《孙文垣医案》，载伊广谦、李占永主编《明清十八家名医医案》，中国中医药出版社，1996，第86页。

③ （清）魏之琇编《续名医类案》卷5《疫》，黄汉儒等校，人民卫生出版社，1997，第137～138页。

众，在这样的一个医疗场合下，其内心的无助感便可想而知。

二　医者的规避责任

即使在科学渐趋昌明的当下，由于疾病的复杂与不确定性，医家在诊疗过程中，仍不免有这样那样的过失，百分之百的治愈率仍然不能实现。在医疗技艺有限的传统社会，医家的治愈率更不待言。上古之时，医家对治毙病人并不避讳，《周礼》"医师"条载"医师岁终稽其医事以制其食。十全为上，十失一次之，十失二次之，十失四为下"。[①] 可见，即使60%的治愈率，在当时仍为人们所认可。再如，几乎成了神医代名词的古时医家扁鹊，面对病家誉美其有起死回生之能时，仍不免自谦"越人非能生死人也，此自当生者，越人能使之起耳"。西汉名医淳于意，在其上奏汉文帝关于自己"诊病决生死，能全无失乎"的条陈时，仍有"时时失之"之慨。[②] 名医尚且如此，一般医家的治愈率便可想而知。不过，有限的治愈率并未给这些医家的继续施诊带来任何负面影响，当时医家对此似也并无多少顾忌。究其缘由，可能即在于当时相对融洽的医病关系，借用沈一贯的话就是"病者之听夫医，犹听神明"。然而降至明清时期，面对上文所述的那样一种复杂而敏锐的新型医病关系，特别是在医病双方的互动中，有条件之病家又往往牢牢掌控主动权的前提下，[③] 无论是一般医者，还是显赫一方的名医，显然都不得不认真对待，谨慎因应。

其实，早在明代中后期，当医病关系的紧张逐渐显现之时，著名的医家李中梓即已敏锐体察到了这一新型医病关系的复杂，并尝试有所调整。他曾将当时的医病关系分为三个方面加以论述，分别为"病人之情"、"傍人之情"和"医家之情"。

---

① 郑玄注，贾公彦疏《周礼注疏·天官·医师》，《十三经注疏》上册，中华书局，1980，第666页。

② 以上均参见司马迁《扁鹊仓公列传》，（司马迁：《史记》，梁绍辉标点，甘肃民族出版社，1997，第768、779页）。另，据于赓哲对淳于意所陈医案的统计，推算其治愈率为60%。参见氏著《从古人求医心态看古代民间医人水平》，《学术研究》2005年第9期。

③ Nathan Sivin, "Ailment and cure in Traditional China," unpublished manuscript, p. 44. 转引自雷祥麟《负责任的医生与有信仰的病人——中西医论争与医病关系在民国时期的转变》，载李建民主编《生命与医疗》，第477页。

所谓"病人之情"，是指病人的生理、身份、好恶、性情、偏好等自然或社会属性每有不同，从而给医家的诊疗带来种种不便。如在生理上，人之五脏六腑各异，"阳脏者宜凉，阴脏者宜热；耐毒者缓剂无功，不耐毒者峻剂有害"。在社会身份上，人有贫富之分，富者多"任性而禁戒勿遵"，贵者则多"自尊而骄恣悖理"；至于贫困之人，衣食尚难周全，"况乎药饵"。人之好恶悬殊，"性好吉者危言见非，意多忧者慰安云伪，未信者忠告难行，善疑者深言则忌"。在性格上，急性之人遭遇慢性病，往往"更医而致杂投"；慢性子患上急症，则常常"濡滞而成难挽"。又有一等人，"有晦疾不言，有隐情难告"，有意隐瞒病情，以脉试医。如此等等，是为病人之情。

"傍人之情"，则主要是指病人的家属、亲朋或邻近，他们的言论与行为，往往会给诊疗带来不同程度的影响。如在医家施诊时，常常有病者的亲人参与其中，并表述意见，夸夸其谈，貌似"有据之论"，实则与"病情未必相符"；或执一偏之见，党同伐异，"同我者是之，异己者非之"，以致真假莫辨。如若遇到地位高贵之辈，或者是病者的亲朋密友，尤难令其改变意见。更有因私交之厚或贪图重酬而荐医者，对时医薰莸不辨却妄肆品评，"誉之则跖可为舜，毁之则凤可作鸮"，致使"怀奇之士，拂衣而去；使深危之病，坐待死亡"。类似上述因素，都可归为傍人之情。

"医人之情"，主要是针对那些无甚道德操守的行医者而言。这些医家有的在病患面前鼓动唇舌，或甜言相欺，或危言相恐；有的则只知修好童仆、结交权门；更有孟浪医家，"望、闻、问、切，漫不关心；枳、朴、归、芩，到手便撮"；有的则谗妒成性，"阳若同心，阴为浸润，是非颠倒，朱紫混淆"，专以排挤同侪为能事；有的医家"贪得无知，轻忽人命"，而一旦败坏，又善于"嫁谤自文"。如此一来，病家是非莫辨，医家只求免责，"病家既不识医，则倏赵倏钱；医家莫肯任怨，则惟苓惟梗"。

应当说，李中梓所提出的"病人之情"、"傍人之情"和"医人之情"，生动、逼真地刻画出了明清之际医病关系的状貌。因此，李中梓一再强调，为医者对此"不可不察"。不过，此三者又彼此纠结，不易调和。李中梓曾试图在三者之间寻求某种平衡以"不失人情"。但他最后发现，迁就病情就会影响人情，迁就人情又会妨碍病情，只得连连慨叹，"奈之何哉?"①

从李中梓所说的"病人之情"和"傍人之情"中,我们可以发现,令医家头痛的,恰恰是明清时期的病人及其家属、亲朋在诊疗过程中不时"发声"来影响医家的施诊。客观来讲,病家在诊疗活动中的发声,对于塑造良性的医病关系具有积极意义。然而,在明清时期病家往往掌控医疗话语权的条件下,诊疗中良好的医病互动关系的形成则相当困难。当然,对于普通民众而言,由于医药知识的缺乏,一般的医家也好相对处理。但是对于有着一定的社会威望和医药学知识的士绅、权贵之家,则要难以应付。因为一旦处理失据,医家便要面临声誉上的损失,进而给行医带来麻烦。② 这样的一个局面,医家显然一时无力改善。那么,为了行医于世,也只得迎合病家以图免过。对此,清代医家徐大椿说得最为明白、彻底。

> 夫医之良否,有一定之高下,而病家则于医之良者,彼偏不信;医之劣者,反信而不疑。言补益者以为良医,言攻散者以为庸医,言温热者以为有益,言清凉者以为伤生。或旁人互生议论,或病人自改方药,而医者欲其术之行,势必曲从病家之意。病家深喜其和顺,偶然或愈,医者自矜其功。如其或死,医者不任其咎。病家因自作主张,隐讳其非,不复咎及医人。故医者之曲从病家,乃邀功避罪之良法也。③

基于此,为了获取病家的信任,同时也为了在危机时刻摆脱责任,多数医家在诊疗过程中往往会投病家之所好,极力迎合病家的心意。例如,在乾隆年间,江南地区药补之风盛行,上至达官显贵,下至普通小民,一旦罹有疾患,往往闻"用参附则喜,用攻剂则惧",乃至到"虽服参附而死,则委之于命"的地步。在这种盲目"尚补"的风习中,无论是何疾病,医家都要以一定的参附入药才能令病家满意。如此一来,"医者全无一念,轻将人参立方"。否则,"用而不遵,在父为不慈,在子为不孝,在

---

① 包来发主编《李中梓医学全书》,中国中医药出版社,1999,第82~83页。
② 相关研究,参见邱仲麟《医生与病人:明代的医病关系与医疗风习》,载李建民主编《从医疗看中国史》,联经出版事业公司,2008;涂恩丰《择医与择病:明清医病间的权力、责任与信任》,载常建华主编《中国社会历史评论》第11卷。
③ (清)徐大椿:《医学源流论》卷下,刘洋主编《徐灵胎医学全书》,第159页。

夫妇昆弟为忍心害理，并有亲戚朋友责罚痛骂。即使明知无益，姑以此塞责"。①

其实，生恐拂逆病家心意以招怨，也并非只是普通医家的心理，即使是一些名医也概莫能外。清乾隆年间，松江王孝贤夫人"素患血症，时发时止"，后又因"感冒变成痰喘，不能着枕，日夜俯几而坐，竟不能支持矣"。常州名医法丹书为之诊治，并无效验，遂邀徐大椿并诊。当时的徐大椿尚无医名。徐大椿诊后认为，是病为小青龙症，应先治其新添之病，再治本病，否则"若更喘数日，则立毙矣"。对于徐大椿的诊治结论，法丹书深表赞同，"吾固知之"，但他提醒徐大椿，病人身体素弱，治新病必用麻桂等药，恐病人很难承受。因此，治新病在先虽属正途，但"病家焉能知之"，"治本病而死，死而无怨；如用麻桂而死，在不咎病本无治，而恨麻桂杀之矣"。最后，法丹书仍是选择了回避，"我乃行道之人，不能任其咎；君不以医名，我不与闻，君独任之可也"②。徐大椿对法丹书的做法虽表理解，但对当时之医多爱惜羽毛、避祸邀誉的行为，仍不免一番感叹。

再如，晚清常熟人范云亭在某年暑天"先因寒热，遍体红斑满布"，延医疗治后，病情不轻反重。遂再次延医，一天内前后"请医七人"。最后邀请常熟名医邵聿修和余景和并诊。诊疗过程中，余景和认为病家应服党参以"固表服阳"，但"病家及旁人皆不肯用"。值此，余氏希冀邵聿修能够支持自己的看法，但不料邵氏也不肯用党参。余景和扣问其故，邵"笑而不答"。见此，余景和心知其意，只得以情义相感召，"君乃常熟之仰望，若亦依顺人情"，则"云亭无生理矣"。邵聿修闻此才终决意用党参。最后，病人得以康复。③

相对于一般医者的模糊处治、敷衍塞责来说，对于有着一定道德操守，以治病救人为职志，以拯危济困为使命的医家来说，事情就不这么简

---

① 刘洋主编《徐灵胎医学全书》，第 133 页。另，关于清代江南地区药补文化的研究及其对医病关系的影响，可详见蒋竹山《非参不治，服必万全——清代江南的人参药用与补药文化初探》（常建华主编《中国社会历史评论》第 8 卷，天津古籍出版社，2007）一文。其中，对于医者为规避责任，遂多顺从病家心意，每以人参入药，以致部分病家家破人亡的景况，有着较为详细的论述。

② （清）徐大椿：《洄溪医案》，载伊广谦、李占永主编《明清十八家名医医案》，第 273 页。

③ （清）余景和：《诊余集》，载沈洪瑞、梁秀清主编《中国历代名医医话大观》下册，第 1555～1556 页。

单了。

身为名医，徐大椿敏锐地感觉到身处其间的困境。他指出，名医声价甚高，敦请不易，病家轻小之疾，一般不会轻易造访。一旦延请，则"其病必迁延日久，屡易医家，广试药石，一误再误，病情数变，已成坏症"。而名医也无回天之术，但由于负有盛名，往往被病家所望甚厚。如若病症断然必死，明示以不治之故，然后飘然而去，"犹可免责"；如果病者尚有生机一线，医家"若用轻剂以塞责，致病人万无生理，则于心不安"，若用重剂背水一战，万一不效，则"谤议蜂起，前人误治之责，尽归一人"。因此，他提出"名医不可为"。①

基于同样心理，部分医家提醒同道应通权达变，善于自保。明代名医张景岳鉴于"人事之变莫可名状"，呼吁医家要"见机自保"。即使临诊时成竹在胸，"也须明哲毋招怨"。特别是"于缙绅之间，尤当加意"，"盖恐其不以为功而反以为罪，何从辩哉？"② 清代名医俞廷举同样提示同道宜心存定见，知道进退，"凡医唯深信我者，方可任其责，否则朝陈暮李，早更夕改，彼既信我不专，我即引以自退，恐他人败事，咎归于我，悔之晚矣"。③ 如此一来，为了避免招怨，多数名医选择明哲保身，久而久之，遂催生出了一种"时弊"，即"凡遇疾病危险，诸医会集，其中学术平常者，不过轻描淡写而已。识见高明者，若欲另立意见，惟恐招人嫉妒。万一不效，又虑损名，瞻前顾后，亦是大同小异了事"。④

其实，这样的一种"时弊"早在明末清初已见端倪，顾炎武在《日知录》中即对此颇有批评，"古之时庸医杀人，今之时庸医不杀人，亦不活人，使其在不死不活之间，其病日深而卒至于死"。⑤ 在顾炎武看来，无论医技高下，只要不尽心施治，都是"庸医"，评价医家的标准已然不同。

当然，也有时人呼吁医家不要顾忌太多，以免形格势禁。如上文所说的裴一中，在指责当世医者"皆重惜名誉"，对病者多投以"轻平之剂"

① 刘洋主编《徐灵胎医学全书》，第156～157页。

② 李志庸主编《张景岳医学全书》，中国中医药出版社，1999，第889页。

③ （清）俞廷举：《金台医话》，载沈洪瑞、梁秀清主编《中国历代名医医话大观》上册，第303页。

④ （清）史典：《愿体医话》，载沈洪瑞、梁秀清主编《中国历代名医医话大观》上册，第560页。

⑤ （清）顾炎武：《日知录》卷6《医师》，平平出版社，1974，第132页。

以邀功避罪后，便主张"真心救世"的医家，"必慨然以死生为自任，当寒则寒，当热即热，当补即补，当攻即攻，不可逡巡畏缩而用不寒不热不补不攻，如谚云'不治病不损命之药'"。①

揆诸明清之世，能有此担当的医家实在不多。即使医家对深危之疾稳操胜券，下定决心予以医治，那也需有很大魄力。晚清医家陆以湉曾言其里某乡农患病喘十余日，服药不效，乃登门求诊于名医张云寰。适张氏外出，其子铁葫亦通医理，且胆识过人，遂令该乡农服用小青龙汤。乡农面有难色，铁葫乃曰"服此药二剂，仍不得卧者，余甘任其咎"。乡农离开后，"家人讶其失言"。铁葫却胸有成竹，解释说："彼喘而延至十余日不死，非实症不能，又何疑焉？"果然，几天之后，"乡农复来，则病果瘳矣"。②

再如，清代医家王孟英为张德祥之孙治腿疾。诊疗时群医毕集，但在是否用刀割治上众说纷纭，意见不一，"或决之立毙，或决之成废"。只有王孟英一人力主割治，但惑于群医之言，病人"一家数十口犹执不可"。王孟英只得指誓发愿，"若决之而毙，吾偿其命可也。众皆咂舌不敢言，遂决之"。结果，病人"三日后吃饭，四十日收功"。③

与张铁葫、王孟英相比，部分医家虽亦执着非常，但因其在诊治过程中我行我素，并无顺从病家心意，即使治愈病人，也不会赢得病家的赞许。在明末清初著名医家喻昌所撰的《寓意草》一书中，即载有很多类似的案例。如一位名叫呰旭的人的妻子患膈气，二十多天都不曾进食。经过诊疗，病人"尺脉已绝"，二便"自病起至今，从未一通"。同邑之中有善决生死之医施姓，谓病人"脉已离根，顷刻即坏"。然喻昌认为，病人病势虽然沉重，尚不至死，乃决意缓缓施治。但在治疗过程中，因需用参遭到病者之父的怀疑，喻昌遂对曰："无恐也。治此不愈，愿以三十金为罚。如愈，一文不取。"诊之月余，病人全无大便。病家心急，多次催促喻昌为之通便。喻昌并不以为然，仍然按照己意施

---

① （明）裴一中：《裴子言医》，载沈洪瑞、梁秀清主编《中国历代名医医话大观》上册，第185页。

② （清）陆以湉：《冷庐医话》卷2，载陆拯主编《近代中医珍本集·医话分册》，浙江科学技术出版社，1994，第35页。

③ （清）王孟英：《归砚录》卷3，载沈洪瑞、梁秀清主编《中国历代名医医话大观》上册，第699页。

诊。结果病人"举家咸以余为不情。每进诊脉，辄闻病者鼻息之声，但未至发声相詈耳"。三五日后，病人康愈，然病家不但不感谢喻昌，反而私下窃议："一便且不能通，曷贵于医耶？"喻昌不得不慨叹："余之投诚而行，以全人夫妻子母，而反以得谤也。岂有他哉，惟余得谤，当世之所谓医者，然后乃得名耳。"① 其激愤与无奈之情，表露无遗。

那么，如果医家对治愈病人之疾并没有把握，仍然去努力救治，那结局会如何呢？清代著名的温病学家吴瑭便是一个例子。据载，吴氏临症，"虽遇危疾，不避嫌怨"。② 每当有被医家贻误或治坏的病人送去求诊时，吴氏多不肯辞，仍要多方救治，不过病人"往往一药而毙"。吴氏也便由此落得了个"颇有杀人之名"的坏名声。③

三　医病纠纷的发生与解决

在古代中国，能否凭脉断人生死往往是判别医家水准高下的一项重要标准。④ 名医为人治病，对于病者能否康愈，在其诊断之后，心中就会有一个比较明了的认识。如病入膏肓，则往往会称为不治，飘然而去。这在今天看来，显然未能尽医家的职责，但在当时来说，却是无可厚非的事情。名医有此技能，在病家看来可能恰是医术高超的体现。由此，名医也常常被病家请到家中，以预测病人康愈或辞世之期。这在明清时期的医案中，并不少见。若医家技艺有限，对危笃之症不能明了在先，便往往容易引发与病家之间的龃龉甚至冲突。徐大椿同乡刘近曾夫人患"虚痰流注"，邀徐诊治，徐氏以其"痛极危险"，"辞不能治"。而同郡中另一医士却向病家许以"百金包好"。一月之后，刘夫人病势日渐沉重。见此，刘氏家人不得不再次向徐氏求方。徐在检视病情后，书"危在顷刻"四字。刘不

---

① （清）喻昌：《寓意草》，载伊广谦主编《明清十八家名医医案》，第183页。

② （清）吴瑭：《温病条例》，载胡国臣主编《吴鞠通医学全书》，中国中医药出版社，1999，第5页。

③ （清）杨熙龄：《著园医话》，载陆拯主编《近代中医珍本集·医话分册》，第522页。

④ 在古代医家的小传中，我们往往能看到这样的记载。如清代芜湖名医沈省，据载其"承父岐黄术，神明古方，脉视能立断死生寿夭。求治者填门，时称为国医。"（民国《芜湖县志》卷51《人文志·方技》，成文出版社，1970，第990页）

信，"少顷内呼，刘父子入，（夫人）已气绝矣。群执包好之医，欲加以无礼"。徐大椿见状，赶忙出面劝解，"此病本不治，非药误也。但不知生死，为无目耳"，"乃释之"。①

其实，对于名医来说，即使有的病者被治坏或治死，恐怕也只有行家里手才能够知晓。明末时人黄承昊在其所撰《折肱漫录》中，曾经多次记载自己被医家误治的事例。比如，黄氏有一次患中脘痛，既而肚泻，"偶遇姑苏一名医"，由于一时惑于此医的"盛名"，遂服其所开之药达一月之久。结果导致"饮食难化，痞闷倒饱"，不得不改服"参术等药及八味丸十余年始得愈"，并落得"中气终不如故，苦不耐饥"的后遗症。② 黄承昊自幼多病，曾多次遭医家误诊，遂留心医药。正所谓"三折肱，可为良医"，日积月累，黄氏很早便具备了一定的医学知识与鉴别能力。然而，他仍不免有此遭际，普通百姓就更不用说了。此外，有些医家为达官显宦治愈危疾而被赠予匾额，这更会大大增添医家的身价。③ 对于这些名医，普通百姓能否延揽得到都是一个问题，更不可能去质疑医家的治疗效果了。对此，清代医家张志聪说得最为直白："病家延请惟艰，幸而至之，焉敢论其是非，即服药有误，反归于死者之命。"④ 因此，名医与病人发生医疗纠纷，这在古代应不多见。

（一）纠纷的发生与民间的调解

一般来说，明清时期的医病纠纷往往发生在所谓的"时医"、"福医"和"庸医"身上。⑤ 因为，这些人大多并不钻研医学技能，只靠记取简单

---

① （清）徐大椿：《洄溪医案》，载伊广谦、李占永主编《明清十八家名医医案》，第281页。
② （明）黄承昊：《折肱漫录》，载沈洪瑞、梁秀清主编《中国历代名医医话大观》上册，第136页。
③ 名医被政府官员赠予匾额，这在古代并不少见。随便翻阅明清时期的地方史志，便会有相关记录不时出现。如清代太和县庠生刘大儒，"为时名医。同治八年，知县王手书'游艺岐黄'额以赠。"（民国《太和县志》，成文出版社，1970，第750页）另据清人许秋垞载，其邻金昌涛兄弟二人，究心医术，远近闻名。"阮芸台（阮元）中丞曾延治危症，症愈，酬以银，并赠'功匹良相'匾额，悬诸厅事，以垂不朽名。"见（清）许秋垞《闻见异辞》卷2《梓里名医》，《笔记小说大观》第24册，江苏广陵古籍刻印社，1983，第202页。
④ 郑林主编《张志聪医学全书》，中国中医药出版社，1999，第1070～1071页。
⑤ 时医，有时也用来指称医术高妙的医者。不过，在很多时候，都是指那些靠时运造化而贸然行医之人。如俗语所谓，"称我十年时，有病快来医"，多指此一类人。（转下页注）

的汤头歌诀，便贸然为人治病。即使有人因偶然机运暴得大名，但毕竟能力有限，难免有捉襟见肘的时候。此外，与声名显赫、医技娴熟的名医相比，一名刚刚挂牌、藉藉无名的医家，也很容易招致病人的不信任，进而引发纠纷。不过，从现有资料来看，医病纠纷的发生，在很多时候又似并不与医家的技艺水平呈正比的关系。病家对医家产生怀疑乃至不满，大多取决于医家诊疗之后的即时"疗效"。对此，这一时期的笔记、小说、文集与医籍，为我们提供了相关的讯息。

在明末清初小说《壶中天》中，当名医龚西园尚未成名之时，有着这样一幕病家率人登门"问罪"的描写。

> 一日，陶菊庵往人家去看病，轿从龚西园门首经过，只拥着一丛人，语言嘈杂，不知是何故。即下轿分开众人走入堂中。堂中也立着许多人，旁边坐着一个病者。龚西园见先生来到，相迎作揖。陶老看那病人："身如五鼓衔山月，命似三更油尽灯"。这人面皮蜡黄，肿眼目合缝，挺在椅上，一丝两气的吁浮喘。菊庵问此病人是谁，为何拥着多人。龚西园方待回言，只见其中一个后生接口道："老爹，好教你知。得这病的是我老子。连日有些劳倦，吃饭不下。昨日到此央这先生撮两服药，送他一钱银子。原是虎一般的人谁知吃了这药，一夜叫唤难过。呕又呕不出，屙又屙不出。到今朝看时，遍身浮肿，难道不是这药的缘故？因此搀扶到此，喘医好了便罢，若有些山高水低不怕他不偿命。还有一服药在此，是个执证"。[1]

从这个例子我们看到，纠纷的发生，一是因龚西园刚刚开业，还未累

（接上页注⑤）明清时期关乎医者的称谓有多种，如徐春甫曾将当世之医划分为五种，"学医者，有精粗不同，故名因之有异。精于医者曰名医，善于医者称良医，寿君保相曰国医，粗工昧理曰庸医，击鼓舞趋、祈禳疾病曰巫医"（徐春甫：《古今医统大全》上册，第157页）。比徐春甫的划分更为精细与周到的，有萧京的"明医""儒医""隐医""德医""世医""流医""僧医""名医""时医""奸医""淫医""女医"和"扬医"等十三种称谓，其中，"时医"被萧京直接指称为庸医（萧京：《轩岐救正论》，第509～535页），足见当时业医者构成之复杂与评判标准之多元。对明代医生相关评论的研究则可参见邱仲麟《儒医、世医与庸医：明代典籍中对于医者的评论》，"明人文集与明代研究"学术研讨会会议论文，台北，2000。关乎中国古代医人水平的研究可参见于赓哲《从古人求医心态看古代民间医人水平》，《学术研究》2005年第9期。

① （明）无名氏辑《壶中天》，上海古籍出版社，1990，第27～28页。

积任何声望；二是病人吃了所开之药后，反应非常明显，"原是虎一般的人"，"到今朝看时，遍身浮肿"，从而引发了病家的猜疑。在此种情形下，面对不满与指责，医家也往往语塞，不易推脱。因此，明清之时的大多数医家，如果看到病人已病势沉重，一般都会袖手不管，以免发生意外。

成书于清代乾隆年间的小说《绿野仙踪》中也有着这样的一段描写。当黎氏痢疾复发之后，黎氏之子、该书的男主人公温如玉遂将此前曾给黎氏看病的方姓医士请来再次施诊。哪知道黎氏之病日甚一日，大有可虞。见此情景，方姓医士不敢再用药，"推说家有要紧事，借此去了"。

眼见得黎氏病体越发沉重，黎氏的本家侄儿、如玉的表兄黎飞鹏遂前往延请自己的好朋友、名医于象蓍。当于象蓍诊断过黎氏的病症之后，有一段话说得颇耐人寻味。

> 此病若在别家，弟即立即告退，断不肯代先治者分责。然弟与令表兄系骨肉之交……安可坐视不救？今弟拟一陈方。此药服下，若饮食少进，弟尚可以次序调理；若投之不应，设有变端，弟亦不肯认罪。[①]

方姓医士的借机离去与于象蓍的诊前表白，其实都与病人病危有关，如若妄投药剂，一旦引发变故，恐有担负责任之虞。其实，这也并不是一两个医家的心理。比如，上文所说的龚西园，同样也有此顾虑。在病人登门折辱风波之后，龚西园被另一病家延请。就在他甫入病家之门稍事休息之际，病人病亡。龚西园在转身离去之时内心的一番微妙活动，颇能见当时医家的心理，"早是不曾用药，不然，又道是药之过也"。[②]显然，这是龚西园在暗自庆幸，否则是非功过就很难说得清楚了。

从该时期关于医病纠纷的资料来看，医病双方似乎彼此也都接受了诊疗之后的即刻效果这一评判标准。有时，甚至会成为医家用以推卸责任的一种手段。在《儒林外史》中有着这样一则事例。当胡赖怀疑医生陈安"毒杀"其兄、从而将陈氏告上公堂时，陈安据理力争，在断定自己所用之药并无任何差错后，复提出了另一条理由："他哥过了三四日才跳在水里死了，与小的什么相干？"陈安的自我辩护，显然博取了县令的赞同，

---

①　（清）李百川：《绿野仙踪》，侯忠义整理，北京大学出版社，1986，第323页。

②　（明）无名氏辑《壶中天》，第32页。

认为胡赖简直是无端生事，最终将医病双方遣散出衙了事。①

此外，前述《壶中天》龚西园的故事有一点值得我们注意，那就是病家对疗效不满，所采取的措施是到医家登门"问罪"，这种形式在明清时期是比较普遍的。清人西周生的《醒世姻缘传》中也曾记载一个居心贪谲的疡医艾回子因将一马姓病人治死，遭到病人家属群集家门，百般嘲辱的故事。

> 马义斋死了，他全家大小穿着孝，一日三遍往他（艾回子）铺子门口烧纸哭叫，作贱了个臭死。②

由此可见，登门问罪或折辱无疑是当时病家与医者发生纠纷时所采取的一个重要举措。更有甚者，病人家属还会抬着病人尸身前往医者家中进行理论。对于类似事件，清政府曾专门颁布条文，明令禁止。

> 若人命不先告官而乘机纠众扛尸上门、抢财伤人者，抵偿之外，亦须引例问断。③

当然，对医家进行折辱，还包括其他方式。比如四处诋毁、丑化医家的形象，如上述《壶中天》中龚西园的病人在病愈之后，仍不肯善罢甘休，处处传布龚西园医技低劣的言论，从而弄得这位刚刚开业的医家，生活上一度陷入困顿。④ 除此之外，还有病家对医家谩骂、殴打以及进行肢体羞辱。在此，不妨转录数条如下。

> 杭城有善医者，设局延医以拯贫人。外科李某与焉。农夫某脚生

---

① （清）吴敬梓：《儒林外史》，人民文学出版社，1995，第292～293页。
② （清）西周生：《葛受之批评醒世姻缘传》，翟冰校点，齐鲁书社，1994，第899页。
③ 转引自马伯英《中国医学文化史》上卷，上海人民出版社，2010，第376页。以尸抗争，是中国法制史上一个非常有意思的现象。以尸抗争的手段，普遍存在于古代的多种纠纷之中。在医病纠纷中，也并不乏见。即使到了民国时期，这一手段还一直存在。尤陈俊曾指出，借尸抗争之所以能够成为一种相对"有效"的抗争手段，是因为尸体的存在，不仅意味着生物学上的污染，同时还导致了由于无法通过一定的连续性仪式从社会中正常消失而产生出来的"死亡污染"。特别是，由于尸体负载了"非理性"所蕴含的"冤"的观念，从而很容易在群体性事件中产生持续动员能力的"象征符号"。久而久之，这一行为便具有了某种法外的"正当性"。参见尤陈俊《尸体危险的法外生成：以当代中国的藉尸抗争事例为中心的分析》，《华东政法大学学报》2013年第1期。
④ （明）无名氏辑《壶中天》，第33页。

痛，李开刀伤其大筋，遂成废人。农夫家众殴李几毙。①

苏州曹某，状修伟，多髯，医名著一时，而声价自高，贫家延请
每不至。巨室某翁有女，待字闺中，因病遣仆延曹。仆素憎曹，绐以
女已出嫁，今孕数月矣。吴俗大家妇女避客，医至则于床帏中出手使
诊。曹按女脉，漫云是孕，翁大骇异。次日，延医至，使其子伪为女
诊之，复云是孕。其子塞帷启裤视之曰："我男也，而有孕乎？诬我
犹可，诬我妹不可恕也。"执仆殴之，并饮以粪，跪泣求免。乃剃其
髯，以粉笔涂其面，纵之去。归家谢客，半载不出，声望顿衰。②

病家请医看病，许以无事，费多金，竟不起。病家恨甚，遣仆往骂之。顷
间便回，问曾骂否。曰不曾。问何以不骂？曰骂者太多，教我如何挤得上。③

一医治一肥汉而死，人曰："饶你不告状，但为我抬柩至墓所"。医率
妻子往役。至中途，力不能举。乃吟云："自祖相传历世医"。妻云："丈夫
为事累连妻"。长子云："可耐尸肥抬不动"。次子云："如今只拣瘦人医"。④

上述资料虽部分出于小说家之笔、幽默家之口，但从该时期类似故事
的大量涌现来看，基本上还是能够反映出当时的社会情态。同时，病人与
医者之间纠纷的解决，还表现为经济赔偿或物质补偿。比如冯梦龙《笑
府》中的医家因治死了小孩而为其殡殓、因治坏了人而为病家"牵麦"
等。⑤ 更有甚者，医家为了平息病家的怒气，甚至不惜将自己的女儿嫁到
病人家，借以平息纠纷。

在清末章回体小说《医界镜》中，周药师在时运俱去时，为高岸东首
张姓媳妇治病，竟将病人医死，"张姓家来与药师吵闹，药师辗转请人说
情。说他死了一个媳妇，我拿女儿配他的儿子是了。张姓方才答应娶了他
的大女儿回去"。此后不久，高岸西首李大郎家媳妇被"药师粗心浮气，
用了打药，落下身孕，血崩而亡"。李姓虽为极苦人家，但偏偏是个大族，

① （清）陆以湉：《冷庐医话》，载沈洪瑞、梁秀清主编《中国历代名医医话大观》上册，
　　第886~887页。
② （清）陆以湉：《冷庐医话》，载沈洪瑞、梁秀清主编《中国历代名医医话大观》上册，
　　第886~887页。
③ （明）冯梦龙：《笑府》卷4，上海古籍出版社，1993，第101页。
④ （清）独逸窝居士：《笑笑录》卷4《医诗》，《笔记小说大观》第23册，第215~216页。
⑤ （明）冯梦龙：《笑府》卷4，第104、108页。

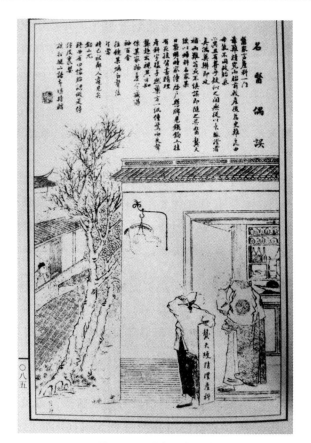

图 1-1　"名医偶误"

　　所画故事内容为某龚姓产科名医偶因误毙孩童，被死者家属于清晨将孩童尸身悬挂于门前予以羞辱和报复。医家不得不以金钱摆平，但无奈死者家属的羞辱行为已被旁人看到，不好的社会影响已然造成。资料来源：（清）吴友如等绘《点石斋画报故事集》丑集，张立华编选，安徽人民出版社，2013，第 85 页。

人丁众多，"邀同族数十人，到药师家内乱嚷，要他偿命"。药师"磕头如捣蒜，情愿将第二个女儿赔偿与他做媳妇，才能完结"。① 尽管《医界镜》为讽刺小说，但恐怕也会有现实的影子。②

---

① 儒林医隐：《医界镜》，内蒙古人民出版社，1998，第 84～85 页。
② 诸如《笑府》《笑笑录》等明清笑话集中，均有类似的载记。比如，《笑林广记》有云："一医医死人儿，主家欲举讼。愿以己子赔之。一日医死人仆，家止一仆，又以赔之。夜间又有扣门者，云：'娘娘产里病，烦看'。医私谓妻曰：'淘气那家想必又看中意你了'。"相关笑话，读来令人忍俊不禁。相关故事尽管在设计上多有雷同，但我认为，这有一定的现实依据。

当然，毕竟人命关天，一旦医家将病者治死，并被病家抓到把柄，那后果也是比较严重的。不过相对来看，很多案例都是在官府裁断之前，就在民间以金钱赔偿的形式予以解决。在陆以湉的《冷庐医话》中，便有两个例子。

> 杭州某医治热病，用犀角七分，误书七钱，服药后胸痛气促而殒。病家将控之官，重贿乃已。
>
> 吾邑陈庄李氏子，夏月霍乱，延医定方，有制半夏二钱。适药肆人少，而购药者众。有新作伙者，误以附子与之。服药后腹即大痛发狂，口中流血而卒。李归咎于医，医谓药不误，必有他故，索视药渣，则附子在焉，遂控药肆于官，馈以金乃已。①

同样，在《医界镜》中也有着类似的故事。当凭借气运而渐至富庶的医家贝仲英时运渐渐退去之时，由于一时粗心大意，误将钱塘县一名老举人的女儿治死。老举人满腹愤恨，但并不露声色，反以请见仲英复诊为名，将其诓骗至家中。待贝仲英明白了事情的底里之后，只得乖乖就范，最后赔偿老举人一笔银两了事。②

以上三个案例都是在未进官府之前就得到了解决，可见，官府在这类事件上所具备的"威慑"力量。当我们将目光投向明清时期的医讼资料时，会发现关乎医讼的案件寥寥无几。③ 同时，与其他刑事案件相比，政府在处理医讼案件上往往表现出一副息事宁人的态度。

（二）官府在纠纷上的息事宁人

官府对医疗活动进行明文规范，可以上溯至唐代的《唐律疏议》。《唐律疏议·杂律·医合药不如方》载：

> 诸医为人合药及题疏、针刺，误不如本方，杀人者，徒二年半。

---

① （清）陆以湉：《冷庐医话》，载沈洪瑞、梁秀清主编《中国历代名医医话大观》上册，第887、890页。

② 儒林医隐：《医界镜》，第60页。

③ 我曾详细翻阅《刑部比照加减成案》《刑部比照加减成案续编》《刑案汇览三编》《历代判例判牍》《清代名吏判牍七种汇编》《李渔全集·资治新书》等文献，并赴中国第一历史档案馆查阅相关资料，所辑出的关于明清时期医疗诉讼案件的文献不过寥寥十余条。

［疏］议曰：医师为人合和汤药，其药有君臣、分两，题疏药名，或注冷热迟驶，并针刺等，错误不如本方者，谓不如今古药方及本草，以故杀人者，医合徒二年半。若杀伤亲属尊长，得罪轻于过失者，各依过失杀伤论。其有杀不至徒二年半者，亦从杀罪减三等，假如误不如本方，杀旧奴婢，徒二年减三等，杖一百之类。伤者，各同过失法。

其故不如本方，杀伤人者，以故杀伤论；虽不伤人，杖六十。即卖药不如本方，杀伤人者，亦如之。

［疏］议曰："其故不如本方"，谓故增减本方，不依旧法，杀伤人者，以故杀伤论，尊长、卑幼、贵贱并依故杀伤之律。"虽不伤人"，谓故不如本方，于人无损，犹杖六十；于尊长及官人，亦同"殴而不伤"之法。"即卖药不如本方"，谓非指的为人疗患，寻常卖药，故不如本方，虽未损人，杖六十；已有杀伤者，亦依故杀伤法，故云"亦如之"。①

相关律条表明，医者如用药、针刺或售药有误，无论故意与否，都要受到相应惩戒。由此来看，唐代对于行医的管理还是相当严格的。此后，历代王朝在此基础上对相关条款内容有所增删和发明，但在总体上并无多少改变。到了明清时期，相关法律条文已经相当成熟。由于清代的《大清律例》集古代法律、法规之大成，同时在相关的条文上多有增添，从而在"庸医杀人"上有着更为详尽的规定。

凡庸医为人用药、针刺，误不如本方，因而致死者，责令别医辨验药饵穴道，如无故害之情者，以过失杀人论（依律收赎，给付其家），不许行医。如故违本方，诈疗疾病，而（增轻作重乘危以）取财物者，计赃，以盗窃论。因而致死，及因事（私有所谋害）故用（反症之药）杀人者，斩（监候）。②

---

① 在《唐律疏议》中，也有专门针对皇室的"合和御药有误"的相关律令。无论医者是否有意，只要发生过误都会被皇帝处死。相关内容参见《唐律疏议·杂律》之"医合药不如方"（中华书局，1983，第190～191页）。其实，在唐、宋、元、明、清诸朝代，关于行医的规范，均有皇室与普通百姓的不同要求。因皇室部分具有相当的特殊性，因此在本书中暂不涉及。

② 《大清律例增修统纂集成》卷2，转引自郭霭春编《中国医史年表》，黑龙江人民出版社，1984，第181页。

另，《大清律例会通新纂》卷二十五载有：

> 庸医杀人必其病本不致死，而死由误治显明确凿者，方可坐罪。如攻下之误而死，无虚脱之行；滋补之误而死，无胀懑之迹，不使归咎于医者。其病先经他医，断以不治，嗣被他医误治而死，行迹确凿，虽禁行医不治其罪，以其病属必死也。①

清末修律，在既有医事活动的原有条文上，只是增添了限制行医资格的规定："凡未经官署许可之医者，处以五百元以下之罚金。"② 除此之外，并未有其他大的改动。

综合上述几则法律条文来看，如若病家委实认为医家有误，就一定要拿出真凭实据，用来证明死者"本不致死"。而一旦先前有医家对死者之病情进行过诊察，并下过"不治"的断语，嗣后即使是被他医误治而死，也不过是取消行医资格而已。③ 在更多的时候，即使医家因误治获罪，也不过是收赎，罚银十二两四分三钱了事，处罚非常之轻。只有当医家是因见财起意而蓄意谋害时，才会依据程度之不同或以盗贼论处，或以杀人问斩。可想而知，若无确凿的证据，恐怕没有一个人会承认治坏病人是因贪图暴利而致。因此，官府在相关案件的裁断上，也就很难追究医者的责任。如此一来，作为控诉方的病家，一般也就不会占有多大的优势了。我们不妨来看两则案例的实际处理情况。

在李渔的《资治新书》中有这样一个案例。一个名叫万六的医生，为顾大的表侄陈性寿医治牙痛。陈性寿在医治的过程中，不幸身死。顾大对表侄之死颇为愤怒，乃"停尸医所"，医病双方"互相诉诋"，最后将官司打到了县衙。在对此案进行裁断时，官府认为，即使医术高超有如扁鹊，也只能救治命不当绝之人，所谓"夫越人非能生死人，有当生者，越人能使之生耳！"万六并非有扁鹊之才，又不能断人生死于先。况且，陈性寿已病近骨髓，"虽司命无如之何"。所以，以"起死肉骨者"责求万

---

① （清）姚雨芗原纂，胡仰山增辑《大清律例会通新纂》，文海出版社，1987，第 2588 页。
② 《大清律例增修统纂集成》卷 2，转引自郭霭春编《中国医史年表》，第 181 页。
③ 如前文所征引之徐大椿治刘近曾夫人的案例。尽管刘氏家人对包好之医非常不满，但并不会去告官。因为有徐大椿告以病人不治言论在先，刘氏家人若熟悉相关法令，自然不会去官府自讨无趣。

六，显然是愚妄的行为。因此，官府判处顾大以杖刑。①

再如，嘉庆十七年（1812），医家叶重光为薛传年之子薛家煜医治里积病。叶在用针刺病人手足之后，又让其服用末药，并用姜汁点入病人的眼角，"以致薛家煜汗涌殒命"。薛传年遂以庸医杀人为由将叶重光控告，叶重光被收赎。但官府在断案过程中，查明薛传年有"申诉不实"之嫌，乃处薛以杖责。事后，薛因"叶重光并未为伊子拟抵，伊反受杖责"深表不服，遂不远千里赴京呈控。不过，刑部在检阅原文后，仍然维持原判。②

从搜集到的十数条医讼案件来看，对医家处罚最重的是一例庸医诊毙三命的案件。嘉庆十年（1805），有一名叫丁二娃的人因用药有误先后毒杀张成见等三人。云南巡抚在处理此案时，审实丁二娃"并无故害之情"，乃依律以过失杀人论处。但因丁误杀三人，情节严重，因此断以"除追赎银三分外，再加枷号三个月，杖一百，以示惩儆"的责罚。③

顾大因表侄身死喊控被杖责，薛传年希望将叶重光"拟抵"而愿望落空，似乎都是因对法条并不谙熟而自讨苦吃。即使丁二娃误杀三命，官府对医家的惩处也不过尔尔。特别是，李渔的《资治新书》作为官员断案的"参考书"，在清代广为传播，影响重大。④ 而万六案的处理方式，被李渔编入此书中用以作为处理类似案件的范本，官府在处理医讼案件时的基本态度已昭昭可见了。⑤

因此，明清时期的众多名医才不得不寄托于因果报应之说对庸医进行抨击。明代医家徐春甫在痛斥庸医的一段文字中，就曾经有过这样的独白："迩有士人被误药而立毙，家人讼之。法司拘而审，律不过笞罪，随释而驰归。未逾年被贼支解而死，岂非天道之报耶？"⑥ 可见，尽管该士人是被误药而毙，但官府的处罚却非常之轻。所以，徐春甫最终只能寻求因果报应，指称医家之所以被贼所杀不得善终，是"天道之报"，希望以此来警诫弟子。⑦

---

① 《李渔全集》第 16 卷，浙江古籍出版社，1991，第 351 页。
② （清）祝庆祺等编《刑案汇览三编》（2），北京古籍出版社，2004，第 1212~1213 页。
③ （清）祝庆祺等编《刑案汇览三编》（2），第 1212~1213 页。
④ 《李渔全集》第 16 卷，"序言"第 2 页。
⑤ 参见刘海年、杨一凡总主编《大清律例》，《中国珍稀法律典籍集成》丙编第 1 册，科学出版社，1994，第 359 页。
⑥ （明）徐春甫：《古今医统大全》上册，第 214 页。
⑦ 明清时期庸医杀人惹人愤恨，但由于缺乏相关惩治措施，时人只得引用"因果报应"之说，或借舞文弄墨来痛斥庸医。参见马金生、付延功《明清时期医德问题的社会史考察——以 16 至 18 世纪为中心》，《史林》2008 年第 3 期。

　　在明清这样一个医病关系紧张但又缺乏强有力裁判机构的时代，不可避免地会有一些极端事例发生。即部分病人家属出于极度愤怒或悲伤，一时失去理智，从而采取极端的形式报复医家，最突出的就是杀医。万历年间，徽州人吴汝拙因其父被医家治毙，悲愤难抑，遂在袖子中揣了一把匕首，欲杀死医者为父报仇。医家事先得知消息，及时躲藏起来才得以幸免。① 如若我们联系上文中病人家属对医者的殴辱行为，便不难揣测，类似行径在明清社会应非个别现象。要知道，医家因治疗之误误伤人命，罪不至死；但如若病人或家属为求报复，故意杀医，那后果就严重了。

　　在此需加以注意的是，与官府处理纯粹的医疗讼案态度截然不同，如若案犯借重邪术行医，从而骗取钱财，甚或治毙人命，则往往会受到重惩。类似案例一般也会放在"庸医杀伤人"的条款之下，并附有专门法律条文，作为官员处理案件的依据。如雍正三年（1725）的"禁止师巫邪术例"中，便有"凡端公道士，作为异端法术，医人致死者，照斗杀律治罪"的规定。从数量上来看，官府所处置的此类案件要明显多过纯粹因医疗而导致的诉讼。

　　例如，嘉庆二十四年（1819），直隶丁沙氏自称"蛇精附身"为人治病，后被人告上官府。断案官员念其"仅止焚香"并无"符咒"，与圆光画符者有所区别。兼之在为人治病过程中，并未曾致人于死，因此在处理上"拟流例量减一等"，只"杖一百，徒三年，照律收赎"。② 再如，道光十年（1830），满洲妇女伊赵氏出家为尼后，"自称释迦道人"，"念咒书符给人治病，并令挂匾及施助修庙钱文"。被官府查知后，勒令其还俗，并"照端公道士作为异端法术，医人未致死罪"，"杖一百，流三千里"。不特如此，护军善普与柏凌阿因曾分别代伊赵氏装塑神像和置备供具，并曾雇人将官房街门"涂刷红土悬挂匾额"，在被一同革退的同时，还另行处以"杖一百，徒三年"的责罚。因两人为旗人，"照例折枷，再加枷号三个月，满日鞭责发落"，③处罚不可谓不重。如若因画符念咒致人于死，

　　① （明）汪道昆：《太函集》卷36《吴汝拙传》，载《四库全书存目丛书》集部，第117册，庄严文化公司，1997，第464页。转引自邱仲麟《儒医、世医与庸医：明代典籍中对于医者的评论》，"明人文集与明代研究"学术研讨会会议论文，台北，2000，第28页。
　　② （清）祝庆祺等编《刑案汇览三编》（2），第1214页。
　　③ （清）祝庆祺等编《刑案汇览三编》（4），第275页。

那处理的分量又要加重。道光八年（1828），韩重为孙举妮医病，并不按方施药，而是"妄照不经旧方，画符念咒"，并为病者针刺。因为孙举妮身体羸弱，遂让其妻孙李氏代为受刺，不料孙李氏被刺伤后身死。韩重最终被"比照端公道士作为异端法术，医人致死，照斗杀律，拟绞监候"。①

四　医病纠纷沉寂的原因

通过对明清时期医病纠纷的大体梳理，可以发现，尽管这一时期的医病关系趋于紧张，但医讼的发生却非常少见。显然，这与该时期医家的谨慎因应不无关系。但造成此种状况的原因又似乎并非仅仅如此。换言之，作为一种独特的历史现象，应该还有一些更为深层次的因素待我们探究。清代医家魏之琇在《续名医类案》中的一段评论，便值得特别注意。

> 黄帝曰：不能起死人而不杀生人。扁鹊述其言，是病已成，虽黄、扁不能使之生明矣。其有本无病、或小有病而误诊之，以至于不可救，则粗工之罪也。然而病者之妻子父母，转诿之命与数，而粗工哓哓自解，且以为吾尝尽心于是，而不谓其人之不克承也。天下如此其大，岁月如此其悠且久，粗工遍满宇宙如此其众。计其一日之中，方心毒手所斩刈戕贼者，各列其姓氏，各存其医案，盖较之谳狱决囚之册，或相什佰，或相千万，而不可底止。幸矣，其各相诋讳，闵默而不以告人，故其案如飘风阴火，随时灭没，而世莫知也。②

按照魏之琇的观察与估计，在这样一个"粗工遍满宇宙"的时代，被"斩刈戕贼"的病人数不胜数。但是，大量的事例却如"飘风阴火，随时灭没"，并没有为世人所知觉。何以至此呢？魏氏在此提到了三个原因。一是病者家属笃信命运，即使亲人被医治而死，一般不但不会归咎于医者，反而"诿之命与数"。显然，这是个观念问题。二是医家精于自辩，

---

① （清）祝庆祺等编《刑案汇览三编》（4），第 275 页。
② （清）魏之琇编纂《续名医类案》，"序"，第 6 页。

往往推说病人病重，自己已尽人事，只是苦于无力回天。三是与当时缺乏相关的载体直接相关。

魏氏在这里所言及的观念问题，实际上已经触及古人对疾病与运命的看法。在中国古代，由于科学技术的不发达，疾病的成因一直笼罩着某种神秘的色彩。比如，在上古时期，鬼神致病论被普遍接受。因此，如有人患病，多是以巫术代为祈禳，医药诊疗则在其次。① 即便后来巫、医分途，人们在面对重大疾病的观念上，似乎也没有多大改观。迨至近世，概莫如是。比如，据余新忠教授的考察，清代江南人对瘟疫的认识中，"鬼神致疫"的观念无论在文人阶层、医家群体，还是在一般民众中都颇有影响。因此，一旦患有时疫，设醮祈禳是非常普遍且重要的一种因应途径。② 另如，台湾学者熊秉真通过对中国近世儿童健康问题的研究发现，若儿童生有疾患，无论是仕宦之家，还是平民百姓，祝祷与医祷是并行不悖的。③可见，明清时期的人们依然认为自己的生命是被神秘莫测的命运所主宰。特别是在部分地区，这种观念格外突出。清代浙江名医王孟英曾有如下记载：

> 吴俗好鬼，自吾乡以及嘉、湖、苏、松、常、镇等处，凡家有病人，必先卜而后医，而卜者别有传授，信口胡言，辄云有鬼，令病家召巫祈祷，必用鸡数只，豕首数枚（一、二枚至五、六枚不等。若市罕此物，即牵活猪而截其头，惨不可言）。祷而未愈，则频卜频祷，故有病未去而家产已倾者，有人已死而殓葬无资者，不量贫富，举国若狂……病必亦卜亦祷，遂至蔓延不已。习俗相沿，即号为绅士者，亦复为之。④

在疾病的治愈与否很大程度上仰仗命运的观念主导下，即使病人被医家治坏，只要迹象不是特别明显，一般不会将责任归在医家身上。对此，

---

① 参见马伯英《中国医学文化史》，第 130 页。

② 参见余新忠《清代江南的瘟疫与社会：一项医疗社会史的研究》，第 124 页。

③ 参见熊秉真《中国近世士人笔下的儿童健康》，载氏著《安恙：近世中国儿童的疾病与健康》，联经出版事业公司，1999，第 307~357 页。

④ （清）王孟英：《归砚录》卷2，载沈洪瑞、梁秀清主编《中国历代名医医话大观》上册，第 688 页。

慵讷居士笔下那个不农不儒、家徒四壁，最终百般无计遂"爱记医方，悬牌疗疾，计得蝇头小利"的浙鄞徐姓人氏的遭际，最能体现这一点。一次偶然的机遇，徐姓人用白虎汤治愈了一位伤寒病者，"由是名声大震，延者有人"。自此，凡遇病者，徐即开白虎汤与之。"不及两月，医死者十余人，被人拷打数次，医道仍然不行"。慵讷居士对此的评论最耐人寻味，他说，"朱复活二十余年，是盖朱之命不应死也，天遣徐以医之。救一人而杀十余人，亦由天遣而杀之。从知生死存亡，皆归于命。有病者可不必医矣。医之者，但能医不死之病，而不能医不生之命也"。① 在这样一种"药医不死病"、医病不医命的观念影响下，我们很难见到病家去告医的案例，也便成了顺理成章之事。

其实，官府在裁断因医疗而引发的诉讼案时，也多少受到这种天命观的影响。如上文所举的万六案，县官所引用的扁鹊"非能生死人，有当生者，越人能使之生"的言论来作为判案的依据，就是明证。所以《大清律例》规定，只要医者对病人并无"故害之情"，律仅"收赎"赔银了事。官府的类似态度，也就在一定程度上对医讼起到了打压作用。更何况，中国古代社会将"无讼"视为儒家的理想境界与考查官吏政绩的主要标准，一般与民生关系甚切的案件，如田产、婚姻、继承等案件，尚多采取调处息争的手段来解决，② 像医讼这样的"细事"，官府采取息事宁人的态度，更在情理之中了。③

在危难时刻自我多方开脱是明清时期医家所采取的一个主要手段，这在当时的医案、医话中屡见不鲜。这与上述所论此一时期医病关系的特征是分不开的。病家出于对医者的不信任，多方试医，不断换医，恰恰是这一手段得以存在的有利条件。医者的频繁往来，上下其手，即使

---

① （清）慵讷居士：《咫闻录》卷8，《笔记小说大观》第24册，第332页。
② 参见张晋藩《中国法律的传统与近代转型》，第277～302页。
③ 与部分学者的观点不同，美国学者黄宗智通过对巴县、宝坻与淡水－新竹档案的研究分析，认为普通民众并不怯于告官。他们往往会在兴讼之前，对经由诉讼一途所带来的收益与损失进行一番考量，从而做出是否涉讼，以及何时撤讼的准备与行动。并且，黄氏在研究中，还对涉讼案件进行过分门别类的统计，但在其统计中，关乎医讼的案件并不得见。由此，我们似乎可以推知，因医疗而引发的诉讼为普通百姓所能够带来的收益，可能是微乎其微的。参见黄宗智《清代的法律、社会与文化：民法的表达与实践》，附录，第191～197页。

病人被治坏，也很难将责任限定于某一医家身上。由此一来，医家见事不好，互相诿过，病家很难找出责任人。不过，这仅仅是看到了问题的一个方面。另一方面，因医病关系的疏离与紧张导致的病人的延医方式，一样值得我们注意。明清时期，病家如何延医，目前已有相关研究面世。台湾学者蒋竹山通过对明代官僚祁佳彪家族的医病关系史研究发现，与祁氏往来的四十名医者都与之有着直接或间接的朋友关系，这在江南地区的仕宦家族中应当具有一定的代表性。① 如果说，这一研究只限于社会上层群体，并不具有普遍性的话，那么，余新忠对普通百姓延医方式的研究，恰可弥补这一缺憾。通过对明清时期医籍与小说等文本的考察，余新忠推测，平民百姓在延请医家的方式上，一般不外乎延请平时熟识之医、亲友近邻代为荐医以及铃医自荐等三种形式。② 可见，在明清时期，由亲朋代荐医生，似乎是个普遍的现象。而我们知道，中国传统社会是一个注重人情伦理的熟人社会，由此一来，如若是朋友举荐的医家，即便治疗有误，病家可能也只有自叹命运不佳；或者是看在友朋的颜面上，多数也会忍而不发，至少不会与医家动起干戈。至于走方医，由于他们行踪不定，即使治疗有误，只要假以时日，很快便会兔脱逃逸，一走了之。③

至于相关载体的缺乏，使大量关于治疗错误的事例湮没不彰，确实是非常重要的一个因素。在传统社会，医生诊疗病人之后，一般会将诊治对象的姓名、年龄、病症以及诊疗过程记录在案。但如果事事都采取实录、直书的态度，势必会有一定的风险。因为一旦治疗有误，只要检索医案就会一目了然。因此，官府在处理医讼案件时，便多索阅医案，以作为判案的准绳之一。也便由此，许多医家在医案的书写上，做尽了文章。有的甚

---

① 参见蒋竹山《晚明江南祁佳彪家族的日常生活史——以医病关系为例的探讨》，《都市、帝国与先知》（都市文化研究·第 2 辑），第 181～212 页。

② 参见余新忠《中国家庭史·明清时期》，第 258～260 页。

③ 走方医误人的事例，在明清时期的社会生活中不乏记载。相关研究可以参见马金生、付延功《明清时期医德问题的社会史考察——以 16 至 18 世纪为中心》（《史林》2008 年第 3 期）一文。当然，我在此并无意诋毁铃医，只是在强调其行踪特征所带来的影响而已。事实上，中国的走方医学也曾取得了令人瞩目的成绩，像中国历史上著名的走方医家赵学敏根据民间医学疗法以及自己的行医经验等所著成的医学著作《串雅》至今依然发出璀璨的光芒。

至将医案写成天书，令人不明所以。更多的时候，医案反成了医家博取声名的手段之一。① 医家对医案的"精心"书写，自然会使很多关乎医病关系的资料被人为地"过滤"掉。更何况，只有部分名医的医案被刊刻付梓，为数众多的普通医家的医案，多半会随着医家的逝去而散佚。这也就是我们翻检大量的医案时经常会发现医家往往神乎其技、自我陶醉，却很少发现关乎医病纠纷的资料的原因所在。

此外，一些疾病由于具有很大的私密性，也会在一定程度上"抑制"部分纠纷的发生。对于这些特殊的疾病给医病纠纷所带来的影响，同样值得人们加以重视。比如，新兴疾病梅毒（又称杨梅疮、霉疮、棉花疮等）在这一时期广泛流行。17世纪中国一位著名的医家，在其所著的梅毒学力作《霉疮秘录》中记载："迩来世风薄，人妄沉溺花柳者众，忽于避忌，一犯有毒之妓，淫火交炽，真元弱者，毒气乘虚而袭。初不知觉，或传于妻妾，或传于姣童。上世鲜有方书可正，故有传染不已之意"。② 由于"是症人多隐晦"，部分患者罹此疾患后，大多心存顾虑，讳疾忌医。为了不让人知，多去一些"隐医"处就诊。如"一梨园染棉花疮，恐亲友知觉，求医速痊，误服隐药而愈。数月之后，遍身流注而作痛，身体振掉不能自持，甚至着床不起"。③ 即使病者已然知道上当受骗，碍于病症难以启齿，也只得作罢。从《霉疮秘录》来看，类似事例并不少见。

* * *

明清时期，伴随着医病关系的紧张，病家对医者的不信任感日益强烈。病家依靠场所之便，在诊疗过程中往往具有很大的主动性。在诊病之始，病家可以多方试医，一旦对疗效不满，就会随时随意换掉医生。对此，医家不得不认真做出反应。大体来看，一般医家往往顺应病家心意，以求免责。而对于以治病救人为职志的名医而言，如何在意见分歧时，既

---

① 关乎医案所具有的医事风险，以及医家对医案趋利避害的应用，可参见雷祥麟《负责任的医生与有信仰的病人——中西医论争与医病关系在民国时期的转变》，载李建民主编《生命与医疗》，第475页；祝平一《药医不死病，佛度有缘人：明、清的医疗市场、医学知识与医病关系》，《中央研究院近代史研究所集刊》第68期，2010年6月。

② （明）陈司成《霉疮秘录》，学苑出版社，1999，第11页。

③ （明）陈司成：《霉疮秘录》，第31页。

顾及病家的态度又实现自己的诊疗目的，显然并非易事。医家的谨慎因应自然对医病纠纷的发生起到消解作用，但病家在择医、换医过程中不可避免地带有很大的盲目性，实际上对病人的健康并无多大好处。徐大椿认为，即使病人误药而死，其责任亦半归天命，"半在病家"，"医者不过依违顺命以成其死，并非造谋之人"，进而提出了"医者误人无罪论"。① 徐氏此语虽为愤激之词，但于此亦可见这一时期医病关系紧张程度之一斑。

即使纠纷，一般也常常发生在刚刚开业的医家或者庸医身上。从医讼的发生来看，多在医家诊疗后即出现变故的情形下引发。至于纠纷的处理，囿于资料有限，我们认为多数似在民间，以医者被折辱或以经济、物质赔偿的形式得以解决。并且，从为数甚夥的资料来看，民间在应对医病纠纷这一问题上，是有着暴力化的传统的。这一点，不仅会影响民国时期医病关系的处理，甚至一直延续到了当下。至于少数进入官府的诉讼案，我们看到官府所表现出来的往往是打压甚至息事宁人的态度。直到晚清，时人在论及庸医杀人时，还常常慨叹"杀人者抵死，独任此辈通"。② 这种状况到民国初期国家积极推行医事改革后才发生根本性的变化。对此，我将在第二章进行具体论述。不过，值得指出的是，与官府在医讼处理上的息事宁人迥然有异的是，在处理因假借符咒行医而起的诉讼案件中，官府摆出的却是另外一副严厉打击的面孔。由此也可看出，在传统社会，官府所看重的是统治秩序的稳固与社会基础的安定。至于病人个人的生命权利与身体健康，却是被严重忽视的。

至于明清社会医讼非常罕见的原因，我认为，既与该时期医病关系的特征相关，也与古人的天命观念密不可分。在一个命运天定的时代，人们对于疾病的发生与诊疗，仍然充满着某种神秘、畏惧的色彩，从而为"医病不医命"等观念的滋生与传播，提供了温床。只要不是明显发生变故，即使病家对医生不信任，也很难找到真凭实据保障自身的权益。更何况，类似的案例由于缺乏必要的载体，并不能为人所周知，也就形成不了一种公共的话语空间与舆论压力。兼之，中国传统封闭的乡土空间与熟人社会，又会在很大程度上使一些非常事件在一个很小的范围内即得以消解。

① 刘洋主编《徐灵胎医学全书》，第 159 页。
② 《郭嵩焘日记》第 1 卷，湖南人民出版社，1981，第 91~92 页。

因此，在明清时期，医讼在当时无论如何也不会引起社会各个阶层的关注，并进而成为一个公共话题。不过，明清时期并不专业的大量医者的存在，却引发了社会各个阶层对医业的指摘与抨击。对医疗从业人员的管理与规训，已逐渐成为时人的共识。

总之，尽管医讼在传统社会非常少见，但医病双方的关系却已十分紧张。作为传统因素，这种医病关系的诸多特征还将延伸至近现代，从而为民国时期更为复杂的医病关系带来深刻的影响。与此同时，那些对医讼起着制约性作用的传统社会文化因素，在近现代社会的转型中也将一一发生改变，进而对现实中的医病关系产生程度不同的影响。

第二章 清末民初的医病纠纷

> 在中国，无论男人还是女人，人人都可以不受任何限制地公开行医。……中国没有大学考试，没有医院，没有对医药学和解剖学的研究，行医也不需要烦人的执照。只要那个人有一件长衫，一副有学识的面孔——就像在英国常见到的那种人一样，以及对于汤药和成药的肤浅知识，他随时都可以治疗令西方一流的内科医生头疼的疑难杂症。①

这是英国传教士麦高温（John Macgowan）在 1860 年代对中国当时的行医现状的直观观察，我们能够从字里行间读出麦高温的那种惊叹之情。当历史的脚步步入晚清，不仅外国传教士们对中国的行医现状深表讶异，开明的中国人也开始呼吁政府部门应积极作为，改变这种状况。历史也表明，摇摇欲坠的大清王朝确实在规范行医上有所行动。只可惜，相关行动随着清朝的灭亡而烟消云散。不过，这一段历史依然有其值得关注的价值。因为，其毕竟为北洋政府时期规范行医的举措提供了历史背景和经验借鉴。到了北洋政府时期，国家已然将规范行医作为社会事务管理中的一个重要组成部分。那么，伴随着政府部门对规范行医的介入，清末民初特别是北洋政府时期的医病关系，又呈现出了何等的历史面相呢？在这一章中，我将尝试对此问题进行探讨。

一 清末医学考试的呼吁与尝试

晚清时期，伴随着西医在国内的渐次传播并取得惊人的效绩，国人对

---

① 〔英〕麦高温：《中国人生活的明与暗》，朱涛、倪静译，中华书局，2006，第 162 页。

西医的态度总体上从起初的不信任、狐疑，逐步走向亲和与认同。① 特别是，面对中医界的芜杂以及诊疗上的是非莫辨，晚清时期开通的学者、官僚和医家对中医开始积极反思，并由此而出现了截然不同的观点。

在西学大潮的冲击下，部分学者、士人结合自己的人生际遇反复权衡，开始对中医从信任走向怀疑、批评，甚至弃如敝屣。其中，晚清学者吴汝纶就是最典型的一个。从其文集来看，吴汝纶是一个十足的"推崇西医、贬斥中医"论者。在他看来，中医的阴阳五行，皆不足信；研制出的药饵，亦不足恃；中医的诊疗，更是率多虚妄。总之，与科学明白的西医比起来，"中医之不如西医，若贲育之与童子"。吴氏对西医的推崇，与其后半生相终始，乃至在临终之前仍断然拒绝中医的诊视。② 更有甚者，晚清大学问家俞樾提出了"废医"的呐喊。在《俞楼杂纂》中，俞氏用洋洋七千余字的篇幅，从学术史的角度来论证中医的可废。俞氏之所以如此厌恶中医，据学者研究，实与其亲人的接连早逝有很大的关联，从而使其对中医彻底绝望。尽管在当时来说，俞樾的《废医论》不过是一纸文字，但随着时代的变化，其影响却迅速从医界逸出，对民国时期的思想界、政治界均产生了程度不同的影响。③ 俞氏也因此被作为废除中医的首倡者，被载入史册。

与吴汝纶、俞樾等人或推崇西医或废除中医的激进主张有所不同，更多的晚清士人以及中医家则希望政府能够对中医界的混乱局面进行有效的介入与管理。"考试医学"成为他们的共同呼声。

在晚清文献《皇朝经世文统编》中，便有多篇文章对此积极探讨。一篇名为《医学亟宜讲求说》的文章开篇便指出，时下之医每于"《素问》《景岳》《仲景》《本草》《医宗金鉴》诸书未能深探其蕴"，"遂诩诩然开医馆、贴医招以赚取人间财物"，"其不草菅人命者几何哉"。而造成这样一种状况的原因，实为"各省中不设医馆不考医学耳"。文章作者指出，

---

① 郝先中：《晚清中国对西洋医学的社会认同》，《学术月刊》2005 年第 5 期。

② 关于吴汝纶对中、西医不同的观感及其原因，目前已有学者进行专门研究。相关论文参阅冯尔康《晚清学者吴汝纶的西医观——兼论文化反思的方法论》，《天津社会科学》2007 年第 3 期；周宁《吴汝纶与中西医》，《唐都学刊》2006 年第 4 期；汪维真《弃中择西：清人吴汝纶医学观的转变及原因分析》，《安徽史学》2006 年第 2 期等。

③ 关乎俞樾《废医论》的内容及其影响，参见郝先中《俞樾"废医存药"论及其历史影响》，《中医文献杂志》2004 年第 3 期。

考试医生已是政府当下最为紧要之事。作者甚至提出了考试医生的设想，"诚使各省父母官与省内诸绅酌商捐资设立医馆，延请名医招徒教习。凡父兄有愿出薪水率子侄来学者，无不辟门接纳。且每岁示期考取，凡学业有成者、于此道三折肱者，给札准其行医。如是则数年间医学必日盛于中土矣"。① 考试医生不仅能够振兴中医，在部分人士看来还能够与西医相竞。有文章严肃指出西医之所以能够凌驾于中医之上，其秘诀即在于西洋有考试医学之举。一篇名为《书中西医学浅说后》的文章强调，"今中医之所以不能驾于西医之上者，何也？盖泰西医学有院经试官考取之后，始准行道，良法美意，颇与中国上古相仿佛"。② 显然是基于上述同样的认知，《议遍考医家以救生命论》的作者极力呼吁，"今为天下苍生计，惟有哀告王公大臣创千古之良规，作无涯之公德，表奏朝廷饬下各自督抚将自各省医生设法考验。如有明医中之理者，给以凭文；若假冒知医者，则治以庸医杀人之罪"。③

"考试医学"的呼声，并不仅仅局限于文人阶层，在中医学界也不乏相应的呼吁。而且，其所倡议的内容亦大同小异。如清末医家孟今氏对于医界之荒芜，也并不否认，"方今吾国医界，皆为读书不成、他业不就之遁逃薮"，但他对于过高推许西医的行为却极不赞同，"近之蔑视中医者，固其宜，而其谬许西医偏重西医者，殊耳食而目论也"。④ 那么，对于中医"腐败不堪，庸恶陋劣之病"又当如何来革除呢？孟今氏认为，朝廷应首先做出表率，正是因为"庸医杀人向不论抵"，从而导致"世人苟且轻贱之心有以自召，以致是非成败，难于稽核"。如此时日既久，遂使"庸医漏网，充斥人间"。因此，朝廷的治化之道，"莫要于赏罚，亦莫先于赏罚"。在实际操作上，孟今氏主张，朝廷应在各地方设立"乡医、县医、府医、省医各

① 参见邵之棠辑《皇朝经世文统编》卷 99《格致部五·医学》，沈云龙主编《近代中国史料丛刊续编》719 册，文海出版社，1980，据光绪二十七年石印本影印，第 4028～4029 页。

② 参见邵之棠辑《皇朝经世文统编》卷 99《格致部五·医学》，第 4015～4016 页。

③ 参见邵之棠辑《皇朝经世文统编》卷 99《格致部五·医学》，第 4033～4034 页。按，该文作者为郑观应，另收入夏东元编《郑观应集》上册，上海人民出版社，1982，第 25 页。

④ （清）孟今氏：《医医医》，载沈洪瑞、梁秀清主编《中国历代名医医话大观》下册，第 1317 页。

等医官"，并令真正"通医可为国师者，按临各省，认真考试"。果有考取者，即录用之，并将之"分布各区"，而"一切经费悉由各区社会及地方官合筹，分给各医，总以优裕足赡医之身家，使得借以资医穷乏"；对于考试并未录取者，仍令复为医士，勉励其继续钻研医术，但"不许即妄与人诊治"。此外，医生在诊疗疾病之后，应将"脉相、证相、治否、方法逐一详列存之病家，并榜诸通衢"，按月、分年报官核验，以定其是非功过。遇有"成效多著而又能通治道者"，应"破格录用，不次超迁"；若仍有"恶劣如前以及大小不逮者，则即治以应得之罪"，或"更予以不测之诛"。①

综上所论，无论是激进的废医论者，还是保守的改革派，对中医界的混乱不堪，实际上都已洞若观火。只不过，两者的不同在于，一个要废除中医，一个则要保存并改良中医。而中医无论是"废"还是"存"，其实两者都需要一种强有力的外力介入方能实现。这个外力，就是政府部门的行政权威。

在社会各阶层对中医的抱怨、不满，以及对国家介入的强烈呼吁声中，晚清的部分督抚终于有所行动，开始尝试考试医生。其中，最大的一次考试医生发生在1907年。时任两江总督端方以"医学一科，攸关人命"，特札饬江宁（今南京）提学陈子砺组织考试医生，"凡在省垣行医之人，必须一律考试，以定去取"。考试方法为，应试医生须在内科、外科、女科、幼科、产科、痘科以及眼科等科中，选报一科或数科听候考试。考时"第观学术，不以文艺为先"，"所出之题，就病症方药古今治法不同之处，疑难奇僻之病症，及游移争竞之学说，每科撮要设为问题数条，能对若干即判为若干分"。考试结果分最优等、优等、中等、下等、最下等五等。考取中等以上者，方给予文凭，准予行医。此外，考中者尚需到中西医院附设医学研究所，继续研求学问，以求深造。清末的医生考试，前后总共举行两次，报考者甚众。不过，随着不久后端方的去职，"被摈之医旋即复业，以致既取者不复精益求精，未取者罔知勤加观摩，遂令医学日趋退化，可慨也夫！"②

① （清）孟今氏：《医医医》，载沈洪瑞、梁秀清主编《中国历代名医医话大观》下册，第1321～1322页。

② 对于清末考试医生之举，民国时期的医史著作均有所记载。参见陈养吾《历代医政与考试制度述略》，载氏著《养吾医药论文》，养吾医庐，1957，第81～82页；陈邦贤《中国医学史》，台湾商务印书馆，1965，第217～218页；蔡陆仙编《中国医药汇海》，新文丰出版公司，1978，第128～129页。

图 2 - 1　"考验医生"

资料来源：清吴友如等绘《点石斋画报故事集》子集，第 70 ~ 71 页。

总体来看，清末的考试医生，仅限于江苏、浙江等地，并未在更广的地域内展开。[①] 兼之，时隔不久，大清王朝被推翻，因此其整体影响并不大。

二　民国初期规范行医的渐次推行

伴随着民国的建立，诸种卫生行政措施连续出台，新的考试医生之举，开始在全国范围内渐次实行。由于从未设立过卫生部，北洋政府于 1911 年 8 月在内务部下设卫生司，用以管理包括规范行医在内的诸种卫生事务。不过，从其实际运作来看，卫生司只是徒具虚名，并没有发挥实质

---

① 关于清末各地考试医生的论述，参见鲁萍《晚清西医来华及中西医学体系的确立》，硕士学位论文，四川大学历史文化学院，2003，第 81 ~ 92 页。

作用。真正对民国初期的卫生行政起到推动作用的，是各省和地方的警察厅。这一任务分工，反映出北洋政府是将管理和规范行医作为一种事关社会秩序的事务来看待的。[①] 台湾学者李敖曾对这一时期的卫生行政建设，有过如下的总结和评论。

> 卫生司是没有实质的，更没有法律规定来做后盾的，事实上的卫生事务是由警察老爷来做。警察厅里有分成三科的卫生处，管理防疫保健、医卫化验和马路水沟。所以卫生司等于虚悬，而医药卫生事务在各省市里都一一变成了地方警务的单行法：北京有它的"京师警察厅取缔医生章程规定"；江苏有它的"检定中医暂行条例"；山西也有它的"不得妄称神方及用其他俗传方药"的明文。一般来说，这些单行本订得并不算太坏，至少就那些地方上的狗头师爷来说，已经勉为其难了。例如在广东省的"警察厅取缔医生章程"里，就有未立案医生"不得擅挂西医生招牌行医""不得开设医院""不得开设西医药房自行配制药剂"等规定。其开明进步的程度，即在今天也无与伦比。[②]

尽管民国初期的卫生行政主要由各省的警察系统署理，并且各有其单行法行世，不过，与众多版本的单行法并行不悖，为全国警察共同遵守的，则有沿袭自光绪三十三年（1907）八月公布的《违警罚法》。其中，特别是"关于身体及卫生之违警罪"的相关条款，一般用来作为处罚违反卫生行政规章的依据。

> 凡犯左列各款者，处十日以下，五日以上之拘留；或十元以下，五元以上之罚金。一、偶因过失污秽供人饮用之净水，致不能饮用者。二、违背一切官定卫生章程者。
>
> 凡业经悬牌之医生或稳婆，无故不应招请者，处十元以下，五元以上之罚金。[③]

---

① 徐小群：《民国时期的国家与社会：自由职业团体在上海的兴起（1912～1937）》，第136页。

② 《李敖大全集》第1册，中国友谊出版社，1999，第410～411页。

③ 参见王家俭《清末民初我国警察制度现代化的历程（1901～1928）》，台湾商务印书馆，1984，第175页。

现有研究表明，近代警察制度的建立，对于加强国家对地方的控制与渗透，起到了非常重要的作用。① 对于卫生行政来说，警察的全面介入，不但一改帝国时代对行医活动基本放任不管的情形，而且在很大程度上对于形塑新的医病关系影响至深。关于这一点，学界的研究仍是空白。因此，选取个案，进行集中考察，也就变得非常重要。由于北京在民国初期为北洋政府的政治中心，也是行政改革的先锋，在全国范围内最具代表性。因此，本章即拟以北京地区为例，② 来尝试考察随着国家的初步介入而对现实中的医病关系带来了何种的影响。

正如本书第一章所指出的，到了明清时期，伴随着医药学知识的进一步社会化，但凡稍具知识者，都可能会加入行医的行列，导致从医人员的来源相当多元。明清时期的帝都北京，同样也是各色医者汇集的重镇。上自太医院医官，下至游方郎中、巫婆神汉，形形色色的医者，无不为人施诊治病。从一般意义上讲，这些人都可以以"医"称之。③ 此种情形，一直延续至民国时期。曾活跃于京津地区的著名评书表演艺术家连阔如先生，在其专门用来揭露社会黑幕的《江湖丛谈》一书中，便对清末的北京医界有着如下披露：

> 清末的时候，治病大夫不论是否够格，随便挂牌行医，随便售药。患病之人稍有不慎，不是被庸医所害，就是被售药的所误。④

如此芜杂混乱的行医局面，在卫生行政事务归于北京市警察厅署理后，开始慢慢得到改善。1913 年 6 月 1 日，京师警察厅卫生处颁布了《取缔医生暂行规则》，开始有计划地考试医生。与此同时，也开始了对非法行医者的积极取缔。规则规定，除了部分在专门医学堂领有毕业文凭，以

---

① 相关研究，参见杨念群《再造"病人"：中西医冲突下的空间政治（1832～1985）》，第160 页。
② 1928 年，北京改名为北平。本书为论述便利起见，后文相关内容均统称为"北京"。
③ 明清时期，南京和北京分别是医人汇集的两大重镇。对此，台湾学者邱仲麟在其《诊资与药钱：明代的医疗费用与药材价格》一文中，有着具体的阐述。该文为作者参加由南开大学中国社会史研究中心主办的"社会文化史视野下的中国疾病史国际学术研讨会"（天津，2006）提交的论文，后收入常建华主编《中国社会历史评论》第 9 卷，天津古籍出版社，2008。
④ 参见连阔如《江湖丛谈》，当代中国出版社，2007，第 39 页。

及素有专长的医家可以继续行医外，其他业医者必须赴警署进行考试。报考医生须将姓名、年籍、区域、住址、门牌号详细填报。考试分初试、复试两场，复试录取的，还需到内城或外城官医院实习一个星期。"临证立方于医术确有研究者"，方准发给行医执照。考取执照的医生，如行医处所有变，应及时更换行医执照。此外，在为人施诊时，需将是否收费、收费数目以及出诊次数等定期上报警厅。如诊费有增减情形，也要随时上报，不能隐瞒。医生无论出诊、门诊，均应遵照警厅规定，"自备两联单，详细填注署名盖戳。将诊治单付与病者，自留存根编号备查"。在用药方面，医生所立药方必须清晰明了，不得将药名擅自更改，或用别名难以稽考。对于违反上述规定的，视不同情形分别处以五元到十元不等的罚金或相应的拘留。情节严重、涉及刑律的，在吊销行医执照的同时，还要交付法庭讯办。①

　　从规则的相关内容来看，民国初期北京政府对医者行医活动的要求已非常严格，无论是行医者的资格、诊金数目，还是医生的诊治经过、施诊结果，以及对非法行医的惩处，无不被纳入政府的监控之下。这与传统社会对医疗行业和行医者不闻不问、放任自流的消极态度，已成霄壤之别。伴随着国家的强力介入，传统社会的医家群体以及自由而多元的行医渠道也必将大大缩小，行医已逐渐向专门化、职业化的轨道迈进。由此，问题也便接踵而至，即在这样一个除旧布新的变革期与转型期，不可避免地会在新式秩序与旧有传统之间，形成一股无形的张力，并进而给传统的医病关系带来不同程度的影响。这主要体现在警局对非法行医者的取缔上，可谓与考试医生相表里。

　　在民国初年北京的日常生活中，警察一般会四处巡视，有时甚至便服对未行考取执照的行医者了以查拿。外右三区巡警章亿奎，一日见一男子在街上散发传单，遂上前询问。经查得知该男子叫陈文启，湖北人，曾患有梅毒，后经家住东珠市口时年29岁的三河人、医学堂毕业的康芝渊治愈。为酬谢康芝渊，陈遂为康印刷传单为之传名。章亿奎顺藤摸瓜，最后查得康芝渊并未在警厅考准医生资格，属擅自行医，于是将其拿获，依违

---

① 《京师警察厅卫生处关于取缔医生规则的函》（1916年4月1日），北京市档案馆藏，档案号：J181－018－00221。

警律罚银十元。① 住家在武王侯胡同 67 岁的宛平县人张立永，素以行医为业，诊治内、外两科达四十余年。前曾挂有牌匾，名曰"世济堂"。因警察厅颁发取缔医生规则，并未赴警察厅考验，遂将所挂牌匾摘去，仍私自行医。后由巡长刘恩承便服诈病将其拿获。② 67 岁的宛平县人王润田，家住京西门头沟，一直在天和玉药铺行医，并未经官考核。一日来京购药，住在女婿家。适有对门一果姓老妇人，因一时急火气闭，当得知王润田通解医道后即请其医治。但就在王氏开方、病人还未用药之时，王氏被巡警查获。③ 再如，中二区居民吴兴福未经官准，擅自为王氏之子治病。在王氏出吴某之门时，为巡警查获。据讯问，吴氏前此亦曾挂牌行医，经管区警署勒令将牌撤去。故此，吴系再犯，以违警律第 38 条第 2 款拘留十日，限满取甘结，开释。④ 57 岁的厢白旗人景明雷，也是未经考准行医，在西安门内开设橘泉药铺，铺外墙上悬挂行医医牌。后经巡警查知，遂将其与医牌一并带区送案。终以违警律拘留十日，期满取保释放，交区监视。谁知景明雷依然故我，经人介绍复为宽街孟德本治病，并先后两次收取马钱八吊。结果，在孟之妻孟范氏到橘泉药铺换取新药方时，为巡警查见，再次将景明雷及药方押解至区。由于景明雷系再犯，故按警律加等罪罚，罚洋十二元。⑤

此外，新闻媒体也成了警察的消息来源，如若有刊登非法行医的信息，一般也会引起其关注，予以调查。1913 年 12 月 8 日，《京话日报》登载了一条关于寓居打磨厂四条胡同春华泰医生刘兰亭，为西城大帽儿胡同患痔疮的李星浦治病，不愈反形严重一事的新闻。新闻称，刘兰亭并未官准行医，在其为李氏治疗不见效验后，遂托其友人、曾于 9 月考取医生的邱振声，前往继续为李星浦治病。因李不在家，邱留药水、药包各一而

① 《外右三区警署关于康芝渊未经考验行医和陈文启散布传单可疑的送案表》（1914 年 8 月），北京市档案馆藏，档案号：J181 - 19 - 6922。

② 《内右四区警察署关于张立永未经考验私自行医一案的详》（1915 年 8 月），北京市档案馆藏，档案号：J181 - 19 - 10325。

③ 《外右五区关于王润田未经考验擅自行医的详》（1915 年 1 月），北京市档案馆藏，档案号：J181 - 19 - 10766。

④ 《外左四区警署关于吴兴福未经官准私自行医的详报》（1914 年 8 月），北京市档案馆藏，档案号：J181 - 19 - 6829。

⑤ 《中二区关于景明雷违章行医的详》（1915 年 6 月）、《中二区关于景明雷违章行医的详》（1915 年 6 ~ 7 月），北京市档案馆藏，档案号：J181 - 19 - 6829、10783、10784。

去。此则消息为警察厅阅得，遂派员往察，并分别将两造带署查问。经讯问，刘兰亭果系非法行医，遂以违警律罚银十元。至于邱振声，虽为正式医生，但由于"受未经本厅考验之医生刘兰亭嘱托，冒昧与李星浦治病，并声称系警厅命令而来，迹近招摇"，依据《取缔医生暂行规则》第六条，"凡行医者关于其业务犯罪或为不正当之行为时，……追缴执照或停止行医"之规定，"著自本年十二月二十六日停止该医生行医三个月"，并令邱氏所寓东安市场大德堂药店辖署，存案备查。①

通过以上的例子，可见，警厅对日常行医活动监控已趋于严密。民间医者稍有不慎，即有被查获或取缔的危险。此外，如若在非常时期，警厅的惩治力度会更大。1915 年，北京白喉流行，波及甚广。为了将疫情控制在最小范围，北京市政府积极出台相应举措，规定了防疫期限。而从在这一时期发生的案件来看，警厅对非法行医的惩治明显加重。

比如，南横街圆通观庙内佣工冯惟一，向外右五区第三路巡官徐文喜报告，说庙内已故道人李永禄之胞姐佟李氏带子香儿和九儿、苏李氏带子三达子同在庙内守灵。冯惟一怀疑三个小孩均患有疹症，恳请检验。外右五区警署当即电知防疫分局并外城官医院医官杨九德前往检验。查得三个小孩一患水痘、一患咽喉症、一患风邪之症，皆非传染病。但该医官在检视药方时发现，前医梁郁生、郭恩元药方用纸皆非"官厅规定用纸连单"，遂报知警察厅。警察厅认为，在防疫期内竟有医家如此懈怠，应从严查办，将梁郁生、郭恩元按违警律罚洋五元。②

47 岁的大兴人朱德茂，素以行医为业。但在 1914 年的警厅考试医生中，并未考取。按照"取缔医生暂行规则"，朱氏只有在隔年再次参加考试，并且此间不得擅自行医。但苦于家境贫寒，生活无着，朱氏仍旧私自行医。清道所水夫刘世杰因感染风寒找朱氏看病，不治身亡。事为警厅查知。警察厅卫生处对朱氏所开药方进行检验，认为"虽无大谬，究属不合"。特别是，"值此防疫期内，竟敢玩视病症，任意开方，尤属非是"。最后，依据《违警律》和《取缔医生规则》，多条并罚，将朱氏"拘留二

---

① 《外左一区警察署关于查京话日报刊载骗财害人医生刘兰亭等的呈》（1913 年 12 月），北京市档案馆藏，档案号：J181 - 19 - 732。

② 《外右五区关于梁郁生等违章行医的详》（1915 年 2 月），北京市档案馆藏，档案号：J181 - 19 - 10767。

十日，限满具结保释"。①

　　再如，家住隆福寺庙后院东边路北院内的魏寿山，人称"魏半仙"，并未经警厅考验，仍然擅自行医。遇有病症，并不辨脉象虚实，专以扎针施治，并总以旧存成方一个，按照药味抄下，嘱令病家购买药剂，伴同药方焚化冲服。"魏半仙"此举显系"师巫邪术"，即使在明清时期，亦在严厉打击之列，更何况在整饬医业甚严的民国初年。当警厅侦知此事后，遂派人伪称患有"淋症"，亲赴魏之家中验察。适时，"魏寿山出诊始归，身作道士装，略坐片刻，伊始诊脉"。临诊之时，但见魏"口则喃喃作语，念咒不已。手则掐诀，指空胡画"，其诊法，"除诊寸关尺三部之外，并诊指头、手臂等处，均历代医术所未见"，"所开药方，亦非治淋之剂"。该警员问其是否考试，魏则答以"儒医须考，道医不须考"。警员在探得真凭实据后，最后将魏寿山带回警局。在查阅案底时，警方发现，魏寿山此前亦曾因以符咒及偏方为人治病被罚，此系再犯。警察厅总监亲自批复，魏寿山以符咒为人治病，"殊属目无法纪，玩视人命"，"当此防疫吃紧之际，若不从严惩办，不足以儆效尤"。于是，饬教养局"严加管束三个月"，并将案情"摘叙致报界同志会"，"希即各报，一体登载，俾众周知"。②

三　告医：一种新情势的催生

　　病家延医，如若药到病除，自然医病双方皆大欢喜。但是，如若经过诊疗，病情不见好转，或不幸发生变故，那就有导致发生纠纷乃至成讼的可能。在第一章中已然论及，在传统社会，医病双方很难涉讼。其中一个很大的原因，便是缺乏权威的仲裁机构。因此，很多的纠纷，都在民间得以解决。比如，病家出于不满，对医家进行折辱，或者是医家以钱财、劳务等形式对病家进行赔偿等等，这在明清社会应该是常态。揆诸民国初期，传统的报复医家的方式，依然为多数病家所沿用。比如，山东宁海人孙元魁为惜薪司住户王连升之子治烫伤病，并未取得预期的疗效，王氏之

---

① 《内左三区关于朱德茂擅自行医的详》（1915年2月），北京市档案馆藏，档案号：J181-19-10768。
② 《内左三区警察署关于魏寿山擅自行医的函》（1915年5~8月），北京市档案馆藏，档案号：J181-19-10781。

子最后身死。王氏气忿不过，遂怀抱幼子尸身，前往孙氏所居之永龄堂药铺理论。① 这种登门问罪的形式与传统社会并无二致。

民国初期，国家对卫生事业的初步介入，弥补了仲裁机构的缺失。并且，在很大程度上也改变了医病纠纷在民间解决的样态。同是上面的例子，孙元魁与王连升后经人说合，意欲私了。但事情为派出所巡长苏延勋侦知，遂将孙元魁押解归案。由于孙元奎并未在警厅考取医生，最终依违警律第三十八条"违背一切官定卫生章程"论处，罚洋五元，缴纳具结释放。② 正是在这样的一种新形势下，有的病家在与医家交涉未果后，往往会以警厅封门或发放广告相要挟。如，吴石公之子"外感寒邪入肺，以致作烧作喘"，遂请安定门内济生堂铺掌洪鹤年为之诊治。由于病孩"已伏内风"，病势已深，洪氏初不肯医治。后经吴石公之妻再三央告，方予以施诊。不料，四日后，病童身亡。吴石公以"伊小儿服药后即死，想系服药错误"为由，前往济生堂理论。并声称，"赔偿金二百五十元，否则请警察厅封门并为登报广告"。显然，济生堂并未接受吴石公的要求。为了报复医家，吴石公遂沿街散布传单，内中写有"庸医杀人等语"。结果，被警查知。经查，洪鹤年系北京医学会毕业，"领有第三十五号毕业证书"。且济生堂由乾隆年间开设，自配丸散膏丹，售卖有年。但"所售各种药品"，并未经前内城总厅派员调查、化验。"姑念该堂营业有年，前此也未有不合"，将洪氏按违警罚法罚洋三元。③ 类似行为表明，民众似已逐渐认识到国家权威在医病关系重塑中的作用与影响。

至迟从民国初期开始，病家因不满诊疗，赴警署告医的新情势开始显现。依据档案资料来看，只要是病家对医生的诊疗不满或心存疑窦，若协商不果，即不乏踊跃告医之辈。

大羊毛胡同住民贾卢氏，染病后到万灵堂药铺询问有无医生可以医治。药铺掌柜常履祺"自称能为其疗治"，遂"为之把脉立方，并在店铺中抓药"。不料，所开之药在煎服后，贾卢氏病情不轻反重。贾卢氏前往

① 《中二区警察署关于孙元魁私自行医一案的呈》（1912 年 12 月），北京市档案馆藏，档案号：J181 - 019 - 03257。
② 《中二区警察署关于孙元魁私自行医一案的呈》（1912 年 12 月），北京市档案馆藏，档案号：J181 - 019 - 03257。
③ 《卫生处关于洪鹤年违章行医并请传讯的函》（1916 年 2 月），北京市档案馆藏，档案号：J181 - 19 - 14069。

万灵堂与常氏理论，未果，遂喊控于官。①

　　内左二区住民英海之子"染受痧诊之症，大便不通"。经闫、费二医生诊治无效后，经街邻孔庆纪介绍，延请张鹤书诊治。张称，此病"非见大便不能见效"。服药后，英海之子"大便虽通"，但"昏迷不醒"，不久后身死。英海大为不满，至张鹤书家理论。而张对前述诊断之语一概否认，英海"遂将他喊控"。

　　再如，外左四区住民刘桂增患瘟病，请张少卿为之诊治，不愈反显沉重。后刘桂增又延请兴医生，为其继续诊疗。兴医生在索取前医张少卿所开药方后，认为显系药味相反所致。刘桂增不久身亡，死时"口吐血沫"。刘之亲属认为其中必有蹊跷，乃将张少卿控告。②

　　对医生，特别是非法行医者的控告，除病家亲至警署予以诉说外，在这一时期，还开始零星出现了匿名检举的形式。尽管部分检举者，并不愿透露真实姓名，从而也便不能得知是否为病家或其亲友所为，但从这种方式日后被广泛采用来看，③ 医疗卫生越来越引起社会各个阶层的注目，似已成基本事实。如内左一区警署便曾接到署名为"王观浦、钱宪章"的检举信。信中称，先以摇煤业为生的张书之，"于庚子年因抢当铺以致家道小康，乃将摇煤业抛弃，忽然行起医来。当时由彼亲朋悬挂匾额以扬其名，此后由其诊治被害者不知凡几，屡经报纸登载，去秋亦曾被人告发"云云。内左一区警署随即派员查访，但几经查访，"王、钱"二人终无可得。不过，张书之其人其事却与检举信中所述相符，张氏最终以违警律论处。④ 再如未经警署考验的松瑞良，为范姓之子治"拉泻不止"。经诊，松瑞良认为病人实属"虚痨已极"，并见其口干，"恐生风疾"，遂"投牛

---

① 《外左二区警察署关于常履祺私自行医一案的详》（1916年6月），北京市档案馆藏，档案号：J181－19－14273。

② 《外左四区表送李庆祥喊控医生张少卿给伊甥刘桂增看病误投药剂以致服药后病剧身死》（1926年8月），北京市档案馆藏，档案号：J181－19－56657。

③ 比如，进入1930年代，坊公所亦积极介入对非法行医的披露与检举。参见《东郊表送萧永增私自行医将历骚子医治身死一案的呈》（1931年5月），北京市档案馆藏，档案号：J181－21－12444。此外，也有公民自报真实姓名，对庸医进行检举。参看《内三区警察署关于查获景德泉私擅扎针行医一案的呈》（1931年7月），北京市档案馆藏，档案号：J181－21－12447。

④ 《内左一区警察署关于侦察王观浦等报告张书之违章行医等是否属实的函》（1915年3月），北京市档案馆藏，档案号：J181－18－4611。

黄清心丸以去心火，六味地黄丸补气力"。不料，病人服药之后泻肚而死。对于此事，死者家属并未深究。不过事后有人竟一纸书信将其向卫生处检举，卫生处乃函告东郊警署，将松瑞良抓获。[1]

　　作为正式医生，在诊疗过程中，往往因检阅前医所开药方，从而对前医水平之高下进行品评。如见医术低劣之辈，出于社会责任感与一时义愤，每多将前医函告。类似事件，在这一时期并不少见。其中，外城官医院医员陈世珍无疑是最为积极的一个。多名非法行医者经其检举后，受到缉拿与惩处。如陈氏为清风巷门牌一号赵姓子治瘟疹，在索阅前挂牌医生郭普君所开药方后，认为"方案谬误"，方中药品多"时下最忌之品"，并推断"现该子被其误治，恐将不救"。于是，陈世珍将此告知警署。经查，郭氏年逾七旬，前曾以行医为生，并未考取医生，警厅遂将郭氏拘留。后赵氏子果然病卒，郭普君以"未经考准，擅自行医且用药谬误，殊属非是"，因"案关刑事"，交由京师地方审判厅裁断。[2] 再如，民间医人曹善福曾为喜鹊胡同住户裴连芳患疹症之女焕儿治病，后经陈世珍前往诊断，并调阅原请曹氏所开药方。陈世珍认为，其中药味多有不符。最终曹善福被警署传唤，拘留二日后，取保开释。[3] 颇有意思的是，医生对非法"同行"的控告，甚至有错报、误报之时。山左会馆的医生田智先因刘俊生喜读医籍，并时与朋友议论，乃将后者告发。后因查无实据，刘俊生亦坚不承认曾与人治病，最后刘被无罪开释，田智反而被申斥。[4]

　　此外，与传统社会有着很大不同的是，媒体自晚清以来日益发展壮大，并作为社会舆论的喉舌，不断彰显其抨击时弊的影响力。晚清以降的卫生改革，一直为媒体所关注。同时，对于民间的庸医问题，报章也时时登载。[5]

---

① 《东郊警察署表送松瑞良违章行医一案》（1925 年 8 月），北京市档案馆藏，档案号：J181 - 19 - 47803。

② 《卫生处关于郭樸君私自行医一案的函》（1916 年 3 月），北京市档案馆藏，档案号：J181 - 19 - 14265。

③ 《卫生处关于曹善福私自行医的函》（1916 年 2 月），北京市档案馆藏，档案号：J181 - 19 - 14260。

④ 《外右三区警署关于田智先恐刘俊生未经考验行医的送案表》（1914 年 9 月），北京市档案馆藏，档案号：J181 - 19 - 6852。

⑤ 关于清末庸医问题的研究，参见路彩霞《清末京津庸医问题初探》，常建华主编《中国社会历史评论》第 8 卷。

由此一来，媒体无疑成了另一种监督力量，并且愈来愈发挥其显著的宣传作用。

1916年7月2日，《北京商业时报》新闻栏内载有一则关于混充医生害人的消息。

> 永定门内住户孟姓原先卖估衣出身，后因折本歇业，终年在八大胡同莲花河黄鹤楼等处借着相面算卦敲诈窑姐们竹杠。近来又生急智，混充医生开方治病，自称神手。左近妇女乡愚受欺延请治病者甚多。害人渔财，其罪非小。望有该管责任者查一查吧。①

此则新闻为警察厅行政处阅得，遂转发至外右五区警署。警署随即派人将孟文荣拿获，并依据《取缔医生规则》从重处罚。初拟罚金十元，因孟无力缴纳，改为拘留十日，期满交区监视。②

再如，1915年10月10日，《群强报》载有"瞧香宜禁"一条。报称，北新桥雍和宫庙内有个做成衣的王喇嘛，专给人瞧香治病，定的是什么大仙姑、八角仙姑等。被他耽误的病人实在是不少，望有管理之责者从速禁止，云云。北京市警厅司法处将报纸转发至内左四区警署，后经该署派员查知，并无王姓喇嘛，只有一名唤作金海的喇嘛，专看幼儿积聚及疯症至大人各症。因其向不收人钱财，"且识字无多，状极愚鲁，情尚可原"，经当堂告诫、申斥后，开释。③

一般来看，大多数普通民众或出于狐疑，或出于悲痛，或出于对医生的报复心理，在将医生告至警厅并经警处理后，一般都会适可而止。他们最为希望的，是医生得到不同程度的惩处，哪怕是给其带来些许不必要的麻烦，都会令病家心下有所快慰。除此之外，往往并无他求。同时，在与警署的接洽过程中，也往往表现得低声下气，与传统社会到官府打官司并无二致。不过，这一时期的上层社会，特别是在政府部门任职的人员，在因医疗问题而告至警厅时，却与普通民众有着很大不同。在类似的案件

---

① 《混充医生害人》，《北京商业日报》1916年7月2日，第4版。
② 《外右五区警察署关于孟文荣私自行医一案的详》（1916年7月），北京市档案馆藏，档案号：J181-19-14274。
③ 《内左四区警察署关于喇嘛金海私自行医一案的详》（1915年10月），北京市档案馆藏，档案号：J181-19-10328。

中，我们看到，病家的话语一般都比较强势。并且在与警厅的交涉中，往往善于依据自身对医学知识的掌握与对国家话语的使用来为自身权益辩护。

总统府顾问彭仕勋之女六儿出痘，延请医家刘庆兆诊治。刘庆兆先后为病人开药方三次。结果，六儿"天花未透回闭，毒气入内身死"。彭遂遣其随员潘庶绩至外右一区警署控告医生刘庆兆庸医杀人。外右一区警署当即呈报警察厅，第四检察厅检察官石某带同仵作到彭宅检验，认为六儿确系天花未透回闭，毒气入内身死，并无别情，遂给予执照准其抬埋，并函告外右一区警察署。彭仕勋在获知处理结果后，颇为不满，于是"递诉状称不服"，并分别给外右一区警署警官以及警察总厅执事写信。

信的内容，颇具玩味。在给警署的信中，彭仕勋开门见山，指出"现在小儿天花盛行，多为庸医所误，若不取缔严办，不但有碍卫生，并且草菅人命，大于警律之保卫不合"。显然，对于国家针对卫生行政的法律条文，彭氏心知肚明。并且，在与警署的交涉中，已开始有意识地将被控方置于被打击的行列，借以博取警方的同情。

接下来，彭氏依据所掌握的医学知识为自己辩护，他说：

> 今早此女病重时，复请该医来家商洽，并以坊间庄在田痘科书忌用凉泻克散诸药致豆浆不升，阴毒塌陷，以成危症。故列为四忌。而以连翘、生地、黄芩等为清凉败毒之一忌。以山查六黄等克伐气血之二忌。今该医一方即用枯苓黄连翘查肉；二方即用生地南查桔梗等药，是清凉克伐两种忌药，渠皆用齐，故成痘陷痘黑阴毒归心之绝症。

为了证明刘氏所开药方有误，彭仕勋将庄在田（即庄一夔）《庄氏痘案》一书与刘庆兆所开三副药方一并呈上。庄一夔生活于清代乾嘉年间，是江南颇负盛名的医生。庄氏治痘主张"宜温补兼散"、忌用寒凉消导。这些思想集中体现在他所编纂的《遂生篇》（又名《千金至宝》）和《福幼篇》两部医籍中。因两部医籍文字简要，因此刊布颇多，流传甚广。彭仕勋选取了庄一夔的医学观点作为自身的论据，说明其本人对于痘症的治疗有着一定的医学知识。他对医家的诊疗不但能够提出异议，并且有根有据，这在一般民众那里是很难见到的。

彭仕勋的申诉和抗议，促使警察厅不得不再次复查此案。不过，警署在复查后，仍是劝令彭仕勋将其女安埋了事。对此，彭仕勋再次向警察厅修书予以交涉。警察厅最后只得移文至第四初级检察厅，第四初级检察厅在派员检验的同时，还"添传京师医学研究会医正韩宝贤、医副易赞庭等到厅鉴定刘庆兆医治彭女天花方法"。经鉴定人韩宝贤等核实，证明刘庆兆所用方剂"系本《医宗金鉴》法原方"。并进而指出，"《医宗金鉴》较之坊间医书尤为可信，即不得责其误药饵"。因此，以"玩忽业务"为由控告医师，"对于刑事上罪名碍难成立"。同时，对彭仕勋所列的五点疑窦，第四初级检察厅呈送地方检察厅核办，认为彭氏不服之点皆不足据，并特别强调《医宗金鉴》的正统权威地位。最后，警厅认为，"刘庆兆所下方剂既经鉴定，系医治天花对症之药，且根据普通遵用之《医宗金鉴》一书，自未达玩忽必要之程度。不能构成刑律第三百二十六条之罪。该厅所下不起诉处分并无不合"。[①]

其实，庄在田治痘崇尚温补，其法不合《医宗金鉴》，早已有人指出。清末民初大兴医家杨熙龄就有过下列评论。

> 庄在田著《遂生》《福幼》二编，风行海内，《遂生》以治痘，《福幼》以治慢惊，皆崇尚温补，偏驳失中而又主张太过，最易惑人。《遂生》编可勿论矣，慢惊虽宜温补（只理中汤已足），若《福幼》编中之六味回阳饮一方中用炮姜、肉桂、丁香、胡椒、肉豆蔻、吴茱萸等味，类聚群辛毫无法度，一滴入口如舐秦椒油，奇苦万状，病儿当此何异既落井而又下石，服之立时苦变者有之，迁延失明者有之（予已见二人）。无他，不合金匮调以甘药之旨也（理中汤内党参甘草均味甘，所谓调以甘药也）。陈修园读《金匮要略》三十年，悟出一言以蔽之，四字曰调以甘药，在田庸手何足以知之。世补斋医书徐刻庄在田《遂生》《福幼》两编序末云，所愿阅是编者凡遇痘惊末传之病，勿复请热泻火初传之法，究竟有褒无贬，不足以纠正其失。（昔某家儿患慢惊，煎六味回阳饮，讬乳媪试尝少许，舌为之破，其

---

① 《外右一区警察署关于彭仕勋控医生刘庆兆诊毙幼女一案的呈》（1914年2月），北京市档案馆藏，档案号：J181-19-5407。

酷烈可想）。①

从上述评论，可以看出，京师医学研究会的鉴定，确是合乎情理。但我们显然又不能以此指责彭仕勋的控诉行为。在这里，我们看到了不同的社会阶层在面对医病纠纷时所做出的不同因应。与一般民众不同，出于对国家法律的了解以及在医学知识占有上的优势，作为社会上层人物的彭仕勋为了维护女儿的生命权益，对诊疗中的可疑之处逐条进行了指控。尽管最后失败了，但他所做出的努力，以及在这一事件中所表现出的主动姿态，如果历史地来看，显然还是值得肯定的。

民国初期尽管不乏病家的告医之举，但从这一时期的相关资料来看，医病双方涉讼法庭的案例仍不多见。更多资料显示，一些因疗效而引发并本可涉讼的纠纷案件，一般均因病人或家属的临时变卦而未成讼。不过，即使类似的案例相当少见，从中仍可看出一般百姓对到法庭打官司持畏惧与疏离的态度。这从下面一案例中可见端倪。

1916 年 4 月间，家住内右二区的杨高氏右胳膊突患无名肿毒，遂前往克敦医院诊治。据杨高氏在警局的口供可知，沙克敦医师为她诊断病情后，认为所患系肿瘤，决定要为其开刀割治。然而，杨高氏疮口在术后一直未能愈合。由于病情不见好转，治疗花销也日见增多，杨高氏遂向沙克敦医师提出终止诊疗的请求，并声言要到京城官医院进行免费诊疗。沙克敦见此，遂向杨高氏提出继续为其诊病，但并不收取药资。杨高氏说，沙克敦这样做的目的无他，只在"保全他的声誉"。杨高氏决定不再转院，依然在克敦医院就医。到了 7 月 20 日，沙克敦向杨高氏说，"病已好啦，不用再治"。至此，杨高氏遂不再去克敦医院就诊。

不曾料想，7 月 25 日，沙克敦派其徒弟前往杨高氏家，要杨高氏之弟去趟克敦医院。杨高氏之弟自医院归来后告诉其姐，原来是沙克敦想向其"借一百块钞"。杨高氏以无钱为由予以拒绝。7 月 26 日，沙克敦又遣其徒给杨高氏"送来一纸帐单"，上面载明杨高氏共欠其医药费计 97 元 1 角7 分。杨高氏本来就感觉病情并未减轻，"右胳膊不能动转"。经他人验看后，被告知是由于手术不慎造成了筋伤损。为此，杨高氏对沙克敦心有不

①　参见杨熙龄《著园医话》，载陆拯主编《近代中医珍本集·医话分册》，第 511 页。

满，当下又见到沙克敦接连催索医费，乃"一时情急，遂将沙克敦控告"。

杨高氏所控告的沙克敦医师，祖籍广东，曾于前清考取过医生资格。对于杨高氏的控告，沙克敦医师承认，他确实为杨高氏治疗过"无名肿毒"，现在已经痊愈。杨高氏所欠药资一事完全属实，但他并无许诺不收医费之事。

京师警察厅署理此案后，批示卫生处对沙克敦的诊疗进行核查，确认其"手续是否合理"。8月31日，卫生处做出诊断结论，认为沙氏"手续及刀口痕迹均深合方法"。这一裁断，显然将病家置于不利的地位。然而，就在此时，一个很有意思的现象出现了——媒体开始介入此事。

9月2日，当时北京颇有社会影响的报纸《京华日报》在第一版的醒目位置登载了一则以《迹近敲诈》为标题的新闻。内容为：

> 锦什坊街医生克敦氏给杨姓妇治胳膊，因不见成效，人家要往别处医治。克敦一定还要接洽。可是先借一百元，人家没钱给他，他又给人家开了一篇帐，说人家欠他九十七元。杨姓妇情急，听说已在右二区起诉了。详情访明再登。[①]

9月4日，这份报纸又在第三版登载了一条以《再志敲诈》为题的新闻。

> 迹近敲诈，已志前报。现闻克敦氏系警察厅某医官之弟，前与杨姓妇治膊未愈。杨妇的意思，既治不好，只可另就别医，不料某日克敦竟要借洋若干。该妇未允。又于次日送欠帐一纸，言欠他洋若干。杨姓妇因治膊未愈，反倒多方敲诈，因此情急，才把他告了下来。[②]

时隔一日，《京华日报》接连登载此事，并以一些"莫须有"的理由对沙克敦进行攻讦。一个很有可能的推测便是，杨高氏或其亲属开始寻求社会舆论的奥援。而新闻媒体不厌其烦地登载，也体现了当时的社会舆论对类似事件所保持的关注程度。

很显然，沙克敦医师读到了上述新闻报道。9月4日，沙克敦向警察

---

① 《迹近敲诈》，《京华日报》1916年9月2日，第1版。
② 《再志敲诈》，《京华日报》1916年9月4日，第3版。

厅提出诉请，认为媒体的报道"显系污蔑"，并已使克敦医院"所受之损害甚巨"，因此请警察厅对相关行为进行调查以"保全名誉"。与此同时，沙克敦以杨高氏短欠药资为由将后者控诸警厅。对于沙医师的诉求，警察厅司法处认为这已关"刑事"，遂将其一应资料函送京师地方审判厅进行裁断。面对即将到来的一场诉讼官司，杨高氏选择了回避。她向警察厅提出"息讼甘结"，称其实"不欠沙克敦钞文"。尽管自身"疮症未愈"仍感痛苦，但她"情愿另找人医治，不愿涉讼，请求免究"。①

如若我们将之与发生于 1930 年代的医讼案件相比较，便会发现，医病双方均彼此不满，各执一词。同时，媒体也开始介入其中，并且态度明显偏向于病人一方。可见，媒体对医者的态度，在民国初期即已如此。只不过，这场纠纷后来究竟是否成讼，最终又是如何解决的，因资料缺乏我们已难以知晓了。

四　新情势下医家的因应之道

（一）私自行医者的对策

面对国家的考试医生制度，希图以医为业者自然也想顺利通过考试，从而获得行医执照。不过，从相关资料来看，民国初期医生资格考试的录取率似乎并不高。直到 1930 年代初，在一封北京国医公会致市卫生局的公函中，依然有着这样的评论，"贵局对医生之考试，原为取其真材以除蒙混者，故用严格手续考验之。而投者百数十人，名落孙山者在三分之二五。列名仅三十余人，随即派赴医院实习，费了许多周折，才发照，准其营业"。② 如此之低的录取率，势必要令大多数人与行医正途失之交臂。同时，录取之后随之而来的实习之严，也会令部分考取者或合格者（不经考试而具备资格）视若畏途。如宫门口西岔济生堂药铺铺掌陈子英，因年老向警厅递禀

---

① 《内右二区警察署关于沙克敦行医造成病人残疾一案的详》（1916 年 8 月），北京市档案馆藏，档案号：J181-19-14276。

② 参见《北平市公安局第五科关于刘子元私自行医售药一案的呈》（1931 年 5 月），北京市档案馆藏，档案号：J181-21-12445。很有意思的是，这是一例以坊公所的名义，对辖区内的庸医进行举控的案件。于此也可看出，民国初期社会各界对于规范行医的重视程度。

免考，得蒙允准但需其在"官医院试诊七日"。结果，陈氏并未通过。因生计艰难，遂仍私自为人看病，从而多次被警缉拿。① 为数众多的未曾考取医生者，如果依然想借医谋生的话，无疑面临着随时被警局取缔或遭民众揭发的危险。曾几何时堂而皇之地活跃于大街小巷的民间医生，在经考取医生失败后，不得不开始从公开转入地下。不过，由于现实社会的强大需求，他们并未从人们的视野中消失。俗语有云："上有政策，下有对策。"为了降低"顶风"行医带来的风险，大多非法行医者想方设法使自己的行医活动变得扑朔迷离、行踪不定。大略观之，其采取的途径有以下数种。

一为瞒天过海，故弄玄虚。号称"半仙"的李荣山，利用符咒，为人治病，并未赴警厅考核。警厅虽然屡次接到消息，风闻其"顶香治病"，但每次派警往查，皆不得掌握其真凭实据。原来李荣山每次外出，"多为车接车送，使人难知其去向"。隐秘的行踪，无疑加大了侦察的难度。同时，李荣山又与四邻相处非常融洽，警员虽多方打探，但就是不能探得实情。见此，警厅不得不派探员装病前往，最终才将其拿获。后将李荣山以违警律论处，拘留了 15 日。②

再如，在旧帘子胡同门牌三号居住的海洪权，也是未经考试医生便私自行医。内右一区警署风闻此事后，为了获得确凿证据，屡次派警员诈病前往查验。但海洪权警惕性非常高，每次都予以拒绝，警署一时也无计可施。后来，有民众再次向市警厅举报，警厅卫生处电饬警署迅速办理。这一次，警署从众多警员中挑选了一个"身体瘦弱面带病形之巡警"便服前往。海洪权一时放松警惕，终于上钩，被警拿获，罚银十元。③

二是将行医医牌从药铺或自家墙外移入铺内或墙内，缩小行医的"秘密"空间。炮局小椿树胡同住户清瑞，早年曾经行医，因在城外教读，遂停止行医。后因教读事散，经亲朋劝告，复为行医生涯。有人劝其将早年行医牌悬挂于外，以便易找寻。但清瑞因自己未经考试，惧怕被警厅查

---

① 参见《内右四区警察署关于陈子英未经官准擅自行医一案的呈》（1919 年 9 月），北京市档案馆藏，档案号：J181 - 19 - 25832。

② 《京师警察厅卫生处关于李荣山私自行医即传案照章罚办的公函》（1919 年 2 月），北京市档案馆藏，档案号：J181 - 18 - 11018。

③ 《内右一区警察署关于海洪权私自行医一案的详》（1916 年 11 月），北京市档案馆藏，档案号：J181 - 19 - 14281。

知，"遂将行医牌挂在院内"。后经巡警查知后，清瑞及其行医牌被一同带至警署，并被按照《取缔医生规则》第 17 条处罚金五元，行医牌被销毁。① 再如，家住东送姑娘胡同的张志达，自 12 岁时随其伯父学医，曾充任骑卫仕队医生，后因事被辞散。在经警厅报考不利后，张志达在家中赋闲四月有余。后因生计所困，在友人的劝说下，开始为人立方治病，但"不敢在门外挂牌及招贴"，乃在"门内二门旁粘贴行医报单一纸"。最终被巡警查知，本欲按《取缔医生规则》罚金五元，"考虑其无力交纳，于是折拘留五日，以示惩戒"。②

三为非经熟识之人介绍，概不应诊。熟识之人的引介，自然会减少"曝光"的危险，增加安全系数。曾以摇煤球为业，人称"煤球张"的宛平县人张书芝曾行医多年，后赴警厅考试医生，并未考中，遂将匾额封起，不再行医。无奈亲友相劝，有疾病之人亦来求张诊视。张书芝无法推却，不得不再作冯妇，但"有生人请我赴病人家内诊视者，我并不应酬"。③ 有了亲邻的介绍，即使有警察查问，碍于情面，一般也会由病家代为掩护，从而使非法行医者从中得利。如外左一区罗家井住户杨殿忠，染患瘟症。经警署报知防疫分处，防疫分处遂派医官陈世珍协同巡警赵国安前往诊断。在检查杨殿忠前所服用药单时，发现"用药多有错误"。随即向杨询问前医为谁。结果，杨殿中"坚不肯说医生姓名住址"。医官无奈，只得携药单离去。但警署并不罢休，"复加派干警，严密调查"，并对杨殿忠"严诘"。最后，杨殿忠才不得不吐露实情，指出前医为李兰亭，并特别强调"李兰亭给我诊治是实"，可是"并未向我要钱"。而杨殿忠如此祖护李兰亭，原因就在于此医系由杨"素识之人吕瑞亭介绍"。在此种情形下，尽管李氏并未曾考取行医资格，且"所立各方用药与脉案所开瘟症多不相宜"，但"念其未受笔资"，即从宽发落，处以五元的罚款，取保开释。④

---

① 《内左四区警察署关于清瑞违章行医一案的详》（1916 年 8 月），北京市档案馆藏，档案号：J181 - 19 - 14277。
② 《内左四区警察署关于张志达私自行医一案的详》（1916 年 12 月），北京市档案馆藏，档案号：J181 - 19 - 14279。
③ 《内右一区警察署关于张书芝私自行医一案的详》（1916 年 3 月），北京市档案馆藏，档案号：J181 - 19 - 14264。
④ 《外左一区关于李兰亭违章行医的详》（1915 年 4 月），北京市档案馆藏，档案号：J181 - 19 - 10777。

再如，西郊住户蒋连堂妻弟沈玉徵患吐血症三月多，经妇人杨小脚介绍，蒋连堂将素以抬杠为业的张义山请来，为其妻弟拔罐子、按摩。不久后，病人身死，蒋遂将张义山控告，指称张骗取钱财，非法行医。而张义山却一口咬定，其并未收取任何钱财；并声言自己本不欲为其治病，只是在杨小脚的几次催促下，碍于人情方开始前往。同时，蒋连堂的岳父沈有德闻讯后也急忙赶往作证，称张未行针灸，亦未收取医费，其子乃病重身死。最后，警厅只得令张义山取保开释，并未罚银。① 当然，并不是所有经亲邻介绍的民间医人都有此好运气，有的因在治疗上出现变故，也时或被病人家属控诸警署。外右五区住户刘长海，患有瘟病，后变转吐血，经医治愈后，下身开始浮肿。屡经延医，皆无效验。后来，经"素识之人徐小喜介绍"，聘请王桂为其医治。王声称四日内包好，但四日过后，不但未见任何起色，而且病人嘴内开始流血不止。病人家属见状大为恼怒，于是赴警署将王桂控告。②

四是在药方上暗做手脚，为日后抽身预留退路。通过以上的案例，我们可知，尽管未经考核私自行医属于非法，但只要不是治毙人命，或即使治坏病人并不留下明显的证据，只处以罚金，惩处的力度还是有限的。如此一来，为了减少风险，有的民间医人仍在药方或脉案上大做文章。比如，上文中我们提到的借助符咒为人治病的景明雷即是如此。当景明雷被拿获之后，警员在其为宽街孟德本治病的两张药方上，均非常醒目地写有"见功方妥，不效更医"，以及"见效者方妥，无效另请明医"之语。③ 景氏借此为自身开脱的动机，不言自明。

（二）正式医家的策略

为了规避责任，或者说在紧要关头，将责任减到最小，并不仅仅是民间医者才有的行为，即使是考取了行医资格的医生，同样也有类似的考虑。其惯用的手段仍然是在药方上耍手段。熟谙此道的人甚至

---

① 《西郊警察署表送蒋连堂控张义山妄用针灸致将沈玉徵治死一案卷》（1925 年 4 月），北京市档案馆藏，档案号：J181 - 19 - 46289。
② 《外右五区表送刘李氏喊告王桂私自行医将伊夫刘长海病体治重一案》（1922 年 10 月），北京市档案馆藏，档案号：J181 - 19 - 35240。
③ 《中二区关于景明雷违章行医的详》（1915 年 6 ~ 7 月），北京市档案馆藏，档案号：J181 - 19 - 10783。

认为，若不如此，便行不得医。如柳一萍在介绍民初上海的行医法门时便特别强调，但凡遇到病重之人，"你可不要造次！开方的时候，留意在脉案上要有伏笔，譬如做小说，预先有几种暗示。说这病是危险的，即使心里明白这病应该用猛峻的药，才可以挽救，那你自己要首先保重，情愿病人死"。[①] 其实，这种"圆滑手段"并不是民国时期才有的现象。如第一章所述，为了规避责任，传统社会的医家甚至会将医案写成天书，让人不明所以。这一传统到民国时期依然持续。

家住东四牌楼六条胡同的李谦善之女秋蓉，未满周岁染病，请马大人胡同延龄堂的医生郝植勋诊治，开有药方。郝植勋以秋蓉年纪太幼，恐怕不胜药力，遂令李之妻女分服。不料，服药后秋蓉病势陡变。郝医生又为开一药方，仍令李谦善之妻、女分别服下。李之妻服药后，即觉头晕心慌。秋蓉服后，即行身死，"七窍变成黑紫色"。李谦善认为，此显系"郝氏错投药剂以致毙命，请求讯验"。内左二区警署派人验看，果见亡女嘴唇发紫，遂将郝氏所开之药方函送地方检察厅，并将药方交由警察厅卫生处查核。卫生处最后函复，认为郝植勋"所立之药方药品与脉案所列脉象病形尚不相背"，"况两方均有病势甚重字样"，是李秋蓉所患之症过重，药力无可挽回，并非郝植勋错用药品之故。[②] 郝植勋在药方上写明的"病势沉重"可能与事实完全相符，但其之所以写下这样的文字，还是有着为日后抽身、规避责任的考虑。这与传统医家的做法，也并无二致。并且，从事件的处理结果来看，也确实达到了这一目的。

对于正规医生来说，只在药方、脉案上做文章，显然并不能解决所有问题。一旦遇有纠纷，还是很难应付。因此，伴随着医生职业化的进程，医学团体在各地开始出现。从北京的情形来看，京师医学研究会在1905年成立，此后有医家纷纷入会。对于加入医会的会员，但凡遇到医病纠纷之时，往往都能得到医学团体的支持与帮助。

鼓楼大街王蓝田之女二伏患病，其妻携女前往娘娘庙胡同医生闫占鳌处诊治。经诊断，闫占鳌认为病人所患为"温热身烧之症"。但是，病人

① 柳一萍：《上海行医的几种法门》，《光华医药杂志》第1卷第1期，1933年，第41页。

② 《内左二区警察署关于李谦善控医生郝植勋错用药剂将其幼女秋蓉服药后身死的呈报》（1919年7月），北京市档案馆藏，档案号：J181-018-10350。

在返回家中并服用闫氏之药后，"周身发肿，病体沉重"。不得已，王氏乃另请医生广升偕诊。广升认为病人所患系疯症，并未开方而去。数小时过后，王蓝田之女毙命。王氏认为此必闫氏误用药剂所致，遂将闫氏控告。内左三区警署迅速将此案报呈警察厅，警察厅总监在批复中，专门提及司法处警正茅乃厚"颇明医理，应责成该警正查核。如果误投方药致毙人命，应即将其证书追缴，以免草菅人命"。不过，茅乃厚却强调，按照正当程序，用药有无错误应先行将药方递送卫生处检查。卫生处后来的诊察结果为，"经本处详细研究，均悉清温解毒之剂，并无含有毒质之品"。然而，茅乃厚在检察药方后却指出，"药方乃粉葛"，而药方存根上却是"粉草"，"两物性味迥殊，其疏忽如此，于医家大非所宜"，建议卫生处取缔其行医资格。

此后，此案被移送审判厅处理。闫占鳌在审判厅上坚称原药方为自己所开，而"存根系伊铺友誊写错误"。据此，审判厅判决其无罪。但京师警察厅仍在考虑是否要对其进行停业三个月的处罚。此时，京师医学研究会开始介入。经会长李卓然，副会长雷世坤、陈松铃，总经理宋勋，副经理王维德、明玉，医正赵汝霖、屈永平等力保，闫占鳌只被处以停止营业一月的责罚。① 于此可见，医学团体的出现，正渐渐为保障医家的权益发挥作用，并已初见成效。

* * *

在明清时期，由于缺乏对医疗活动的有效管理，庸医遍天下，一般民众的生命得不到较好的医疗保障。尽管当时亦不乏"考试医生"的呼吁，② 但在相当长的历史时期内，并未引起统治者应有的重视，从而政府部门也没有任何举措付诸实际行动。因此，从历史的长河来看，清末民初的考试医生，对于规范医事活动，裁汰冗医、庸医，保障人们的生命健康无疑具有重要的历史意义。对此，民国时期著名的医家丁福保曾对考试医

① 《内左三区警察署关于王蓝田控医生闫占鳌误用药剂将伊子治毙的详报》（1914 年 6～8月），北京市档案馆藏，档案号：J181－19－5434。
② 徐大椿在关乎考试医生的呼吁及其倡行办法上，与晚清时人有着很大相似，"欲斟酌古今考试之法，必访求世之实有师承，学问渊博，品行端方之医。如宋之教授，令其严考诸医，取则许挂牌行道。既行之后，亦复每月严课。或有学问荒疏，治法谬误者，小则撤牌读书，大则伤伿使改业。"见刘洋主编《徐灵胎医学全书》，第 156 页。

生有着这样的评价。

> 生人之大命，寄之于医师。医师之果能担保人之大命与否，人固不得而知也。即有确知其人无担保人命之学之识，亦断不能禁之使不为医师也。然则选择医师之学识，干涉医师之准行与否，是为政府之责任，政府之权力耳。故政府宜革通国之医生而试验之。其试验及格者，给予文凭，准予行医。是即代齐民而任选择医师之责也。①

从考试医生的实际成效来看，除了清末考试医生的旋起旋废之外，民国初期的医学考试以及对医事活动的管理，还是颇见效果的。熟识民国社会内幕的连阔如在《江湖丛谈》一书中，曾经有过这样的评说："如今时代转变，有卫生当局管理医生、药商，对于无执照售药的、无凭书行医的，取缔的很严。"② 由此可见，民国初期的考试医生，所取得的客观效果还是很值得肯定的。特别是警厅对非法行医者的取缔与监督，可谓与考试医生两相呼应，相得益彰。

当然，民国初期的考试医生也并不是没有任何弊端。由于医事改革刚刚启动，尚属于一种新生事物，相关的规章制度难免会有简略、粗陋之憾。同时，在具体的实施过程中，也会给一部分人留下投机取巧的空子。平心而论，这些都是在所难免的。比如，尽管警厅对非法行医的督察非常严格，但由于对非法行医惩罚较轻，力度不够，致使许多非法"医家"屡捉屡犯。前文中提到的景明雷、魏寿山等人，实非个别现象。此外，需要特别指出的是，警厅卫生处在药检方面，因医学知识所限，仍存有很多不足。像文中提到的闫占鳌一案，尽管医家在事实上并未受到太大惩处，但若不是警正茅乃厚及时查出药方有误，可能案件也就不了了之了。我们不妨设想一下，如果警厅在对案件的处理上与闫占鳌一案正好相反，因卫生处检查之误而出现案件判定上的差池，那么，无论是对于医者还是对于病家来说，可能均会造成不小的负面影响。也正是基于此，清末民初的大兴中医杨熙龄，便曾对当时考试医生的种种不足

---

① 参阅丁福保《畴隐居士自传》，诂林精舍出版部，1948，第32页。
② 参见连阔如《江湖丛谈》，第73页。

颇为不满。

> 今官厅皆举行考试之制矣，不但考试程式简陋不完，主试者医学粗浅荒谬，而且苞苴成风，百弊杂出，反使无耻之俦，皇然自得，徒开方便之门，而无裨于事，大违创制之初心。①

对于新兴的考试医生之举，杨熙龄在很多环节上都不太满意，这可能与其过高的要求有所关联。尽管有着以上种种的不足，国家对医事活动的介入，毕竟迈开了历史性的一步。而伴随着国家力量对行医活动的介入，为数众多的民间医者不得不从公开走向地下。与此同时，民众也开始凭借国家的举措与话语，主动告医。当然，对于一般民众来说，维护自身权益的观念可能还非常淡薄。在更多的时候，可能还只是出于报复医家的心理。但积极告医这一新的趋势与行为取向，却开了历史的先河。相关行为也让我们看到了国家制度与日常生活相互作用的诸多鲜活的历史画面。随着国家与社会对非法行医者的通力"围捕"，不仅为数众多的民间医生一一落网，受到了应有的裁处，而且对于正式医生来说，也产生了因诊疗不满而导致被告的危险。因此，清末民初的行医者，在很大程度上已被国家与社会逐渐形塑成了一种"他者"。尽管医学团体的不断成立为医生的权益提供一定保障，但一旦医生行医不慎就会引起病家、社会乃至官方的质疑、监督与规训。

从这个时期的相关资料来看，尽管可以看到部分案件经警察厅移交到了司法审判部门，但最终形成诉讼的案件依然少见。大理院卷宗中便难觅医讼的踪迹。这种状况的形成，除与一般民众对法律诉讼仍显陌生和恐惧外，显然还与该时期法庭的设置状况以及相关司法制度依然处于探索阶段大有干系。对于民国初期的法院建制，法制史学家每多以"徒具其名"加以评论。② 与此同时，这一时期国人的观念，在很大程度上

---

① （清）杨熙龄：《著园医话》，载陆拯主编《近代中医珍本集·医话分册》，第 574 ~ 575 页。

② 最近出版的一部研究北洋时期基层司法的著述也证实了这一点。"直至北洋时期结束，中国绝大多数的版图内，都没有建立专门的审判机关，只在省会、商埠及繁盛地方设立了少量的新式审判机关。因此，北洋时期已经达到司法专业化条件的区域十分狭小。"参见唐仕春《北洋时期的基层司法》，社会科学文献出版社，2013，第 183 页。

仍然有着传统社会遗留的影子，并不愿涉讼。① 但无论如何，伴随着现代国家的初步介入，传统的医病关系开始发生明显的变化。或言之，民国初期病家的踊跃告医，在很大程度上实已为日后与医生对簿公堂播下了种子。

---

① 关于北洋时期诉讼规模及其原因的分析，参见唐仕春《北洋时期的基层司法》，第314 页。

第三章 南京国民政府时期的司法制度 变革与现代医讼的生成

关于现代医讼案件何以在 20 世纪三四十年代大量出现，有学者认为主要与这一时期医病关系的紧张相关，并分别从医生的道德水准以及病人的素质等方面去展开讨论。① 诚然，医讼的不断涌现，固然是医病关系紧张的体现之一。不过，通过前面章节的讨论，可知医病关系的紧张自明清时期即已开始，但医讼案件并不多见。显然，这一论证是不够圆满的。特别是，相关解释更难以回答医讼何以在 1927 年之后出现并日趋增多这一历史事实。在对民国医病纠纷的分析上，龙伟曾试图从司法制度变革的角度对这一问题进行多方解释，在我看来，这显然是找准了方向。不过，在对南京国民政府时期相关法制因素的梳理上，似乎还有很多工作要做。与此同时，龙伟所秉持的"民国司法体系的不成熟也是致成医讼频发的原因"的看法，② 似乎也颇有值得商榷之处。本章将结合现有研究对民国时期医讼的发生进行初步概括，然后重点从南京国民政府成立后的司法制度变革中去为医讼的生成寻找解释。

一 南京国民政府时期医讼的凸显及其一般特征

在《中国新医受难史序论》中，西医陶炽孙非常敏锐地指出，"国民革命"胜利前后，构成了中国新医受难史的两个时期。在国民革命胜利以前，西医的"受难"主要表现为外籍医生受到民众的冲击，"医院被捣

---

① 参见张斌、张大庆《浅析民国时期的医事纠纷》，《中国医学伦理学》2003 年第 6 期；龙伟《民国医事纠纷研究（1927～1949）》，第 93～110 页。
② 参见龙伟《民国医事纠纷研究（1927～1949）》，第 111 页。

乱"。而在国民革命胜利之后，这种情形发生了迅速变化，受冲击的对象一变而为"国人新医生"，呈现出"医院捣乱少而诉讼多"的历史状貌。① 陶炽孙以"过来人"的身份所做的这一论述，给了我们一个非常明确的信息。那就是民国时期的医讼案件，在 1927 年国民革命胜利之后开始愈形增多。

现有的研究成果也越来越印证了这一点。据张大庆的研究，他所查阅、收集到的医讼案件，最早的发生在 1929 年。② 不过，这一研究结论很快被龙伟修正。通过对民国时期各种史料的悉心爬梳，龙伟发现最早的医讼案件发生在 1927 年。从 1927 年到 1949 年，在全国范围内，他一共收集到 169 件医讼案例。从医讼发生的脉络呈现来看，1933～1937 年总共发生医讼案件 96 起，是南京国民政府时期医事诉讼案件的高发期，1934 年甚至有"医事纠纷年"③之说；1947～1949 年共发生医讼案件 36 起，是医讼案件发生的第二个高峰。从 1930 年代末到 1940 年代前期，则是医讼案件发生的相对低谷期。④ 由此来看，医讼案件在 1927 年前后开始出现并日渐增多，应为不易之论。⑤

① 同是在这篇文章中，陶炽孙曾对 1930～1936 年的医事纠纷有过一个大略统计，分别为：1930 年 1 件，1933 年 4 件，1934 年 11 件，1935 年 2 件，1936 年上半年 4 件。参见氏著《中国新医受难史序论》，《中华医学杂志》第 22 卷第 11 期，1937 年，第 1134 页。

② 张大庆教授通过对民国期间大量报刊的查阅，"收集到的关于医事纠纷案最早的报道见于 1929 年《华北医报》的《北平震旦医院因验血被告案始末记》（民国十八年九月一日）及湘雅医院梁鸿训医师被控案（民国十八年）。"此后，1930 年 2 件，1931 年 1 件，1932 年 1 件，1933 年 1 件，1934 年 20 件，1935 年 2 件，1936 年 6 件。参见张大庆《中国近代疾病社会史（1912～1937）》，第 194 页。

③ 民国时期西医江晦鸣曾以非常惊异的笔调记录下 1934 年西医医事纠纷的频繁发生，以及由此带来的广泛社会影响："民国二十三年，可谓医事纠纷年。在此一年中，医事纠纷之多，实出吾人意料。其荦荦大者，如俞松筠、裴伯壎、沈克非、张湘纹、葛成慧、林惠贞、李元善、顾宗文等之被控案，可谓轰动全国。"参见江晦鸣《一年来之中国医药卫生》，《医药评论》第 7 卷第 2 期，1935 年，第 41 页。

④ 龙伟：《民国医事纠纷研究（1927～1949）》，第 81、372 页。

⑤ 有意思的是，关于外籍医生的涉讼案件却非常罕见。对此，有医师认为是国人的惧外心理所致。"年来医病诉讼案中，最可使人注意者，厥有一点，即中国病家所控之医师，其属于外籍者稀少是也。岂外籍医师绝无过失之发生耶？抑虽有过失而病家无从知之耶？无他，由于惧外之心理使然耳！"参见世民《医讼案件中外籍医师稀少之原因》，《医药评论》第 7 卷第 9 期，1935 年，第 3 页。

结合现有研究及相关医讼资料来看，① 这一时期的医讼案件呈现出如下特征。

第一，诉讼多以"业务过失"提起，刑事诉讼与民事诉讼并存。这一时期发生的医讼案件，绝大多数均以业务过失罪提起。其中，也有部分刑事案件经审理后进入民事诉讼领域。当然，从有关资料来看，该类案例似乎并不是很多。不过，医讼案件中刑事诉讼与民事诉讼并存，却是一个典型的特征。

第二，医讼发生范围很广，分布具有明显地域特色。这一时期的医讼案件在众多省份均有发生，这在一定程度上表明医讼案件的兴起可能是全国性的。为了更为清晰地呈现这一特征，我根据龙伟收集到的169起医事诉讼案，制作了一幅医讼发生的地域分布图（图3-1）。② 当然，龙伟搜集到的这些诉讼案件，显然并非民国时期发生的医讼案的全部。不过，民国时期医讼发生的基本状况，于此可见一斑。从这张图中可以看出，医讼的发生和分布还是有着明显地域特色的。多数医讼案主要集中于江苏、浙江和上海地区。其中，又以上海的数量为最多。正如时人所云，"当兹世风不古，人心险诈，业医者，动辄得咎，身败名裂，诬蔑难伸。此固到处皆然，而以上海为尤甚"。③

第三，中西医皆有涉讼，西医最后多以胜诉结案。这一时期无论是中医还是西医，均有可能被病家提起刑事诉讼。其中，中医诉讼案的发生，多因堕胎而引起。熟悉民国中医讼案的陈存仁医师曾经有言，中医"大部分讼案，是因女性怀孕后小产，指责医生用药错误；

---

① 龙伟认为，民国时期发生的医讼具有如下特征：第一，涉讼的病家大多具有一定的社会背景；第二，医生被判有罪的案件比例较低，病家败诉的现象极为普遍；第三，因不少病家大多"无理取闹"，医家据理反诉的案件亦不鲜见；第四，医讼出现机构化的倾向，病家控告医院的案件开始出现。参见龙伟《民国医事纠纷研究（1927~1949）》，第87~93页。

② 参见龙伟《民国医事纠纷研究（1927~1949）》，第372~385页。需要指出的是，这169件诉讼案件多为龙伟从当时的医学刊物和《申报》等媒介中搜集而来，绝大多数案件只是个大体轮廓，缺乏详细的审理过程。与此同时，也正如龙伟所指出，这169件诉讼案件也非民国时期医讼发生的实际数量。尽管如此，通过这一分布图，我们还是可以发现这一时期医讼的基本发生情况及其地域分布特色。从发生数量来看，四川仅次于上海、江苏，和浙江并列第四位。这可能与作者身居四川，更方便收集当地史料或有一定关联。

③ 参见《刑事辩诉状举例》，《光华医药杂志》第1卷第3期，1933年，第38~39页。

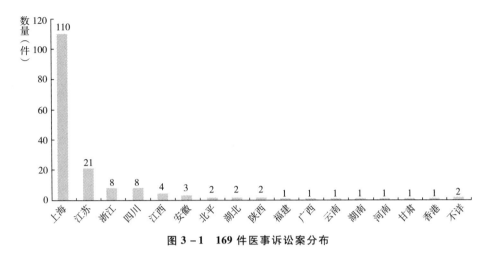

图 3 - 1　169 件医事诉讼案分布

其次是小儿惊厥而亡，也怪医生用药不当。我总是为他们拟稿而取得胜诉，因此我对中医界引起讼案的原因，知道得比较详细"。① 对于西医诉讼案件而言，正如龙伟所指出，尽管多数西医讼案发生后一波三折，并在社会上产生不小的影响。但颇有意思的是，西医讼案最后多以胜诉结案。②

第四，刑事公诉与自诉并存，自诉案件比例逐步升高。在医讼案件之中，由检察官提起的公诉案件和由病家提起的自诉案件同时并存。其中，伴随着自诉范围的逐步扩大，自诉提起的医讼案件在 20 世纪三四十年代的比例明显增加。比如，通过对收录在《医讼案件汇抄》第 1、2 集中的诉讼案件进行初步统计，便可发现，由病家自诉提起的案件明显超过了公诉案件，占 51% 强。

第五，医讼一旦兴起，上诉率非常高。这一时期的医疗诉讼一旦兴起，往往会一讼再讼。无论是医生还是病人，如若认为判决对自己不利，往往会提起上诉。颇具意味的是，部分医生出于对自身声誉的维护，还会向病家提起反诉。由此一来，医讼更会持续很长一段时间，甚至陷入缠讼境地。③ 这是民国时期医讼发生的另一个典型特征。

---

① 陈存仁：《我的医务生涯》，广西师范大学出版社，2007，第 68 页。
② 龙伟：《民国医事纠纷研究（1927～1949）》，第 192～193 页。
③ 龙伟：《民国医事纠纷研究（1927～1949）》，第 194 页。

二　现代医讼生成的司法制度变革背景

如果我们将眼界放宽，便会发现，在这一时期并不只有医讼案件日见增多，其他类型讼案也呈现迅猛增长的态势。1937 年，时任南京国民政府司法行政部部长的王用宾曾专门撰文对 1930～1935 年各地方法院及检察处所受理的刑事和民事案件进行统计。结果发现，1930 年的刑事案件为 64667 件，1935 年则达到了 120646 件，增多 55979 件；1930 年的民事案件总数为 52322 件，而到了 1935 年，总数则达至 111843 件，比 1930 年增多了 59521 件。① 很显然是由于"水涨船高"，与各地方法院受理案件逐年增长相伴随的是，全国最高法院的刑事收案也出现了"激增"。1936 年，时任国民政府最高法院院长的焦易堂通过对 1927 年至 1935 年 5 月最高法院所收刑事案件的综合比较发现，"刑事上之上诉件数几于无年不向上增加，尤以民国二十三年更为突飞猛进，较诸十七年分（1928 年），固已增至五倍强"。②

从南京国民政府成立到 1937 年前后，何以在十年左右的光景之中，刑事案件和民事案件数量增长如此之速呢？对此，当时的司法官员也曾有过一定的讨论。王用宾认为，这主要与国民政府成立后所着手进行的地方法院的普设、高等法院的增设以及法官训练数量的增长等一系列司法变革直接相关。③ 与王用宾的观点相接近，针对最高法院刑事收案激增的现象，焦易堂认为，这相当程度上与"社会秩序不安定，而侥幸之念炽；农村经济破产，而谋生之途穷；道德思想之沦落，而自制之力薄"的社会大环境相关。此外，他还着重强调，造成此种现象的新因素亦复不少，主要与各省县添设正式法院及清理积案、交通日形便利、人民法律知识进步以及进行相关法制变革等因素

① 王用宾：《近年司法行政之革新运动》，《中华法学杂志》新编第 1 卷第 5、6 号合刊，1937 年，第 253 页。
② 焦易堂：《最高法院刑事收案激增之探讨及其补救方案》，《中华法学杂志》新编第 1 号，1936 年，第 25 页。
③ 王用宾：《近年司法行政之革新运动》，《中华法学杂志》新编第 1 卷第 5、6 号合刊，1937 年，第 249～251 页。

存在密切关联。① 由此可见，这一时期医讼问题的凸显与其他民、刑案件
的激增，彼此之间应该是存有共同的催生机制的。综合王用宾、焦易堂二人
的观点，便可发现，各级法院的普设、司法人员数量的增长、司法条例的变
革诸多因素，应是我们着力探索的因由。显然，所有这些，都需要我们从
1927 年南京国民政府成立之后，在司法领域所进行的革新运动中去寻求
解释。

在中国传统社会，司法与行政向来不分，这种情况一直延续至清末修
律。清末修律不仅在形式上改变了古代"诸法合体""民刑不分"的法律
编纂体系，而且构成了以宪法为主导的公法与私法相分离、实体法与程序
法相区别的西方式的法律体系。② 在司法改革的指导理念上，从清末到南
京国民政府时期，总体上经历了一个从蔑视践踏人权到注重保障人权的转
变过程。③ 晚清根据司法独立的原则，初步建立起了各级法院组织与审判
制度，为民国时期的司法建设奠定了基础。此后，经过民国历届政府特别
是南京国民政府的持续推动，中国的现代司法制度及其司法资源的建设在
1930 年代中期已颇见成绩。④ 显然，这对南京国民政府时期刑事诉讼和民
事诉讼的发生与解决具有重要的影响。

（一）司法空间的扩大与不断成熟

现代法院的普设在中国法制史上意义深远，但其建设过程也充满
了曲折。晚清政府所制定、颁行的《各级审判厅试办章程》与《法院
编制法》希图通过四级三审制度的建立，开创现代司法建设的先河。
然而，随着清朝的旋即灭亡，这一设想也随之落空。民国建立后，在
法院编制原则与建设构想上大体沿袭了晚清修律的成果，但在实践层
面也大多流于形式。特别是初级审判厅在民国三年（1914）经袁世凯
废除，初级审判厅所管辖的案件，改归地方审判厅附设的简易厅受

---

① 焦易堂：《最高法院刑事收案激增之探讨及其补救方案》，《中华法学杂志》新编第 1 号，
1936 年，第 25～26 页。
② 公丕祥：《清末法制改革与中国法制现代化》，《江苏社会科学》1994 年第 6 期。
③ 李春雷：《中国近代刑事诉讼制度变革研究（1895～1928）》，北京大学出版社，2004，
第 49～54 页。
④ 张晋藩：《中国法律的传统与近代转型》，第 471～472 页。

理。在未设地方审判厅的地区，一律由县知事兼理司法事务。由此，
"简单易成之初级审判厅，各省纷纷设置者，悉予废止。而地方审判
厅又仅设于通都大邑，未设有地方厅之县，盖不下百分之九十以
上"。① 据统计，在 1926 年，县长兼理司法的县份占全国县份总数的
92%，新式法院仅有 139 所，在作用上"不过略资点缀而已"。② 故此，
终北洋政府时代，"第一审之司法机关，除设有少数地方法院外，十六年
间全无若何改进"。③

南京国民政府成立之后，相对稳定的国内环境使其能够着手积极推进
地方法院的普设工作。自 1929 年起，国民政府曾制定"司法六年计划"，
拟在 6 年间增设地方法院 1773 所、高等法院 1 所、高等分院 42 院、最高
分院 4 所。然而，由于经费、人员等因素的制约，这一计划并未实现。
1932 年，南京国民政府制定了《法院组织法》，并于 1935 年 7 月颁布实
施，着力以县、市为单位普设地方法院，并在改行"三级三审制"的基础
上增设高等法院。显然是为了加快法院的建置，1936 年国民政府复有
"司法建设三年计划"，拟在三年之内，完成全国各县地方法院的普设工
作。由于客观条件的限制，国民政府在法院建置方面的设想，最终并未完
全实现。不过，这一时期所取得的成绩却也是不容抹杀的。据相关研究可
知，自 1928 年起，全国各级法院的数量即呈现稳步增长的态势。仅在
1929 年，各地法院的总数与 1926 年相比，便已增加一倍有余。④ 到了
1937 年，第一审新式法院已由此前占全国 5% 的比例增至 17%；兼理司法
之县的比例，亦由 92% 减至 48%。其余未设法院的地方，亦多增设独立
审判处以为过渡。⑤ 为了清晰地呈现这一变化轨迹，我依据相关资料制作
了表 3－1。

---

① 王用宾：《二十五年来审检制度之变革》，《中华法学杂志》新编第 1 卷第 2 号，1936 年，
　第 16 页。
② 居正：《十年来之司法建设》，《中华法学杂志》新编第 1 卷第 5、6 号合刊，1937 年，第
　245 页。
③ 王用宾：《二十五年来审检制度之变革》，《中华法学杂志》新编第 1 卷第 2 号，1936 年，
　第 16 页。
④ 参见江照信《中国法律"看不见中国"：居正司法时期（1932～1948）研究》，第 21 页。
⑤ 参见居正《十年来司法建设》，《中华法学杂志》新编第 1 卷第 5、6 号合刊，1937 年，
　第 245 页。

表 3 - 1   各级法院逐年增设数目表（1928 年至 1936 年 9 月）

年份 \ 院别	高等法院	高等法院分院	高等法院分院附设地方庭	地方法院	地方法院分院	地方法院分庭	县法院	合计
1928	21	25	8	59	7	92	8	220
1929	28	31	12	88	10	104	28	301
1930	28	32	12	90	11	107	39	319
1931	28	34	13	95	21	113	37	341
1932	23	31	11	76	23	109	35	308
1933	23	32	12	83	23	127	35	335
1934	23	34	14	108	39	45	37	300
1935	23	66	2	214	67	9		381
1936	23	73		222	70	9		397

注：自 1932 年始，因东北被非法侵占，其诸省法院并未计算在内。本表改编自王用宾《二十五年来审检制度之变革》（《中华法学杂志》新编第 1 卷第 2 号），各地县司法公所、司法处应未包含在内。

1937 年之后，随着日本对华战争的全面爆发，南京国民政府的法院普设工作受到了不小的影响。不过，从 1937 年到 1947 年的十年间，全国各级法院以及其他审判机构的建设数量还是有所增长的。据学界研究，1937 年全国各级法院、县司法公所和司法处共有 1290 所，到了 1947 年，这一数字已增加到了 2223 所，总共增加了 933 所。其中，地方法院的建设数量成绩明显为大。在十年之中，地方法院已从 1937 年的 302 所，发展到 1947 年的 748 所，共增加了 446 所。[①]

现代法院的普设，构成了中国现代司法制度构建中的重要一环。现代法院向民众展示的，已是一种截然不同于传统社会的司法空间和法制观念。法院普设影响所及之处，将不同程度地改变当地民众的司法观念，并进而影响其司法实践。有学者通过北洋时期基层诉讼规模的梳理，发现北洋时期基层诉讼规模并不大，于此指出现实诉讼需求的不足难以成为北洋政府司法制度变革的强大助推力。[②] 这一看法，其实颇有推敲之处。关于诉讼规模与司法制度之间的关系，其实更好似一枚硬币的两个方面。也就是说，司法制度的

---

① 参见江照信《中国法律"看不见中国"：居正司法时期（1932 ~ 1948）研究》，第 21 ~
23 页。

② 参见唐仕春《北洋时期的基层司法》，第 361 页。

变革对诉讼规模的影响，同样需要我们认真审视。换言之，北洋时期法院资源的严重短缺，是否也会对诉讼规模产生影响呢？徐小群曾经指出，与内地相比，生活在上海的中国居民在理解和利用现代司法制度方面具有很大的优越感，"由于长期与这些观念和实践相接触，在上海的中国居民开始习惯于这些做法。那些居住在租界里的中国居民在 1907 年开始的司法改革之前就已经按西方习惯进行诉讼了"。① 在徐小群看来，这是民国上海诉讼案件高发的一个重要原因。显然，这也是一个关涉现代制度与民众日常生活的议题。同样，与北洋时期相比，南京国民政府时期法院建设数量在大幅增加的同时，相关民事、刑事诉讼数量也不断增加。可见，法院数量与诉讼规模之间，是存有一定的正相关关系的。焦易堂、王用宾关于法院普设是诉讼数量上升的重要原因的看法是相当精到的。

（二）法官、律师群体的增长

法官是伴随着清末司法改革而出现的新兴职业。在整个北洋政府时期，与法院建设严重短缺相对应的，是新式法官数量的严重不足。仅以 1926 年为例，据统计，当时全国受新式训练的法官人数才不过 1200 余人。以全国之大，实在是不敷分配。② 南京国民政府成立之后，分别于 1929、1933、1935 年多次颁布司法考试法与考试条例，有计划地培育与录取司法人员以充实司法队伍。据统计，1929 年经考试验取合格的法官有 170 余人。1935年，受新式训练的法官人数已达到 1000 多人。③ 到了 1937 年，这一数字已达至 3000 余名。尽管从全国来看，法官在数量上仍不能适应现实之需，但短短十年间所取得的成绩，也是有目共睹的。有鉴于此，身为南京国民政府司法院院长的居正，在 1936 年曾不无欣喜地写道："十年之间，视往者十五年之进步，已突过数倍。"④

---

① 徐小群：《民国时期的国家与社会：自由职业团体在上海的兴起（1912～1937）》，第41～42 页。
② 参见居正《二十五年来司法之回顾与展望》，《中华法学杂志》新编第 1 卷第 2 号，1937年，第 1 页。
③ 王用宾：《近年司法行政之革新运动》，《中华法学杂志》新编第 1 卷第 5、6 号合刊，1937 年，第 251 页。
④ 参见居正《二十五年来司法之回顾与展望》，《中华法学杂志》新编第 1 卷第 2 号，1937年，第 1 页。

此后，1937～1948 年，南京国民政府又先后多次通过司法考试录取法官 1500 多名，全国的法官人数达到了 4600 名左右。正如江照信所说，如若联系到全国 2223 所法院（法庭）来看，在 1932～1948 年这 16 年间，每所法院（法庭）平均只能分配到 2 名合格的法官。[①] 当然，这还是理想中的一个分布状态。现实的情形是，更多的法官相对集中分布于全国最高法院以及各省的高等法院，或者集中于局部地区（如上海等大、中城市）的司法系统之中。由此一来，给诉讼案件的审理带来的影响是多方面的。比如，在基层司法领域，将不可避免地在一定范围内存在县长兼理司法的现象，难以根除司法与行政不分的传统痼疾。[②] 即使在设有法庭的地区，法官分布的不均衡从根本上也将限制基层司法能力的有效提升。[③] 总之，南京国民政府时期法官数量的增长及其总体数量的有限，将不可避免地对各地、各级法院医讼案件的生成和解决产生深刻影响。

律师这一新名词和职业群体的出现，显然也要追溯至清末的司法改革。正如学界研究所表明，1910 年颁布的刑法草案，为律师代表原告和被告利益的实践提供了法律依据。在北洋政府时期，尽管律师曾遭到政府的限制，但其数量还是有所增长的。南京国民政府成立之后，伴随着司法制度变革力度的加大，律师的数量呈现出迅速增长的态势。[④] 仅以北京和上海为例，1927 年显然是个重要的分水岭。1927～1937 年，北京共新增律师 508 人，平均每年新增 46 人；上海则新增律师 1275 人，平均每年新增 115 人。[⑤]

申报年鉴社发行的《申报年鉴》，为我们从一个侧面了解南京国民政

[①] 更为详细的研究，参见江照信《中国法律"看不见中国"：居正司法时期（1932～1948）研究》，第 26 页。

[②] 如在 1936 年，全国共有 1400 多个县由县长执行司法权力，在这些地方不仅没有正式、合格的法官，即使律师也不能发挥任何作用。参见徐小群《民国时期的国家与社会：自由职业团体在上海的兴起（1912～1937）》，第 126 页。

[③] 参见江照信《中国法律"看不见中国"：居正司法时期（1932～1948）研究》，第 26～27 页。

[④] 关于晚清国人对西方律师群体的认识，中国早期律师群体的出现及其流变以及相关执业情况的研究，可参见孙慧敏《清末中国对律师制度的认识与引介》，《中央研究院近代史研究所集刊》第 52 期，2006 年 6 月；徐小群《民国时期的国家与社会：自由职业团体在上海的兴起（1912～1937）》，第 106～107 页；徐家力《民国律师制度源流研究》，博士学位论文，中国政法大学，2000。

[⑤] 参见邱志红《民国时期北京律师群体探析》，《北京社会科学》2008 年第 4 期。

府时期律师群体数量的增长提供了便利。从《申报年鉴》关于各省份每年
考取的律师统计来看，1931～1933 年律师数量明显呈递增的省份分别为江
苏（主要是上海、苏州）、浙江（主要是杭州）、广东（主要是广州）、河
北（主要是北京和天津）以及湖北（主要是汉口）等地。① 据《申报年
鉴》统计，1933 年全国律师协会共有 7651 名注册律师（不包括广东②），
分别为河北省 2150 名、江苏省 2127 名、浙江省 905 名、湖北省 666 名、
山东省 584 名、福建省 382 名、湖南省 236 名、安徽省 224 名、四川省
173 名、江西省 132 名、山西省 57 名、察哈尔 12 名、甘肃省 3 名。相对
来看，沿海省份的律师数量比内陆省份要多很多。黄宗智的研究进一步指
出，这些律师主要分布于上海、北京、天津、广州等大城市之中。内陆省
份律师极为稀少，甚至相对较大的县城也是如此。据黄宗智推算，1933
年仅北京、上海、天津的律师会员人数，就占了当年全国律师总数的 1/4
以上。③ 可见，律师数量在江苏（上海）、河北（北京、天津）等地的集
中分布以及迅速增长，在一个侧面反映着这些地区较为旺盛的业务需求。④
南京国民政府时期律师数量在总体上的增多，对于维护民众的权益来说显
然颇有裨益。

　　总之，律师数量在民国时期特别是南京国民政府时期的急剧增长，体
现了新时期司法制度的进步，同时对在整体上维护民众的权益具有积极意
义。民国时期但凡与律师有过交往或者见识过其能量的医生，多数都曾谈
及律师与医疗诉讼的关系。西医宋国宾曾在相关的著述中专门做过如下一
段论说。

　　　　往昔有医无律，病家之死于庸医之手者，怀其冤、茹其恨而无所

---

① 参见《申报年鉴 1934 年》，载《民国丛书续编》第 1 编，上海书店出版社，2012，第
　 385 页。
② 参见《申报年鉴 1936 年》，载《民国丛书续编》第 1 编，第 353 页。这一年广东省的律
　 师会员数不知，但从 1931～1933 年的增长幅度来看，至少应不少于浙江省。又，这里仅
　 是加入当地律师公会的律师数，现实中律师的数量应高于这些数字。
③ 参见黄宗智《法典、习俗与司法实践：清代与民国的比较》，上海书店出版社，2003，
　 第 41～45 页。
④ 江苏、浙江两地的诉讼规模，相较于其他地区明显为高。这种状况在清代和北洋政府时
　 期便已如此，应与当地较为活跃的经济活动有着密切的关系。相关研究参见唐仕春《北
　 洋时期的基层司法》，第 361 页。

诉也。今则律师之业盛矣，冤可代伸，而恨可代雪。于是病家之不幸而死者，往往延请律师控告医师于公庭矣。故往者医病双方之纠纷少，今者医病双方之纠纷多。[①]

不过，对于业医者来说，律师与医讼之间的关联度显然是多方面的。在另一篇文章中，宋国宾对律师在医讼案件中的表现不无微词。他指出，律师在保障民众权利上的确功不可没，但也有部分律师"以营业之故，不惜出以煽动离间之手腕，以遂其私者亦未尝绝无之。于是社会之讼案日多，而医者遂首当其冲焉"。[②]

客观地讲，律师这一群体在医讼中的表现，着实让民国时期的医生充满了复杂的情感。在同律师打交道的过程中，医生发现律师一方面是自身遭遇纠纷时可资仰仗和依赖的对象，另一方面在某些时候也是其最难以因应的一类病人群体。近代"废止中医派"的健将汪企张曾经指出，律师和新闻记者"此两项职业家病人，偶一不慎，即易涉讼"。原因即在于律师与新闻记者利用职业的便利率尔兴讼。正所谓"律师，可不花费用，而即能草状起诉"，"记者，得不必请托他人，而极易唤起舆论"。此外，同宋国宾一样，汪企张也发现，现实中部分医讼案件的发生是因为"有得此两项职业人物为背景"。[③]换句话说，部分医讼案件的发生与律师群体在背后的怂恿分不开。

宋国宾、汪企张两位医师关于律师与医讼发生关系的观察，应该说是非常独到的。无论是作为职业者，还是作为一种特殊的病人群体，医讼案件中律师活跃的身影，是民国时期律师群体的一个侧影。于此可以看出民国时期的律师在现代司法建设中所起到的不可或缺的历史作用。

当然，对于医讼案件的发生来说，律师的作用确实非同小可。不过，如前所述，律师群体的出现最早可追溯到清末民初。何以要到1930年代律师才在医讼案件中越来越趋于活跃呢？或者说，两者为何一直到1930年代才发生了如此密切的联系和交集呢？这一问题的关键，则要从南京国民政府成立后所颁布的法律中去寻求解释。

---

① 参见宋国宾《医师与律师》，《医药评论》第6卷7期，1934年，第1页。

② 参见宋国宾《医讼之面面观》，《医药评论》第7卷第9期，1935年，第1~2页。

③ 汪企张：《医家病家涉讼原因之研究》，《医药评论》第6卷第7期，1934年，第1~3页。

三　"业务过失"罪的颁布与医讼的生成

从民国时期医讼案件的司法审判依据来看，当时的法官多从"业务过失"的角度来进行评判。就中国法律制度史的发展而言，"业务过失"绝对是一个全新的概念。由此，"业务过失"这一法律条款，究竟是在何时出现与颁布的，便应予以认真梳理。

从世界范围来看，业务过失犯罪作为一种犯罪现象引起立法与理论的普遍重视，是在工业革命之后，社会职业分工日益细化的结果。正如法史学家所言，将业务过失犯罪上升到规律性的认识，并将之与普通过失犯罪加以对比性规定的，是近现代西方国家的刑事立法。① 当然，这并不意味着在古代刑事立法中根本不存在业务过失犯罪。即以古代中国为例，立法者对业务过失犯罪也有所注意，只是由于这一类型的犯罪并不突出，所以相关立法并不发达而已。比如，最早在西周时期，即有关于工匠制作器皿不当的惩处条文。相对而言，在唐代以前的立法中，业务过失犯罪与普通过失犯罪并未得到具体区分。直到《唐律》的颁布，才将两者进行了初步区分，并对业务过失犯罪的危害性更甚于普通过失犯罪有了明确规定。② 尽管如此，由于传统社会专业分工的相对有限，中国古代的法律体系并未能够生发出"业务过失罪"及其相关的处罚条款。

对业务过失犯罪相关法律条款的追寻，同样要上溯至晚清修律。龙伟在研究中发现，国家法典首次出现"业务过失"这一概念，是1907年修订法律馆起草的《大清刑律草案》。特别需要指出的是，该草案还着意将其与"一般过失犯罪"加以区分。《大清刑律草案》第26章第310条为"过失致人死伤罪"："凡因过失致人死伤或笃疾者处一千元以下罚金；致其伤害者处五百元以下罚金"。第312条为"怠忽业务而致人死伤罪"，规定"凡因过失致人于死伤或笃疾者处一千元以下罚金，处四等以下有期徒刑、拘留或三千元以下罚金"。③ 关于"怠忽业务而致人死伤罪"的适应对象，沈家本在草案奏折中曾作一简要的说明："业务上过失致人死伤

---

① 胡鹰：《过失犯罪的定罪与量刑》，人民法院出版社，2008，第243～244页。
② 胡鹰：《过失犯罪的定罪与量刑》，第233页。
③ 参见龙伟《民国医事纠纷研究（1927～1949）》，第116页。

者，医师误认毒药为普通药剂致患者身死，或矿师怠于预防因煤气暴发致多数死伤之类"。① 沈家本的相关解释，实为这一条款之所以要制定的注脚，表明修订法律馆的官员对其现实意义是有着充分的认知的。如若考虑到《大清刑律草案》是参照日本刑法修正案并结合中国实际脱胎而成，那么，这一组关于过失犯罪条款的出台，当是参照日本刑法相关条款而加以修订的产物。② 尽管《大清刑律草案》并未付诸实施，但这一草案首次提出了"怠乎业务"的概念，并确立了此一犯罪较之普通过失犯罪处罚更为严重的原则。历史也将证明，这一从国外"舶来"的、合乎时代发展的法律条款，也将由此而给中国现代法制史带来不可轻估的影响。

北洋政府成立之后，在对大清新刑律进行部分修订的基础上，于1912年4月30日颁布了《中华民国暂行新刑律》。该刑律对"过失杀人"与"过失伤害"进行了明确区分，并就各自的惩处给予了明确规定。在业务过失犯罪方面，该刑律第326条规定："因玩忽业务上必要之注意致人死伤者，处四等以下有期徒刑、拘役或二千元以下罚金。"与《大清刑事草案》相比，处罚力度有所减轻。此后，北洋政府又先后于1915、1919年提出了《刑法第一次修正案》和《刑法第二次修正案》。但可惜的是，两者也未曾正式实施。但两个修正案的修订却为1928年刑法典的编纂奠定了基础。③

北洋政府时期关乎业务过失的法令尽管并未得到正式实施，但这一成文法条对于社会来说却显然在产生着影响。与此同时，有关这一法令的讨论也似未曾停止过。如果仔细查阅这一时期的法律史资料，便会发现，至迟到1920年代中期，法学界已开始围绕何谓"过失"展开专门讨论。相关事例表明，现实的司法实践或已可能面临业务过失犯罪。④ 颇有意思的是，与当

---

① 《修订法律大臣沈家本等奏进呈刑律分则草案摺并清单》，载宪政编查馆辑录《大清法规大全》，考正出版社，1972，第2063~2065页。

② 由于研究的相对薄弱，我们对于这一法律条款之所以进入《大清刑律草案》中的相关情形还不太清晰。

③ 关于相关条款在北洋时期修订的更为详细的介绍，参阅龙伟《民国医事纠纷研究（1927~1949）》，第116~117页。

④ 如在1926年，即有学者专门以"业务过失致死罪"为名，讨论因铁道路口管理员疏忽而致人被电车碾压而死的案件，并援引日本在业务过失方面的法律来进行解释。参见《业务过失致死罪》，《法律评论》（北京）第3年第38期，1926年。

时法学界的讨论相伴随，这一时期开始出现个别医师专门就行医这一职业可能面临的"业务过失"进行论说。① 这一现象更加说明，相关法律成文的存在，已然开始引起敏锐医师的注意和警觉。特别是若将之与法学界的讨论结合起来看的话，我们似有理由相信，关于"过失"的界定应已开始成为当时法学界和有关业者共同关注和探究的一个焦点。显然，围绕何谓"过失"的相关讨论又将这一条款的内涵进一步丰富。

1928 年 7 月 1 日，南京国民政府在北洋政府《刑法第二次修正案》的基础上，颁布了《中华民国刑法》。尽管我们尚不清楚北洋政府时期所进行的关于"过失"的讨论结果，是否或者在多大程度上为南京国民政府所参考或采用，但可以肯定的是，相关议题也引起了南京国民政府的重视。因为，《中华民国刑法》在过失犯罪方面首次对"过失"进行了明确的界定：

> 犯人虽非故意，但按其情节应注意并能注意而不注意者为过失。犯人对于构成犯罪之事实，虽预见其能发生而确信其不发生者以过失论。②

除此之外，该刑法还针对一般过失和业务过失的相关惩处进行了明确规定：

> 因过失致人于死者，处两年以下有期徒刑，拘役，或一千元以下罚金。从事业务之人，因业务上之过失，犯前项之罪者，处三年以下有期徒刑，拘役，或一千元以下罚金。（《中华民国刑法》第 291 条）
> 因过失伤害人者，处六月以下有期徒刑，拘役，或五百元以下罚金。因而致人重伤者，处一年以下有期徒刑，拘役，或五百元以下罚

---

① 参见贝子厚《关于医生业务上之过失致死罪》，《广济医刊》第 3 卷第 7 号，1926 年。这是笔者利用武汉大学图书馆"全国报刊索引数据库"所查到的最早的一篇旨在阐述何为"医生业务过失"的文章。从内容来看，可以看出当时的国人对于业务过失犯罪还不是太清晰。因此，在文章的开篇部分，作者利用医生驾驶汽车出诊撞毙路人和诊坏病人的事例来阐明一般过失与业务过失的区别。此后，作者专门对行医中可能会发生的"过失"行为进行了分说。在他看来，医生的"过失"主要包括施诊时疏忽大意、医学技术不娴熟、用药认识错误等方面。在文章的结尾，作者希望从事医业的同道宜有"所戒"。
② 参见《中华民国刑法》（旧），蔡鸿源主编《民国法规集成》第 65 册，黄山书社，1999，第 260 页。

金。从事业务之人，因业务上之过失，犯第一项之罪者，处一年以下有期徒刑，拘役，或五百元以下罚金。犯第二项之罪者，处二年以下有期徒刑，拘役，或五百元以下罚金。（《中华民国刑法》第301条）

当然，从相关内容来看，所谓的"业务过失"，其实是相对于众多的业务而设，并非仅仅针对行医。不过，这一刑罪的颁布，却也为民国时期医讼的兴起产生了直接的刺激作用。很明显，业务过失条款的颁布，终使律师找到了能够控告医家的法律依据。关于这一点，早在1931年，正在主持上海《新闻报》副刊的严独鹤便曾有过如下有趣的评说：

> 以前医家用药错误，药死了人，病家竟会吞声忍恨，无法可施。强硬些的，也不过以私人的资格，和医生捣乱一番，出出闷气罢了。如今有了"玩忽业务"这四个字，便可用法律对付。使医术浅薄的医生，知所做戒。使心粗气浮的医生，知所审慎。这就实际上说，自然是保障民命，有益社会。①

上述三则法律条款对民国时期医生所具有的威慑力由此可见一斑。不过，对于民国时期的中医来说，在这三条法律条款之外，还有一则关于堕胎的条款，也让中医们备感压力。

> 怀胎妇女服药，或以他法堕胎者，处一年以下有期徒刑，拘役，或三百元以下罚金。②（《中华民国刑法》第304条）

关于上述四则条款与医讼发生之间的关系，民国时期宁波的名中医王宇高的一段话揭示得已然非常明白。

> 自此四条之法行，凡从事医业之人，横受冤辱，惨遭荼毒，束手待毙，而无所告诉也久矣。夫当今之世，风习偷污，人心诡谲，往往好污蔑人，而图猎货贿。况有此四法，以翼彼猛虎，而助之噬虐，故偶见医之不效，辄蔑为误药，大恣毒螫。所欲不遂，乃诬讼诸官，以

---

① 张少轩：《第三者之医讼观》，《现代国医》第1卷第1期，1931年，第4页。
② 以上四则法令分别参见《中华民国刑法》（旧），蔡鸿源主编《民国法规集成》第65册，第260、273页。

彼家有死人，而无反坐之忧也。①

　　王宇高的这段评论，进一步证明了业务过失罪、堕胎罪的确立与医讼之间的直接联系。由此可见，如若说相关条款的出台，对于相关案件的产生起到了直接的催生作用，似乎一点也不为过。民国时期的医讼案，多数以业务过失为名而被检察官或者病家提起。至于堕胎条款的出台，对于医讼的影响也是非常大的。龙伟在其著述中曾经用了相当的篇幅来探讨南京国民政府对堕胎的严厉禁止及其与社会现实之间存在的巨大张力。在动荡不安的社会环境下，国家的这一政策在很大程度上被消解。不过，也就是这样的一种历史情境中，因堕胎而引发的历史事件才展现出诸多非常有趣的面相。② 特别是对于中医来说，影响尤巨。多数中医讼案，皆因中医擅自为孕妇堕胎而引起。在后面的章节中，我还会有所论及。

　　从"怠忽业务罪""玩忽业务罪"到"业务过失罪"，从《大清律例修订草案》到《中华民国暂行新刑律》再到《中华民国刑法》，可以清晰地看到此一项刑罪的开始提出、不断修订到逐渐完善的过程。如果将1928年刑法与此前北洋政府时期的《中华民国暂行新刑律》相比较的话，便会发现，在业务过失伤害、业务过失致死的相关惩处上已有所减轻。不过，这种情形随着1935年国民政府颁布新的《中华民国刑法》而发生转折，相关的惩处力度明显加重。

　　由于1935年颁布的刑法是在1928年刑法基础上修订而成，为了与原刑法有所区分，新修订颁行的刑法称为新刑法。在业务过失伤害上，新刑法规定"处一年以下有期徒刑、拘役或一千元以下罚金。致重伤者，处三年以下有期徒刑、拘役或两千元以下罚金"；业务过失致人于死，则"处二年以下有期徒刑，拘役或两千元以下罚金"。③ 新刑法对业务过失罪处

_____

① 参见王宇高《保障从事医业之人以资医学进化而免病人枉死案》，《国医公报》第2卷第4期，1935年，第76页。此外，对这一时期的法律条款与医讼之间的关系进行论说的文章，还可参见西医陈仰韩《医师应有之法律常识》（《医药评论》第7卷第1期，1935年）一文。在文章中，作者将民国新《刑法》中医师可能触犯的十数条法律条款一一析出，希望医家对此能够了然于胸，以便自保。

② 龙伟：《民国医事纠纷研究（1927～1949）》，第129～154页。

③ 关于新旧刑法在业务过失犯罪方面的详细比较，参见龙伟《民国医事纠纷研究（1927～1949）》，第117～119页。

罚力度的加强，表明国民政府对类似犯罪越来越重视。此后的相关事例也表明，新刑法的这一规定，将在医病双方的互动中发挥更为重要的作用。

四　其他司法条款对医讼特征的影响

如前所述，民国时期的刑事与民事诉讼不仅在数量上迅速增多，还呈现出高上诉率的特征。造成这一状况的原因应该是多方面的。不过，如若从法律的角度来看的话，则与这一时期诸多司法条款的修订相关。随着1928年《中华民国刑法》的出台，与之相配套的程序法《刑事诉讼法》也颁布，并在此后得到持续修订。《刑事诉讼法》中关于"自诉范围""诉讼费用"等方面的有关规定，与民国时期诉讼案件的大幅增加有着非常紧密的联系。这也在一定程度上对医讼的生成产生了相应影响。

（一）自诉范围的扩大

公诉与自诉，是刑事诉讼的两种基本形式。相对于公诉而言，自诉指的是不经过国家检察机关，由被害人直接向法院起诉的制度。中国具有现代意义的起诉制度，要追溯至1910年清政府颁布实施的《各级审判厅试办章程》。该章程采行国家主义追诉原则，提出"除亲告乃论者外"，其他案件原则上由"检察官提起公诉"。在自诉方面，则仅有通奸、诽谤等某些刑事案件，实行亲告乃论原则，自诉范围相当有限。1921年10月，北洋政府颁布了《刑事诉讼条例》，自诉范围有所扩大，不过也仅限于奸非罪、和诱罪、窃盗、强调罪等七种犯罪。自诉范围的明显扩大，则要到南京国民政府成立之后。1928年7月，南京国民政府颁布《刑事诉讼法》，明确规定"被害人对于左列各款之罪，得向该管法院起诉：（1）初级法院管辖之直接侵害个人法益之罪；（2）告诉乃论之罪。与北洋政府时代相比，《刑事诉讼法》在自诉范围上已明显扩大。

对于南京国民政府在自诉方面的制度设计，谢振民在《中华民国立法史》中曾进行过如下揭示：

　　惟值此注重民权时代，举凡被害者均须先向检察官告诉。其不起诉者，即不得受正式法院之裁判。揆诸保护人民法益之本旨，容有未周，故特设例外规定，使被害人有告诉权者，得就其被害事实，自向法院起诉，谓之自诉。然又恐人民法律观念未尽发达，对于犯罪事实不能为尽量之攻击，甚至有为利诱胁迫而自愿抛弃诉权者，亦在所难免。故于第 337 条特定自诉案件之范围，以初级法院管辖之直接侵害个人法益之罪及告诉乃论之罪为限。①

由此来看，南京国民政府之所以要扩大自诉范围，其目的显然在于简化诉讼环节，保障民众权益。为了将这一宗旨贯彻下去，国民政府此后几次通过召集会议或以修订法律的形式多方推进自诉制度的发展。1930 年 6 月，国民政府中央政治会议讨论并提出了"法院组织法立法原则"12 条。第一条即明确主张扩大自诉范围，认为现行《刑事诉讼法》自诉范围仍过狭，"若就此而扩张，至凡因犯罪而被害之个人以许自诉为原则，则人民亦有自诉之途，不患为检察官所阻隔"。②

1933 年，为了配合新刑法的修订，南京国民政府立法院指派刘克俊、史尚宽、蔡瑄、罗鼎等人组成委员会，开始对《刑事诉讼法》进行修订。此次修订原则，主要有三个方面：一是配合法院组织法的修改，实行三级三审制；二是根据 1930 年国民党中央政治会议议决的立法原则，扩大自诉范围；三是力求程序简便，结案迅速，减少诉累，防止流弊。③ 与旧刑事诉讼法相比，新刑事诉讼法的自诉范围，已不再局限于"初级法院管辖直接侵害个人法益之罪及告诉乃论之罪"，而是将其扩展为"凡有行为能力之被害人，对于其法益受害之一切案件，均得提自诉，并无何种限制"。④ 这一规定，大大扩展了自诉的范围。换句话说，无论何种犯罪，只要被害人有行为能力，均可径向法院提起自诉。⑤ 对于医疗过失或医疗犯

---

① 谢振民编著《中华民国立法史》下册，中国政法大学出版社，2000，第 1019 页。
② 谢振民编著《中华民国立法史》下册，第 1041 页。
③ 参见吴宏耀、种松志主编《中国刑事诉讼法典百年》上册，中国政法大学出版社，2012，第 389 页。
④ 关于诉讼机制改变与刑事案件增多关系的详细论述，可参见焦易堂《最高法院刑事收案激增之探讨及其补救方案》，《中华法学杂志》新编第 1 号，1936 年，第 26 页。
⑤ 关于民国时期自诉制度演变更为详尽的论述，参见蒋秋明《南京国民政府刑事自诉制度述论》，《南京社会科学》2010 年第 11 期；谢冬慧《中国刑事审判制度的近代嬗变：基于南京国民政府时期的考察》，北京大学出版社，2012，第 146 页。

罪而言，显然也包括在内。

（二）诉讼成本的低廉

诉讼费用的变化，对于刑事诉讼也产生了比较重要的影响。北洋政府时期，1921 年 7 月 1 日起在全国实行的《刑事诉讼条例》规定，公诉费用由国家负担，私诉费用由"私诉人负担"；如私诉人为数人，"诉讼费用应连带负担之"。① 而到了 1928 年颁布的《中华民国刑事诉讼法》，鉴于"惟刑事诉讼，为国家刑罚权之实施，其一切费用，均应由国家完全负担"的考虑，② 将"诉讼费用"部分全部删除。私诉（自诉）费用，亦由国家一体承担。南京国民政府在诉讼费用方面的这一规定，显然降低了普通百姓的诉讼成本。

为了使一般民众能够打得起官司，相关资料显示，司法院曾在 1930 年代几次发布训令，要求各级法院应在审判环节不得增加或尽量减免相关费用。比如，在 1937 年，司法院即颁发第四五五号训令，命令行政部部长王用宾切实研究相应办法，减免诉讼当事人的诉讼费用。

> 为令遵事，查国家设官分职，本所以为民治事，一旦有事赴愬，又酌收审判等费，于理虽亦可通，于事情非得已。故征收项目不宜失之杂，而数额尤不可失之多，必使便民，不致病民，始足以推行尽利。兹查现在沿用之诉讼费用规则，尚系国民政府成立以前所颁行，其中规定，未尽公平，亦涉烦琐。且民事诉讼法已迭经修改，前项规则，自未便再宜沿用。应如何重行厘定，俾臻妥协，仰该部体察实际情形，拟具方案，呈候核夺。再者，收费既有规则，适用应求正确，乃查各法院及各县司法机关，征收费用，间有未间合法之处。例如就应依职权送达之裁判正本，征收抄录费。及非属声请之撤回诉及上诉或为人诉讼代理人，征收声请费，又如受救助之当事人败诉后，未经查明其力能支出费用以裁定命其补交，而径向其执行，均属于法不合。亦仰通令切实纠正，并将办理情形具报。此令。二十六年六月二

---

① 《刑事诉讼条例》，吴宏耀、种松志主编《中国刑事诉讼法典百年》上册，第 326 页。
② 谢振民编著《中华民国立法史》，第 1019 页。

十三日①

此外，到了 1930 年代，无论是刑事诉讼还是民事诉讼，提起诉讼所需费用均很低并且固定，并不以赔偿数额的多寡而有所改变。由此一来，兴讼就变得格外容易。民国时期曾在上海行医的著名中医陈存仁在《银元时代生活史》中，曾披露了这样的一个细节：

> 当时的法院控票，只要由一位律师买一张法定的"状纸"，这种状纸每份连印花税在内收工本费大洋三元，而索偿的数目，成千上万可以任意填写……所以那时兴讼是比较轻易的事。②

综上所述，自诉范围的扩大以及提起诉讼所需费用的低廉，带来的必然逻辑结果便是刑事案件的急剧增长。现有研究表明，正是由于南京国民政府在刑事诉讼方面的厉行自诉，进而导致出现了普通百姓"遇有轻微细故，动辄出诉公庭"的历史面相。据有关学者统计，从 1928 年旧《刑事诉讼法》颁布之后，自诉案件的数量即有了明显上升的趋势。迨至 1935 年新《刑事诉讼法》颁布后，自诉案件在刑事案件受案数中所占比例迅速攀升。③ 作为诉讼案件中的一种形态，医讼案件数量也在 1930 年代中期迅速增加。特别是 1934 年，讼案的发生数量和社会影响力均明显增多与扩大，甚至因此而被时人称为"医事纠纷年"④。

> 民国二十三年，可谓医事纠纷年。在此一年中，医事纠纷之多，实出吾人意料。其荦荦大者：如俞松筠、裘伯壎、沈克非、张湘纹、

---

① 《司法部训令训字第四五五号》，《司法公报》第 195 号，1937 年。
② 陈存仁：《银元时代生活史》，广西师范大学出版社，2007，第 232～233 页。
③ 据蒋秋明统计，在新《刑事诉讼法》颁布前，第一审自诉案件在刑事案件总数中所占比例为 15% 左右。新《刑事诉讼法》颁布后，这一比例明显上升。1937 年，曾一度占到了 44.04%。1937 年抗日战争全面爆发后，尽管有超过一半的法院因日军占领而停办，但在国统区法院所受理的刑事案件中，自诉案件在刑事案件总数中所占比例仍为 30% 左右。据此，蒋秋明认为，南京国民政府的厉行自诉制度，不仅带来了严重的滥诉现象，而且造成了司法资源的无谓虚耗。参见蒋秋明《南京国民政府刑事自诉制度述论》，《南京社会科学》2010 年第 11 期。
④ 范守渊：《这也算是一场医讼》下册，《范氏医论集》，九九医学社，1947，第 549 页；也可参见范守渊《这也算是一场医讼》，《医事汇刊》第 9 卷 1 期，1937 年，第 9 页。

葛成慧、林惠贞、李元善、顾宗文等之被控案，可谓轰动全国。[1]

1934 年之所以能够成为"医事纠纷年"，如若结合上面的讨论，便不难发现，这主要与南京国民政府厉行自诉制度、不断扩大自诉范围有一定的关联。为了更为具体地证实这一点，我对《医讼案件汇抄》（1、2 集）所收录的当时在全国具有重大影响的 20 件能够确认追诉形式的案例进行了初步归类，发现自诉案件竟然有 11 件之多，所占比例达到了 55%（表3－2）。从中，或可看出自诉制度的推行，对于医讼案件的多发所具有的影响力。

表 3－2　《医讼案件汇抄》（1、2 集）收录的重大医讼案件情况分析

序号	医讼名称	时　间	原告姓名	原告职业	诉讼形式	是否附带民事诉讼
1	邓青山医师讼案	1930 年 12 月	彭武扬	军界	公诉	否
2	汪元臣医师讼案	1931 年 7 月	裔瑞昌	业商	自诉	是
3	郑信坚医师讼案	1933 年 1 月	吴玉符	不详	公诉	否
4	邱邦彦医师讼案	1933 年 1 月	江则珍	务农	公诉	否
5	葛成慧、朱昌亚医师讼案	1933 年 4 月	沈文达	业报	自诉	否
6	俞松筠医师讼案	1933 年 8 月	田鹤鸣	律师	自诉	否
7	沈克非医师讼案	1934 年 5 月	陈左贞一	业商	公诉	否
8	尹乐仁医师讼案	1934 年 6 月	吴小泉	佃农	公诉	否
9	林惠贞医师讼案	1934 年 7 月	徐冬生	业商	自诉	否
10	张湘纹、葛成慧医师讼案	1934 年 7 月	李石林	建筑业	自诉	否
11	刘懋淳、叶立逊医师讼案	1934 年 8 月	刘龙氏	无职业，家境并不富裕。	公诉	是
12	赵光元医师讼案	1934 年 8 月	董道南	县府传令衙役	自诉	否
13	钟寿芝医师讼案	1934 年 8 月	朱友三	家贫，职业不详	公诉	否
14	吴旭丹医师讼案	1934 年 8 月	石崧生	家贫，职业不详	自诉	否
15	江明医师讼案	1934 年 11 月	余以海	务农，贫农	公诉	否

[1]　江晦鸣：《一年来之中国医药卫生》，《医药评论》第 7 卷第 2 期，1935 年，第 41 页。

序号	医讼名称	时　间	原告姓名	原告职业	诉讼形式	是否附带民事诉讼
16	冼家齐医师讼案	1934 年 12 月	江延之	职业不详	公诉	否
17	陈泽民医师讼案	1935 年 10 月	冯景山	业笔墨庄	自诉	否
18	张哲丞医师讼案	1936 年 4 月	王圣域	职业不详，家境不富裕	自诉	否
19	欧阳淑清医师讼案	1936 年 5 月	姚赘我	家境不富裕	自诉	否
20	张秀钰医师讼案	1936 年 10 月	唐立文	业商	自诉	否

资料来源：宋国宾编《医讼案件汇抄》第 1 集，1935；中华医学会业务保障委员会编《医讼案件汇抄》第 2 集，1937。

　　此外，通过现有研究来看，高上诉率是南京国民政府时期医事讼案中的一个显著特征。无论是医生还是病人，只要发现法庭的判决对自己不利，往往便会坚持上诉。由此一来，医讼案件便会持续很长一段时间，以至陷入缠讼境地。为了论证这一特征，龙伟曾对《医讼案件汇抄》（1、2 集）收录的医讼案件进行统计，发现上诉的案件共有 14 起，占到了全部案件数量的 52%。① 后面各章的研究将显示，医讼案件之所以呈现出高上诉率，有着很多的原因。不过，从法制因素来看，这在很大程度上与该时期相关法律条款的变化有着较为密切的联系。

　　具体来讲，为了切实保障被告的权益，1935 年修订颁行的新《刑事诉讼法》对上诉有了新的规定。第 362 条规定："由被告上诉或为被告之利益而上诉者，第二审法院不得谕知较重于原审判决之刑，但因原审判决适用法条不当而撤销之者不在此限。"依照时人林习经的看法，新《刑事诉讼法》这一条款的增设，是充分参照了各国的立法原则，为了避免上诉人"怀畏惧心理，不敢上诉"。② 再如，新刑法在量刑的准则上也较旧法更加人性化。依据旧刑法"犯罪时之法律与裁判时之法律遇有变更者，依裁判时之法律处断，但犯罪时法律之刑较轻者，适用较轻之刑"。对此，新刑法将后半部分更改为"裁判前之法律有利于行为人者，适用最有利于

① 参见龙伟《民国医事纠纷研究（1927～1949）》，第 194 页。
② 林习经：《现行刑事诉讼法与新颁刑事诉讼法之异同》，《社会科学论丛季刊》第 2 卷第 3 期，1935 年，第 57 页。

行为人之法律"。新刑法的这一更改，突破了旧刑法在量刑时只比较裁判时与犯罪时两种法律，而是将在犯罪到裁判两者之间的一切法律均应加以比较，选择最有利于被告人的法律条文予以适用。再比如，关于羁押日数折抵刑期或罚金数额方面，旧刑法规定折抵与否，由法院自由裁量。即使折抵，"限于两日折抵刑期一日"。而新刑法则明文规定，"以一日抵刑期一日。"由此可以看出，新法在量刑上较之于旧法更能保护被告人的权益。对此，身为最高法院院长的焦易堂曾有过如下的分析。

> 在旧法时期判处之案，如新法施行时尚未确定，势必悉行上诉，以期能得新法之权益。近来新案较多，似与此不无关系。照新刑法施行后，裁判确定前之羁押日数，既在必抵之列，嗣后被告之上诉，不问结果如何，在羁押方面，决不致受影响，则其无所顾忌，易为无益之上诉，自亦在所不免。[①]

应当说，南京国民政府成立后，所颁布的两个刑法对被告上诉权的保障和强调，对于被告人的权益保障来说，是具有积极意义的。立法者基于不让被告惧怕上诉的制度考虑，使得被告敢于为了权益而去打官司。在具体的审理中，正是在相关条款的保障下，医病双方在医讼的审理过程中并不惮于上诉，以致高上诉率成为民国时期医讼案件审理过程中的一大典型特征。当然，正如后面章节所示，对于民国时期医讼的高上诉率来说，尽管法制方面的因素并不是唯一原因，但绝对不容忽视。

＊　＊　＊

本章主要梳理了伴随着南京国民政府进行的司法改革所具备的新法制因素及其对现实的可能影响，希望能够将之与医讼的生成搭建起联系。可以看出，1928 年《中华民国刑法》的颁布，特别是其中关于"业务过失"条款的规定，在司法空间日益完善、法官与律师队伍不断壮大的条件下，无形之中成为促使医讼"凸显"的直接刺激因素。自此以后，但凡控告医生的诉讼案之中，新、旧刑法中关于"业务过失"条款，便成了原告和检

---

① 焦易堂：《最高法院刑事收案激增之探讨及其补救方案》，《中华法学杂志》新编第 1 号，1936 年，第 26 页。

察官用以提起诉讼的直接法律依据。与此同时，通过对新、旧《刑事诉讼法》相关法律条款的分析，自诉范围的扩大、诉讼费用的低廉等法制因素对医讼案件产生了各种影响。

总之，如若从法制因素的角度来看，民国时期医讼案件所呈现的诸多特征，在某种程度上都能够在民国时期的司法变革中找到部分解释。比如，何以现代意义的医讼案件最早在 1927 年便已发生，以及这一时期的医讼案件所呈现出的一诉再诉等情形。所有这些历史面相，都与这一时期的司法变革息息相关。当然，这些法律因素虽然影响了医讼的形成及其有关特征，但也并不能完全解释民国时期的医讼生成的全部特性。同样以这一时期西医诉讼案件的不易息结为例，除了法制方面的原因外，还与这一时期西医在科学主义话语支撑下的强势等因素存有一定的关联。另外，民国时期的西医讼案之所以容易引起广泛的社会影响，更是有着更为深刻的社会文化根源，也不是单纯的法制因素就能够全部解释的。对此，我在以下的诸章中还会逐一详细讨论。

有学者在分析民国时期医病纠纷的发生时，指出民国司法体系的不健全是导致这一时期医讼频发的重要因素。① 这样的一种判断，有其一定道理，却显然也有一定问题。如果从历史的发展来看，民国政府特别是南京国民政府在现代司法制度建设方面的持续努力，不仅改变了传统社会医病纠纷发生时往往存在的官方仲裁缺失或不作为的弊端，同时也改变了医病纠纷的解决形态。民国时期医讼案件的解决方式，明显区别于传统社会医病双方跪伏于地、听候县衙裁断的诉讼样态，而偏重于彼此以公民身份奔赴法院以谋求解决的新形态，从而有着鲜明的时代特色。其所体现和反映的，恰是从传统的王权社会向现代人权社会的历史嬗变。显然，在研究或评论这一历史现象时，我们首先应秉持一种历史主义的态度。此外，相对于医疗诉讼案件的增多，显然也不能将其本能地视为是一种坏事的价值判断。在这一问题上，我们似更应将其看作在现代国家制度的建构下，民众为保障自身权益而积极采取的维权行动。由此来看，这更应被看作是一种色调鲜明的现代性事件。尽管部分案件不可避免地存在一定程度的不理性甚或滥诉的行为，但这一历史现象背后所隐含的时代意义却应予以充分

---

① 参见龙伟《民国医事纠纷研究（1927~1949）》，第 111 页。

肯定。

对于有关学者提出的这一时期司法制度的不健全给诉讼带来影响的观点，我也不予否认。比如，法院控票价格的低廉，司法部门对索偿数目的缺乏限制，自然使部分高薪行业容易面临被控的风险。民国时期大城市中医生的收入，是相当可观的。徐小群曾经统计指出，1920 年代和 1930 年代上海医生的月收入在 300 ~ 3000 元之间，是当时上海自由职业者中收入最高的行业。有名气的医生的收入，甚至要远远超过高级政府官员。^① 从这个角度来看的话，由于法律规定方面存在的缺失，导致医生容易成为被控告的对象，是并不难理解的。

不过，在此，我想强调的是，在讨论所谓的制度性缺失问题时，也应加以具体区别和审视。1936 年，焦易堂在他那篇专门讨论南京国民政府建立后刑事和民事案件何以激增的文章中，也曾提出过相关思考，希图能够对现行法律制度中存在的缺失加以匡正。他认为，全国最高法院受理案件的激增，导致全国最高法院不得不"添员添庭"穷于应付，这对本来就捉襟见肘的国家财政来说，无异于雪上加霜。因此，他建议必须寻找相应"补救之道"来扭转这一被动局面。为此，他开出了两剂药方。一是修订有关法律条款，通过限制自诉人上诉权等方式尽量减少上诉的规模。比如，对于第一审判决无罪并经第二审驳回上诉的案件，即应不允许再向第三审提出上诉。二是简化三审时的审判程序，取消最高法院三审的事实调查权。最高法院只对下级法院审判是否合乎法律依据进行裁断，进而加快断案的速度，减少积案。如若仔细阅读这篇文章，便会发现，焦易堂并不否认上诉权对于民众权益的保障作用，同时也看到了因下级法院建设的不够完备而需要最高法院对事实再次进行核实调查的必要，但是为了减少最高法院的讼累，也只得如此。^② 显然，对于类似问题，亦应予以辩证评判。

当然，如果仅从减少讼累的角度来看，南京国民政府时期的司法制度确实存有需待完善之处。特别是当我们将眼光投向民国时期的医讼案件，去探求这一时期的司法条款到底与医讼的频发具有何种联系时，不能不承

---

① 徐小群：《民国时期的国家与社会：自由职业团体在上海的兴起（1912 ~ 1937）》，第58 ~ 59 页。

② 焦易堂：《最高法院刑事收案激增之探讨及其补救方案》，《中华法学杂志》新编第 1 号，1936 年，第 28 页。

认相关法制因素特别是"业务过失"的提出，一方面给民众维护自身生命权益带来了好处，另一方面也确实因其本身概念的模糊性而给医讼的发生带来了深刻影响。如何确定行医者为"业务过失"，在具体的操作上，确实难以有效把握。[①] 由此一来，往往在医病双方、司法机关之间形成这样的一种状况：一方面是病家和律师利用现有的法律条款和医生发生诉讼，另一方面也会引发医师对自身权益受到威胁和受损时的反感和不满。对于司法机关来说，当讼案进入司法程序之后，如何来确定相关医疗活动是否存有过失，显然也是一件非常棘手的难题。正如本书第七章的研究显示，当这些因素叠加在一起时，不仅导致了医讼案件的聚讼纷纭，同时在众多的医讼案件中也会让我们看到形形色色的医生、病家以及国家的司法官员在面对这一问题时所演绎出的诸多鲜活面相。

---

① 龙伟在著作中曾经使用相当篇幅来讨论民国刑法对"业务过失"的模糊界定，导致社会各界在医师"业务"责任边际的认识上含混不清。相关认识，是颇有见地的。参见氏著《民国医事纠纷研究（1927～1949）》，第124～129页。

第四章 现代医疗模式的构建
与医病纠纷的发生

> 中国病人之多，虽称雄世界，到处都是病夫；但，真正够得上资格做病人的，却又实在觉得太少了。[1]

——范守渊

如第一章所述，传统社会有条件的病人及其家属依据场所之便，往往在医病互动中掌控着主动权。医家为了规避责任，不得不谨慎因应、小心应对。就在明清时期的医生与病人在传统的医病模式中相互大打太极的时候，在同一时代遥远的西方世界，一种迥异的医疗模式正在英国、法国和德国脱胎成型。伴随着西方现代医学在 18～19 世纪的飞速发展，整个西方的医疗行业在经历了临床医学、医院医学和实验室医学三个发展阶段后，发生了天翻地覆的变化。在这一新型的医疗模式之中，现代医院代替了家庭成为医生诊疗病人的核心场所。相对于传统医学而言，医生拥有绝对的权力并被要求积极负责。病人则通过签订契约的形式，将自身"委托"给医生，并完全听命于后者。特别是随着医学技术的进步，医家更多的是通过病理解剖来寻求治疗的依据和方案，病人的自述和治疗想法在医病互动中已变得越来越不重要。医生的医学宇宙观中，更为关注的是病变的器官甚至更为细小的细胞，作为整体的"病人"却逐渐消失了。[2] 同一

---

[1] 范守渊：《这也算是一场医讼》，《范氏医论集》下册，第596页。

[2] 关于西方医学在 18～19 世纪的转变及其给医病关系带来的相关影响，比较具有代表性的著述，可参见 N. D. Jewson，"Medical Knowledge and Patronage System in 18th Century England，" *Sociology* 8（1974）：369 - 385；Idem，"The Disappearance of the Sick Man from Medical Cosmology，1770 - 1870，" *Sociology* 10（1976）：225 - 244. 相关中文著述，可参看陈勇《从病人话语到医生话语：英国近代医患关系的历史考察》，《史学集刊》2010 年第 6 期。

时代，东西方医学模式的不同，隐含的是两个不同的社会形态和价值体系。

历史的发展也将表明，伴随着现代西方医学的在华传播，现代医疗模式也将给中国传统的医病关系带来重大影响和改变。雷祥麟曾以现代西医的权责关系为切入点，将其置入中国传统的医病关系脉络之中，详细考察这一新型的医业伦理如何因应国人旧有的积习以谋求发展，以及又如何借助中西医论争的影响，最终引发传统医病关系在民国时期的转型。[①] 在这篇精彩的文章中，作者的诸多论述颇具启发意义。本章将重点考察民国时期现代医疗模式的构建和推行究竟与国人之间存在着怎样的紧张和隔膜，以及这种紧张和隔膜在具体的医讼案件中是如何呈现的，希望能够为理解这一时期西医讼案的发生有所裨益。

一　现代西医的分布及其对现代医疗模式的强调

西方医学传入中国的历史，可上溯至明末清初。在这一时期，西方医学关于人体解剖、医学分科以及医院设施的知识由西方传教士传入中国。自清前期至鸦片战争之前，主要是一些西洋药物（如金鸡纳霜等）的传入。鸦片战争后，伴随着通商口岸的陆续设立，现代西方医学迅速传入中国。现代西医的医院、听诊、麻醉术、外科手术等医学设施和诊疗手段逐渐为国人所认识。到了清末民初，在政府部门的鼓励下，越来越多的国人到海外学习西医，学成回国后在大城市开设西式医院或在西医学校中担任教职。南京国民政府成立后，更是将推广西医作为医疗卫生制度建设的一项重要内容。西方医学的在华传播，进入了快速发展时期。总体来看，到了20世纪二三十年代，西医院在中国基本呈现出由南到北、从沿海到内陆的分布特征，西医在中国的发展已颇具规模。[②]

当然，尽管现代西方医学在中国的发展势头很是迅猛，但一直到1930年代，中国西医的数量仍非常有限，并且在分布上多集中于大中城市。这

---

① 参见雷祥麟《负责任的医生与有信仰的病人——中西医论争与医病关系在民国时期的转型》，载李建民主编《生命与医疗》。

② 关于西医在华传播的历史，当下医史学界已有非常成熟的研究，可资参考的论著颇多。其中较重要的有赵璞珊《西洋医学在中国的传播》，《历史研究》1980年第3期；廖育群《岐黄医道》，辽宁教育出版社，1991；马伯英等《中外医学文化交流史》，文汇出版社，1993；何小莲《西医东渐与文化调适》，上海古籍出版社，2006。

一分布状况，也使得西医的影响主要局限于城市之中。对此，李涛医师在1930年代初期曾有如下的披露，"据近年统计，我国现有正式医师约逾五千之数"。其中，"在特别市省会开业者十之七"，"北平、上海、天津诸大埠西医林立，每街每巷皆有医师，已成供过于求之景况。若城镇乡村欲求西医而不得者，则到处皆是"。[①] 如果说李涛医师所论不免泛泛，那么，由朱席儒、赖斗岩二位西医师在1935年针对全国开业西医的统计则要权威、具体了许多。在这份统计报告中，朱、赖二位医师所统计的西医人数为5390人。这份资料显示，有百名以上西医的省份分别为江苏、广东、河北、浙江、辽宁、山东、湖北和福建。其中，江苏、广东两省的西医师数量，约占全国西医总数的一半。有百名以上西医的城市分别是上海、南京、广州、北京、沈阳和武汉。可见，西医资源的分布主要集中于东部沿海地区，特别是经济文化相对发达的大城市。其中，又以上海西医人数最多，约占全国西医总数的22%。至于其他一些中小城市或者内陆边疆城市，西医的数量则少得可怜（附表3）。[②] 在广大的农村地区，则仍是中医的天下。[③]

尽管如此，西医为民国时期的国人所带来的影响却依然不可小觑。总体来看，西医的在华传播，不仅为传统中国带来了先进的科学技术，同时也给深受传统医疗文化影响的国人带来了新型的医疗模式。有丰富的资料表明，民国时期的西医在中国所欲努力建构的，也正是这样的一套现代医疗模式。

如上所述，与传统的医病关系相比，现代西方医学强调医生对病人具有绝对的支配权力，并要求对病人积极负责。这在民国时期西医的言论中，有着非常清晰地表达。比如，撰写了中国现代第一部医学伦理学著作

---

① 参见李涛《现在我国医界应有之觉悟》，《医事汇刊》第7期，1931年，第2页。另据时任卫生部长的薛笃弼言及，"现在全国约有二千县。有西医地方尚不能占之分一二，其他十之八九县分，率皆接受中医药支配"。（《薛部长关于中医药之讲话》，《申报》1929年3月22日，第9版）由此可以看出，李涛医师的评论似主要基于薛部长的这次讲话。

② 朱席儒、赖斗岩：《吾国新医人才之概观》，《中华医学杂志》第21卷第2期，1935年，第146页。

③ 关于民国时期西医在乡村的缺席，类似的言论比比皆是。比如，在一位乡村医师的自述中，便曾指出"乡村人不信仰新医"，"乡村间旧医势力大"。参见蠢人《一位乡村医师的自述》，《医药评论》第7卷第2期，1935年，第12～13页。

的宋国宾医师，便曾将医师的权力归纳为五种。在这五种权力之中，医师的第四权即为"保持病人之权"，"医师诊治病人，负无限之责任，故医师当视病人为自己之所有物"。医师之所以要"保持病人"，是为了对病人积极负责、全力施治。不过，要医师负责也是有其前提条件的，那就是病人"亦当自视为医师之所有物"。也就是说，病人必须要绝对服从并信任医师。否则，"若病家朝秦暮楚，始甲终乙，则医师之责任无从负也"。①

在另一篇文章中，宋国宾将如何成为一名"良好之病人"做了详细讨论。在他看来，一名良好的、有资格的病人，必须要满足"信仰"、"服从"、"耐心"和"守法"四个必备条件。首先是病人要对医师抱有"信仰"之心。病人在审慎择医之后，就应绝对信任医师，"决不可再存怀疑之念"。此外，病人还要学会"服从"医师。因为"医为至专门之学"，并非一般人所能够了解。更由于病情变化万端，不易把握，必须谨慎才能收功。因此，医师在诊病之际，所告病人应遵守及禁忌诸项，病人一定要"绝对听从"。病人在治病之际"最须忍耐"，"安心定气，一意从医"。宋国宾强调，一旦病人能够做到此点，便不愁疾病之不愈。至于病人要"守法"，是指病人在求医之时，应当遵守一系列规则。如诊金之缴纳、诊时之遵守、诊室之安静等。宋国宾医师特别指出，"诊金"为"医师劳力之补偿"，因此病人切不应将其"视为生命之代价"。如若因在诊疗上出现了差池，病人连诊费都不交付，那就是行为上的无良了。②

与宋国宾的主张相呼应，西医范守渊下面的一段话，也颇能道出现代西医医业伦理的这一特征。

　　至于病人方面，对于医师的服从和信仰呢，也是具有同样的重要。大概能服从医师的病人，总多能信仰医师的；能信仰医师的病人，也自然会服从的了。病人的是否信仰医师，能否服从医师，实在是治疗疾病的先决条件。对于医师有信仰，对于医师的吩咐处治，件

---

① 宋国宾所概括医师的"五权"为，"开业之权""加入工会之权""接受诊金之权""保持病人之权"和"介绍药品之权"。参见恪三（宋国宾）《医师之五权》，《医药评论》第 6 卷第 2 期，1934 年，第 1~2 页。

② 参见恪三（宋国宾）《良好之病人》，《医药评论》第 8 卷第 2 期，1936 年，第 6~7 页。

件服从，样样听命。那么，病人的疾病，就会容易医治；否则，要是对于医师没有信仰心，那么，不但疾病不易治疗得痊愈，因为精神上心理上，天天在不安和狐疑的状态中，说不定更会增加疾病的程度和痛苦。所以这种狐疑，不信仰，实是治疗疾病的大敌！①

从上面的言论来看，是否服从并信任医师，在西医看来不仅是医师应否积极负责的前提条件，同时也关系着病人能否顺利痊愈。可见，在民国时期的西医眼中，一个现代的符合条件、具备资格的病人，必须要学会绝对服从医师。②

与现代西方医学新型权责观念相对应的，是医疗空间由传统的家庭向医院的转移。既然病人已对医生绝对信任，那也就意味着病人应将自己的健康、生命等放心地"委托"给医生。众所周知，基于病理学的判断，现代西医总是倾向于将家庭视为疾病的渊薮。因此一旦罹患疾病，病人必须要进入医院以进行专门治疗与护理。民国时期的西医师姜振勋下面这段专门论述西方医院之所以兴起的言论，便颇具代表性。

> 近百余年来，工商勃兴，社会经济起了重大变化。生活压迫，愈演愈烈。平民家庭逼迫不堪，一旦得了疾病，竟不得片刻的安宁，更有非入医院不可的趋势。而医学亦一天进步一天，从前医生万能，现在变了专业化，成了一分工合作的局面。在医生方面亦觉要发展事业，非大家集中在医院不可。

在这篇文章中，姜振勋列举了医院的三大功能。除了因专业分工细化导致医师需要相互合作方能完成诊疗之外，对于病人而言，入住医院不仅能够得到完善的治疗，同时还能得到专业的看护。此外，对于社会来说，医院的建立在诊治疾病上还能集约医疗资源，减轻社会的负担。③

---

① 参见范守渊《治疗疾病与治疗病人》，《范氏医论集》下册，第 421~422 页。
② 关于民国西医在培养"现代病人"方面的努力，可参阅龙伟《民国医事纠纷研究（1927~1949）》，第 347~353 页；尹倩《民国时期的医师群体研究（1912~1937）——以上海为中心（1912~1937）》，第 207~213 页。
③ 姜振勋：《谈谈医院》，《医药评论》第 15 期，1929 年，第 26 页。

毋庸置疑，今人对将医院作为病人的治疗与护理场所已然司空见惯，并已基本接受。但对于近世以来的中国而言，医院是伴随着西方传教事业的发展，特别是晚清时期通商口岸的划定而强行楔入中国的熟人社会之中的。尽管西医在外科诊疗上颇具效验，但医院的封闭化特征在很大程度上也引起了国人莫名的恐惧与排斥。杨念群教授曾颇为精彩地揭示出，为了释去国人对西医的疑惧，传教士最初不得不在公开的场合开展诊疗活动，甚至出现了"大树下面动手术"的典型事例。与此同时，为了迎合国人对家庭作为医疗护理空间的传统心理，传教士亦不得不将医院适当通融，允许病人的家属入住和陪护，以使其具有"拟家庭化"的色彩从而令病人安心住院。① 就是在这一漫长的磨合过程中，国人才对西式医院逐渐走向认同并接受。国人对医院这一新式医疗空间从开始的疑惧、排斥到逐渐认同和大体接受，可谓历时弥久。

二 传统医疗模式的困境及其对现代西医的仿效

有学者指出，明清时期医生与病人的交往互动，让生活于当下的人们不禁欣羡。以病人及其家庭为核心的医疗模式，让医生和病人的互动充满着令今人艳羡的场景，似乎也更符合当下医学人类学者所期盼的理想状态。② 不过，这种医病互动的模式所带来的弊端与困境，也是显而易见的。那就是在国家对行医规范缺失的情况下，病人很难迅速找到值得信赖的医家。医家的技艺不仅在整体上难以提升，在行医中往往也会过于圆滑、世故，不会为了病人去积极施治。病人的"择医而治"和医家的"择病而医"，在一定程度上凸显了这种医病模式的尴尬与困境。

对于传统医疗模式中医权的旁落，明清时期的医家也多有不满。个别医家，甚至每有愤激之言。比如，清代名医徐大椿便认为，"人之死，误于医家者，十之三；误于病家者，十之三；误于旁人涉猎医者，亦十之三"。③

---

① 参见杨念群《"地方感"与西方医疗空间在中国的确立》，氏著《杨念群自选集》，广西师范大学出版社，2000；《"再造病人"：中西医冲突下的空间政治（1832~1985）》，第45~84页。
② 涂丰恩：《救命：明清中国的医生与病人》，第89页。
③ 刘洋主编《徐灵胎医学全书》，第157页。

更有意思的是，徐大椿甚至还颇具争议性地喊出了"医者误人无罪"。他认为医家治毙病人，责任全在病人的择医不明、任医不专，因此病人如有死亡，也全是天命使然。① 关于徐大椿的这一番言论，有人认为是游戏笔墨之作，也有人认为是伪作，并专门撰文加以批驳。② 这番言论无论是真是伪，从中均可看出明清时期医家对病人不能择医以明、任医以专的激愤之情。

随着时代的发展，到了清末民初，医家对于病人应任医以专并由医人放手施治的言论开始渐渐增多。晚清江苏名医余景和在为太仓沙头镇陈厚卿治病的过程中，便曾有过非常直白的表露。在这起案例中，病人"四十余日未得更衣，二十余日未食，脉见歇止"。此前陈厚卿亦曾延医多人，虽多方施治，但并不见效验。有医家甚至断以病人五日内必死，病家举家惊惶不安。余景和发现病人毫无所苦，只是脉息迟滞，不食不便，认为此与先前服用燥药过多有关，遂以"附子理中合建中法"为病者疏通肠胃。因所开之方中有干姜、桂枝、附子等物，病人亲友一时大哗，认为此举无疑是"益其躁也"。不但对诊疗无益，反而加重病情。余景和百般解说无效后只得发愿，"余在此，候其服药，如有差失，自任其咎，与他人何涉？"结果病人服药后，渐能进食稀粥。此时，病人家属又开始议论，"昨日之方太险，宜略改轻。"余景和并不理会，反而将燥药分量加重，"将原方桂枝易肉桂，鹿角霜易毛角片，党参换老山高丽参"。病家见状，复"七言八语"。余景和"甚厌之"，乃厉声曰："延医治病，其权在医，旁人何得多言掣肘？"③

---

① 在他看来，病人在择医之际的良莠不分，"病家则于医之良者，彼偏不信；医之劣者，反信而不疑"，乃至"更有平昔最佩服之良医，忽然自生疾病，反信平日所最鄙薄之庸医而伤其生者"，是皆有"鬼神使之"，是"乃所谓命也"。因此，"医之杀人，乃隐然奉天之令，以行其罚，不但无罪，且有微功，故无报也。"参见（清）徐大椿《医者误人无罪论》，刘洋主编《徐灵胎医学全书》，第 159 页。

② 曾长年在普陀山修行的清代医家心禅认为此论上下文自相矛盾，"上文言心术不正，天每不降之罚；下文言立心欺诈，假药取财，其祸又无不立至"，即使是徐灵胎所为，"亦属游戏笔墨，乃校刊时不一检点，公然以误人无罪名题，附之卷末，致乖本意，殊可怪也。"参见（清）心禅《一得集》，载裘庆元辑《珍本医书集成》第 4 册，中国中医药出版社，1999，第 823～824 页。

③ （清）余景和：《诊余集》，载沈洪瑞、梁秀清主编《中国历代名医医话大观》下册，第 1565 页。

　　再如，民国初期在上海悬壶行医的江苏名医陆锦燧曾在其《存粹医话》中对病人不能"专任于医"多所指摘。陆氏认为，病人的病情各异，必须要给予医家充分的时间和权力，使其能够"审其治标治本，先后缓急，毫无牵制于其间"。但可惜的是，多数病家却全不以此为意，在求治心的驱使下，医者"一击不中，责难即至。或昨张而今李，或朝中暮西，筑室道旁莫衷一是，杂药乱投愈治愈坏"。如此责难医者，"医固不任其咎也"。① 此外，陆氏还对病家粗知药味便私自修改药方但又不向医家明言的行为进行批评，指出相关行为只能使诊疗"愈走而愈入歧途，致戕生命，此略知医之为害大矣！"② 陆锦燧的言外之意，是要病家在择医既明之后，应委任医家全权负责，如此才能对治疗有益。

　　像余景和、陆锦燧这样对病家进行批评的医家，在清末民初的中医界是颇具代表性的。当然，二人对医权的强调，很难说已有了现代医学的权责意识。在相当程度上，恐怕还是应将其视为对传统医疗模式不满和抗议的某种历史延续。在以中医为主导的传统医疗文化中，医病之间的互动关系已很难实现突破，只能在传统的"择病而医"和"择医而治"间大打太极。不过，近世以来医家对医病双方权责关系的反思和追问，无疑也成为了试图汇通中西医学的现代新中医力倡革新的历史和思想资源。

　　显然是看到了医院在西医教学和诊疗中的重要性，自清末开始，上海、天津等地的中医界即开始着手筹建中医学校，并积极创办中医医院。由于经济的原因，清末所筹建的中医院多数中途停办。到了北洋时期，尽管有来自政府方面的多方干扰，但中医院的建设还是取得了一定的进展。上海、广州等地的中医界，先后兴建了一批颇具影响力的私立中医院。只是由于国人尚未养成到医院就诊的习惯，这一时期的中医院多数进行慈善施诊，在经营上颇为不易。③ 南京国民政府对中医采取打压政策，特别是1929 年的"废止中医案"，使得中医院的筹建曾一度陷入困顿。不过，伴随着"废止中医案"的破产，进入 1930 年代，中医界在推动筹建私立中

---

① （清）陆晋笙：《存粹医话》，载沈洪瑞、梁秀清主编《中国历代名医医话大观》下册，第 1698～1699 页。
② （清）陆晋笙：《存粹医话》，载沈洪瑞、梁秀清主编《中国历代名医医话大观》下册，第 1703～1704 页。
③ 郑洪：《中西医知识冲突下的近代中医医院》，常建华主编《中国社会历史评论》第11 卷。

医院的同时，还先后在江西、广东、湖南、四川、陕西等省份陆续建立起了省公立中医院。① 到了 1940 年代，上海、北京、广州、杭州、泉州、长沙、南昌、厦门、成都、太原、奉天等大中城市，均建立起了一定数量和规模的中医院。② 其中，私立中医院明显占据了绝对多数。与此同时，为数不少的中医院在坚持采用传统中医诊疗手段的同时，还陆续采用了西医的诊疗手段，并在病历的书写上采用西医病名和中医病名相结合的方式。有条件的中医院，还购买了部分西医的诊断器材。此外，部分中医院还积极组织护士培训或者外聘西医护士，并对医护人员在着装以及工作纪律诸方面进行统一要求。凡此种种，都给中医的改革带来了诸多新鲜因素。③作为革新和发展中医的一项重大举措，民国时期中医院的建立在一定程度上改变了传统以"坐堂"为主的医疗模式，同时也将对传统的医病关系带来影响。

民国时期中医院的陆续建立，对于中医界来说，显然有利于其专业形象的塑造以及专业权威的树立。新成立的中医院，多招收医科学校毕业生，在很大程度上改变着传统中医的执业形态。在现代西方医学的影响下，中医界的职业意识逐渐萌发并日趋明确。

有关资料显示，到了 1930 年代，中医界为建立专业权威的努力在上海等大城市中开始初见成绩。④ 中医的专业权威，可能已在部分名中医中形成。1934 年，中医毛鸿声曾记有上海名医的一则逸闻，"闻海上之名医，见病人则骂"。其骂人的对象有三："因堕落而患恶病者"；"不直说病情者"；"初病不就医迁延变成重症者"。毛鸿声在对此大加赞赏的同时，亦颇慨叹在自己的行医生涯中，所见对医家直言病情的病人"固不乏人"，但应予大骂特骂者"亦数见不少"。⑤ 同是在这一时期，中医胡安邦在其所著的《国医开业术》中，更是明确指出"患者之主张，绝不可信"。⑥ 显然，相对于余景和、陆锦燧对病人苦口婆心般的劝诫和解释来

① 参见朱建平主编《近代中医界重大创新之研究》，中医古籍出版社，2009，第 134 页。

② 参见曹丽娟《民国时期中医医院类型研究》，《中华医史杂志》2006 年第 1 期，第 18 页。

③ 参见朱建平主编《近代中医界重大创新之研究》，第 87、150～155 页。

④ 参见雷祥麟《负责任的医生与有信仰的病人——中西医论争与医病关系在民国时期的转变》，载李建民主编《生命与医疗》。

⑤ 参见毛鸿声《病人与医生》，《光华医药杂志》第 2 卷第 1 期，1934 年，第 80 页。

⑥ 参见胡安邦《国医开业术》，上海国医研究学社，1933，第 25 页。

说，后者的职业权威已然显现。

从毛鸿声津津乐道上海名中医骂病人来看，中医文化权威的建立应仅限于上海等通都大邑的名医中间，至于其他城乡与一般的中医师，恐怕还相差甚远。这种状况的出现，显然也与民国时期中医院的筹建有着莫大关联。要知道，现代西医权责模式的建立，是与现代医院的建设相同步的。因此，对于仅在大中城市建有中医院的中医界来说，要想普遍建立起专业权威，还是很不现实的。尽管如此，民国时期的中医界确实在新型的权责模式上已迈出了新的步伐。

三   传统观念与现代医疗模式的紧张

栗山茂久（Shigehisa Kuriyama）在其经典性的论著中曾经揭示，尽管古希腊和古代中国身体感知的某些方面在早期曾有过一定重叠，但在不同的文化认知影响下，两者在后世的发展中却走向了不同的道路。在传统中医理论中，"营卫气血"这些只可意会、不可言传的概念，被视为构成人体和维持生命活动的基本物质。气血在人体内的流动状态，成为医生感知和裁断病人身体是否健康的重要参考。传统中医认为，在人们自身生活不谨或外界因素（如风邪）的不利影响下，人体内的气血便会减弱和流失，导致人体内在状态失衡与受损。因此，在临床上，中医的诊疗多围绕气血的养护和调理而展开。而伴随着解剖学的发展，古希腊医学在后世的发展中，更加注重的是人体组织器官的功能和运作，并由此导致在临床上与传统中医的诊疗存有相当大的差异。即以放血疗法为例，古希腊医学认为放血能够去除人体内多余的血，避免身体腐烂。但在传统中医看来，任何外部方式所引起的人体血液流失，可能都会引起生命的损害。[①] 由此可见，古代中国与古代西方传统医学所建构起来的身体观念以及认知身体的方式，有着相当的不同。

研究表明，传统中医理论所建构起来的"身体"及其感知方式，在现代西方医学传入中国之前，并没有发生多少实质性的改变。[②] 尽管由于研

---

① 〔日〕栗山茂久：《身体的语言：古希腊医学和中医之比较》，陈信宏、张轩辞译，上海书店出版社，2009，第177～216页。

② 参见于赓哲《被怀疑的华佗：中国古代外科手术的历史轨迹》，《清华大学学报》2009年第1期。

究的薄弱，我们尚不清楚民国时期国人对自身生命的认知较之过往有了多大改观。不过，在部分大城市之中，却可看出民众对自身身体的关注度的确已有明显的提高。这或许可从民国时期医药广告的盛行中见其一斑。伴随着印刷技术取得实质性发展，民国时期广告业逐渐走向成熟。在各大城市的重要报刊中，药品广告占据了广告版面相当比重。① 药品广告的兴盛，显然有着相当复杂的社会文化背景。其中，既有商人为了推销药品的营销行为，同时也说明了药品与人们的日常生活在发生着密切的交集。高家龙（Sherman Cochran）在讨论 1930 年代上海的药品消费时，发现即便是普通的技术工人，都会从月薪中拿出一部分来购买药品，并将其视为一项优先考虑的选项。高家龙指出，上海技术工人在购买药品方面的花费，甚至超过了吃、穿、住、行等生活必需之外的任何消费。② 此外，从相关药商混杂着西方科学与传统中医观念的广告内容来看，民国时期国人在医药认知方面还是很混杂模糊的。比如，曾在民国上海大卖的艾罗补脑汁并不含有任何西洋成分，但却被上海商人黄楚九成功地宣称能够用来弥补中医"五脏六腑"理论对脑关注的不足。特别需要注意的是，为了便于民众理解，黄楚九在广告中所使用的依然是传统中医知识所建构而成的话语。③ 从艾罗补脑汁在当时的上海大有市场来看，即使在经济文化异常西化的上海，民众的医学知识还是以传统的中医学知识为主。与此同时，相关事例也在一定程度上表明，像在上海这样的大都市中，普通民众对自身身体健康已然多所关注。

在传统中医文化影响之下，民国时期的国人特别是对身体越发关注的城市人群，无疑是积极推行现代医疗模式的西医师所不易应对的。在传统中医文化的影响下，国人渐渐形成了一系列用以感知和表达自身状态的概念和语言。诸如上火、体虚、受寒等疾病概念，时常被国人挂在嘴边用来描述自身的不适感觉。一直到今天，这种影响仍在延续。病人的这些不可名状的"身体感觉"，是很难用现代科学通过数据加以精确量化与清晰界

① 参见朱英《近代中国广告的产生发展及其影响》，《近代史研究》2000 年第 4 期。

② 参见〔美〕高家龙《中华药商：中国和东南亚的消费文化》，褚艳红、吕杰、吴原元译，上海辞书出版社，2013，第 68 页。在此，我需要感谢上海社会科学院历史研究所的冯志阳，是他提醒我应关注大都市中人们身体观念的变迁与相关求医行为之间的关联，并注意高家龙等相关学者的著述。

③ 〔美〕高家龙：《中华药商：中国和东南亚的消费文化》，第 44~45 页。

定的。换句话说，受传统医学影响下的国人对于疾病和身体的认知，在相当程度上与现代西医知识是凿枘不通的。然而，正是这套与西方医学彼此相异的身体观念与医疗知识，却在民国时期的中国社会有着根深蒂固的影响。当深受此种影响的病人与标榜科学的现代西医师遭遇时，两者之间的紧张也就在所难免。从病人方面来看，当自己的身体感觉与疾病认知遭到医生的质疑或被视如敝屣的时候，那种与医生的疏离和不信任感可能便会油然而生。同样，当每天都要面对这些根本不识现代医学为何物的病人时，民国时期西医的那份不满与无奈也是可想而知的。早在 1920 年代末，曾经留洋日本、后回上海行医的西医余云岫，便曾对中国病人在诊病过程中的"自以为是"颇多抱怨。

> 余悬壶沪上，十年于兹矣。遇有善怒多倦不眠虚怯之病人，彼必先自述曰：我肝火也。若为之匡其谬误曰：肝无火也。真肝之病，不如是也，此乃精神衰弱也。则漠然不应，虽为之详细解说，以至舌敝唇焦，又切实疑信参半。若直应之曰：唯唯，此诚肝火也。则如土委地，欢喜欣受而去者，比比然也。如之何医者不乐行此耶？是以今世新医，亦有只按脉处方者矣，以为对付不彻底之社会，如实而已足也。①

同样，在 1930 年代初期，一位显然颇为认可现代医疗模式的医师，结合自身的日常诊疗经历，对国人的医疗观念进行过非常形象地记录。个中颇体现着医病双方各自所秉持的一套迥然有异的医学知识体系，在彼此遭遇之时所产生的内在张力。他写道：

> 对于来就医的病人，照例我是要先问他：
> "某先生，您是怎么呢？"
> 或是说：
> "您是哪里不舒服呢？"
> 我总也不问：
> "您得的甚么病？"
> 但是许多的病人却回答说：

---

① 参见余岩《医学革命论选》，艺文印书馆，1976，第 143～151 页。

"大夫，我有胃病。"

有的说：

"我有肺病。"

有的说：

"我受了湿气。"

有的说：

"我上焦有火啊。"

有的说：

"我这病是由气上得的，我这人肝火太旺。"

他们对于他们的病，似乎自己已经诊断的很明白，虽然他们并不明白什么是上焦，又怎么叫湿气。他们来就医不是要医生作主诊断他们的病，乃是来告诉医生是什么病，要吃什么药。

前几天有一位朋友来求我给他的母亲看一看病，他说：

"家母这病横竖是由气上得的。"

病状是发热，腹痛，恶心，水泄，不思饮食，四肢酸痛。我诊视以后就安慰病人几句话说：

"我想您这病就是平常的痢疾，不要紧的，要好好的调养。"

病人却呻吟着表示反对说：

"我这不是痢疾。"

我心里说："她看不起我么？不信任我么？"

然而，她确是以为她自己比我这个医生更明白她自己的病。①

上述病人的言论，明显是对身体有恙后的一种评判和言说。相关言论充分体现着国人传统的疾患观念，同时也反映着病人在与医生的互动中希望能够掌控医疗的主动。如在诊病之初，即开门见山地诉说自身所患疾病的种类以及成因，自然是希望能够得到医生的认可并成为施诊的依据。显然，对于民国时期的西医师来说，如何说服并博取病人的信任，依然是面临的一大难题。

如前所述，明清社会有条件的病家在同医家的互动中，往往会有频繁

---

① 猷先：《国人医学观念之分析》，《医学周刊集》第 4 卷，1931 年，第 231 页。

换医的行为。到了民国时期，这种行为并未有实质性的改观。病人对医生缺乏信仰心，在民国时期也是很普遍的。在部分西医看来，不仅是一般民众，就是一般的"知识阶级"，亦是如此。当患有疾病时，那种盲目性便表现得一览无余。如若翻阅这一时期医生特别是西医的相关论述，便可发现，类似言论依然所在多见。

> "得病乱投医"虽是一句俗话，实际上这种现象，也真不少，就是知识阶级，也常免不了。至于愚夫愚妇，对于处治病人，更根本不懂。谈到卫生，他们更闻所未闻了。所以他们一遇有病人发生，必先求神问卜，试偏方，或到药店药房问病买药。亲戚说甲种的药有效，就吃点甲种药；邻居说乙种药好，就又吃乙种药。像这样处治病人，病哪能好呢？等到第三步才去求医，但是求医又不去请正当的医家，专好去找那些近于神怪的江湖骗子，不但病没有治好，反耽误了治疗的时间。金钱损失，还是另一个问题。等到觉悟了之后，再送入医院，可是已经病入膏肓，大半已难医治有效了。因为这种卫生常识缺乏而致死亡的，实不在少数；又因乱投医的结果，受社会上江湖医生的诈骗，也是常有所闻。尤其是热闹的都市，真是无奇不有。①

同样，在《箴病人》一文中，于"废止中医案"中一时风头无两的余云岫，在对日本病人颇为赞赏一番后便笔锋一转，将批判的矛头指向了国内的病人。

> 今之病人则不然，七年之病，望一药而愈也。若告之以治法，延之以时间，则以为医者敷衍之举，欺诈之术，遂顾之而他矣。辗转数医，杂药乱投，而病乃陷于不治，犹至死而不误也。

在余云岫看来，这已是举国上下、各个社会阶层都有的通病，"通观吾国社会，上下大小人物，其能岸然以轨物自励者，鲜矣"，"皆踰闲荡检，无规法之可言也"。② 对于病家频繁换医，乃至中、西医杂投的行为，西医范守渊同样不以为然。不过，与余云岫等人的强烈批判略有不同，他

---

① 《庸医与病人》，《北洋周刊》第 35 期，1934 年，第 5 页。
② 参见余岩《医学革命论述》，第 137～138 页。

认为这种行为与病家的心理是密切相关的，并且将心比心，对这种行为还表现出了一定程度的理解。

> 害了毛病，就请医生来诊治，这原是很合理的处置。然因为病家的心理，一方面，求愈心过急；一方面，信仰力不足。以为多请几位医生看看，多吃点药品，多进些汤药，总会教毛病快些好去。因之，请了新式医生不放心，再请旧式医生来看看。一天请了三位五位的医生，也还不觉得多。王医生刚上了车，李郎中又进了门，弄得医生进出，门庭若市。在病人自己呢，以为多请了几位医生，总可以放心一些，靠得住一点；在家族的心理，还有这样的着想：万一不幸终至不救，也总算对得起病人了。

当然，对病人的心理理解归理解，但范守渊最后还是告诫病人，如果在患病时对医生朝秦暮楚，无有信仰之心，那么在治疗效果上不但会事倍功半，甚至还可能贻误生命。①

以上仅就民国时期国人的疾患观念及其对医生的信仰心进行了一般考察，那么，在对新式医疗空间——医院的接受上，又是一种什么样的情形呢？事实证明，即使到了民国时期，国人对西式医院若说已经完全接纳，仍为时过早。一方面，当时国人对西医的信仰心仍普遍不够，这从当时的西医持续不断的埋怨声中可见其端倪。② 另一方面，也与传统的居家医疗护理习惯依然在延续有着直接关系。对此，西医姜振勋看得很是清楚，在对医院的功能进行一番列举后，他对1928年前后国内的医院状况有过这样的一番评论：

> 吾们中国现在也有了许多医院，说也惭愧，要和外国的比较一下，觉得相差很远。这是什么理由呢？有的说医院制度，和旧时习惯相冲突的缘故；有的说完全是科学落后的缘故。其实，二种原因都有

①　参见范守渊《对于病家说的闲话》，《范氏医论集》下册，第326页。
②　国人对西医的信仰，不仅在乡村非常薄弱，即使在一些大都市之中，也不可高估。1920年代末期，北京"京师警察厅公共卫生事务所"曾对辖区死亡的居民进行统计，结果发现，有39.4%的居民死前根本未经医生诊治过，有44.3%的居民曾延旧医士诊视，而经西医所诊疗的居民则仅占16.3%。参见黄子方《中国卫生刍议》，《社会学界》第1卷，1927年，第189页。

关系。从习惯方面说，吾国向例，病人总在家庭调养的，家庭的一切，既可由病人任意指挥。看护的人，又都是最亲密的家人，使染了这样习惯的人进医院，医院有医院秩序，病人当然不能自作主张。看护尽属外人，更没有像家人的亲密。……病人在医院里不能安心。那么医院的成绩，自不能美满了。①

上海西医胡嘉言亦曾指出，普通的病人在患病的时候，"大多数都不愿留住医院"。如此一来，便给医师的诊疗带来了诸多麻烦。以手术为例，除了大手术必须在医院外，普通的小手术或中等手术，病人也希望在家里进行，因此医师的器械和行使手术的大小用具，也不得不被拿到病人家中去。尽管主治医师会加倍努力，但其效果却并不一定好。比如，由于光线、卧床等客观环境的不适宜而给手术的进行带来困难。与此同时，在病人家中，医师"大都不能完全行使职权"，病人不遵医嘱之事时有发生。对此，医师不但不能进行有效的禁止，而且还时不时可能担负意想不到的风险，"要使病人坏了，那责任是要行使手术的人担负的"。因此，胡嘉言主张，凡是中、小手术，均"以医院行使为宜"。如若病人坚决要求在家行使的，"须按原价加倍或三倍取费"。② 在此，胡嘉言加倍收取医费的提议，显然是为了迫使病人接受医院作为诊疗空间。于此，我们也可看出国人对医院排斥之一斑。

西医的东传，不仅带来了迥异于中医的新式医疗模式，而且在诊断与操作上也为国人带来了许多新奇的医疗器械。新式器械的应用，在使国人大开眼界、感叹其奏效迅捷的同时，亦不免令国人多少抱持恐惧与拒斥之心。西医动辄用刀切割身体或以针管将药液注射的行为，毕竟与国人传统的身体认知理念相左。当然，随着时间的迁移，这种排斥感会逐渐淡化，但显然未曾消失。特别是在手术开刀与冰囊的使用上，国人的戒惧之心更甚。以冰囊的使用为例，如若病人身体康复，自然没有话说，一旦病人不治，则往往会联想到是使用冰囊之故。由此一来，也就会使得医家畏首畏尾，在诊疗上产生矛盾的心理。

---

① 参见姜振勋《谈谈医院》，《医药评论》第 15 期，1929 年，第 28 页。
② 参见胡嘉言《书〈上海市医师公会诊金规定草案〉后》，《医药评论》第 6 卷第 4 期，1934 年，第 12 页。

因迎合病家心理之故，致妨碍疾病之恢复，或坐是以死亡者，恐不乏其例也。冰罨一法，为一般人所反对，用之而病人仍不起者，每归咎于用冰，为司空见惯之事。反之因不用冰罨而枉死者，恐亦极多。医家从道德之立场，遇高热病人，不能不用冰，又以病家之心理而逡巡，于是矛盾之象，交战于心胸。……医家欲遵乎医德，不能合乎病家心理。如是矛盾，可知为医之难矣。[①]

再以手术为例，范守渊便曾指出，一直到 20 世纪三四十年代，在国内行医的医师们"时常会得碰到害怕开刀的病家"。

这一类病家，因为对于这"开刀"二字，有了先入之见的害怕心理，于是自己或家族一旦遇到有需用于开刀的毛病，他们总想尽种种方法来反对：对于年纪轻的小孩子，不消说，拿"年纪太轻吃勿消！"的理由来反对；岁数太大的老人家，又拿"年龄太大不相宜！"的理由来抵拒；不大不小的中年人，说不定，又会想出百般反对的理由，以达到不要开刀的目的。[②]

对于病人害怕开刀这一现象，范守渊认为，这主要与开刀本身所具有的危险性，及其对身体造成的疼痛息息相关。

他们所以害怕开刀的原因，揣摩起来，不外于这么二点：1. 视"开刀"这项手术疗法，是一种很危险，而非安全的办法；2. 以"开刀"为十分痛楚，而非王道的治疗方法。[③]

由于材料的限制，我们在很多时候只能通过医生的相关记载来"倾听"或"探寻"病人所发出的微弱声音，从而难免会程度不同地受到记述者主观意志的影响。如果说范守渊的"揣摩"是基于医家自身的考虑，那么，1934 年 5 月 8 日《申报》所刊载的一篇名为《病与医》的文章，尽管用语多有嘲讽，但却颇能反映当时国人对于西医的一般观感。在这篇

---

① 庄畏仲：《医业道德与病家心理之矛盾现象及其救济》，《医药评论》第 5 卷第 4 期，1933 年，第 20～21 页。
② 参见范守渊《你为什么怕开刀?》，《范氏医论集》下册，第 403 页。
③ 参见范守渊《你为什么怕开刀?》，《范氏医论集》下册，第 403 页。

文章中，作者主要就中、西医在诊疗上的不同特点予以了论说。在他看来，中医的诊治程序过于复杂，取效也相对缓慢。特别是"持重的医生"，在施诊上更是万分地谨慎。由此一来，病人所花诊金不但会多，而且康复起来也不会很快。不过，在他看来，这"并不冤枉"。因为，"他既肯小心替你一天一天的医下去，死总不至于的"。不过，与中医比起来，西医可就是另外一副情形了。

> 西医是"灵不灵当场出彩"的，他会在你大腿上刺一针，叫你如杀猪一般的叫起来；你脑袋觉得烫，他就给你两个冰袋；你身子怕冷，他就替你生火；肚里难过吃药水，也许生个热疖会挖掉一块肉。说者谓这样似乎太欠忠厚，然而"死去""活来"倒也不失为"直截了当"。①

显然，在作者的眼中，西医虽然见效快，但在诊疗上却不免让人感到有些"粗鲁"和机械化，同时也不怎么稳妥。如若稍有不慎的话，甚至会有生命之虞。类似的观点，在相当程度上代表着当时社会大众对于西医的普遍认知。其实，对于手术开刀的恐惧，并不仅仅是普通百姓所特有，即使是社会中上层也所在多有。颇有意思的是，即便是从事司法审判的法官，有的也会持类似的观感。1936 年，汉口协和医院发生了一起医讼案件。在这场医讼中，原告姚赘我控告汉口协和医院医生欧阳淑清，官司一直打到了湖北高等法院。就在当年的 8 月 18 日，湖北高等法院对此案进行审理之时，承审推事张元亮竟然当着原告、被告大发其对西医之观感。

> 是日下午后二时，原被告及人证与双方律师即出庭于湖北高等法院第二分院。承审推事张元亮于问讯告诉人姚赘我时，乃大发其不满西医之言论。如云病人枉死于医院内者，不知凡几。尤以医院中所用看护，多半可杀。又向姚赘我谓患痔疮或肛门窄者，不必施以任何手术。仅用连翘败毒九一味药，即可治愈。本法官亦患痔疮，因见许多亲友被西医割死，或被打针致死者多人，所以不敢领教。乃发明此

---

① 田舍：《病与医》，《申报》1934 年 12 月 18 日，增刊，第 1 版。

药，一服即愈，并广为宣传，庶以减少医生杀人之机。本来医生治死人，是极寻常的事，你亦可谓少所见多所怪了。医生玩忽职业，又事事诿之不满廿岁之看护。试问此间看护，能知道多少？且在医院中之待遇，又极轻微，自难负病者生命重责，言下不胜唏嘘。①

很显然，在是非未定的情形下，法官的相关言论，在很大程度上有着"有罪推定"的成分。从这则资料来看，即使身为国家的司法人员，由于在现实生活中的所遭所遇，也会对中、西医产生不同的观感并形成某种情绪，进而还可能会对其审理讼案带来影响。仅从承审推事张元亮的这则议论来看，其对西医的排斥态度可谓跃然纸上。作为司法人员而有着这样一番表达和议论，自然不能让西医释怀，相关的审判结果也不免要受到质疑。

四　现代医疗模式的践行与医病纠纷的发生

通过以上的讨论，我们已然可对 20 世纪三四十年代医病互动的大体特征进行一初步的概括与总结。一方面，西医与部分新式中医基于新式的医业伦理，试图对国人重新进行规训与形塑；另一方面，国人特别是在大都市中越来越关注自身身体的人们，由于受到传统医疗文化的影响，依然对医生抱持不信任的态度。特别是对于西医，国人的信仰力尤为不足。如此一来，在医病双方之间，特别是西医与国人之间，明显地形成了不易调和的紧张与矛盾，从而也为医病纠纷的产生带来了重要影响。也便基于此，雷祥麟指出，正是由于医病双方在建构新型的医病模式中的相互摸索和彼此冲突，"造成了二十年代盛产的医讼"。② 应当说，这种识见是非常到位的。

为了较为清晰地考察现代医疗模式的建构为医病纠纷的发生所带来的影响，我从 1930 年代发生的医讼案件中，撷取了几则较为典型的诉讼案件进行分析论说，希望能够具体地呈现出医病之间的这种紧张与冲突。

---

① 参见《汉口协和医院欧阳淑清医师案》，《医讼案件汇抄》第 2 集，第 54～55 页。

② 相关研究，参见雷祥麟《负责任的医生与有信仰的病人——中西医论争与医病关系在民国时期的转变》，载李健民主编《生命与医疗》，第 478 页。

（一）因医疗空间和医权的争夺而引发的纠纷

1934 年 6 月 4 日，上海人石崧生的妻子石郭氏身体忽然发热、胸闷，延医服药后仍不见效。6 月 28 日，经友人翁慕宗介绍，石崧生邀请由美国留学归来、时任上海红十字会第一医院的西医吴旭丹到家中为妻子诊病。经诊，吴旭丹医师认为，病人所患系伤寒病。[①]　在确诊之后，接下来就是要对病人进行治疗。但在诊疗的方案上，医病双方之间却发生了不小的歧异与矛盾。

原来，在诊断之后，吴旭丹即观察到，病者居住之地为"弄堂房屋"，"住户拥挤""空气不洁"，且有"儿女多人"，难免会对病人"随时搅扰"。这样的一个居住环境，"对于病者之调养，理非所宜"。于是，吴旭丹告诉石崧生"调养似以医院为相宜"，并推荐病人入住红十字会医院，因其"有驻院医生，诊治较便，呼应较灵"。[②]　在入住医院上，石崧生颇为犹疑，并向吴旭丹道出了内心的隐忧。那就是西医在治疗热症上往往用冰，而冰"并不合华人体质，每致病状加重"。因此，他向吴医生询问，到院后是否用冰。对此，吴旭丹医师并未给予明确答复。石崧生亦未当场决定何时入住医院。第二天，石崧生给吴旭丹医师打电话，希望后者能够来家为其妻继续诊治。吴旭丹以约诊太多为由拒绝立即前往，而是敦促石崧生应尽快将病人送往红十字会医院。对此，石崧生在刑事诉状上陈述吴旭丹之意为，"此病非送医院不可，如不送医院，我不诊治，并力劝速即决定"。[③]　吴医师的一再坚持和劝说，使石崧生颇感无奈。最终，石崧生"只可照允"，将妻子送往红十字会医院进行治疗。

在入住医院后，对于吴医生在诊疗上采取的一系列举措，石崧生非常不满。在刑事诉状中，石崧生一再强调，吴旭丹在给石郭氏开具药方后，乃"令看护妇用冰水洗涤病人全身，并用器械打大便，用冰袋覆盖头部"。显然，这是其当初最为犹疑和畏惧的事情。不过，他对此已无可奈何，并

---

①　《病家石崧生控吴旭丹医师刑事诉状》，宋国宾编《医讼案件汇抄》第 1 集，第 63 页。

②　《吴旭丹医师致中华医学会业务保障委员会的函》，宋国宾编《医讼案件汇抄》第 1 集，第 67 页。

③　宋国宾编《医讼案件汇抄》第 1 集，第 63 页。

非常形象地将自己和病人比喻为，"犹鸟已入笼，必须听其摆布，毫无自主之权矣"。①

　　此后，石郭氏多次便血，病情每况愈下。最后，病人不幸于6月30日下午7时不治身亡。一个多月后，石崧生向上海第二特区法院提起刑事诉讼。综合病家的三项诉讼理由来看，前两项理由可以归纳为：病人入住医院之时，正值伤寒病最为危险之期，过此即已不甚危险。因此，病人应当静卧，不宜移动。然而，吴旭丹明知红十字会医院病车构造不良，却"不察病情"，"力命石郭氏离家而入医院"，途中颇"受病车剧烈之震动"。到院后，又"不令病人休息，而令看护妇打大便、洗全身"，终使肠内血管破裂，"出血身死"。第三条理由则为吴旭丹"不征同意"，率尔用冰水洗涤，并加诸患者头部，从而促使病人病势加重，最终身死。基于以上三点，石崧生认为，吴旭丹医师"实属罪有难逃，罪无可逭"。②

　　通过以上的陈述，特别是通过对病家讼状中控诉理由的梳理，我们已然可以清晰地捕捉到医病双方在此诉讼案中所发出的不同"声音"。客观地讲，石崧生与吴旭丹的讼案所反映出来的分歧，恰恰体现着西医对现代医疗模式的追求与病人在很大程度上仍试图固守传统之间的紧张。从医家方面来看，吴旭丹医师对医疗空间的强调，显然是遵循现代西医诊疗模式的逻辑必然。如前所述，在现代西方医学看来，家庭往往是导致疾病发生的渊薮。因此，要想病患早日康复，就必须将诊疗空间让渡给专门的医院。这是现代医学明显区别于传统医学的显著特征之一。所以，像吴医师对病人"弄堂房屋""住户拥挤""儿女众多""空气不洁"等居住条件的观察和强调，正是其坚持现代西医医疗模式的明证。

　　在这起讼案中，病家也在与医师的互动中多次"发声"，有意无意地试图固守传统的医疗空间，以便在医病互动中掌控主动。石崧生对吴旭丹所提起的诉讼理由，也多是从传统医病关系的角度提出的。如认为病人便血，是由于路途颠簸以致肠出血所导致，其理由完全可以转换为：正是由于医师对医疗空间转移的强调，才有以致此。再如，石崧生对用冰的控诉、"犹鸟已入笼"的自我比喻，均非常形象地体现出病家在"发声"后

---

① 宋国宾编《医讼案件汇抄》第1集，第64页。
② 宋国宾编《医讼案件汇抄》第1集，第65页。

得不到尊重的愤慨，以及对医师居心的深深怀疑。只不过，这些努力都在医师的"规训"之下，最终以失败告终。在病患不幸亡故后，病者家属所有的愤懑、无奈与不满情绪被一并点燃、爆发。于是，一场纠纷也就这样发生了。

（二）因医师积极负责而引起的纠纷

如前文多次强调，在中国传统医病互动中，医家的"择病而医"是其规避医病纠纷的主要手段。而这在西医看来，则是必须要修正和抛弃的。自临床医学诞生之后，现代西方医学在医病模式上施行的是"托管制"，即病患通过契约的形式，将自己完全托付于医师，医师则对病人的康愈积极负责、尽心尽力。这一新型的医业伦理，显然与中国传统大不相同。于是，矛盾也便不期而至。身为西医，在对病情治疗上并无十足的把握却依然要坚持诊疗的话，就很容易引发纠纷，甚至有被敲诈的危险。民国西医陶炽孙在《中国新医受难史序论》一文中便曾指出，当时所发生的绝大多数西医医讼，都是医生在积极作为后发生的。设使医生起初并不主动负责，对危急之症视若无睹、不闻不顾，那么这些案件也就不会发生了。[①]下面，我们不妨对因医师主动负责而引发的一例典型医讼进行分析。

在这一则诉讼案件之中，原告为30岁的镇江人、在万祥铜锡铺任司账的裔瑞昌。在刑事自诉状中，裔瑞昌指称自己因"两股关节骨不能活动"，赴江苏省立医院进行诊治。由32岁的江苏省立医院院长汪元臣医师代为实施手术治疗。然而，就在对病患左腿实施手术时，由于被告"怠于注意，将大腿骨扳断"，接骨时又将"骨接错成弯曲形，以致半身强直不能转动起坐"。如此一来，使病患与入院前"尚能端坐治事"，"已成天渊之别"。因此，裔瑞昌以汪元臣"自应负业务过失致人重伤之罪责"为由，向镇江地方法院提起诉讼。[②]

面对裔瑞昌的举控，汪元臣医师指其诉词"多属不实"，并予以驳斥。他指出，经梅氏反应法化验证明，裔瑞昌所患之症，乃由梅毒性关节愈着

---

① 陶炽孙曾对1930~1935年所发生的19件西医医讼进行统计、分析，指出在这19件医讼中，"除了难产身死，子宫癌身死之外，17件都是医生在很积极作为的"。参见陶炽孙《中国新医受难史序论》，《中华医学杂志》第22卷第11期，1936年，第1126页。
② 宋国宾编《医讼案件汇抄》第1集，第147页。

僵硬引起。在送院时，"已腿足溃烂，腐臭异常"，"肢体弯曲，形同元宝，不能行动起立仰卧，按足则首起，按首则足翘"。因此，裔瑞昌自诉代理人与证人所称"裔瑞昌拄杖能走"，并不符合事实。此外，对裔瑞昌所施之手术乃"整形手术"，术中难免有骨折之事。此在手术前，已对病家"曾有言明"。而病者家属"只求痊愈，不计损伤"，并有"死马且当活马医"之语。汪元臣医师"为实行尽职起见，不得不施整形手术"。不想病者左腿由于"受毒最深，骨质变坏"而发生骨折，"实非手术之过"，医生自不应"负刑事罪责"。①

从此讼案此后的发展情形来看，可谓一波三折。江苏省镇江地方法院一审判处汪元臣业务过失，"致人重伤"罪名成立，"处罚金三百元"。对这一判决，汪元臣医师不服，提起上诉。镇江地方法院二审驳回上诉，维持原判。汪元臣医师继而向江苏省高等法院提起上诉。经审理，江苏省高等法院将原判决撤销，发回镇江地方法院重审。江苏镇江地方法院最后以"大赦"条例将原判决取消，对汪元臣免诉。不料，裔瑞昌复向江苏镇江地方法院提起民事诉讼。最后医病双方在民事诉讼上，一直又打到了全国最高法院。

这一讼案持续时间之长，中间波折之大，在当时所发生的医讼案件中，实不多见。由于材料的限制，我们对此案的判决结果无从得知，但汪元臣医师涉讼之后的愤懑心情，却可约略揣摩的到。在其辨诉状中，汪医师曾多次声言，自己一直是在为病人积极尽责，并多次援引当地名医王继芬、张麟官在多年前为裔瑞昌诊病时，"即已认为不治之症""望望而去"为例，来反衬自己的积极负责。② 汪元臣的潜台词实际上是说，自己之所以涉讼，皆是因有别于其他医师的不作为而有以召之。如若因此而被判有罪，简直是夫复何言了！

汪元臣医师的遭遇，引起了许多西医师的同情。西医姜振勋在镇江地方法院二审仍然判处汪元臣败诉后，即在上海《时事新报》上发表文章，力挺汪元臣，大声为其呼冤。姜振勋指出，汪元臣医师被诉一案，"不能不令人无慨"。因为，裔瑞昌所患畸形性关节炎，年久失

---

① 宋国宾编《医讼案件汇抄》第1集，第148～151页。
② 宋国宾编《医讼案件汇抄》第1集，第148、169页。

医，"已至无可收拾地步"。如果不是汪元臣"热心忠于所业，不忍不援手而坐视"，则"亦早脱却仔肩，谢绝应诊矣"。然而，"今反以热心而获咎，忠于职业而被罚"，又怎能不让人追问世间是否还有公道可寻呢?!①

再如，中华医学会主席牛惠生在致江苏省高等法院的公函中亦指出，汪元臣医师对于裔瑞昌的多年痼疾，"乃能悉心诊治，不辞辛劳，其精神有非常人所能企及者"。如果此案判决汪医师有罪，则"以后医界同人，人人具敷衍了事之心理"，谁又肯"不畏疑难，尽力服务，为社会民众解除病苦"呢?②

的确，抛却汪元臣医师在手术中究竟有无过失不论，如果他当初也像当地名医王继芬、张麟官两医师那样，"望望而去"，恐怕也就不会卷入这场纠纷之中了。也就是说，如果汪元臣并不是尊奉新式的医业伦理，而是坚守传统的"择病而医"策略，那么这场令其焦头烂额的诉讼案，也早便消失于未萌之中了。这一讼案鲜明地反映着在新的医业伦理建构过程中，医师所遭遇的新窘境和不得不面临的新困惑，同时也体现着民国时期复杂的医病关系之一面。

（三）因对医疗器械的恐惧而产生的纠纷

在前述吴旭丹医师讼案中，病人家属石崧生不肯让病人入住医院，有很大的原因即是出于对西医使用冰囊的疑惧。当时社会上关于冰囊不适宜华人体质的风闻，便被其用以作为排斥医院的理由之一。而"事实"似乎也证明，正是医院在使用冰囊之后，才导致他的妻子病情迅速加重，并最终身亡的。至此，之前的风闻与自身的遭际，无疑使他更加确信这一点。所以，对西医使用冰囊的控诉，也便顺理成章地成为石崧生兴讼的一大正当理由。

对冰囊的疑惧与排斥，在民国时期的一般民众中确实形成了一个"准共识"。这一时期所发生的诉讼案中，但凡医师曾用过冰囊，一般均

① 参见姜振勋《汪元臣其不免于罚乎?》,《时事新报》1930 年 9 月 23 日;《汪元臣其不免于罚乎?》,《社会医报》第 152 期, 1931 年, 第 2365~2367 页; 宋国宾编《医讼案件汇抄》第 1 集, 第 234~237 页。
② 宋国宾编《医讼案件汇抄》第 1 集, 第 205~206 页。

会被作为控诉理由。比如，俞松筠医师讼案，便是如此。在这起讼案中，病家田鹤鸣之妻在上海中德产科医院生育后，出现乳胀的症状。于是，俞松筠乃用冰袋冰敷产妇乳房用以消胀。后来，产妇接连腹泻，最终身死。于是，田鹤鸣不禁将冰袋的使用与腹泻联系起来，"产妇最忌受寒，被告更不应令产妇于睡眠中用冰袋，且腹泻随冰袋而发生，足见冰袋可使产妇受寒，并减低其抵抗力而利痢菌之繁殖"。①

除去冰囊之外，国人对注射器、手术刀具等也有很大的排斥心理。因此，当用注射器注射、用刀具切割身体而终使病人于不救时，部分病人家属也会据此而作为兴讼的理由。这在邓青山医师讼案中，便有着集中体现。彭武扬之妻胡尔欣因咽喉痛，前往九江牯岭医院求诊。医师邓青山认为病人所患为白喉，乃以医院尚存过期不久的血清为病者注射于手臂。然而，就在注射后不久，病人病情忽然大变，"两手震动，气喘，遍发红点"。邓医师一见不妙，立即进行抢救，"持病者两手上下摇动，以助呼吸"，复"将病人注射处，用刀划开，用两手挤出黑血两点"，"见病者呼吸更微，乃向病者胸膛复打一针"。可惜，这些举措都未能见效。病人最终身死。从病人注射血清后的反应来看，应属于对血清的过敏不适应症状。而邓医师的抢救方式，在谙熟西医知识的人来说，可能也不会感到讶异。但在胡氏的家属看来，显然不能接受。于是，彭武扬以邓青山图利，"复加残忍行为"而致病人于死为由，将邓青山医师控告于九江地方法院。②

再来看一则案例。这一讼案发生在 1948 年 12 月 2 日。上海市民张洪源 8 岁的儿子张二毛中午放学回家，在路过华兴路时，不幸被谢夏氏用热水瓶烫伤背部，被北站警官孙菊林紧急送往西藏北路上海济民医院医治。在济民医院，经梅姓医师和俞姓医师为张二毛检查伤势后，由俞医生为伤者"注射一药水针"。孰料，在打过针后，张二毛旋即"闭口不能言语，面目及口舌发白，全体抖动，闭目晕沉，不省人事，疼痛失去知觉"。第二大，张二毛被送到仁济医院求诊，"口吐黄血水甚多，未及治疗，即告死亡"。张洪源见儿子惨死，便将谢夏氏告上法庭。有意思的是，张洪源

---

① 宋国宾编《医讼案件汇抄》第 1 集，第 243～244 页。
② 宋国宾编《医讼案件汇抄》第 1 集，第 123～124 页。

后来又将梅、俞二位医师也一同告上了法庭。上海地方法院检察官与张洪源的对答，充分体现出了张洪源对于儿子之死的怀疑以及对两位医师的气愤。

> （检察官）问：你儿子被烫死了，不是已经起诉了吗？
>
> （张洪源）答：是的。
>
> 问：你怎么又告谁了？
>
> 答：告医生等打针后就不能开口说话了。
>
> 问：你现在是何意思？
>
> 答：我的儿子不明不白的死了，我要伸冤。
>
> 问：你认识字吗？
>
> 答：我仅会写我自己的名字。
>
> 问：关于谢夏氏部分已经起诉了，你还告他吗？
>
> 答：我现在告两个医生。
>
> 问：你告医生何事？
>
> 答：医生打针后就不能开口，一句话也不说就死了。是俞医生叫看护打的针。
>
> 问：你因何告俞医生呢？
>
> 答：我见儿子死了在那里哭，梅医生说哭也没用，你去告我好了，因此才告他。
>
> 问：你告医生何罪？
>
> 答：针打多了。①

从张洪源的控诉来看，他显然是对儿子的死感到蹊跷。因此，在将谢夏氏告上法庭之后，他也将梅、俞两位医师送上了法庭。在其口供中，可以看出，他对儿子在打针后即表现出的不寻常症状非常的怀疑，"我的儿子不明不白的死了，我要伸冤"，是其当时内心最为直白的流露。梅医师的话，显然起到了激将的作用，最终使张洪源在异常气愤的情形下下定了起诉的决心。在这份口供中，值得我们注意的便是，张洪源一口咬定自己

---

① 《上海地方法院检察处关于张洪源等诉俞医生等过失致死案》（1948 年 12 月），上海市档案馆藏，档案号：Q186 - 2 - 38212。

儿子的死是因打针引起的，是"针打多了"的缘故。从中，可以明显看出他对打针的怀疑和顾虑。

国人对器械的疑惧，还表现在如若病人不治后，病人家属会结合病状形成某种联想或想象，并据以作为控诉医师的理由。这在当时的讼案中亦为数不少。如在沈克非医师讼案中，病人陈允之因患急性盲肠炎在南京中央医院割治身死。关于死因，院方认为"酷似肺动脉栓塞"。江宁地方法院检察处起诉主治医师沈克非的理由有两条，一为对死者施双重麻醉而侵害心脏提出质疑；另一条理由则为，术后缝结肠部时，"未将血块或脂肪拣净，以致血块由割口入血液，将血管栓塞"。① 第二条理由的提出，颇为有趣。因为从医理上讲，这显然不能成立。但病家却以此举控，明显是以"栓塞"而"想象"出来的结果。由于对西医的不了解，以至检察官都确信不疑。另外，在俞松筠医师讼案中，也有一条理由与此相类。那就是田鹤鸣之妻因产后便秘，俞松筠为其用皮带灌肠。而此后，产妇腹泻不止。于是，田鹤鸣认为，显系"灌肠之皮带，染有病菌灌入肠中所致"。②

（四）因医疗协议的模糊认识而产生的纠纷

医疗协议书的使用，是现代西医的一个重要特征。大量事例表明，近现代国人在医疗协议接受上，内心也是颇为复杂的。从这一时期的医疗讼案来看，但凡涉讼的病家，多数对医疗协议书的签订持有不同程度的抵触心理。比如，在葛成慧、朱昌亚两医师讼案中，原告沈文达在《刑事自诉状》中，对于医病双方的签字是这样认识的。

> 彼等深知蹉跎再四，挽救已迟，深恐庸医杀人，论法应负全责，为诿卸其怠忽业务之罪，乘自诉人惊惶失措之际，迫签生死各由天命字样，以自掩其责。……庸医徒知法螺，对案务完全怠忽，以至于死。且医院纯以科学治病，而乃责人签立生死由天之据，尤属荒谬绝伦。其毫无医学常识，误人性命，可为明证。③

---

① 宋国宾编《医讼案件汇抄》第 1 集，第 50 页。
② 宋国宾编《医讼案件汇抄》第 1 集，第 244 页。
③ 宋国宾编《医讼案件汇抄》第 1 集，第 264 页。

从沈文达的《刑事自诉状》中，我们可以看出，对于医疗协议的签订，沈文达认为是"尤属荒谬绝伦"的事，完全持否定态度。同样，在葛成慧医师所遭遇的另一起医疗讼案中，当病患家属李石林对尚贤堂妇孺医院的诊疗完全失去信心后，要求将妻子从医院中迁回家中医治。出于对医院权益的考虑，妇孺医院要求李石林必须先签订自愿出院书，李石林认为此举显然是院方日后为了推卸责任，因此十分愤怒。

> 自诉人知病势凶险，留院无益，决拟迁回家中医治，求最后之一线希望，而该医院乘机迫令在铅字印就之自愿出院书上签名，为日后图卸责任之计，可恶尤极。①

再来看一下江明医师讼案。在这起讼案之中，14岁的贫农之子余年福患咽鼻部纤维瘤，"大如鹅卵"。在其父余以海的陪同下，送往南昌医院求治。江明医师在为病患诊视后，认为只有将瘤割除，否则终将身死。在征得病家的同意后，按照南昌医院的规则，病家需具结觅保。由于余以海不识字，载有"倘有不测，各安天命，与贵院及各医生毫无干涉"字样的甘结，只得由余年福的母舅刘静山签署，病人余年福在甘结上按了手押。②

江明医师的手术并不顺利，余年福在实施麻药的过程中身死。签订甘结一事，成为医病双方争论的焦点。医院方认为病者在入院之初即已签订甘结，在医师无医疗过失的情况下身死，自然与医院和医师没有干系。然而，即使医院方面出具了当初入院时所签押的甘结，但余以海却矢口否认有签押甘结之事，并声言江明医师也从未向其说起过"割治危险之厉害"，"他如说危险，当然不肯割了"。更令人意想不到的是，南昌地方法院认为，尽管在入院时签有甘结，但仍不能免除医师治毙病人的责任，一审判决江明医师有罪。③

颇为有趣的是，尽管民国时期的国人对医疗协议书多持抵触心理，但在有些情况下，如不签订医疗协议书往往也会被病家利用，并成为引发诉

---

① 宋国宾编《医讼案件汇抄》第1集，第73页。
② 宋国宾编《医讼案件汇抄》第1集，第323页。
③ 宋国宾编《医讼案件汇抄》第1集，第342页。

讼的理由。在《医病签字之检讨》一文中，西医瞿绍衡便曾指出，只有医师在实施危险性的诊治（如手术）时，出于慎重才会采取签订协议书。目的是万一发生不测时，"免病家之误会，或听信旁人之怂恿，而滋枝节"。从法律的角度来讲，如若医师并无医疗过失，即便医病双方因故未在之前签字，"亦不能遽责以手续不完，便令负何责任"。然而，在现实生活中，"世人不察，有以事发不得签字引为口实而起无谓之纠纷者"。① 由此一来，许多医师被迫卷入医讼之中，不但名誉受损，一些"忠厚畏事之医者"不得不委曲求全，"赔偿来缠者以若干之愿"。

为此，瞿绍衡专门介绍了一则发生在杭州的诉讼案件。在这起案件中，孕妇产急到某产科医院就诊。因情势急迫，医师在未签订医疗协议的情况下便为产妇实施了救急手术。不料，产妇终因"别种病变"而不幸死亡。产妇之夫遂起诉医师以"未经签字擅行手术为违法"。处理此案的司法人员并不追问医师在手术过程中是否存有业务过失，直接以未办理签字手续"为罪"，处医师以罚金。这一审判结果，引致杭州全市医师"大为愤懑，联名发表激昂之宣言，以为呼吁"。在列举杭州的诉讼案件之后，瞿绍衡接着以"生产障碍，往往变起仓促"的妇产科为例，论说了诊疗中应具的灵活性。由于病情变化非常之快，"不独产妇本身绝无先觉"，"即医师亦难以预知"，身为医师只能"临机应变以拯人于呼吸之间"。因此如一定等签字才实施诊治的话，往往会"辗转纷繁，时机放失"。但是，社会现实显然又不能不顾及，作为有道德的医师只能在良心的驱使下，"通变而权宜以为之"。

关于医师在症起仓促时的顾虑，瞿绍衡讲述了两则发生在自己身上的事例。一则发生在1937年，一男子陪同产妇入住医院待产。男子在签署住院保单并交纳住院费用后离去。不想产妇夜间"剧痛，至午夜忽起变化，势非施行手术不可"。瞿绍衡急忙让院役按照保单上的地址去找签保单的男子，然而却并无此人。当时产妇"时势益危"，瞿绍衡百般无奈下只得在街上叫来一名安南巡捕，在后者同意做证人的前提下为产妇实施了手术。瞿绍衡所讲述的另一则事例，发生在1937年12月的一个深夜。一"其状非常狼狈"的妇人扣门求诊，当其进门后"呜呜不能言，腹痛不能步，腰弯不能支"。待将妇人抬入产室，褪去衣裤时才发现婴儿已"露顶

---

① 瞿绍衡：《医病签字之检讨》，《大德助产年刊》第2卷，1940年，第1~2页。

矣"。这一突发事件，着实让瞿绍衡颇费踌躇。在良心的驱使下，瞿绍衡最后还是为产妇进行了接生。尽管产妇顺利产下婴儿，但也着实令瞿绍衡异常担心，"倘或不测，早步杭州某医师之后尘矣"。①

从瞿绍衡的文章中，我们约略可以看出，当时的国人对于医疗协议书的认识，的确不是很清晰。在医师看来，本来用以表现稳妥慎重的行为，最后竟然会成为病人家属举控的理由，难免让人心寒。不过，从病人家属的角度来看，协议的签订，多是在遇有危险的诊疗之时。病人一旦发生变故或者身死，病人家属心中本就无法释然。因此，对协议书的再三强调，更会让病人家属产生医师在推卸责任的看法。

以上，我结合具体的诉讼案件，对新式医疗模式的构建与医病纠纷的发生之间的紧张进行了释说。当然，这里所撷取的几个案例都是在某一方面比较典型的。在其他的医讼案件中，就很难将其归入某一类来展开论说了。因为，西医的医疗模式，毕竟是一个统一而有机的整体。

* * *

由于中西文化的差异，西医的在华传播与中国本土传统产生了诸多疏离和紧张。而通过对这些疏离与紧张的深入探讨，往往会让人们别有收获。如上所述，到了 20 世纪二三十年代，西医在中国的大城市中已然站稳脚跟。中医界通过积极革新也取得不小进展，20 世纪三四十年代的上海等大城市的名医也开始树立起了专业权威。西医以及新中医对现代医疗模式的强调，显然让依然抱持传统医疗观念的国人不易接受，进而给现实中的医病关系带来了深刻影响。就在医病双方围绕现代医疗模式的磨合中，摩擦与龃龉也在所难免。特别是对于西医来说，医病之间的紧张关系尤为明显。

通过对西医诉讼档案文本的解读，可以看到，20 世纪三四十年代西医医讼的"盛产"，确实与当时西医所大力建构的现代医疗模式以及对新式医疗器械的使用与中国的本土传统存有很大张力有关。面对西医基于西方医学伦理而展开的对国人的规训，在本土传统的影响下，国人有意无意地采取了形式多样的"反抗"，表达了自身对西医的部分看法和态度。医讼案中病人及其家属的发声，便集中体现了国人对西医的一般感受与想

---

① 瞿绍衡：《医病签字之检讨》，《大德助产年刊》第 2 卷，1940 年，第 1~2 页。

法。当对疗效不满后，病家的疑虑、焦灼、想象、恐惧，诸多情感交错杂陈，在诉讼状中得到了强烈的爆发。当然，事实证明，这些"反抗"最后都在拥有强势话语权的西医面前以失败告终。本土的医疗传统，最终让位于西医的专业权威。在某种意义上说，西医讼案中医病之间的这些较量，也便成了近代以来中西文化角力的一个缩影。

当我们本着"历史地同情"去揣摩并悬想民国时期的病人时，不禁会发现，在同西医打交道的过程中，国人的身体观念和生命意识也会悄然发生变化。当西医的手术刀第一次切割进国人的躯体时，这种变化其实便已发生。对病人来说，这种感觉不仅最为直接与切实，同时也会在其内心产生不同程度的波澜。西医外科手术的奏效迅捷，是民国时期的国人有目共睹的。但是，在传统中医文化所建构的身体观念的影响下，国人对外科手术确实也存有排斥和恐惧心理。民国时期国人对外科手术"不王道"的评论，以及相关诉讼案中病人家属对外科手术于人身体所造成的"残忍行为"的类似指责，便是其具体的表现。更何况，在现实生活之中，也多有病人因手术而丧生的鲜活事例。所有的这一切，不能不让病人及其家属对手术既满怀希望又心生纠结。客观地讲，即使在多半个世纪之后的今天，人们对手术的不确定性依然忧心忡忡。对于尚处于西医医疗模式规训初期的民国大众来说，更是可想而知了。无论手术是否成功，我觉得，民国时期的国人可能都会按照传统中医知识所建构的身体观念以及日常的生活经验去尝试进行理解。与此同时，也必定会根据诊治效果反过来对相关观念和经验进行印证、修改或修正。

总之，作为历史信息的载体，医讼案件无疑是国人对医生态度的直接流露。显然，这是其他史料所不能替代的。有学者认为，近代以来国人对西医的认知经历了一个从恐惧、怀疑到逐步认同的过程。这样的一个看法有其道理，但历史的真实又显然要比任何论断都要复杂得多。尽管随着时间的流逝，国人对西医的观感会有所改变，但如若诊治不能达到预期效果，也非常容易引起病家的猜疑，并进而给医病纠纷的发生带来重要影响。直到民国时期，国人对西医的疑惧之心并没有完全消除。更何况，民国时期的西医只是在大中城市中立足，在广大的农村地区依然是中医的天下。由此，20世纪三四十年代西医诉讼案的频发，也便真实地反映了20世纪前半叶西医在华传播的一个侧面。

第五章　中西医论争与西医诉讼案

　　如若我们对中医讼案和西医讼案进行比较便可发现，后者的发生似乎要较前者为易，且其所能够引起的社会影响也要远甚于前者。龙伟曾经对造成中西医讼有此不同的成因进行过分析。他指出，其与中、西医诊疗上的特征是分不开的。西医在诊疗过程中最为讲求效果，一般在诊疗后即会出现反应，或好或坏，立竿见影。而中医则要缓慢许多，其效果要慢慢来观察。也正是由于这一点，造成了西医非常容易涉讼。① 第一章曾经指出，传统社会医病纠纷的发生，其实在很大程度上与即时疗效有着直接关联。这一求医习惯及其评判标准，到了民国时期并未有太多改观。由此一来，西医相较中医更易发生讼案，也就成了顺理成章的事情。对于西医诉讼而言，除了西医自身的诊疗特点之外，还有一点值得注意，那就是这一时期的西医讼案不仅在数量上日见增多，而且医病双方一旦涉讼，往往还会一讼再讼，不易息结。造成这种状况的成因，显然仍有待学界去深入探究。

　　《医讼案件汇抄》（1、2集）所收录的相对完整的28起西医讼案中，关于国人涉讼且案情记录详备的案件共有21起。从这21起的诉讼情况来看，除有4起在初级法院即已裁决，2起在初级审判过程中得到调解外，其余案件不是上诉至省高等法院就是全国最高法院后方得审结。即使是在初级审判中得到裁决的案件，也需反复庭审多次，方得审结（参见附表4）。在案件的审理过程之中，西医和病家均表现出了相对强烈的上诉情绪。特别是部分西医，在面对病家的举控时不仅表现得异常强势，甚至还会对病家提出反诉。这样的一种迥然有异于中医诉讼的历史现象，着实值得仔细玩味与思考。对这一历史现象的阐释，除了前章所述的法制因素之外，还应将西医讼案的发生置入自晚清以迄民国近一个世纪的中西医论争

---

① 龙伟：《民国医事纠纷研究（1927～1949）》，第83页。

的历史文化脉络之中去加以理解，特别是要到 1930 年代前后如火如荼的中西医论争的历史背景及其所蕴含的思想文化意义中去寻求解释。

一　中西医论争及其思想文化意涵

在第二章曾述及，晚清时期伴随着西医的大规模输入中国，曾有激进的文人、学士结合自身的遭际，对中医展开激烈地批评，并有著名学者俞樾发出"废医论"的呼声。尽管如此，中、西医在这一时期并无太大的龃龉。两者出现明显的冲突与碰撞，是在"五四"新文化运动之后。伴随着新兴文化思潮的激荡，包括西医在内的西化知识分子对中医进行了猛烈的抨击和否定。为了求取生存，中医界在民族主义话语的激荡下也奋起反击，同西医界进行了旷日持久的论战。自晚清至南京国民政府统治的后期，中西医论争愈演愈烈，终致"中西医的学理讨论溢出医学界而进入言论界，并进一步触动了政界乃至整个民国社会，饭碗问题与学理问题交织一起，学理人物与政界人物互为激荡，将一场本可以局限在学理层面的讨论闹得沸沸扬扬"。[①]

关于中西医论争的历史脉络，赵洪钧在《近代中西医论争史》中曾经归纳为四个阶段。1851~1894 年为中西医论争的第一阶段。在这一时期，出现了早期的汇通医家。1894~1911 年为第二个阶段，中医界在引进西医并普及西医常识方面出现了高潮。与此同时，中国医界在这一时期还就如何处理中、西医的关系展开了争论。清末新政的实施，多少埋下了"废止中医"的种子。1912~1929 年为第三阶段。在这一阶段，中医界积极向北洋政府争取合法权利，并同西医界的"废止中医派"进行了学术论辩。到了 1920 年代后期，新式中医（会通派）已在中医界占据主流。中西医论争的第四个阶段从 1929 年的"废止中医案"出笼到南京国民政府崩溃结束。在这一时期特别是 1930 年代，中西医论争进入最为激烈的阶段。[②] 显然，从中西医论争的发展过程来看，让中医越来越真切地感受到生存危机是在进入民国之后。

具体而言，民国时期影响较大的中西医论争有过四次：1920 年余云岫与杜亚泉的争论、1929 年关于"废止中医案"的争论、1934 年发生在《大

---

①　邓文初：《"失语"的中医——民国时期中西医论争的话语分析》，《开放时代》2003 年第 6 期，第 114 页。

②　赵洪钧：《近代中西医论争史》，中西医结合研究会河北分会，1982，第 320~321 页。

公报》和《独立评论》上的"所谓国医问题"的争论、1941 年发生在国民
政府参政会上的傅斯年与孔庚之间的争论。① 相对而言，余云岫与杜亚泉的
那场论争仅仅局限在医学界内部，论辩双方还是相对克制地就中西医理展开
学理讨论。不过，1925 年，在以余云岫为代表的西医界成功上书教育部坚
决抵制将中医纳入学校体制之后，中西医界之间的关系迅速恶化。自此，中
西医界之间的争论，逐渐由学理讨论泛化为意识形态之争。1929 年，在西
医界的推动下，南京国民政府卫生部通过了《废止旧医以扫除医事卫生之障
碍案》等相关议案，决定废除中医。中医界一时哗然，开始了全国范围的抗
议活动。由于客观历史条件的限制，完全废除中医自然不现实。在中医界及
其政府支持者巧妙运用民族主义话语的运作下，这次废止中医的议案宣告破
产。② 不过，中西医之间的论争，最终还是演化成为一场全国性的政治震
荡。发生在 1941 年国民政府参政会的傅斯年与孔庚之间的那场争论，显然
是中西医论争波及到政坛的突出体现，并且非常具有戏剧效果。双方之间从
最初的学术争论迅速上升到人身攻击，具有相当程度的意气之争色彩。③

　　关于中医存废背后所蕴含的思想文化意义，目前学界已多有讨论。多
数学者认为，中、西医间的论争，实际上是科学主义思潮冲击下中医的存
废问题。具体言之，在科学主义高扬的思想背景下，中医医理难以为现代
科学所证明，被等同于迷信与巫术，不再具有存在的合法性。于是，"废
止中医，便成为合乎逻辑，合乎时代潮流之事"。④ 此外，也有学者指出，

---

① 邓文初：《"失语"的中医——民国时期中西医论争的话语分析》，《开放时代》2003 年
　　第 6 期，第 114 ~ 115 页。
② 关于民国时期中西医论争的相关情形，可参见赵洪钧《近代中西医论争史》；李经纬主编
　　《中外医学交流史》，湖南教育出版社，1998。英文著述可参阅 Ralph C. Croizier, *Traditional
　　Medicine in Modern China：Science, Nationalism, and the Tensions of Cultural Change* (Cam-
　　bridge：Harvard University Press, 1968)；Sean Hsiang - lin Lei, *Neither Donkey nor Horse：Med-
　　icine in the Struggle over China's Modernity* (Chicago：University of Chicago Press, 2014)。
③ 邓文初：《"失语"的中医——民国时期中西医论争的话语分析》，《开放时代》2003 年
　　第 6 期，第 115 页。
④ 作为主要见证者之一，陈存仁医生曾有专文回忆 1929 年"中医存废之争"的经过，特别
　　对中医团体自发组织、推选代表至南京抗议"废医案"的前前后后，言之甚详。关于 1929
　　年废止中医之争的背景、经过，以及此次论争在推进中医科学化的作用的学术论述，可参
　　见左玉河《学理讨论，还是生存抗争——1929 年中医存废之争评析》，《南京大学学报》
　　2004 年第 5 期，第 77 ~ 90 页。另外，对此次废止中医之争的思想史意义的解读，亦可参见
　　张鸣《旧医，还是中医？——七十年前的废止中医风波》，《读书》2002 年第 6 期。

中医的被"废",是与中医在诊疗上每每面向病人个体,不能担负现代医学救治社会群体的基本功能密切相关。因此,中西医论争不仅关涉"迷信"与"科学"的二元对立,同时也是"亡国"与"救国"政治分界线的标志所在。进言之,与中医相比,西医更加拥有"政治正确性"①。

尽管 1929 年的"废止中医案"最终在中医界的积极活动与抗争下宣告失败,但中医界并没有成为真正的胜利者。在此后的"中医科学化"中,中医仍然不得不遵循对方攻击自己的基本预设进行改革。在科学主义话语以及"政治正确性"的双重支撑下,西医处处显得格外自信与强势。对此,西医宋国宾在 1929 年所发表的一段言论,有着充分的流露。

> 富国强兵之道不一,而首在提倡科学之医。盖国本在民,民本在生。……新医家之责任与能力,不仅在治一病愈一人,而于国家之强盛,社会之安宁,人民之幸福,亦负有重大之使命。故如社会之一切建设(如城市之建筑,沟渠之设置,学校卫生之注意,居处之选择,食物饮料之检查等等),人民衣食住行之指导,国际疾病之预防,均须合于科学原理,而为新医家优为之事。论其所造,则疾病减少,人口增加,社会之生产率增,而达于国富民强之域。

在宋国宾看来,作为科学之医,西医不仅能够促进社会稳定,增益人民幸福,而且能够使国家臻至富强。显然,西医不仅是科学、进步的化身,而且也成为民族复兴的一大动力。在对西医的功能进行一番肯定与赞扬之后,宋国宾进而将批判的矛头指向了中医。在相关语境之中,中医完全成为西医的对立面,成为迷信、愚昧的承载和阻碍社会进步的绊脚石。

> 旧医则不然,昧于疾病之主因,忽于公共卫生之事业,尽其所能,治一病,愈一人。况下焉者,有杀人者乎。论其结果,人民囿于旧说,乏科学思想,国家失正当指导,少卫生建设,而疾疫以生,而死亡相继。社会生产元素减少,焉得不贫;人民之健康日退,焉得不弱。此吾国所以有弱国之称而吾民有病夫之诮欤!呜呼,谁为为之,

---

① 更为详细的论述,参见杨念群《再造"病人":中西医冲突下的空间政治(1832 ~ 1985)》,第 254 页。

而令致此，旧医能不负其责乎?①

从这一时期的相关言论来看，为数众多的西医师无不对西医所蕴藏的科学精神与时代价值深信不疑，进而对西医的光明前景充满了自信。一些西医师甚至认为，中医已到了穷途末路的时候，而西医的胜利则已然翘首可望，"新、旧医理的相互争辩，已历有长久的期间。在理论上，旧医可以说已经完全到了山穷水尽，体无完肤的失败地位；新医已获得全部胜利的光荣锦标了"。②

于是，多数西医师纷纷呼吁，一定要一鼓作气，继续同中医作战到底。不特如此，一些西医还主张，对于受传统环境所影响的普通民众，亦不能一味顺从、姑息。范守渊在《站稳脚跟与迁就民众》一文中的相关表述，无疑最具典型意义。在这篇文章中，范守渊指出：

> 我们新医日常所遇到的民众，所诊察的病人，多半便是一班素无科学观念，毫不理解新医，而却反具有非科学的旧医畸形观念的人物。

因此，对于部分医师在与病家的应声对答中"总是抱随声附和，敷衍主义"的行径，必须要予以批评。范守渊呼吁，对于"久受旧医的因袭麻醉的社会环境"以及受"传统蒙蔽的民众头脑"，西医界一定要"把科学新医的观念拿稳"，"站实脚跟"，"把不顾一切只问真理的主见拿定"，绝不迁就与屈服。否则，"这无关痛痒的迁就主义，敷衍政策的影响，是能削弱医学革命的力量，阻碍科学新医的发展"。③

二　西医在讼案中的强硬姿态

正是基于对现代医学的高度自信，以及对中医及受其深刻影响的社会民众的批判，西医在应对医讼问题上处处显得格外强势。客观地讲，医讼的发生，在表明病家对诊疗效果深感不满的同时，在很大程度上也是向医生的专业权威进行挑战。第四章曾论及，伴随着西医诊疗模式在华的确

① 宋国宾：《富国强兵之术》，《医药评论》创刊号，1929 年，第 35～36 页。
② 范守渊：《中西汇通与新旧并立》，《范氏医论集》上册，第 110 页。
③ 范守渊：《站稳脚跟与迁就民众》，《范氏医论集》上册，第 101～103 页。

立，西医界已开始紧锣密鼓地着手建立自身的文化权威。病人不但被要求
接受医院作为医疗护理的主要场所，同时还要学会对医师绝对服从。① 若
不如此，便不是一名"良好的病人"。在这一历史背景下，病家对施诊举
措肆意质疑与指摘，也被多数西医师理所当然地视为是缺乏科学知识、愚
昧无知的表现。换言之，在西医师看来，丝毫未曾经过科学的洗礼，根本
不识科学为何物的一般民众，是根本没有"资格"来致疑医师的。类似的
论调，在当时的西医界中俯仰皆是。比如，宋国宾医师便曾明言，正式的
医师"既具充分之学术，复具丰富之经验，病人之就诊者，应绝对服从
之"；"其诊断治疗，举非病家之所可讨论"；"病家而欲讨论医家诊疗之
当否，是犹夏虫语冰，强不知以为知也"。② 下面，就让我们来看一看在
具体的诉讼案件中，西医的强势姿态是如何体现的。

（一）沈克非医师讼案

沈克非医师讼案，便是一则典型的案例。在这起讼案中，病人陈允之因
患盲肠炎，疼痛难耐下赴南京中央医院就诊。后经该院外科名家沈克非医师
为其开刀切除盲肠，不料病人手术后副作用强烈身死。③ 关于病人致死的原
因，医院方面认为系肺动脉栓塞导致，与医师的诊疗并无关系。不过，江宁地
方法院检察官却并不这样认为。在起诉书中，检察官提出了两点质疑。其一，
医师在为病人破腹之前已"先打麻醉药针"，"以便破割"，但在临割治之时
"又施用闷药"，从而"致有两重麻醉"。此与病人亡故，应不无关系。其二，
医师在术后疏忽大意，"缝接肠时，又未将血块洗净，以致血块由割口入血液，
将血管栓塞"。④ 基于上述两点，医师和医院自然不能说没有责任。

面对检察官的质疑和控诉，沈克非医师在辩诉书中进行了一一回应和
解释。首先，沈克非指出，麻药与闷药并用，在现代外科医学中已属司空
见惯，"远者如欧美各国，及国内各大医院，固不论矣"，"近如本市鼓楼

① 关于西医如何规训国人成为一名"够资格"的"现代病人"，可参见雷祥麟《负责任的
医生与有信仰的病人——中西医论争与医病关系在民国时期的转变》，载李建民主编
《生命与医疗》，第 490～491 页。

② 参见宋国宾《庸医杀人》，《医药评论》第 6 卷第 9 期，1934 年，第 3～4 页。

③ 关于病患陈允之身死详情，可参见《沈克非医师被控案》，《中华医学杂志》第 20 卷第 9
期，1934 年，第 1203～1206 页。

④ 宋国宾编《医讼案件汇抄》第 1 集，第 50 页。

医院等，其于外科病人施行手术，而用两重麻醉药，事例之多，不胜枚举"。其次，沈克非强调，由于医学技术的限制，肺动脉栓塞身死仍难以事先预知，此为"现今医界公认之事"。为了论说这一点，沈克非复举出国际相关研究成果以为佐证。至于手术后医师未将"血块洗净，以致由割口入血液，将血管栓塞"，沈克非认为此"不但与事实不符，尤大背于医理"，"盖血块大，血管小，又血管内压力大，血流仅可将血块由内向外冲出，决不能由外吸入，此理至为浅显"。①

　　如果说沈克非医师面对病人家属和检察官的起诉，尤能勉强耐住性子，对控方的质疑从医理上逐一进行辩驳。那么，对于这一讼案，中华医学会业务保障委员会的态度则要明显强硬许多。后者在写给江宁地方法院的公函中，分别将病人家属起诉的两点理由斥为"毫无根据之辞"与"不足辨之事实"。在公函的最后，复直言不讳地指出，病家根本没有质疑医师的能力，"该自诉人陈左贞一毫无医学常识之人，而妄谈医理，所列理由，均为罗织。所谓欲加之罪，何患无辞是也"。②

　　由此可见，西医师对自身能力的绝对自信以及对病人及其家属质疑能力的强烈蔑视，往往使双方不易在一个平台上平等对话。这体现在医讼上，也就必然会导致一种有趣的现象出现：那就是多数西医师在诉讼案中总是采取一种"不低头"的强硬姿态。更确切地说，在未经全国最高法院裁判之前，只要判决对西医生不利，涉讼医师们往往都会将诉讼进行到底。由此一来，也就使得讼案一拖再拖，不易在短时间、小范围内得到迅速解决。这在当时的西医讼案中，几乎是一普遍现象。

（二）尹乐仁医师讼案

　　1934 年 3 月 11 日夜，江苏南通乐仁医院院长尹乐仁经于肇基介绍，前往于肇诚家为于氏主妇治疗脑膜炎症。手术施行后，于肇基复引介家中佃户、同患脑膜炎症的吴姜氏求治。经过检查，尹乐仁认为吴姜氏已病势沉重，需要注射马血清或可挽救于万一。在注射之前，尹医师强调病人于"注射期间，最忌剧动"，并要病患家属等多人扶持。然而就在注射期间，

---

① 宋国宾编《医讼案件汇抄》第 1 集，第 51～52 页。
② 宋国宾编《医讼案件汇抄》第 1 集，第 53 页。

病人突然剧烈震动，导致药针中断，留于妇人腰部脊椎中间。由于时间已晚，尹医师遂要求吴姜氏务必于第二日前往乐仁医院再行诊治。但是，第二天吴姜氏却并未前往。经过询问，尹医师方知该病人已经病体稍痊，并得知病人已另拟中医诊疗。然而，就在几天后，吴姜氏不幸死亡。时隔两月后，忽然有一名叫陈少庭的人前往尹医师的妻子张永铭处，指称吴姜氏乃系尹乐仁治死，并以"三百元为不提诉讼之条件"。尹医师之妻当场予以拒绝。数日后，吴姜氏之子吴小泉向南通县法院提起了诉讼。①

此讼案发生之后，江苏省南通县法院一审判处尹乐仁"因业务上之过失致人于死，处罚金壹千元"。尹乐仁不服，遂向江苏省高等法院提出上诉，并致函中华医学会业务保障委员会寻求援助。时为业务保障委员会主席的宋国宾接到函请后，一方面致函江苏高等法院为尹乐仁医师辩诉，另一方面则在媒体上发表评论与感言。宋国宾在文章中指出，"年来国内之医病纠纷，层出叠见"，如若细细追究其缘由，"殆无不有其背景"，"夫离间医病，以恣其敲诈之所为，此真医界之障碍"。尹乐仁医师被控一事，不过是其中之一而已。因此，宋国宾最后呼吁，"吾人深望尹医师根据学理事实之立场，倔强到底，誓与周旋。吾人亦必出全力以为之助。庶几正义可维，而医业亦得所保障。不然，则人为刀俎，我为鱼肉，其何能谋独立之生存乎！"② 在此，宋国宾将诉讼胜败不仅看作是关涉"正义"之事，还将其与西医的"独立之生存"扯上了关系。因此，他强烈吁求尹乐仁，一定要将官司进行到底。他本人与其他西医同侪，便是其最强大的后援。此一讼案，以尹乐仁最终胜诉而收场。

从民国时期病家的求医问药来看，出于传统的习惯，或者出于经济上的考量，一般民众都会先行向中医求诊。如若中医不能治愈，才会再转求西医施诊。甚或在病势转急时，时中时西，盲目乱投。③ 这样的一种境况，在反映民众医药知识有限的同时，也折射出病家对医师的信仰力不足。对

① 宋国宾编《医讼案件汇抄》第 1 集，第 25 页。
② 宋国宾：《南通尹乐仁医师被控感言》，《申报》1934 年 6 月 25 日，第 17 版。
③ 中、西医毕竟是两个截然不同的医疗体系，在诊疗手段与用药上有着很大的不同。有时，甚至会在诊疗上采行截然相反的方案。但民国时期的普通民众对此显然并不清楚，"一般民众平时对于医药无认识力，倘患疾病，请教中医或改就西医，心中毫无主见。到危急时候，甚至中西杂投，以至不救"。参见杨郁生《希望国人对于医药应有新认识》，《医药评论》第 2 期，1929 年，第 7 页。

于强调医权的西医来说，病家先中后西的诊治次序，以及中西杂投的盲目就医，是最为不能忍受的。在诊疗过程之中，如若听说病家在延请西医的同时也在求诊中医，多数西医师都会大为光火。如在吴旭丹医师讼案中，当病家石崧生向吴旭丹医师征询，是否能在其妻吃西药的同时，再吃一剂中药。吴医师当即回应，"此事实不敢过问，悉听尊意可也"。其不满之情，溢于言表。在这一情形下，当知悉病人先前曾经中医诊视，而病人及其家属却无休止地向西医兴讼时，部分西医师往往强硬地将责任归咎于此前中医的诊治不力，或者病家延误病机而非西医之过。无疑，这也是西医强势的另一种表现。钟寿芝医师讼案，就是一个很好的例证。

（三）钟寿芝医师讼案

1934 年 7 月 15 日，家住安徽芜湖的朱友三之妻张氏身患肺炎，开始曾延中医诊视但未见好转。7 月 23 日，病人家属遂改请西医钟寿芝医治，并于 26 日遵医嘱入住钟寿芝医院。谁知在入住当日，医院看护王幼梅误将一两余烧酒当成饮用水配药为张氏服下。当日晚间，朱友三到医院探视妻子，发现张氏"昏迷不醒，面赤如火，体温陡增，颈项高肿，喉内亦现病象"。朱友三颇为诧异，经询问方得悉实情，乃于第二日往告钟寿芝。钟医师则答以病已转为喉痧，并为病患打针。8 月 21 日，张氏不救病故。朱友三内心充满疑云，遂报请对张氏之尸身进行检视。当检验之时，检查官根据尸身状况及肺病忌酒的常识，推论病者"骤然转症，似不为无因"。据此，朱友三向安徽芜湖地方法院提出控诉。

此案经提起后便一发不可收拾，最后一直打到安徽省高等法院方才罢休。就在法院审理过程中，应中华医学会芜湖分会之请，中华医学会业务保障委员会致函安徽省高等法院，为钟寿芝医师鸣不平。函中开列的第一条理由，便将病者亡故的责任推给了中医。

> 该病人所患系重性肺炎，始延中医医治，迨至二十余日之后，病势已日趋危险。方至该医院就医……是该病人之病，希望本微。究其原因，则全在误信中医，以致将治疗之时期坐误，其致死之责任，当由中医担负，似与该院无涉。①

---

① 宋国宾编《医讼案件汇抄》第 1 集，第 94～95 页。

如若仔细研究这一时期西医医讼的审理结果，便会发现，造成西医自信与强势的另外一个理由，便是西医医讼尽管在审理过程中波折不断，但终审大多以胜诉收场。① 由此一来，更加使西医认为，医讼的发生确实系由病家的误会或蓄意敲诈而起。由此，西医在面对起诉时，亦应愈加强硬、更加自信。如在一篇专门探讨医病纠纷的文章中，西医范守渊便专门指出了这一点。

> 这几年来，发生病家与医师之间的纠纷事件，因纠纷而涉讼的案子，着实不少。在这许多的医讼事件当中，过在医师方面，不能说一件没有；但一大半数，或者可以说十九的案子，还是在于不是病家的误会，便是病家的不存好意，借着题目，向医师敲诈，要医师一点"油水"。这，在医讼到了结束的时光，根据事实，总是宣判医师无过失，驳回病家的原诉的种种情形，可以为证。②

在《医讼案件汇抄》第2集的"弁言"中，时任中华医学会业务保障委员会主席的朱恒璧，回顾了业务保障委员会所参与处理的历年诉讼案件，同时就诉讼案的审理结果也有着类似的评论。多数西医讼案的胜诉，不免让他对西医的发展前景表示出了乐观。

> 本会垂询之案凡九，除上海红十字第一医院一案和解，芜湖钟寿芝医院一案获不起诉处分外，其进行诉讼者得七；就中仅梧州冼家齐一案尚未结束，余案或判无罪，或予不起诉处分，均已得直，颇堪告慰。就进行诉讼各案以观，医事诉讼前途，颇可乐观。③

三　中医对西医讼案的介入

如若说西医的强硬姿态导致西医讼案一旦兴起，即一诉再诉、不易息

---

① 事实确实如此。如张大庆教授曾专门对1934年的西医讼案的处理结果进行统计，他发现，多数医讼案的判决结果为医生无罪，"医师胜诉11例；有初判失当，重审有罪1例；初审无罪，又被判罚金，高分院判决无罪1例；和解1例；未结案7例"。而在我所搜集到的1929～1937年的28件诉讼案中，西医胜诉者共有20件之多。参见张大庆《中国近代疾病医疗社会史》，第194～196页。

② 参见范守渊《这也算是一场医讼》，载《范氏医论集》下册，第587页。

③ 《医讼案件汇抄》第2集，"弁言"。

结的话，那么身为被打击的中医对西医的相关态度，则也在另一个层面为西医讼案的产生及其发展走向带来了不可忽视的影响。

自晚清开始，尽管中医对西医不乏肯定的声音，但对于西医在医治病人时某些手段的批判也不绝于耳。比如手术，由于其对切割身体所带来的损伤与视觉冲击，往往被中医视为"霸道"。晚清上海医家毛祥麟在对西医施诊所用之"电气""听肺木"的应用表示欣羡的同时，对西医的手术疗法则表达了另一番看法。

> 沪有泰西医士，设肆市药……然其法大都以霸力胜，内症固非所宜，即疮疡之属，每见其在肉削肉。强壮者尚可，若施于衰弱之体，正恐为祸转烈耳。①

中医对西医医治手段的批评，远非个别现象。西医诊毙病人在民国初期即已不乏其例，并引起了某些中医的重视。民国名中医陆晋笙在 1920 年印于苏州的《景景室医稿杂存》一书中，便曾以报纸所载以及平素耳闻目见为依据，备言西医手术致人死亡的大量事实，进而呼吁国人宜"慎重性命"。②

进入 1930 年代，中、西医界彼此之间就学理上的论争一直未曾停歇。大体来看，中医往往指摘西医不知变通，过于机械主义。比如，一位名为叶蓁的女国医，在一篇题为《中医治病长于形能西医治病长于形迹说》中，对西医的弊端便有着集中批评。

---

① （清）毛祥麟：《对山医话补编》，载沈洪瑞、梁秀清主编《中国历代名医医话大观》下册，第 1240 页。

② 陆晋笙所举的相关事实，无疑是颇具冲击力的，集中代表着他对西医的部分态度。"无锡沈南轩，病肿胀，西医用劫法，放水觉松，三放而不起。诸组云患瘰疬，西医割治去睾丸，溃烂日甚而死。李文华患血瘤，西医割治，血如泉而立毙。侯星桥患瘅疝，西医以药水鸡汁与之，邪陷神昏，复卧以桐油纸，浸以冷水巾，渐淹然而逝。唐某得癃闭症，西医通以银丝尺许，尿血大畅，浃旬又癃，再通之，遂小便不禁，转成损症。袁绫侯妇，经行腹痛，用中将汤，久之面青白无荣，以利殒。尤某患气臌，西医于脐下通以管，出水如溺，复胀复通之，创处流血，人亦晕去，旋毙命。然犹曰：'此传闻之或误，非亲见之多确也。'请更征诸平素所阅历，友人顾质卿，患项瘤，中医曰：'皮中隐隐有红缕，血瘤也，非痰瘤比，不可割，涂以消瘰散以化瘀，可缩小而不除根。'西医索千金愿包治，谓可立愈，奏刀下而立愈者立死矣，此与李文华相同者。友人江建霞患外感，咳嗽，西医饮以止嗽水，留邪于肺，延劳而死。邻人陈姓妇人人西医院生产，未足月而试痛，医以筒听之，谓胎已殒，剖去可保母命。及剖出，胎能动，母未醒，竟致两亡。侄孙钦文，自学西医，患肠痈，其师剖之，再剖而殒。"参见陆晋笙《景景室医稿杂存》，载沈洪瑞、梁秀清主编《中国历代名医医话大观》下册，第 1734～1735 页。

西医立场，形下之学，机械之学，极其量，不过物理化。其治病也，处处以形质为主，来因去果，均所不问。茸残补缺，亦非所计。往往于最轻微之症，酿成危笃不治。彼盖未思人为生物，有新陈代谢之机能，与无机物之一定不移者不同。吾人之生病，乃体内生理工作不能应环境而起之变化，因变化而影响实质，但恢复生理之常态，而一切实质之变态，亦随之以矫正，此治病之公例也。西医不此之图，见水肿者，则用放水法。见发热者，则用冰罨法。见病疟者，则用金鸡纳霜。庸讵知水肿有水肿之病源，徒事放水，放则肿消。不放则复肿，医技穷矣。发热者，须知其热何自而发，冰罨、水罨之为病，有温疟、瘅疟、瘴疟、日日疟、间日疟之分。古书言之綦详。西医固不知之也。①

时任南京国民政府最高法院院长、身兼中央国医馆第一任馆长的焦易堂在《为拟订国医条例敬告国人书》中的相关言论，无疑更具代表性。焦易堂指出，西医之长在于"有优良的器械运用，诊察精确，消毒严密"，而其"短处是机械观念太甚"。进言之，西医缺乏的是整体施治的观念，由此一来，"势必至于头痛医头，脚痛医脚。"以治疗热病为例，"我们知道，一般热病，那种高热现象，往往是生理机能之毒素的反应作用，正宜助之发挥充分。西医居然会用冰囊把他导散了去，热的现象分明低落，却是生命也跟着危险起来。"焦易堂随后用大量的生活实例证明西医在治疗热病上的过误，并接着指出这些失误很多是在中医的补救下得以挽回。②

焦易堂的上述言论，代表了相当一部分中医的观点和态度。这并不仅仅从其身为国医馆馆长的身份上可以见其端倪，而且类似言论在其他中医的著述中也比比皆是。③ 总之，自晚清以来，中医对西医的部分诊疗手段已颇多

---

① 女国医叶蓁：《中医治病长于形能西医治病长于形迹说》，《神州国医学报》第 1 卷第 5 期，1933 年，第 4 页。

② 焦易堂：《为拟订国医条例敬告国人书》，《中央周报》第 272 期，1933 年，第 254 页。

③ 同是在治疗热病上，另一位中医陈青云的观点与焦易堂分毫无异。"（西医）不知热症不同，有表热，有里热，有虚热，有实热，安得混同施治，草菅人命。西医治疗热症，尤不得法。不辨表里虚实，概投以寒凉之剂。寒凉不投，辄用冰帽冰袋冰肚兜，卒致火邪内陷，火毒攻心，百治百死，无一幸免。"参见陈青云《论中西医诊病不同处》，《神州国医学报》第 1 卷第 7 期，1933 年，第 10～13 页。

指责。尽管此后西医凭借科学主义话语对中医大张旗鼓地进行挞伐，中医也不得不以"科学"来革新自己，但中医并未被西医完全打倒的主要原因之一，是西医并不能百分之百地治愈疾病。① 特别是部分业经西医宣告已无力回天的病症，反而被中医治愈。这无形之中，给了中医很大的自信。更何况，中医本身也是一个相对成熟的医疗体系，无论是在医学理论还是在诊疗手段上均与西医有着很大的不同。这也便为中医厕身于部分诉讼案件之中发表自身的看法，提供了相当大的空间与可能。大体来看，中医对西医医讼所产生的影响，主要体现在如下几个方面。

（一）舆论宣传与鼓惑

只要随手翻阅 1930 年代中医所编纂发行的医学报刊，便会发现，不时会有冠之以"某某西医杀人"之类耸人标题的报道。仅以《光华医药杂志》为例，就有《层出不穷之中央医院庸医杀人案　六龄幼子连开五刀毙命》《轰动武昌之西医杀人案　童局长夫人为庸医误命》《成都四圣祠医院割毙刘照青》②《中央医院又诊毙一孩儿》《中央医院闷死女生案仍未判决》③《西医余生佳过失杀人案上诉驳回》④《四十五军代表王荫椿遭中央医院误治身死》⑤ 诸多报道。而从报道内容来看，也多指摘西医玩忽职守，漠视生命。下面，我们不妨以《光华医药杂志》对中央医院的相关报道，进行一番具体的考察。

中央医院系由爱国华侨胡文虎出巨资协助南京市政府筹建而成。然而，在 1930 年代中期，该医院却接连被病家提起诉讼，一时闹得满城风雨并引起全国舆论的关注，以至监察委员朱宗良弹劾中央医院院长刘瑞恒

---

① 关于"废止中医案"之所以破产，有学者指出其中一个很大的原因，是中医药自身有其不可替代的价值与效验。参见郝先中《中医缘何废而不止——近代"废止中医案"破产根源之分析》，《自然辩证法通讯》2006 年第 5 期。

② 以上报道出自《光华医学杂志》第 1 卷第 8 期，1934 年，载段逸山主编《中国近代中医药期刊汇编》第 4 辑第 35 册，上海辞书出版社，2012，第 532～534 页。

③ 《光华医学杂志》第 1 卷第 10 期，1934 年，载段逸山主编《中国近代中医药期刊汇编》第 4 辑第 36 册，第 93 页。

④ 《光华医学杂志》第 2 卷第 7 期，1935 年，载段逸山主编《中国近代中医药期刊汇编》第 4 辑第 37 册，第 357 页。

⑤ 《光华医学杂志》第 2 卷第 11 期，1935 年，载段逸山主编《中国近代中医药期刊汇编》第 4 辑第 38 册，第 96 页。

图 5 - 1　中央医院全貌

资料来源：叶兆言、卢海鸣、韩文宁撰文《老照片 南京旧影》，南京出版社，2012，第 300 页。

"草菅人命"。①

很显然，中医界积极捕捉到了这一挥戈反击的大好机会。在 1935 年年初再版的《光华医药杂志》（第 2 卷第 1 期）中，便赫然载有一篇名为《一年来中央医院庸医杀人总结算》的文章。作者为中医周琴舫，对南京中央医院大肆批评，极力攻击。

> 中央医院成立数载，其骄恣暴横，草菅人命也，不知凡几？已往之种种劣迹，姑勿具论。即以今岁该院庸医之玩忽职务，致人于死者计之，令人毛发悚然。如路毓祉之疔疮不起也，安黔之牙患开刀也，陈允之之剖腹闷死也，许定文之抽血亡身也，朱青莲之割胎殒命也，杨超人之白喉杜死也，此皆荦荦大者。或为烈士后裔，或为名族子女，控告法院，层出不穷，是以昭昭在人耳目。其他如贫苦无告之死于非命者，均迫于严威，大都含冤地下，匿迹销声，吾人虽欲代算其总帐，实无法统计矣。②

---

① 《监察委员朱宗良弹劾中央医院院长刘瑞恒》，《光华医药杂志》第 1 卷第 9 期，1934 年，载段逸山主编《中国近代中医药期刊汇编》第 4 辑第 36 册，第 14 页。

② 参见周琴舫《一年来中央医院庸医杀人总结算》，《光华医药杂志》第 2 卷第 1 期，1935 年，第 64 页。

乍看之下，中央医院在一年之中，便将如此之多的病人"治死"，又怎能不令人心生惊骇？文章中，作者分别以安黔牙痛、陈允之腹痛为例，指责西医在诊治上的不当，并进而对中、西医理进行评说，认为"西医以实质为前提，不合国人之体气，实为吾国人士所公认。究其失败之最大原因，皆由解剖之误事，刀剖之杀人。吾为中央医院以生命作'试验品'惧，实亦为国内其他西医院及各西医以生命作'试验品'悲也"。① 周琴舫在文末的批评，显然已不再局限于中央医院，而是将矛头扩展到了全国各西医院。尽管作者所举均为事实，但这样的一种宣传方式，给中央医院所带来的负面影响却是不可低估的。特别是对手术的批评，如若结合一般国人对此一诊疗手段的疑惧态度，这篇文章的舆论效果便可想而知。

（二）直指西医诊疗错误

如前文所述，多数国人对中、西医均缺乏信仰之心。并且，一有疾病往往还会中西杂投。由此一来，如果病家对西医的诊疗有所不满，中医却偏偏站在病家一方，指称西医的诊治有误，值此情形便很容易引发诉讼。不妨来看两则案例。

一为常熟医院被控案。在这起讼案中，病人口唇生有疔疮，先经中医开刀未愈，遂转入常熟医院再行手术。然而，经过手术后，病人病情更形糟糕，最终身死。于是，病人家属对常熟医院提起诉讼。在病家所提起诉讼的三条理由中，第一条即是根据某位中医师的口述，认为"这病被医院开刀坏了"②。显然，这位中医的言论，成为病家提起诉讼最为重要的依据之一。

二为林惠贞医师讼案。1933 年 12 月间，徐冬生之妻徐盛氏因患"结核性肾脏炎，及高度贫血，且兼有胃溃疡并肠结核"，延请西医师林惠贞为之诊治。林惠贞医师乃为之开具"硝酸银及鸦片丸处方"。结果，徐盛氏仍然不治身死。事后有"医药界人"告诉徐冬生，"硝酸银有腐蚀性，属于极毒剂；鸦片有麻醉性，亦属于毒剂。硝酸银用于内服，实

---

① 参见周琴舫《一年来中央医院庸医杀人总结算》，《光华医药杂志》第 2 卷第 1 期，1935年，第 65 页。

② 参见姜振勋《从疔疮诉讼说到在国内做医师的难处》，《医药评论》第 5 卷第 5 期，1933年，第 10～11 页。

属骇人听闻"。① 徐冬生据此乃认为其妻为医院毒杀，遂向林惠贞提起诉讼。在此，该"医药界人"虽未被病家明说是中医还是西医，但从当时西医界较普遍以适量硝酸银与鸦片丸来治疗胃病特别是胃溃疡来看，但凡西医师对此均应有相关认知，而此"医药界人"竟认为药品有毒，依常理推论，此番言论应出于中医之口。

（三）　与西医切磋病理以明确责任

当然，也并非所有的中医都以攻击西医为能事，部分中医还针对西医诊毙病人的案例，就病情、病状的起因以及诊疗手段，进行病理上的探讨。不过，如若仔细揣摩个中深意，并与时事相参照，仍能看出中医与西医相争竞的意味。

如，在1935年印行的《光华医药杂志》（第3卷第1期）中有一篇《盲肠炎之原因及疗法》的文章，作者为厦门中医陈鹤影。陈鹤影在这篇文章中指出，盲肠炎在中国古代被称为肠痈，此病症早在《灵枢》中即有治法。《金匮要略》中治法尤详，足可为后世效法。反观西医发现此病，已在19世纪中叶，其注重外科治疗也"不过四十年事"。在此病的治法上，中医主张内治，所用方药"类多消炎、解毒、活血、排脓之功能"，"施诸本病，诚为万稳万当"。走笔至此，陈鹤影有意将中、西医的诊疗进行对比，指出此病"所谓舍割治外别无治法者，讵可同年而语"。有意思的是，他接着还将批判的矛头对准了病家，"乃有病家，既信割治为根本治疗之说，不惜铤而走险，以身尝试。不幸失败，复以过失杀人，涉讼法庭。医为仁术，转蒙不仁之谤，是岂术之不慎也哉？"②

因割治盲肠身死并与医生对簿法庭，显然是指1934年中央医院沈克非医师被控一案。此案中，病人陈允之患急性盲肠炎，经沈克非医师手术割治，不效毙命。对此，陈鹤影从表面上是在批评陈允之家属既崇信西医又率而涉讼的行为，但从更深一层面讲，实际上也是在批评西医的手术疗法并不如中医"稳当"。陈允之选择西医割治，实属"自食其果"。

中医与西医就学理进行讨论，虽与西医诉讼案相关，但大多比较含

---

① 宋国宾编《医讼案件汇抄》第1集，第100～110页。
② 陈鹤影：《盲肠炎之原因及疗法》，《光华医药杂志》第3卷第1期，1935年，第32～35页。

蓄，在文中并不会直接将医病双方的名讳道出。不过，也有些中医会就西医讼案中的诊疗进行针锋相对的辩驳与指摘。类似案件虽并不多见，却别具意味。俞松筠医师讼案，即是一则典型案例。

1933 年 7 月 29 日，20 岁的田鹤鸣之妻顾林一，因初次生育被送入位于静安寺路 282 弄的中德产科医院待产，由俞松筠医师及助产士邱丽贞负责接生，于 30 日顺利分娩。此后几天，产妇却出现了便秘的症状。俞松筠乃用皮带为产妇灌肠；又因产妇乳胀，俞医师认为是炎症，复用冰袋冰患者乳房。不料，此后产妇连日腹泻，病情直转直下。田鹤鸣不禁忧心如焚，遂于 8 月 8 日将其妻从中德产科医院接出，送往同德医院医治。然而，产妇终因病入膏肓，于 8 月 16 日下午死亡。

田鹤鸣据以控告俞松筠业务过失的理由有四。第一，产妇最忌受寒，被告不应令产妇于睡眠中使用冰袋，且"腹泻伴随冰袋发生，足见冰袋足使产妇受寒，并减轻其抵抗力，而利痢菌之繁殖"。第二，痢疾为传染病，非由外间细菌传入，决不能发生此项疾病。田鹤鸣强调，产妇产后健全，过了五天多才开始腹泻。从医学上论断，显然是由于"八月二日上午用以灌肠之皮带，染有痢菌灌入肠中所导致"。为表明证据确凿，田鹤鸣特别强调，中德产科医院并无"消毒设备"，而"灌肠之皮带，常出入于病人之肠，附着细菌必多"。第三，医师使用伪药，"并以少量换多量"，欺骗病家致使病人病势加重，贻误时间，"足致病人于死亡"。第四，产妇自 8 月 4～7 日一直腹泻不止，"已呈重症现象"，然而医家历经 8 月 5～7 日三天之久，竟"未能将其病源查明，亦未委他人检查有无痢菌"，"显有业务上之过失"。①

1933 年 11 月 1 日，显然是出于扩大社会影响的考虑，在未经法院审理之前，田鹤鸣即将整纸诉状刊载于上海《申报》之上。俞松筠医师见此，遂委托江一平律师发表紧要声明。声明称，田顾氏之死，是在其离院一星期之后；且病人离院时签有保单，并非强迫。田鹤鸣所控诸项，皆系"捕风捉影之攻击"，"本不值识者之一笑"。身为律师的田鹤鸣，② 在未经法院审判之前，竟

① 宋国宾编《医讼案件汇抄》第 1 集，第 244 页。
② 按，田鹤鸣为浙江碛石人，早年毕业于东吴大学，后赴美国西北大学留学，1928 年获得法学博士后返国，在上海执律师业。田鹤鸣在返国之初，《申报》"教育信息"栏还曾刊出"田鹤鸣博士返国"的报道，并配有田鹤鸣的个人照片。参见《田鹤鸣博士返国》，《申报》1928 年 10 月 14 日，第 12 版。

然将诉状全文刊载，不但属于故意"违反法令之行为"，而且别具用心。①

　　就在医病双方在《申报》之上接连发表文章，相互攻讦、各执一词之际，自称在北京行医十八年、莅沪未及一载的西医瞿绍衡于 11 月 5 日在《申报》发表文章力挺俞松筠。瞿绍衡在文中指出，田鹤鸣控告俞松筠的理由，主要有两点：一是对于产妇用冰之错误；二是指其灌肠器不消毒，以致产妇染痢身亡。在瞿绍衡看来，田鹤鸣所控告俞松筠的各项理由，"皆不合乎学理"。

　　为了清晰地说明问题，瞿绍衡将这起诉讼案件的症结分为数点来讨论。（1）乳胀是否可用冰囊；（2）贴于乳部之冰囊，是否可以致成腹泻，或减低身体的抵抗力；（3）顾林一是否因痢疾致死；（4）顾林一之痢疾，除灌肠器传染外，是否还有别的致病途径；（5）顾林一死于出院后之第九日，其责任是否应归俞医师来担负；（6）产后三日无疾病则产妇危险期已过云云，是否有医学的依据。

　　接下来，瞿绍衡就上述 6 点进行了分别讨论。其大体观点为，就乳胀使用冰囊来说，乃是物理疗法，在新医界所用甚广。冰囊不但可以"减退乳腺之分泌机能"，而且能够止血，"盖人身皮肤，一遇冰囊之冷气，则血管收缩，血流迟缓，肿胀减退，而神经所受之压迫即减少"。因此，乳胀时应用冰囊，于学理事实均为合法。然而，"我国社会人士，往往非难新医之用冰囊者，一言以蔽之曰：无科学常识耳"。此外，顾林一所患是否为痢疾，不过是依照民间习俗所谓广义上的痢疾，"若无医者检验之证实，在法律上不能指定为传染病"。关于痢疾是否因灌肠器传染所致，也有待医者的检验，因为一般的痢疾"由饮食物侵入者为最多"。而田鹤鸣却单单指为灌肠器传染，依常理推之，身为正式医师的俞松筠当不致无消毒常识，在上海屈指可数的中德医院亦不会无消毒的设备。并且产妇身死，是在离开中德医院九天之后，自不能追究前医的责任。最后，关于"产后三日无疾病则危险期已过"的说法，也是没有医学根据的。综合上述诸点，瞿绍衡指出，俞松筠医师"对于顾林一之死亡，自有其不能屈为负责之处"。②

---

①　参见《江一平律师代表俞松筠医师为报载田鹤鸣诉状全文事紧要声明》，《申报》1933年 11 月 4 日，第 2 版。

②　参见瞿绍衡《对于田鹤鸣律师因其妻田顾林一女士产后染病身亡控俞松筠医师业务上过失致产妇染痢致死之我见》，《申报》1933 年 11 月 5 日，第 4 版。

　　可能瞿绍衡本人也未曾料想到，他对这一讼案的加盟，不但未能在舆论上给俞松筠带来多少有利的局面，反而招致了两位中医师的出面"商榷"。而商榷的重点，分别为西医用冰及通便上。中医界的介入，使俞松筠医师讼案变得更加扑朔迷离。

　　瞿绍衡在上海《申报》发表文章后不久，由中医界主编的一份重要刊物《神州国医学报》（第 2 卷第 3 期，1933 年）发表了吴去疾的《田俞讼案之国医立场观》一文。按照吴去疾文章开头的自我表白，田俞一案"孰是孰非，固非局外人所得而知"，因此本不欲"妄有所论列"。但是瞿绍衡医师的文章，却不能不引起他的"无限感想"，"故略述所怀，愿与当世之关心中西医学者一讨论之"。为了规避嫌疑，吴去疾有声明再先，一为其与田、俞二人素不相识，因此"于彼等争讼之得失，不欲置议"。二是文章的主旨所在，"纯就医学治疗上发挥，非与西医为意气之争"。

　　吴去疾在正文中指出，产妇大便不通，若以傅青主女科之法治之，"生化汤中重用当归，并加肉苁蓉以润其肠，而大便自通"。至于乳胀，"一味麦芽煎服，可以立消"。言外之意，对中医来说，产妇所患本为轻小之疾。接着，吴去疾对瞿绍衡文中唯"斤斤于产妇所患是否痢疾"，而独"于灌肠通大便之厉害"却不予喙喙颇为不满。吴去疾强调，如按国人眼光观之，产妇便秘"多由生产之后，血去过多，津液不足以润肠"之故。兼之，妇人产后，胃肠消化力薄弱，往往不思饮食，新陈代谢减少，此为"自然之理也"。因此，产妇唯有安心静养，待其生理机能恢复后，"大便自然通畅"。而西医却不明此理，"自命为科学医"，"惟知呆用灌肠及冰袋，不能通权达变"，导致病人"泻痢不止"，"卒以不救。"

　　随后，吴去疾复举一自身亲历之事进行论说。原来有一张姓妇人在西医院生产，产后亦便秘。西医以"蓖麻子油饮之"，结果产妇"大便洞泄，精神委顿"。见此，病人家属乃邀请吴去疾入西医院为病人诊治。吴氏以温补之药调和气血，病人渐有好转。后因医院看护"见携中药至院，力阻其煎服"，而吴去疾又拒绝再往西医院诊视，张姓妇终"病卒不起"。据此，吴去疾断言，妇人"产后便秘，攻下之法，万不宜用也"。

　　至于冰囊的使用，吴去疾认为，此应根据人体及病状的虚实而定。依中医理论，人之身体各有虚实，患病者之症状亦各有虚实。"冰袋之寒以除热，固有是理。设使人虚症实，或人实症虚，即不宜用。其人虚症虚者，更无论矣。"田鹤鸣之妻产后乳胀，"未闻有发热之症"，是以根本不须用冰袋。何况将冰袋置于孕妇身上达 15 小时之久，即在平人，亦觉难以承受。而产妇失血之后，其"抵抗力薄弱已极"，"又身无大热，病非实症"，身体根本不能承受此寒凉之气，"无怪其阳气内陷，变为虚泻，而终于不救也"。

最后，吴去疾对瞿绍衡批评国人疑惧使用冰囊"为无科学常识"进行反驳，认为其"真一偏之见"。冰囊乃极寒之物，人尽皆知，西医用之退热，也是取其性寒。然热病有虚、实之分，西医不但不明此理，还动辄以"科学二字吓人"。殊不知，现代之科学，"实未臻绝顶"，世人不加深察，迷信科学万能，西医遂挟此以行其术，"开口科学，闭口科学，而所行多不合科学"。在文章的末尾，吴去疾不禁慨叹，"呜呼，科学、科学，汝何不幸而为人所利用也。"[①]

继吴去疾之后，对田俞讼案提出"商榷"的是国医黄敦汉。从文章写作缘起来看，黄敦汉亦是受瞿绍衡一文的刺激，复受吴去疾一文之启发。但与吴去疾一文明显不同的是，黄敦汉的批评语气更为强烈，并直言俞松筠必须要为顾林一的死亡承担责任。

与吴去疾持论相同，黄敦汉认为产妇便秘乃常有之现象，盖多"因产陡去多量血液，肠内一时枯涩"，只需静养些时日，根本不必"遽视为重症，而施以灌肠霸术"。灌肠虽为西医常用之术，但"对新产气血骤亏之产妇，应当慎重"。而"精于科学之西医，乃竟不顾病人虚实强弱，率尔灌肠，以致气陷成泻"，"无论如何巧为辩护，似不能不负应注意而不注意之过失责任也"。至于施用冰囊，黄敦汉并不否认其科学价值，但他也强调在人身体前面，"经过两乳上下行之大血管"，中医称之为"胃经"。冰袋正放置廿上，"其冷气由脉达胃，直捷便利，最少可以增加腹泻程度，科学当亦无反对之例"。平常人脐腹偶感风寒，也易"成大便浓血之疾"。顾林一"新产血伤，大便结于前，灌肠致泻，胃气陷于后，再益之以两乳房冰袋十六小时之侵袭，其转成痢疾，实有万分之可能"。黄敦汉指出，俞松筠身为医师，"乃毫不加察，率依常法，施用冰袋，似更不能不负应

---

①　吴去疾：《田俞讼案之国医立场观》，《神州国医学报》第 2 卷第 3 期，1933 年，第 2～6 页。

注意而不注意之过失责任"。基于上述两点，黄敦汉认为，田顾氏之死，"与俞松筠博士施用灌肠冰乳有甚明显之联络性，不待科学明家，而人人知者也。呜呼科学，吾为此惧！"①

通过吴去疾与黄敦汉二文来看，直接刺激他们要与西医的诊疗进行学理"商榷"的，应该是对西医所标榜的科学的强烈反感。俞松筠在委托江一平律师所登载的声明中，用语虽亦强烈，但不过是指责田鹤鸣"捕风捉影""背反医理"而已，并未见用"科学"等字眼压人。瞿绍衡一文却不然，面对病家乃至社会对西医用冰囊的怀疑，瞿氏一概斥之为"无科学常识"。这显然容易激起中医界人士的反感。吴、黄二文，在论述结尾纷纷将论题延伸至"科学"上，也恰恰说明了这一点。至于吴去疾、黄敦汉两位中医的批驳，是否有道理我们可姑置不论，但这场论辩对于病家所具有的影响，却是可以想见的。

* * *

在民国时期的医疗诉讼案中，西医讼案时常会出现中医的踪影。中、西医彼此指责、相互问难，共同影响着西医诉讼的形成及其解决。关于中西医论争对西医医讼案件所产生的影响，当时的部分西医其实是看得很清楚的。比如，西医宋国宾便曾进行过如下的归纳与总结。

> 医之有派，由来久矣。然其始也，仅为表明其出身之由来而已！及其既也，则稍稍杂以权利之争执矣！于是意见日歧，而此倾彼轧之风乃有所不能免。社会知其然也，旧医知其然也，江湖之医知其然也。一切妒我仇我欲得我而甘心者，无不知其然也。于是利我之分而乘隙以入，虽明言攻击，有所不敢，而阴施诡谋，以图饱其报复之欲望，而遂其幸灾乐祸之野心，则固未尝一日忘也。其怂恿病家控告医生，特其鬼蜮伎俩之一端而已！②

不过，非常有意思的是，在民国时期的中医诉讼案中，却难以见到西医的踪影。这一状况在我看来，可能有两方面的原因。一方面，这一时期

---

① 黄敦汉：《田俞讼案之检讨》，《神州国医学报》第 2 卷第 5 期，1934 年，第 5 页。
② 宋国宾：《医病纠纷与医界团结》，《申报》1934 年 9 月 24 日，第 13 版。

关乎中医的诉讼史料可能多已散佚，以致我们并不能掌握其有关情形。这对本书来说，显然是一个遗憾。另一方面，则与民国时期中医讼案的特征直接相关。现有研究表明，民国时期的中医讼案大多因女性怀孕后小产、小儿惊厥等引起，在过失的判定上并不难断定其是非曲直。① 此外，涉讼的中医，整体上也没有西医那般强势。与西医讼案相比较而言，中医讼案也很少能够一讼再讼，甚至陷入缠讼境地。由此，中医讼案在社会上所能够产生的影响力，根本不能和西医讼案相提并论。因此，相关讼案也就难以引起西医的兴趣。当然，这并不是说现实生活中的西医不会对中医讼案评头论足、指手画脚。只是据目前所见的史料而言，难以有力地支撑起这一论点。

通过上述的讨论，我们可以清晰地看到，伴随着中西医论争在1930年代进入另一重要阶段，中、西医的斗争已然渗透到了方方面面。西医凭仗科学主义话语，在与中医和一般民众的角力中明显占据着上风。当与病家产生纠纷时，西医及其团体不是试图完全否定病家的质疑能力，就是将责任强势地推给中医。在相关案件的处理中，也确实存在着越向上一级法院诉讼越对西医裁决有利的颇具意味的现象。这样的一种状况，反过来又刺激着西医的自信与倔强，最终催生出了西医讼案在处理上呈现出与中医截然不同的面相。

当然，尽管西医在相关诉讼案件中表现得异常强势，但显然在同中医以及普通民众的角力中也未获得完胜。一方面，作为被打击的中医界并没有屈服，而是凭借自身的资源对西医的治疗或进行舆论上的抨击，或进行学理上的讨论。尽管这些行为往往在中医界所举办的报刊上展开，但其对西医诉讼案所产生的影响仍然不可小觑。另一方面，西医的过度强势也往往使下层民众在心存疑惧的同时，并产生较强的抵触心理。在多数西医讼案中，不仅普通民众表示出了对西医的不信任，纷纷向西医兴讼。② 即使是断案的官员，也往往在初审时会做出对西医不利的判决，昭示出近现代中国社会的不同阶层在接受西方事物上的不同态度与观感。毋庸置疑，这样的一种情形，也就使得西医讼案更加的扑朔迷离。

---

① 关于民国时期中医讼案的有关情形，参见本书第十章的有关论述。
② 参见马金生《从医讼案看民国时期西医在华传播的一个侧面》，常建华主编《中国社会历史评论》第13卷。

　　总之，20 世纪三四十年代医讼案件的凸显，并以西医讼案的沸沸扬扬为主要特征，恰恰是处于转型期的医病关系不断磨合的产物。以科学主义相标榜的西医在医讼案件中的"倔强到底"的姿态，以及由此而引致的中医界的反感和国人的抵触情感相互交织在一起，使得西医讼案往往一波三折、不易息结。显然，对民国时期西医诉讼案件的解读，如若不将其置入晚清以迄民国近一个多世纪的中西医论争的历史脉络中加以理解的话，恐怕相关解释都是不够丰满的。同样，反过来说，通过对西医诉讼案件的诠释与解读，也必将为我们进一步深入理解中西医论争及其思想文化意涵深具意义。

第六章 卫生行政体系的初步确立
及其对医病纠纷的影响

在第二章中，我曾对北洋政府时期推行的卫生行政及其给现实中医病关系带来的影响，进行过较为细致的讨论。从中可以看出，伴随着官方规范行医的登场，无论是正式医师还是私自行医者，均开始面临着来自社会和国家方面的规范与取缔压力，并由此而演绎出了新时期医病关系的互动场景。那么，到了南京国民政府时期，伴随着西医主导的现代卫生行政体系的逐步确立，相关卫生制度又将给现实中的医病关系带来何种影响？在现代卫生行政效力能够发挥作用的核心区域及其边界地带，其影响又将使现实中的医病关系呈现哪些不同的历史状貌？在这一章中，我希图通过数则典型案例的分析，尝试回答上述问题。此外，也有学者曾经指出，南京国民政府时期卫生行政体系的确立，在客观上起到了"防讼于未然"的目的。① 在我看来，这一论断可能存有问题。如若对该时期的卫生行政机制的运作情形及其与医讼的生成关系进行仔细梳理，便会发现事实可能并非如此。

一 南京国民政府时期的卫生行政建设

在现代国族主义的影响之下，卫生行政体系的完善与否，越来越被视为关乎民众健康以及国家前途的重要指标。因此，无论是北洋政府还是南京国民政府，都将建立一套成熟而有效的现代卫生行政体系，作为现代国家建设中不可或缺的部分。尽管北洋政府一直未能建立起对全国的有效控制，但对现代卫生行政体系的建立与探索并未停止过。在北洋政府时期，现代卫生行

---

① 参见龙伟《民国医事纠纷研究（1927~1949）》，第217页。

政的职能主要包括公共卫生建设、防疫和对行医资格的检定。这一基本职能的定位以及在此基础上开展的卫生行政建设，在很大程度上为南京国民政府所沿袭和发展。北洋政府并无中央层面的卫生管理机构，南京国民政府则在1928年成立了卫生部，专门用以规划全国卫生行政事业，由此而掀开了医疗卫生行政体系建设新的一页。纵观南京国民政府二十余年的卫生行政建设，我认为，至少可以从以下几个方面进行归纳和概括。

首先，经过持续努力，到南京国民政府后期，初步建立了一套自上而下的卫生行政体系，基本上将国家在卫生行政方面的影响延伸到了县（镇）级层面。南京国民政府成立后，在中央设置了中央卫生委员会作为全国卫生行政计划机关，负责研究并规划全国卫生发展事宜。与此同时，在中央卫生主管部门的规划指导下，地方的卫生行政事业也在发展。上海、广州、北京、南京等大城市的卫生行政建设先后起步，并一直在国内处于领先地位。

据统计，1927年南京国民政府成立后，全国的医疗卫生建设一直在不断发展，即便是八年抗日战争期间也并未停滞不前。截至1947年，全国已有省卫生处26个，省立医院、妇婴保健院等省辖卫生机关214所；行政院辖市卫生局8个，卫生事务所1所，卫生局所属卫生医疗机关193所；省辖市卫生局不少于6个，卫生事务所、卫生院各不少于10所，卫生科不少于7个，市卫生局所辖卫生医疗机关55所；县卫生院1397所，卫生所18所，局卫生所21所；区卫生分院352所；乡镇卫生所783所。[1]上述数据表明，随着国民政府医疗卫生建设的发展，现代卫生行政体系的覆盖范围已然能够部分达至县（镇）级层面，国家在卫生事务方面的管理能力基本延伸到了基层社会。

与此同时，国民政府先后出台了一系列的卫生管理规则。与行医规范相关的规章制度，主要包括由国家统一颁布的各种行医规则，[2] 如1928年颁布的《医师暂行管理规则》，对医家的行医活动所应具备的资质以及违反相关要求须进行的处罚等做了详细的规定。其中，如未领取卫生部颁发的证书以及停止营业者，不得擅自行医，违者将由该管行政官署处300元

---

① 《中华年鉴》（下），中华年鉴社，1948，第1850~1862页。
② 民国时期，针对行医活动而颁布的各种行医规则有很多，其中既有国家层面颁布的规则，各省或者直辖市也有自己的管理规则。

以下罚金。如其业务触犯刑法时，应依刑事法规之规定送由法院审理。^①1943 年由卫生部颁布的中国历史上第一部《医师法》，尽管并未受到当时医界的好评，^②但在规范行医上依然有着不可忽视的作用。鉴于《医师法》在民国时期规范行医方面的重要性，特别是在本书的研讨中，所援引的相关案例多集中于 1940 年代，相关案例的裁断，与《医师法》中的部分条款具有较为密切的联系，现将该法中规范行医的相关条款胪列如下：

第二十四条　医师与业务上如有不正当行为，或精神有异状，不能执行业务时，卫生主管官署得令缴销其开业执照，或予以停业处分。

第二十六条　医师未经领有医师证书，或未加入医师公会，擅自开业者，由卫生主管官署科以百元以下罚锾。

第二十七条　医师违反本法第十条至第二十三条之规定者，由卫生主管官署科以三百元以下之罚锾。其触犯刑法者，除应送司法机关依法办理外，并得由卫生署撤销其医师资格。^③

当然，也有学者指出，尽管在南京国民政府时期出台了大量的卫生行政法令条文，但很可惜的是，法令间前后不一、相互抵触甚至矛盾者亦复不少。多数条文由于与现实相脱节，要么根本未曾推广，要么在推广过程中遭遇诸多抵制，并未产生良好的效果。特别是行政机构建置上的反复更迭，使中央卫生行政部门对国家卫生行政事务难以一以贯之的推行，在一些关涉卫生事务发展的重要问题上歧义百出。凡此种种，无不大大降低了医疗卫生行政管理的实际操作性及其现实影响。^④应当说，这些论断也是很客观的。

对于民国时期的行医活动来说，影响最大的莫过于在南京国民政府成立之后，中央与地方的卫生行政管理机构基本上为西医所掌控的事实。这种情形所带来的必然结果，便是西医可以名正言顺地通过相关法令的制定

---

① 陈明光主编《中国卫生法规史料选编（1912～1949.9）》，上海医科大学出版社，1996，第 633 页。

② 《医师法》颁布后，医界并未表现出多大的兴奋。相反，由于没有医生权利保障的相关内容，反而招致了医界的批评。相关内容，本书下面的章节中再进行论述。

③ 陈光明主编《中国卫生法规史料选编（1912～1949.9）》，第 670 页。按：罚锾，即罚金，古代赎罪以"锾"计算。

④ 参见尹倩《民国时期的医师群体研究（1912～1937）：以上海为中心》，第 237 页。

来限制和打压中医。尽管经过中医界的艰苦努力，中医并未被废除，但整个中医界的生存状态仍然很艰难。1933 年中医界提出的《国医条例（草案）》长期被国民政府搁置，直到 1936 年 12 月，立法院才制定了《中医条例》。1942 年，《中医条例》更名为《中医师条例》，中医终于在法律形式上获得了存在的合理性。尽管如此，中医在行医过程中，依然受到诸多的限制。比如，"禁止中医采用西药西械" 等条款的设置，对中医的行医活动带来了程度不同的影响。对于在当时行医的中医来说，这些规定将意味着什么，其实是不难想象的。[①]

总之，南京国民政府在现代卫生行政的建设上，有着不俗的成绩。这对于民国时期的医疗卫生事业来说，产生了巨大的影响。相对于传统社会而言，现代国家力量对人民生命权益的保障显然已大大增强。尽管存在着方方面面的不足，但毋庸置疑，南京国民政府在推行医疗卫生事业、建设卫生行政体系方面的种种努力，也为现实中的医病关系带来了重要的影响。

二　对"非法"行医者的检控

在现代卫生行政体系建设的历史大背景下，非法行医者的生存空间明显越来越狭小。与北洋政府时期警察系统全权署理公共卫生事务不同，南京国民政府时期的卫生事务有了专门的卫生行政管理机构，不过在规范行医上依然离不开警察的辅助。也正如龙伟所指出，在一般百姓的心目中，似乎一直未能明晰地判断出究竟哪些事务归卫生局，哪些事务归警局署理。[②] 在求医问诊的过程中，如对疗效不满，很多人还会跑到警局或者社会局去报案。警局在接到相关报案后，也会迅速出警对事情经过进行调查。如案件属实，便会以"庸医杀人"为名将医家送交地方法院。这样的案例非常之多。

1948 年 10 月，家住河南开封广艺街的皮匠曹全顺之妻宝珠，因月经不调"大量出血"，身体越来越虚弱。宝珠的母亲葛刘氏遂将稍谙医道的邻居张景峰请来为女儿看病。在进行初步诊断后，张景峰以肾上腺素针剂

---

①　金宝善：《旧中国的西医派别与卫生事业的演变》，《中华文史资料文库》第 16 卷，中国文史出版社，1996。

②　龙伟：《民国医事纠纷研究（1927～1949）》，第 168 页。

为宝珠进行了注射。但是，在注射两针药剂后，宝珠"喘息不已，状极危险"。葛刘氏心痛女儿，跑到龙王庙警所报警。巡警赶到曹家见情况危急，迅速请来济生疗养院的何济生院长实施急救，但是为时已晚，宝珠最终身死。后经何济生院长检视，发现确是注射针剂错误。张景峰因诊疗过误兼无照行医被带赴警局，后被移送地方法院讯办。①

在与医者发生纠纷，到警署告发医家的同时，也有病人或其家属向卫生局、社会局等相关部门检举。这也反映出民众对国家在卫生行政管理方面的权界划分存有模糊认识。1948 年 6 月，受害人张建民写信向上海市卫生局揭发中医涂永福售卖假药。原来张建民身患花柳病，因害怕西医打针而决定寻求中医治疗。在上海各大报上看到涂永福治愈花柳症的启示以及病患的治愈证明后，张建民遂筹集经费赴涂永福处就诊。张花去 360 万元② 购得梅毒散，但连服一个半月后，病情未见好转。医院血液检验结果为"病害依然"。至此，张建民方知被骗，于是决定向"上海卫生行政责任者"进行检举。很有意思的是，在检举信中，张建民称自己并非为了报复，他之所以检举涂永福，实是为了其他患者的幸福。张建民在检举信中呼吁卫生局对涂永福予以严重处分，令其克日停业。③

非法行医不仅可能面临病人及其家属的举控，同时还可能招致一般民众的检举。即以涂永福为例，尽管其为正式中医，领有卫生执照，但售卖假药，不仅遭到了病人检举，还有一般民众写信向社会揭露此事。就在涂永福被张建民举报前两个月，一封署名为张尤兰的上海市市民写信给《申报》，希望报社能够将信转交"有关机关核办"，或"在社会服务栏披露"。

张尤兰这样做是有原因的。在检举信中，他对报纸上刊载的涂永福有治疗梅毒的特效药表示怀疑。张尤兰表示，之所以对治疗梅毒的信息感兴趣，是因为自己的儿子感染梅毒而死。当年未能挽救儿子的性命，使张尤兰颇为悔恨与不甘，由此他渐渐地对梅毒药品的研发产生了兴趣。因此，他希望卫生部门能够就涂永福的药品进行检验，如果确有奇效，他愿意出

---

① 《少妇何不幸　两针即送命》，《中国时报》1948 年 10 月 3 日，第 4 版。

② 系指法币，下同。

③ 此处及以下几段，见《上海市卫生局关于中医被控》（1947～1949 年），上海市档案馆藏，档案号：Q400－1－2569。

资支持大规模研发；如果是假药，则要追究涂永福贻误病人的责任，并将其移交法院裁处。张尤兰还希望卫生部门对报纸上的"鸣谢人"进行认真核查，看是不是涂永福的同党。

这封检举信读来颇具趣味。在信的结尾，张尤兰透露"涂（永福）在卫生当局有后台，并曾在卫生机关花了不少联络费"。尽管张尤兰对此表示并不相信，但将检举信寄给报社的行为表明他还是心存疑虑，显然是想借报社的影响力将这一事件放大。检举信内容的真假，后人已很难判断，但这封信意在检举涂永福的目的，确是非常明显的。事实也证明，张尤兰的这一行为确实产生了效果，《申报》将检举信转寄给上海市卫生局后，引起了卫生当局的高度重视，并派人着手展开调查。

张尤兰的检举，确实耐人寻味。如果张尤兰仅为一般民众，他的检举果真如其所说，是为了验证涂永福所制药散的疗效，则足以说明当时虚假伪劣药品的泛滥程度，以及社会民众对医疗卫生问题的重视，同时也说明民国时期的医生在很大程度上是处于比较广泛的社会监督之下的。如果检举是因为被涂永福骗取过钱财，那么他的举动则说明病患在有思想顾虑的情况下，在有意地通过各种途径来向医家讨取"公道"。无论属于哪一种，都让我们看到了当时医病关系中隐秘且微妙的一面。

相关资料表明，在对非法行医者实名检控之外，还有很多案件是由病人进行匿名举报的。1947 年 9 月 9 日，上海市卫生局收到一封"密不具名"者对曹家渡五角场万生堂药号中医黄德培的检举信。在信中，检举人强调医学对于人民生命乃至国家民族的重要性，以及国家对于规范行医的重要意义。然后，检举人将矛头对准了中医，指出中医"尤易庸医杀人"。在对中医进行一番义正词严的批判之后，检举者抛出了检控对象——中医黄德培，揭发黄德培无照行医，声请有关部门应速予取缔，以免贻误病人。

后经上海市卫生局调查，黄德培确为中医，但并非是无照行医，只是将相关证照寄至南京考选委员会在进行检覆。尽管如此，卫生局还是勒令黄德培在检覆结果未明之前暂停行医。在黄德培被检举一案中，检举人将医学与国家、民族联系起来，以及对中医的排斥态度，说明作者本人对医学的时代价值有着深刻的体认，同时善于运用国家话语进行自我辩护。由此可知，检举人应不是一般的民众。至于检举人是因医病矛盾、同业竞争还是纯粹是出于对规范行医考虑而检控黄德培，后人已难以知晓。但黄德培在检覆期间擅自行医，的确被抓到了把柄。检举人"不具姓名"的举控方式，到底反映着和被检举人什么样的关系，让人颇费猜想。

病人化名检举也是一种检举类型。1947年9月2日，上海市卫生局接到一封检控徐家汇同仁街医士陈纪华的信件。信中写道：

> ……民为受无照庸医开破血管，流血不止，几乎送命，特此具函请求取缔事。民于前月腿弯生疮红肿，往徐家汇同仁街医士陈纪华处诊治。说要打针后开刀，不料开刀后血流不止，昏去半小时。醒后幸友人送往红十字医院，经半月方好。至今仍不曾复原，步行不便，不能工作，而打针地方红肿化脓。医院谓该医注射器消毒不清之故。民本一工人，全家八口，靠以度日。自该医失误，至今债台高筑，生活不能。后打听该医并无执照，数次考试，不能及格。可见其学识全无，受其误治而失事者谅不止民一人而已。痛定思痛，为特具函贵局请予察查。如无合法执照，即禁止其行医以害病人，实为功德无量。

从信尾署名来看，检举人为"张正权"，家住徐家汇土山湾。上海市卫生局接到检举后，随即派人前往调查。发现被举报者陈纪华实有其人，但是查不到张正权本人，"查本案检举人张正权住址不明，经向土山湾保甲长查询，户口未能寻获"。即使是本地保甲长都不知此人是谁，显然这个名字是伪造的。从检举信的行文内容来看，检举人应为一社会底层民众。

在对非法行医者的检举上，有的病家还会穷追猛打，行医者不被查办誓不罢休。1947年10月14日，一封署名为吴连的检举信被送达上海市卫生局。信中揭露，上海各大报上所登载的用古法运气为人治疗肾病的老医师胡塑真名为胡天一，此人目不识丁，曾以卖狗皮膏药为生，凡是在苏州、无锡、南京、上海活动过的"江湖人物"，没有人不认识他。胡天一一伙儿专门凭借登载广告鼓吹自己医术了得，骗取病人钱财。因系惯犯，仅在上海即被病人告发被捕判徒刑多次。

其实，早在1947年3月和5月，便分别有人以"余益众""余为众"之名向上海市卫生局举报胡天一。如果仔细阅读并核对三份检举信便会发现，尽管署名不同，但举报内容相差无几。可以推定，所谓的"吴连"、

"余为众"和"余益众"当为同一人，或者是同一熟悉胡天一背景的人在其中发挥着作用。在一年之中，三次举控同一名医者，不难想象检举人对被检举人的"兴趣"是何其浓厚！

与民国初年相类，对非法行医者的举控，除了病人和社会民众外，也有医家参与其中。当然，作为检举人，有的医师是为了维护正当的医疗秩序，保障民众的生命健康，有的则分明地体现出个人恩怨或其他因素掺杂其间。孙冀真、孙淑卿、杨玉铭检举中医顾永卿的案例，就很难区分个中的真正动因。

1949 年 3 月，孙冀真、孙淑卿、杨玉铭给上海市卫生局写信，检举海门人、在长宁路 594 号怀仁堂药号行医的中医顾永卿无照非法行医。检举信称，顾永卿在送诊广告中写有能够治疗"内外妇喉疯诸科，并得以注射包医各症"等内容，"名曰不取诊金，实际药有代价，冀图欺骗病客，招徕营业"。检举者指出，顾永卿在上海市中医师公会登记册中仅登记为"喉外疯科"医师，在南京考试院检覆考询中仅是一外科医师而已。然而在送诊单中竟然以中医外科身份为人注射西药，并声称自己包治"内外喉疯妇五科各症"，显然违背了国家行医条例。因此，为了维护民众生命健康和国家法条的尊严，孙冀真等人特向卫生部门进行举报。

当知悉自己被人检举后，顾永卿以向上海市卫生局提交呈文的方式做出了回应。在呈文中，顾永卿将孙冀真等人的检控认为是"同道嫉妒"所致。为了论证身份正当，顾永卿分别将自己于 1935 年、1948 年所取得行医资格一一述说。至于义务送诊，则纯粹是为了沪西的平民百姓，根本没有任何诈骗行为存在。至于中医而用西药，顾永卿为自己辩解说，在此科学进化之际，"检明病症，理应参疗"，只要对病人康复有利，中西药物就应该参酌使用，更何况多数西药是用中药制成的，政府并未对此禁止。所以，孙冀真等人的举控完全出于嫉妒和报复心理，希望政府能够明察。顾永卿在呈文中也承认以中医身份使用西药，也会使自己面临被动的局面。

三　卫生行政管理机构的处理

从这一时期的史料来看，卫生行政部门在收到民众的检控后，一般都会进行调查与核实。在这个过程中，一旦发现有非法行医的行为，往往都会进行认真的查处。比如，上文述及的中医顾永卿被检举案，上海市卫生局在接到相关举报后即迅速派员前往调查。调查中，尽管顾永卿指责孙冀真等人是同道相嫉，有涉损害名誉，但对自己身为中医而使用西药一事，并不否认。上海市卫生局依据"禁止中医使用西药西械"条文，勒令顾永卿停业。至于顾永卿控诉检举人损害声誉一事，"因事涉司法，建议由法院裁决之"。

卫生行政部门在规范行医方面的努力，有时也会遇到非人为因素的影响，不过，从其举措还是可以看出相关部门的严谨认真态度。如果说在抗日战争爆发前，南京国民政府的各级卫生行政部门有着一套较为统一的资格审定程序和可资复核的档案资料外，那么，抗战爆发后，大量卫生行政档案在战火中毁灭，这难免给行医规范审核带来诸多麻烦。如上文提及的胡天一（胡堃）一案，经上海市卫生局调查，证实胡天一"不通文理"，应该令其停业。不过，非常有意思的是，胡天一"领有民廿一年卫生局执照暨改选委员会检覆及格证书"，同时还有卫生局于1947年5月颁发的临时开业执照。如此一来，也就使得调查人员颇感为难，只得就"不谙文字行医应如何处理"一事行文卫生部，征询处理意见。

上海市卫生局在行文中指出，战前卫生局档案均已散佚，当时登记发给执照等记录也无从查考。胡天一不识文字，"诚恐贻误病家"，"应否准予继续开业抑或追缴前领执照"，请予以明示。卫生部在接到来函后，一时也拿不定主意，遂去函考选委员会询问检覆情形。考选委员会答以当时全凭该中医提交的1932年上海市民政局颁发的行医执照，按照《医师法》的相关规定检核的，至于胡天一不识文字情形，事前并不知晓，"应复请特问上海市卫生局查明"。这样，皮球又踢回给了上海市卫生局。

不过，最后卫生部还是做出了决定，认为胡天一于战前所领上海市卫生局开业执照显有"蒙请情形"，令上海市卫生局将所发营业执照追缴注销。上海市卫生局遵令照办，函请上海市警察局派员前往勒令胡天一停业。至此，胡天一一案才算尘埃落定。

在部分检举案件中，被检举者也可能存在某种可以被"理解"的缘由，并有民众向卫生行政部门写信希望法外施恩，对被检举者高抬贵手减轻处罚。但从有关资料来看，卫生行政部门却并没有因此而减轻处罚的力度。

比如，中医曹斗才用西医手段为病人治病，上海市卫生局知悉后，即命洋泾区卫生事务所进行查核，并在查得实情后做出了停业 3 个月的处分，请警察局协助执行。就在处罚决定下达后不久，曹斗才行医所在的陆行镇民众顾金发等即联名上书上海市卫生局，指称曹斗才被检举是因有人蓄意敲诈，并以陆行镇缺乏医师为由，声请卫生局撤销对曹的行政处分。上书内云：

> 浦东陆行镇医师曹斗才……现年三十六岁，上海市人，为人忠义诚朴，精研岐黄，行医已拾有余年。曾于民国二十三年颁领卫生局开业执照，以其诊断精细，数年来罹恙治愈者不少，有功地方保健非浅。忽令着短期停业，闻之莫不舆论嚣然……查我左近无医院且无西医师，有执照医生唯曹医师一人负地方保健，责任重大。一旦遭遇处分，不无影响。病家求治无门，于彼耗损犹微，惟地方公益保健危害甚矣。镇民病家等有鉴于此，抑为病家造谋福利起见……伏乞钧长迅赐撤销停业处分，俾得地方保健负职有人，在彼冤抑可雪而桑梓正义伸晓。

陆行镇民众的上书，明显有为曹斗才开脱的一面。不过，这一行为也道出了现实中的一个无奈，那就是陆行镇并无西医营业，也就是说，曹斗才用西医方法治疗疾病，确实是不得已而为之。

果然，顾金发等人的上书吁请，触动了洋泾区卫生事务所所长徐剑青。1947 年 9 月 23 日，就在曹斗才停业一个半月之际，徐剑青向上海市卫生局局长请示，能否对曹斗才的处罚就此为止。徐剑青在这份请示中说：

> 中医曹斗才平日对于病人服务尚属诚恳，且因陆行镇附近三里之内领有本局开业执照者，仅曹一人，多数病人对彼颇具信仰。现伊奉令停诊，乡村患者深感不便。当此夏秋之交，疫痢堪虞。科学医麇集于浦西，公医亦尚未普遍深入农村之际，可否量予变通，撤销停业处分，以示宽大。

从徐剑青的这一请示可以看出，徐对曹斗才是有着同情之心的。不过，有关资料显示，尽管先后有顾金发等人以及徐剑青的居中"斡旋"，但上海市卫生局并未照准，依然对曹斗才实行了3个月的停业处罚，直至1947年10月13日，才将执照等发还曹斗才。

中医曹斗才一案，因发生在郊区农村，本身即折射出了很多有意义的问题。比如即使上海这个民国时期首屈一指的国际性大都市，西医在郊区也已很少见。并且，现代卫生行政体制所能够发生的效力，在到达郊区后似已达到了边界。另一方面，郊区的医病关系，也因现代卫生行政化在迅速发生着变化，呈现出了传统人情与现代行政互动交锋、纠缠角力的复杂场景。为了更好地理解这些历史面相，下面，让我们来看一则更为具体而形象的案例。

1947年8月12日，上海市卫生局接到一封署名为"杨文翰族人"的检举信。在信中，检举人控诉中医杨海钧草菅人命，贻误病患，指责杨以残忍手法为杨文翰的孙媳妇接生，致婴儿惨死。仅从检举信内容来看，确实让人不寒而栗。

> 中医师杨海钧自去春于钱郎中桥开始执行业务以来，草菅人命情事已有数起……七月三十日又有杨医生东宅之杨家门杨文翰孙媳生产小儿，露顶后不下。杨医生为打催生针及其他针共七针，未见寸效。杨医生乃谓须动手术，并称洋泾医院动此手术需法币一千二百万元。余为邻居，当可略予优待。于是杨医生即以刀于儿顶穿一孔，用二手指伸入孔中，用力拉出小儿。一见所生为男性，犹在号哭，而头顶所穿孔中鲜血直流，杨医生用止痛药水纱布填塞良多，不克稍抑其势。少顷，气息奄奄，此儿即与世长逝矣。杨文翰在沪经商，家中妇女仅知动手术可以安生，未审手术如何，任由杨医生妄动，以致小儿夭于非命。杨医生以为产妇未死，尚有余功，在外张扬，自夸能救难产……近闻杨文翰将向法院告发，杨医生略得音讯，亦知胆寒，乃赴申至杨君处致歉。惟杨医生如此轻举妄动，疏忽业务以病人为试验品，如不予制裁，恐以后过失伤人情事有增无减……杨医生如此疏忽业务，当予确切之制裁；且杨君是否为合格医师，是否为产科医师，小儿露顶时头顶穿孔是否为合法手术，至乞查询并致复为幸。

显然，在检举者眼中，杨海钧没有任何医术可言，是一个彻头彻尾的草菅人命的庸医形象。上海市卫生局接到检举信后，即令上海市洋泾卫生事务所前往调查。调查发现，杨海钧"为中医学学院毕业"，"并有中西医药研究社会员证一件"，但"并未曾请领卫生局开业执照"。在 7 月 13 日，杨海钧也的确为杨文翰的孙媳妇接生，因"学验两无，盲目乱动，致婴孩惨遭死亡。有该保五十二保保长等证明"。上海市卫生局要求洋泾区卫生事务所勒令杨海钧停业 3 个月，并函请洋泾区警察局协助执行。

不过，12 月 8 日，即在上海市卫生局对杨海钧做出行政处罚不久，浦东钱郎中桥镇仁泰号、裕丰永号、裕兴泰号等商铺联名上书市卫生局，声称杨海钧医德高尚，对家乡医疗事业贡献颇多，要求对杨海钧减轻处罚。

> 吾镇位居上海市之边际，三十区之末梢，交通不便，卫生设备全无。现今虽有卫生事务所之设立，然路途遥远，且不能作深入民间之宣传，故乡人每对之漠然，若未闻状。此次吾镇陈家湾杨文翰孙媳难产，因事出匆促，急若燃眉，不得已往请杨海钧医师接生。盖杨医师在吾乡曾接数次难产，均大小平安，阖宅咸载。且杨医师为人仁慈，学验俱优，历任平民诊疗所及三十一区农会农民诊疗所及青年时疫施疗所等主任医师之职，受惠者实不至万千，故在吾镇四乡素负雅望，声誉颇重。对病家更热诚精详，对学校又多服务。今春之防疫工作更不遗余力协助……似此热心服务造福社会之医者，诚少极少极。此次杨文翰家接生小孩虽告夭折，产妇不日即康复，全过程亦良好。全家长者感恩不尽，举村乡邻咸惊神术。今竟有不肖之徒冒名控告，诚无稽之极，可恶之极。杨医师维属越轨执行业务，然为人类解除痛苦则一也。事出无奈而为之，则更不可一概而论也……此次闻勒令停业，始知竟有奸徒冒名控告，吾镇均代抱不平，故秉义上陈，仰祈钧局免予追究，而颁之奖状使早日复业，则地方幸甚矣，而更不使有为热心之青年灰心服务，颓丧朝气也。

在钱郎中桥镇仁泰号等提出声请的同时，杨海钧也上书上海市卫生局为自己辩护。杨海钧首先声明自己的医学知识背景，表明自己原本"自修西医学术科完毕业"的专业身份，只是无奈乡民"对纯粹西医并无绝对信仰"，为了生计"遂考入中医学校修业四年，取得第四名毕业后，即返乡开业"。言辞之间，杨海钧都在表达自己之所以从事中医实在是有着诸多的无奈，同时也强调其自身有着充足的西医医学知识与水准。

至于为刘文翰孙媳妇接生一事，杨海钧也辩解道：为产妇动手术实在是救急情形下的无奈之举。如若当时不对产妇进行紧急抢救，产妇必将有性命之忧。杨称：

> 产妇脉搏全无，呼吸频促，险象百出，斯时也，若往请专门产科，则东昌路四五十里，来回已明天日出时矣。钧当时见胎儿似有窒息之象，亦不敢轻举妄动。怎奈产妇家族苦苦哀求，甚至大哭小啼，烧常锭拜菩萨，惨绝人寰。钧非铁石，安能无动于衷。遂将法律置之脑后……仅知医者之伟大，贵在为人类解除痛苦，为同类早获安康……遂取出产钳及其他用器毅然施行手术，幸而在天有灵，宣告手术完成，仅三刻钟而已。

从杨海钧的自辩书来看，显然自认为这次手术还是非常成功的。当知悉自己被人控告并被勒令停业后，杨海钧不禁感到"啼笑皆非"。尽管的确有"越轨执行业务"的嫌疑，但自己此前是曾专门申请过西医资格的，以求"取得合法之保障"，但只是"因限于法令，未蒙照准"。此次对产妇的施救，实在是"格于环境，限于人情，事出无奈"。

此外，从呈请书中还可以知悉，为了减轻对自己的处罚，杨海钧专门跑到了上海，向在上海经商的杨文翰说明实情，希望杨文翰能够出面为自己说话。很明显，杨海钧的行动产生了积极效果，同是在 12 月 8 日，杨文翰等呈文上海市卫生局，请求免予追究杨海钧的责任。呈文中说：

> 今夏七月三十日，孙媳难产，遂延杨海钧医师前往接生，孙媳于危险万状、合家慌恐之中，幸赖杨海钧医师妙手回春，得安渡难关，产妇无恙。小孩虽下而已早天，此亦杨医师事前曾申明，故不能归咎杨海钧医师，而实予之不幸也。按杨海钧在乡行医有年，声望均隆……予乡荒芜，位居上海市之极缘，邻接川沙县之交接，医药卫生设备全无，但有疾病，皆求治于杨海钧医师。杨君对于诊务亦极热诚，精详出诊，以自由车代步，根本不取病家车费，诊费亦从不计较。民等因与杨医师仅一村之隔，故其底蕴甚详。彼中医系医校毕业，又投吾乡名西医唐文荃门下，业成悬壶桑梓，造福人群不少。故

杨海钧医师诚术通中西、学博古今、经验学识俱优秀之青年医者也。此次竟有人借端假借民等名义而向钧局进谗者，诚可恶之极。杨医师蒙此不白之冤，实民等所意料不及者也。盖民等对杨医师感激犹恐未暇，何以反诬告以草菅人命疏忽职务耶？故闻讯后，急联名上陈，冀勿使有为之青年颓丧为社会服务之热心，而地方得赖重沐宏恩，则民等幸甚，地方幸甚。

对于商号以及杨文翰呈文要求对杨海钧免予追究一事，上海市卫生局派出有关人员就两份呈文的真实性和相关动机，进行走访核实。在杨家，调查人员只遇到了杨文翰的妻子，"询及杨文翰君有否控告医师过失杀人之事，则云杨医师为本宅同姓，有亲戚关系"。另据杨妻称，杨海钧"医术声誉亦佳，并无此举。现大人身体已好，更不去计较矣"。很显然，杨文翰妻子的话能够充分印证一点，那就是"亲戚关系"起到了非常重要的作用。换句话说，传统的乡土人情伦理关系，在这一事件中发挥了重要作用。当调查人员复往商铺进行调查时，颇具趣味的一幕发生了。在调查人员询问一商号为何联名呈文时，商号主人竟答以"杨医师亲自携呈文到伊处，请求盖章。职即询以为何盖章，伊云已有其他号子盖章，故余亦不得不盖矣"。显然，在这家商号看来，别的店铺既已盖章，碍于情面也只得从众了事。商号主人的回答，再次生动地揭示了人情关系在当地日常生活中所发挥的作用。通过上述资料来看，不得不让人怀疑，仁泰号等商铺的呈文很有可能就是杨海钧本人所写。也就是说，杨海钧利用自己在当地行医所累积的人脉关系，在关键时刻希望通过制造社会舆论，来为自己争取事态转圜营造有利的局面。

对于杨海钧的一系列活动，上海市卫生局也不无怀疑，并予以点破。从此后事态的发展来看，尽管有钱郎中桥镇居民与商号的呈请，但并没有影响上海市卫生局的惩处决定。1947 年 12 月 23 日，上海市卫生局批示：

庸医杀人为害甚大，居民缺乏常识，本局为保障计，决不可徇情。其区有救济方面，拟饬洋泾卫生事务所统筹办理，致本案刑事部分拟函地方法院检察处提出公诉。查本案原控杨文翰出尔反尔，以及该镇居民商号全具保，其出予情势所逼，亦人情之常。

由此可见，杨海钧试图获取社会舆论支持的努力，并没有逃脱卫生局的"法眼"。事主杨文翰的呈请以及商号的联名具保，个中"隐情"实已为卫生局所洞悉。"其出于人情所逼，亦人情之常"的断语，再清楚不过地点到了问题的根源所在。杨海钧被移交上海地方法院听候审判。

上海地方法院检察处最后以不起诉处分了结了此案，其理由为《刑法》第二十四条所载"因避免自己或他人生命身体自由财产之紧急危难而出于不得已之行为不罚"。由此，杨海钧免于一劫。上海市卫生局的相关处理清晰地表明，卫生行政主管部门对于医师在诊疗中所实施的诊疗手段是否合理，以及医师所从事的业务是否存在不得已之处，其实是并不关心的。其关注的核心问题在于，医家在行医过程中是否存在违反行医规范的行为，如果存在，医家往往难以得到宽宥。上海市卫生局所处理的一系列案件，均证明了这一点。

四 医家的因应

由此来看，南京国民政府后期，全国卫生行政管理体制的初步建立，对于规范行医有着重要的历史意义。尽管在县级层面，国家的卫生管理效能趋于弱化，特别是在乡镇层面可能仅是穷于应付，但这一体系的建立和存在，对于规范行医活动所产生的影响依然不可低估。这一论断，不仅仅是相对于缺乏行医规范的传统社会而言。客观地讲，即使是在国家权威对社会方方面面的治理日益完备的今天，非法行医这一社会问题依然未能得到彻底根除。在国势衰颓、时局不靖、社会动荡的民国时期，非法行医更是非常普遍。有关资料表明，即使是在上海、广州、南京等发达城市的核心地段，非法行医也是不同程度地存在的。那么，对于以行医为生的非法行医者来说，要想不被政府部门所搭建的那张日益庞大的医疗卫生行政网络所查获和取缔的话，在现实中便不得不想尽办法来加以规避。显然，非法行医者的规避举措必然是多种多样的。仅从上海、广州等地的资料来看，其"手法"便有如下数种。

"打一枪，换一个地方"的游击战术，普遍为非法行医者所使用。像上文所述及的胡堃，由于其医术并不高明，为了谋生，只能凭借虚假广告出售假药骗取钱财。因此，为了避免被病人追讨责任，胡堃"每敛财得手后，即移地改名"。这种飘忽不定的行医方式，大大减少了被病家以及卫生机构寻获的概率。在民国时期，像胡塑这样的非法行医者应该是广泛存在的。

在政府的严厉取缔下，有的非法行医者甚至瞒天过海，利用他人的行医执照采取"移花接木"的方式行医。1948 年 6 月 10 日，病家刘焕明写信控告鲍象乾非法行医。原来刘焕明于当年 4 月患上了花柳病，看到《申报》与《和平日报》上登载步鸿印专治花柳诸症，仅收诊费 80 万元，遂前往求医。然而，刘并未遇到步鸿印，出诊的竟为鲍象乾。在进行一番诊察后，鲍象乾以所用西药贵重并许以 3 日包好为名，向刘焕明收取了 550 万元的诊费。刘焕明为求速愈，支付了全部药资，但在服药之后，病情不但未见好转，反而愈发沉重。刘焕明遂再次往见鲍象乾。鲍又为刘焕明开具补药，并收取费用 300 万元，而刘的病情仍未好转。百般无奈之下，刘焕明只得带病返家，并请中医"看了一月余才好"。6 月 8 日，刘焕明从一朋友处得知，步鸿印已于 1947 年 8 月辞世。刘焕明听后不觉"又气又笑"，"气的是死人还能欺骗吾的金钱，贻害吾的身体"，于是具文向上海市卫生局提出控诉。经卫生局调查，鲍象乾确为无照行医，在步鸿印死后，一直冒用步的执照行医。在查得实情后，上海市卫生局以"鲍象乾未领执照擅自开业并有冒名嫌疑，应勒令停业并取具不再冒名切结"。步鸿印虽领有开业执照但人已辞世，"依照管理规则第六条应即吊销执照"，"所有招牌及广告字样即日拆除"。

还有一个非常有趣的现象，因事出有因，有的非法行医者竟主动到警局"投案"。1947 年 6 月，时年 36 岁、在陆行镇"精理眼科方脉，开设种德堂药店，领有卫生局中医开业执照"的上海人曹斗才主动到洋泾警察分局，声称自己遭到勒索。原来，在陆行镇外有一个名叫王金元的病人，"患臌胀病三年"，5 月 11 日病又复发。王家遂请曹斗才为之施诊，并再三恳求曹为病人注射维生素 B。因知中医实施西医疗法为非法，曹斗方初始并不同意，但终究拗不过病者家属的百般央求，最后只得为病人注射维生素 B"壹西西"。5 月 21 日下午，王金元病重身亡。此后，曹斗才为王金元注射维他命的事，被家住金家宅五四保九甲一号的王松林察知，于是勾串当地张家桥派出所巡官以曹斗才非法行医为名向曹索金钱 190 万元。曹斗才表面允诺，最后向警局报案。在这一案件中，显然王金林等知悉中医不能充任西医为病人注射西药，因此，才敢到中医曹斗才家数次勒索。而与卫生行政部门的处罚相比，被勒索金额实非小数目，曹斗才经过一番"思索"和"计算"后，不得不到警局"自首"并举控勒索者。

除此之外，医师的因应之道还有很多。比如，南京国民政府中央卫生机构曾几经改组，其间出台的法令也非常之多，以致法令之间、中央与地方之间时常出现歧义甚至矛盾之处。对此，无论是中医还是西医，有时也很难适应。即以中医不得兼营西医业务来说，尽管中央政府层面有着明文规定，但在地方层面，却并未为众所周知。此外，中医的执业管理，究应由卫生行政系统的哪个部门或组织来负责，有时候也不甚清楚。凡此种种，不免给行医活动带来了诸多影响。下面，来看一则江苏省南通中医师公会起诉南通卫生院的案例。

1947年2月23日，南通县中医黄弼卿在为病人治病时，先后在病患小腿上注射"可拉命"四针和"痛必灵"一针，病人在注射后身死。病者家属向南通县卫生院进行喊控，"请予调查"。经派卫生稽查人员调查得悉实情后，卫生院以"中医不能兼营西医业务，政府早有命令"为由，对黄弼卿予以行政处分。卫生院去函南通县中医公会，要求该会缴销黄弼卿的会员证书，并函请警察局取缔黄的行医资格。

对于卫生院的这一系列举措，南通县中医公会表示强烈不满，以卫生院"滥用职权"为由向县政府提出抗诉。在抗诉书中，中医公会提出，中医不能兼营西医业务是否已由执行机关颁布实施，中医公会并不得知。此外，卫生院是否有管理中医之权，有无明文规定也请予明示。最后，对于在黄弼卿罪责未明之前，卫生院"滥用职权"要求中医公会收缴其会员证书的行为，要求县政府给一说法。

对于这一案件，江苏省卫生处在指令中指出，依现各级组织大纲相关规定，卫生院有监督指导中医实行业务的责任，而中医不能兼营西医业务，也早有明文颁布，因此黄弼卿应当受到行政处罚。至于收缴会员证书，则是中医公会的职责，卫生院并不能直接处理。此外，黄弼卿是否犯有业务过失，"应由法院机关判定"。

这一个案对于我们考察民国时期的医疗卫生行政在面对各种实际情况时所发挥的效能来说，是有着典型意义的。一方面，作为卫生行政机构的基层组织，卫生院有着管理中医的职责，对中医黄弼卿的行政处罚是有其法律依据的。不过，追缴会员证书的行为，则显然是超越了其职权范围。中医公会对于卫生院是否有监督中医行医的职责，并不清楚，加之卫生院追缴黄弼卿中医公会会员证书的行为，显然更让中医公会异常愤怒，于是才有了向南通县政府呈诉之事。卫生院与中医公会的行为，鲜明地反映出了卫生行政部门的权力在到达临界点后所表现出的某种疲软状态。而正是这种疲软状态，使得其在沟通相关机构之间的能力上大打折扣。换句话说，南通县卫生院与中医公会在合作上的这种不协调和错位，正是由于这种能力的有限所致。

如上所述，尽管南京国民政府时期的卫生行政建设存在诸多不足，但是在规范行医上，确实做出了努力，对于规范医疗市场来说，有其积极意义。不过，在规范行医活动的过程中，由于受传统行政思维的影响，警署（局）在面对病人举控医家非法行医或者行医不当时，有时明显要武断、粗暴许多。最为突出的，就是在事实未清、责任未明之前，即对医家进行拘捕或关押。类似行为的存在，大大侵害了医家群体的权益。通过本书第二章的讨论，我们可知，民国初期的中、西医师对于警署的相关行为已有所指责，但总体上还是以隐忍为主。经过此后二十余年的不懈努力，进入1940年代中后期，伴随着国内政治环境的变化特别是宪政运动的开展，中、西医界先后掀起了保障医权的运动，同警署随意拘捕医家的行为进行了针锋相对的斗争。即便是中医，在这一斗争中也有可圈可点的表现。

中医唐小庆被检举案

1946年11月17日，上海市警察局卫生股接到一封署名为赵美智的检举信。检举信揭发在南阳桥东台路荣生里五号行医的中医唐小庆诊断失误，以致检举者流产病危，因检举人无力向法院提出诉讼，只得将唐小庆控诸警署。上海市警察局卫生股接到检举信后，迅速派员赴唐小庆行医处，将正在行医的唐小庆之兄唐同庆带至警署。当警署问及是否曾为赵美智治病时，唐同庆表示已无印象。

而当警署派人依据检举信所载明的地址去寻找检举人赵美智时，却发现信中所载地址并不存在。因为不能找到检举人，警署在羁押唐同庆51个小时后，让取保候传。11月23日，警署再次接到署名为赵美智的检举信。对于释放唐同庆回家的行为，检举人表示了强烈的不满，呼吁对"庸医唐小庆"须"除恶务尽"。

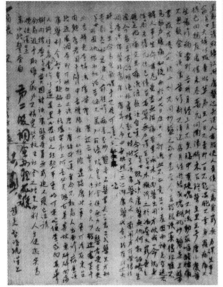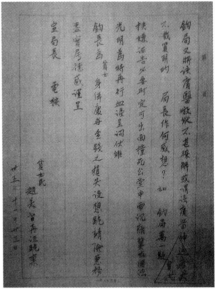

图 6 - 1　赵美智检举唐小庆信函

资料来源：上海市档案馆。

同是在 11 月 23 日，唐同庆呈文上海市警察局局长宣铁吾。根据唐同庆自陈，其与弟唐小庆同受业于乃父唐懋勋。唐同庆本在老家盐城行医，但因盐城陷于战火，为谋生存不得不来到上海避乱，暂住于其弟唐小庆家中。对于上海市警察局将自己拘禁 51 个小时之久，唐同庆表示强烈的不满和抗议，并请求警局对检举人的身份进行彻查。

> 查人民非依法律，不得逮捕拘禁审问，且羁押不得逾二十四小时，约法有第九条明文规定。兹竟无端逮捕拘禁至五十一小时责保释出，人民自由有何保障？……钧属卫生股竟滥用职权，不重视国家法律及人民自由，而有前开事件发生，特吁请钧长俯赐彻查以明真相而障人权，不胜幸甚。

对于唐同庆的这纸诉呈，警察局局长宣铁吾并不认同，他认为"此系侦察期间，并非逾时拘押"，因此唐同庆的抗诉"殊属不合"，抗诉被驳回。与此同时，由于检举人赵美智一直未曾露面，因此上海市警察局专门行文《申报》《新闻报》《大公报》《东南日报》四家报社，要求在"来函栏"中登载消息，希望能够传讯检举人赵美智到案。警察局文称：

十一月十五日及廿三日，据该民妇两次呈请本局究办庸医唐小庆诊断错误致人堕胎一案。即经本局传案详询该唐小庆坚不认有误诊情事，当传该民妇到案质询。乃因原报地址不符，数次饬传无着，将该医生先予交保在案。现该医生呈请追究告诉人到局，仰该民妇见报即行来局详陈诊断错误情形，或承报确实住址，以便依法究办。

就在此一消息登载两天后，12 月 9 日，一直未曾露面的唐小庆从台后走到了幕前，与其兄唐同庆一样，向上海市警察局局长宣铁吾投上了诉呈。据诉呈可知，由于身体原因，唐小庆到其弟唐善庆处修养，医舍暂时由其兄唐同庆代为打理。因此，对于唐同庆被赵美智喊控一事，唐小庆起初并不知晓。唐同庆被警局羁押 51 个小时释放后，唐小庆才同其兄前往调查赵美智究竟为何人。然而，非常可疑的是，他们并未查到此人。对于唐同庆被羁押以及上海市警察局登报传讯检举人赵美智一事，唐小庆表示了强烈抗议。道理很简单，除了其兄唐同庆无端遭押之外，警察局称"庸医唐小庆诊断错误致人堕胎"，也严重伤害了自己。唐小庆抗议道，经报纸登载此事后，不仅"亲友惊相走告"，"病家更裹足不前"，对自身的"名誉信用及营业"影响"良非浅少"。因此，唐小庆要求上海市警察局应对报纸登载"庸医唐小庆诊断错误致人堕胎之语"及时予以更正以便恢复其名誉。

对于唐小庆的诉呈，上海市警察局继续表现了其强势的一面。警局认为，尽管此案并非直接与唐小庆相关，但因"诊所系该民所开，而诊病由唐同庆代理，则该民与唐同庆自应共同负责"。因此，对于唐小庆"所请不准"。

对于上海市警察局的这一回应，唐小庆极为不满。1947 年 1 月 10 日，唐小庆采取了一项非常大胆的举动，即将上海市警察局及其局长宣铁吾列为"被诉愿人"，向上海市政府提起诉愿。在诉愿书中，唐小庆首先列明了自身的行医资质，并对检举人的检控提出怀疑，认为是有人别有用心，蓄意诬告，特别是其兄唐同庆被警局羁押 51 个小时以及上海市警察局登报之事，相关行为已严重危害了医师的合法权益。在诉愿书中，唐小庆专门援引了上海市警察局局长宣铁吾在回答参议员陈存仁医生的质问时所做的承诺：

> 医师有割股之心，无害人之意。如因执行业务而发生过失犯罪情

事，亦应斟酌案情办理，不得苛刻待遇，更不宜根据病家片面报告率行拘传。以上二点，当通令各分局，有则即予改正。

唐小庆在诉愿书中强调，宣局长的承诺言犹在耳，然而在处理自己的案件上，警局却明显执意要"入市民于罪"，实在是不可理喻。因此"特依法涕泣诉愿请求"，希望上海市政府"裁令市警察局长撤销原批，将各报更正以保名誉信用而利营业"。

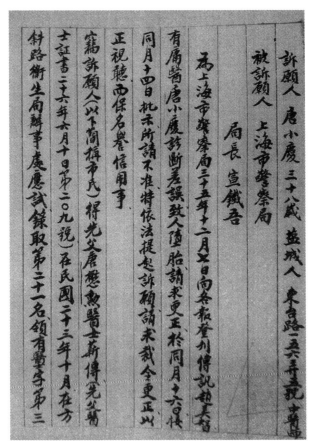

图 6 - 2 唐小庆向上海市政府提起的诉愿书

资料来源：上海市档案馆。

针对唐小庆的诉愿，上海市政府认为，《诉愿法》适应于中央或地方政府的违法或不当行为对人民权利（利益）构成的损害。然而，唐小庆讼案一直真相不明，不能"就事件之法律关系予以裁断"，因此在上海市政府下达的裁定书中，对于唐小庆的诉愿予以驳回。①

　　唐小庆的诉愿尽管被驳回了，但这一讼案所具有的历史意义，显然是多方面的。在唐小庆诉讼案中，检举人一直未曾找到，在事实不明的情形下，上海市警察局仅凭一纸检举信，就将唐同庆羁押达 51 个小时之久，显然甚为不妥。换句话说，上海市警察局拘捕唐同庆的行为，在很大程度上依然是传统行政思维的延续。尽管在上海市参议院中，上海市警察局局长宣铁吾曾经做出谨慎应对医讼案件的承诺，但在现实操作中依然难以跳脱出传统的思维模式和旧有的处理路径。如若再进一步思考，这一行为本身所反映出的恐怕也不仅仅是思维定式这般简单，在其背后可能还有着社会对于医家的更为传统的认知和态度。

　　唐小庆一案的有关资料表明，上海市警察局在处理这一案件的过程中，相关行为有明显的不妥之处。也正因为如此，在此一讼案中，中医唐小庆及其兄唐同庆能够据理力争。中医唐小庆的抗诉，特别是敢于将上海市警察局列为被诉愿人而向上海市政府进行诉愿的行为，明显迥异于民国初年医家被警局传唤和拘捕时的一味隐忍。这一行为本身表明，无论是西医界还是中医界，在同国家争取医权的斗争中，都有着可圈可点之处。至少，当时中西医界争取医权的行动给了唐小庆很大的信心。当然，由于资料所限，在这一时期类似唐小庆的讼案究竟有多少，我们很难做出统计。因此，在对类似事件进行历史评判时，显然要非常谨慎。不过，这一讼案本身所具有的意义不可小觑。它表明，即使在民国时期身为被打压的中医，已然敢于突破旧有的思维模式，开始勇于捍卫自身的权益。甚至可以说，这一行为所昭示的不仅仅是医师对自身权利的追求，从更广泛的社会层面来讲，也是 1940 年代中后期民众权利意识觉醒的一个体现和缩影。

＊　＊　＊

　　与民国初年的卫生行政化相比，我们看到，即使南京国民政府时期的卫生行政管理部门已和警察系统相分离，但是在具体规范行医和取缔非法行医的活动中，卫生主管部门和警察系统仍然要一起合作才能奏效。这一

---

① 相关案件资料详见《医治纠纷案》（1946 年 11 月 17 日～1947 年 3 月 6 日），上海市档案馆藏，档案号：Q131－4－340。

时期的卫生行政管理部门在对行医的规范上，又出台了很多新的举措。正是这些新举措，使社会各界可以利用更多的制度资源去检举非法行医者。卫生行政主管部门在获得讯息后，也会主动介入调查，一探事情的究竟。并且，在这个过程中，我们看到了有关部门非常严厉的一面。在这种情形下，非法行医者也不得不谨慎因应。此外，在上海、南京、广州等地区的卫生行政主管部门的档案中，所谓的"非法行医者"几乎都是中医。这种状况，与中医在民国时期的历史遭际是分不开的。在西医把控卫生行政大权的大背景下，各种不符合"规范"的中医被查禁，也是合乎逻辑的。与此同时，卫生行政主管部门的不留情面，也多少反映出对中医某种程度上的敌对态度。不过，与民国初年不同的是，在进入 1940 年代后，当中医在遭遇警局不公正的对待后，表现出的已不再是唯唯诺诺，而是勇于维护自身权益的一面。① 显然，这种情形的出现，除了当时有利的国内政治环境的影响，同时也与这一时期中医职业化的不断成熟以及医学团体的相互支持是分不开的。

南京国民政府统治中后期，各级卫生行政机构自上而下地普遍设立，在很大程度上反映的是现代国家行政权力向基层社会延伸和渗透的一面。当国家将相关权力交付各级卫生行政部门时，特别是使其负有监管医家的行医权限时，便决定了这些机构必然要在医病关系的互动中发挥作用，进而对现实中的医病关系产生影响。换句话说，国家已经将卫生事务的权力触角延伸到其能达至的范围，这也就决定了在这些地区，现代国家力量将在很大程度上改变甚至完全置换民间社会传统的医病纠纷处理模式，以及其在遭遇医病纠纷时所固有的认知和态度。

杨海钧医师一案，就是一个典型案例。这则案例显示，伴随着民国时期医疗卫生行政体制的逐步成型，县以及县以下的卫生行政机构开始在医病纠纷中发挥作用。民众在遭遇医病纠纷后，会出于各种动机对行医者特别是非法行医者进行检控。由此一来，各级卫生行政部门便会接触到相关案件。尽管在相关案件中，卫生行政部门仅仅起着裁决医生行医是否合乎法律规范的作用，但值得注意的是，在进行裁决后，其对于

---

① 关于民国初年医者因应医病纠纷的相关研究，可参见马金生《论民国初期北京地区的行医管理和医病关系》，《北京社会科学》2011 年第 4 期。

涉及刑事的案件，通常会比较坚决地移送司法机构去审理。由此一来，地方法院审理医病纠纷的案件便会增加。在这些案件中，非法行医的案件相对较多，但也有正式医师会被卷入其中。

还有值得关注的一点是，在杨海钧医师一案中，如果不是有人检举，那么他的非法行医很可能只会成为郎中桥镇当地居民茶余饭后的谈资，并不会为国家行政机关所查知，更不会进入司法程序形成诉讼。换句话说，这样的案件，往往会以传统的私下和解的方式予以解决。然而，正是由于有人利用了国家的制度资源，才使得卫生行政机构开始介入其中，并展开了认真的调查。在这个过程中，医病双方显然又通过某种方式达成了和解，因此，才有了郎中桥镇商民以及病者家属先后联名上书，要求撤销对杨海钧的控诉。在这里，我们可以清晰地看到，传统的乡村人情社会发挥了作用。在杨海钧案中，杨文翰妻子说到与杨海钧为同姓兼有亲戚关系，加之商号在联名上书中迫于情面的相关行为，无不是这种人情社会最为突出的体现。在传统社会中，正是由于这种力量的存在，才使得很多纠纷在乡村内部的系统内得到了解决。①

也正是在这种力量的影响下，洋泾卫生事务所在某种程度上也表现出了动摇，请示上海市卫生局是否可以减免处罚。然而，上海市卫生局却表现出了坚决的态度。这表明，传统乡村伦理的作用其实是随着卫生行政管理机构的设置层级下移与地域分布扩展而产生递减效应的。杨海钧一案实际上完全可以看作在向现代社会转型的大背景中，在国家权力已开始渗透但并未完全掌控的区域发生诉讼案件时的一种典型形态。这与在上海、广州等大城市市区之中，发生医讼纠纷时的形态是有着较大不同的。

换句话说，杨海钧一案的处理过程，集中地体现着现代国家权威与传统人情关系的一种博弈。其中，既能看到传统人情社会中惯有的那种消弭纠纷的运作方式，同时也有着现代权力在处理案件时的既有程序。当传统人情社会的运作模式与现代国家的权力运行发生碰撞时，便会撞击出形形色色的光圈，充满着各式各样的纠结。最终，人情关系让位于强势的国家权威，杨海钧必须要承担违背法律的后果。不过，在这个碰撞和角力的过

① 对于传统社会医病纠纷的解决模式及其成因的探讨，可参见马金生《明清时期的医病纠纷探略》，《史林》2012 年第 1 期。

程中，人情关系也并没有完全落败，针对杨海钧的行政处罚，上海市卫生局依然有着"特念初犯，从轻处分，停业三个月"的处理结果。这说明当地商民和病者家属的上书陈情，并非完全没有发生作用。由此，杨海钧一案，也在一定程度上体现了传统的人情社会向现代法制社会转型中的复杂面相。

总之，民国时期卫生行政管理体制的逐步确立，特别是现代国家公权力对行医活动的全面介入，一方面是现代国家权力在城镇层面不同程度地替代、置换传统的解决医病纠纷的运作机理，使得医病纠纷从原来的人情社会与地方空间中凸显出来；另一方面，在医病纠纷的处理中，卫生行政管理机构仅对医师行医是否符合规范做出裁定，而对医病纠纷的是非曲直则移交司法部门裁处，并不积极承担纠纷的调解工作。因此，医病纠纷便由行政处罚领域大量进入了司法审判领域成为医讼，这对医讼在民国时期的多发来说影响是相当之大的。也便由此，在南京国民政府统治的后期，现代卫生行政管理体系的初步确立，是为了或者起到了"防讼于未然"的看法，恐怕是难以站得住脚的。

第七章 医讼案件审理中的多方博弈

关于医讼案件的处理模式，龙伟曾做过较完备的归纳。大体来看，这一时期医讼案件的处理有和解、行政处理和司法裁处三种主要形式。其中，司法裁处又有自诉和解、不起诉处分和司法审结几种形式。[①] 应当说，龙伟的这一划分是相对成功的。不过，颇为可惜的是，龙伟对案件的具体审理过程仍缺乏研究的兴趣，也就是说，对于相关医讼案件解决过程中，医家、病人、司法机关以及社会各个层面之间究竟是如何展开互动，进而导致了上述不同解决方式的形成的，却没有进行细致考察。由此，导致后人对案件的解决过程少了一层动态的认知，这在一定程度上不能不说是一种缺憾。

在这一章中，我将在既有研究的基础上，试图通过典型案例来考察在医讼的解决过程中，究竟是哪些因素具体而微地影响着案件的处理，以及在这些因素的背后是否还隐含着一些较为重要的社会文化信息。特别是，希望以此来较为细致地呈现民国时期的司法程序是如何运作的，以及又是如何对诉讼中的医生与病人产生影响的。更具体而言，我考察的重点将主要包括：当法院在审理诉讼案件时，检察官、法官是本着一种什么样的态度去进行调查取证和审理裁断的？在审理案件的过程中，不同级别的法院在裁处同一讼案时，对相关证据又是如何取舍与采信的？不同层级的法院对医讼时的不同审理，其内在原因又是什么？以及法院的审判结果会对现实中的医病关系产生怎样的影响。

一 和解中的医生、病人与法院

医病双方之间因某种原因达成和解，在民国时期的医病纠纷中是很常

---

① 参见龙伟《民国医事纠纷研究（1927～1949）》，第 155～200 页。

见的。相关资料显示，部分医病纠纷在初起之时，就会在一定的人情脉络的作用下得到和解。[①] 这种历史现象，反映了传统在近代中国的某种延续。如若仔细梳理民国时期的诉讼档案，便会发现，当部分医病纠纷甚至在司法程序之后，也会忽然峰回路转，在起始阶段或者中途得到和解。一些诉讼初起的案件，当法院的检察官试图联系原告、对纠纷的始末例行核实和调查取证时，原告竟然矢口否认有控诉的事情。相关的事例，不仅蹊跷且颇为有趣。

　　比如，1947 年 11 月 25 日，上海人周泽钧和中医钱雪庚被一位名叫周星仁的人起诉至上海地方法院。在起诉书中，周星仁称其妻李氏因"生产过多，不胜其苦"，拟将怀孕三月的胎儿打掉。在李氏"至戚"周泽钧的介绍下，周之妹夫、以中医为业的钱雪庚同意为李氏"代施手术"，并向周星仁索取医药费等 500 多万元。然而，手术中因钱雪庚"用药太猛"，以致李氏"身体损害，奄奄床褥，迄今未愈"。为此，周星仁颇为不满，向上海地方法院检察处举控，希望能对被告提起公诉。然而，当上海地方法院检察官将周泽钧、钱雪庚传唤进行讯问时，两人却坚不承认认识周星仁及其妻李氏，也矢口否认为李氏实施过打胎。当司法警察将传票按地址送至周星仁家时，周星仁并未露面，他的妻子李氏拒不承认曾告发别人，"不愿收受传票"。最终，这一案件在缺乏原告的情况下，以不起诉了结。

　　上面这一案例，在类似案例中颇有代表性，同时也颇耐人寻味。在第三章中，我们曾经论及，非法堕胎是南京国民政府法令所严厉禁止的，惩罚力度非常大。[②] 对于民国时期的医师来说，堕胎罪也是颇具有震慑性的刑罚。在这一案件之中，检举人住址和姓名完全是真实的，但对检举之事却全盘否认。这一点不能不让人产生疑问。个中的缘由，也着实让人易生猜想。在我看来，一种可能的解释便是，因李氏与被告医师有"至戚"关系，当纠纷兴起后，在传统人情关系的影

---

① 关于民间层面医病纠纷的和解情况，可参见龙伟《民国医事纠纷研究（1927～1949）》，第 155～158 页。

② 关于民国时期堕胎的相关研究，目前学界已有很多著述，可参见龙伟《民国医事纠纷研究（1927～1949）》，第 129～154 页；另见龙伟《堕胎非法：民国时期的堕胎罪及其司法实践》，《近代史研究》2012 年第 1 期。

响下，医病双方之间达成了某种和解，病家撤销了对医生的检举和起诉的打算。① 由于民国时期司法奉行"不告不理"原则（即所谓的"民不举，官不究"），既然没有了原告，也便没有了诉讼。②

与诉讼案件在初始阶段即达致和解不同，也有为数不少的案件在进入司法审判程序后，在社会各方的努力下而得到和解。由此一来，一件原本闹得满城风雨的医疗纠纷，也便会戛然而止。比如，1930 年代上海最为著名的医讼案件之一——病家李石林控告上海妇孺医院案。原告李石林因其妻生育后身死与妇孺医院大打官司，将妇孺医院张湘纹、葛成慧两位医师控诸法院。法院在受理案件后，开始进入正式的审判程序。不过，就在审判过程中，有关人员一直在为原、被告能够进行庭下和解而多方努力。先是医师陈景煦为医病两方积极奔走，无奈双方芥蒂太深，最终调解无果。令这起讼案明显区别于其他案件的是，社会名流马相伯、熊希龄、朱庆澜纷纷出面代为调解。最后，由熊希龄、朱庆澜代付刊登调解人启事广告费，促成了医病双方的和解。

在这一案件中，还必须注意的是，就在马相伯、熊希龄、朱庆澜等人代为调解的过程中，负责处理此案的上海第二特区法院推事孙鸿霖竟然也向涉讼双方恳切劝告，希望双方能够就此罢讼，对于诉讼的最终和解也起到了重要的作用。③ 可见，对于医讼案件，法院在裁处时对于能够和解的案件还是在尽量促成和解。这起案件在当时闹得满城风雨，几乎尽人皆知，也足见涉讼双方能量之大。特别是社会名流马相伯、熊希龄等人的加入，更是能够想见其在当时社会的影响之广。而熊希龄和马相伯之所以会介入这一讼案，从熊熙龄给后者的信中，或可见一斑。

> 相伯先生阁下，昨承惠赐喜联，感谢无已。尚贤堂妇孺医院案，公为鲁仲连，不胜钦佩。惟因登报费，双方均不愿出，以致和解延搁。弟等深觉尚贤堂妇孺医院，以嘉惠平民之热心，为沪上不可多得之医院；而李君石林又以爱妻之故，为此不得已之安慰，双方均须顾

---

① 《上海地方法院监察处关于钱雪庚等堕胎案》，上海市档案馆藏，档案号：Q186 - 2 - 23282，1947。
② 关于南京国民政府时期刑事审判所遵循的基本原则，可参看谢冬慧《中国刑事审判制度的近代嬗变：基于南京国民政府时期的考察》，第 40～41 页。
③ 参见宋国宾编《医讼案件汇抄》第 1 集，第 86～87 页。

全。弟等愿为捐资等报，从公之后，为一调人，想荷肯首。乞将登报
稿掷下，以便送登各报，此泐，敬叩台安。

弟熊希龄　朱庆澜　二月二十四日　①

结合熊熙龄的信和相关资料来看，马相伯是首先介入讼案的调停之中
的。在马相伯的调解下，医病双方同意和解，但在刊登和解广告费用的问
题上，双方又产生了分歧。熊希龄、朱庆澜"深念"妇孺医院在上海颇有
令誉，为"沪上不可多得之医院"。而李石林又丧失爱妻，不免让他们也
心生悲悯。于是，两人才决定代出"登报费"，最终圆满地促成了案件的
和解。除了上述原因，马相伯、熊希龄、朱庆澜着意调解这一讼案是否还
有别的因由，恐怕后人已难以知晓。不过，这并不会在根本上影响研究的
结论。因为在这一讼案中，我们已然可以清晰地看到，社会力量的介入是
如何对正在审理的诉讼产生重要影响的，以及在这一过程中社会力量与审
判机构之间存在着的某种微妙的互动关系。

以上两则讼案，是国家司法机关已然对医病纠纷有所接触或深度介入
而以和解告终的典型案例。两则讼案得以和解，在很大程度上体现的是黄
宗智所注意到的司法审判的"第三领域"发生作用的结果。② 换句话说，
即使是到了南京国民政府时期，在司法审判过程中依然存在着各方为讼案
和解所进行的努力。

二　司法审结：关键的鉴定意见

对于诉讼案件的审理来说，由于专业知识的局限，仅由检察官或者法
官来完成医学的鉴定，是一件非常困难的事情。因此，当如何鉴定医疗活
动中是否存在过失，也便成为医讼案件审理中至为关键的问题。

大量的资料证明，当民国时期的医讼初起之时，医疗行为的鉴定是由
法院的检验吏来完成的。由于检验吏多数由清末衙门中的"仵作"改任，
因此检验水平并不高。检验吏能力的低下，很快便招致了医学界的强烈质

---

① 宋国宾编《医讼案件汇抄》第 1 集，第 86～87 页。
② 参见黄宗智《清代的法律、社会与文化：民法的表达与实践》，第 107～131 页。

疑和不满。在部分医讼，特别是西医诉讼案件中，有西医师径行向法院提出抗议，指斥检验吏能力低下，并不适合充任鉴定的职责。① 不过，恰如龙伟所注意到的，一直到 1933 年，除了江苏、浙江两省法院外，其他各省的法院均无法医的设置。很明显，专职法医的缺乏，意味着一定时期内绝大多数案件的初始鉴定，还要操于检验吏之手。② 无疑，这给医讼案件的形成及其处理，带来了诸多不确定的因素。当然，医学界对检验吏的质疑和不满，也确实产生了一定的作用。到了 1930 年代中期，各地的高等法院在处理医讼纠纷时，已基本倾向于向专门的医学机构和医学团体征求鉴定意见，并以之作为断案的依据。如果鉴定方给出的鉴定意见证明医术无误，法院在采纳鉴定意见后，便会以不起诉处分结案。

　　此类案例较多。比如，1948 年 6 月 4 日，家住上海北英华里 6 弄 7 号、从事修伞业的泰州人周星泉将中医师王绍东告到了普陀路分局。根据周星泉的控诉，其母倪氏在是年 6 月 2 日忽感头晕、胸闷，遂请中医王绍东来家诊治。不料在服药两剂后，倪氏忽然神情大变，身怀八个月的婴儿随即流产。周星泉家人见此，遂怀疑王绍东所开之药有误。上海普陀路分局在接案后，迅即传讯了王绍东，但并不能确定王绍东所开药方是否有误。最后，普陀分局将案件移交至上海地方法院。

　　上海地方法院检察处在录取双方的口供后，也不能做出评判。为了获得确实与权威的鉴定意见，上海地方法院决定行文上海国医公会，并点名希望陈存仁医师予以鉴定。陈存仁医师对王绍东所开药方进行了认真研究，认为"所开药方并无堕胎药品在内"，"故统观全方实无堕胎之可能"。上海地方法院在接到陈存仁的鉴定回复后，遂对案件进行了裁断，给予王绍东不起诉处分。③ 如若仔细阅读王绍东为病人所开具的药方，便会发现，不仅药方中所开列的中药药性平和中正，同时在药方右下角显著位置，分明写有"怀妊八月，防增变"几个毛笔正字。这一案件表明，为

----

① 民国初期检验吏多由旧时的仵作充任，即使并非如此，相关人员也存在着能力低下的问题。在 1930 年代初期，伴随着医讼案件的频繁发生，医学界特别是西医界对检验吏的能力和检验结果日益不满，呼吁应该提请正式的医学机构进行鉴定。关于检验吏的更为详细的讨论，可参看龙伟《民国医事纠纷研究（1927～1949）》，第 299～306 页。

② 参见龙伟《民国医事纠纷研究（1927～1949）》，第 203 页。

③ 《上海地方法院检察处关于王绍东堕胎案》，上海市档案馆藏，档案号：Q186 - 2 - 29646，1948 年 6 月。

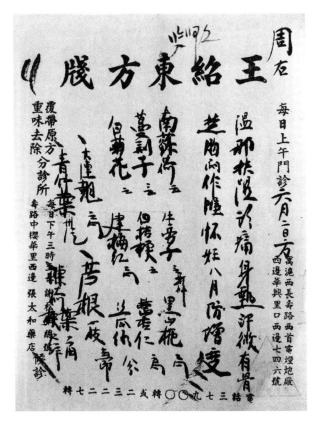

图 7 – 1　王绍东所开药方

资料来源：上海市档案馆。

　　了防止涉讼，部分中医依然在行医活动中采取传统的方式来规避责任，并且，达到了预期的效果。

　　民国时期医事讼案的解决，凡是不起诉处分的案件，大体上全都遵循上述的一种审理逻辑，即在专门的鉴定机构或者鉴定专家出具非业务过失的证明后，讼案最终以不起诉处分了结。相反，如果鉴定机构出具的证明对涉案医师不利，或者鉴定结果直接表明涉案医师有业务过失，这样的鉴定则会导致医师败诉。邓青山医师讼案，便是一个典型的案例。

　　如本书第四章所述，该讼案中病人胡尔欣患有白喉，经邓青山医师诊治并注射马血清后不久即发生病变，尽管邓青山医师采取了紧急抢救措施，但还是没有能够挽救回病人的生命。胡尔欣死后，其夫彭武扬以"图利、故意杀人，复加残忍之行为"的罪名，将邓青山医师控诸法庭。其

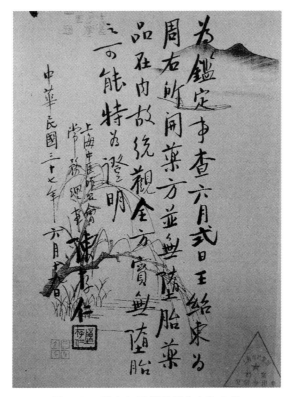

图 7 - 2   陈存仁医师所开药方鉴定书
资料来源：上海市档案馆。

中，对于邓青山"图利"的指控，是指胡尔欣拒绝打针，但当时邓医师已经将药瓶打开，并有"药要八元多钱，如不打怎么办呢"等语。据此，彭武扬认为邓青山是为了避免医药损失而强行为病人注射。病者家属同时认为，马血清陈腐有毒，邓青山因而具有故意杀人之嫌。至于"残忍行为"，则是指邓青山在紧急抢救过程中，用刀割开注射处挤出黑血。这种剖割体肤的行为，在病家看来，明显也是难以接受的。①

对于病家的指控，江西省九江地方法院认真做了调查取证，发现邓青山平时并无图利的坏名声，并且邓医师所在的普仁医院具有慈善性质，一瓶药水的赢利只在区区几元，相关指控是不能够成立的。为了慎重起见，在马血清治疗白喉的疗效上，九江地方法院分别向中央卫生部和九江医师

① 宋国宾编《医讼案件汇抄》第 1 集，第 127～128 页。

公会提出了鉴定请求。中央卫生部答复为马血清不但能够治疗白喉，同时还能够预防白喉。而邓青山所注射的血清药瓶显示也并未过期，并无毒性。因此，病人对医师的指控显然是不能够成立的。

事情看似在朝着对医家有利的方面发展。然而，九江西医公会却做出了不利于邓青山医师的鉴定。九江西医公会指出，注射血清对于某些人来说会产生过敏症状，"一万人中大约会有十五人容易产生皮肤出现红点的症状"；另有一种人在"注射血清后数分钟或者数小时内，猝然死亡"。病人致死的缘由，即在于这种人的体质与血液不相适应，所谓"癖忌性是也"。在这一点上，邓青山医师显有疏忽业务的责任。

对于九江西医公会的鉴定意见，九江地方法院予以采信。结合病人胡尔欣身体素弱的特征，以及病人突然身死的事实，九江地方法院认为邓青山在注射血清之前，未曾考虑过病人的身体状况，直到注射血清后发现病人身上出现红点，才恍然大悟，"恐病人身体太弱，受不住血清之反应"，结果导致病患身死。据此，九江地方法院判决邓青山医师存在业务过失，决定处以罚金800元。

在这一起讼案中，九江地方法院的证明，确实抓到了问题的症结。白喉是一种由白喉杆菌引起的急性呼吸道传染病，本身具有很强的传染性。在医学界尚未找到有效的治疗方法之前，白喉所造成的死亡率是很高的。从西方医学史的发展来看，通过获取动物抗血清治疗白喉是在19世纪末方始研发试用，并取得了一定的疗效。不过，由于这一疗法存有一定的副作用，在血清被应用于治疗白喉的早期，围绕其疗效的争论便一直未曾中断。关于这一点，威廉·F. 拜纳姆在《19世纪医学科学史》一书中亦曾不无感慨地写道："尽管血清疗法使公众极感兴趣，但它从来都不是确定无疑的奇迹疗法。……在最初的那些年中……因抗毒素而偶然导致的病人意外死亡令人担忧，而且伴有发烧、出疹子和关节痛的情况也更为常见。"[1] 有学者甚至指出，一直到今天，历史学家依然难以评估血清疗法对当年白喉的治疗，究竟是起了多大的作用。[2]

---

[1]　〔英〕威廉·F. 拜纳姆：《19世纪医学科学史》，曹珍芬译，复旦大学出版社，2000，第202～203页。

[2]　关于围绕血清疗法早期争议的讨论和介绍，可参见李尚仁《血清疗法的早期争议史》，（台北）《科学发展》第368期，2003年8月。

　　到了 20 世纪初叶，随着西医在华逐渐站稳脚跟，血清逐渐在中国被用于白喉的治疗。对于今人来说，在注射异种动物血清之前，对病人进行皮肤敏感试验（即"皮试"）已司空见惯。然而，由于历史条件的限制，在百年前，这一在今人看来近似常识性的做法却并未得到医师普遍的重视。在《医业伦理学》一书中，宋国宾医师曾专门提醒同道，在血清的使用上一定要万分谨慎。他指出："血清施用时，分量之多寡失当，引用之时期失当，病人身体之特质检查未详，当用不用，不当用而用"，都可能会"致病人于危险"。身为医师，对此不可不察。① 客观地讲，邓青山医师以马血清为胡尔欣治疗白喉，在治疗手段上是对症的。但是由于医师个人的局限或疏忽，不幸导致胡尔欣身死。如若从刑法的角度来看，邓青山是有业务过失责任的。

　　对于九江地方法院的裁断，邓青山医师表示不服，向江西省高等法院提起上诉。邓青山在上诉状中，认为胡尔欣乃病亡，与注射马血清并不存在必然关系。不过，江西省高等法院在复审这一诉讼案件时，还是全盘采信了九江西医公会的鉴定意见，指出病人在注射马血清后十分钟即死，正好符合关于"癖忌性"的论断，病人非病而死"已属毫无可疑"。由此，九江地方法院关于邓青山业务过失的裁定"自非无见"。不仅如此，江西省高等法院还认为九江地方法院"量刑稍轻"，"自应撤销"，改判邓青山罚金 900 元。

　　江西高等法院的判决，显然大出邓青山的意料。他再次表示不服，向全国最高法院提起上诉。在全国最高法院的审理中，一个非常有意思的现象出现了，那就是最高法院因南京国民政府颁布大赦条例，将原判决中关于刑罚部分予以撤销了。② 不过，这一案件并未因此而结束，病家在律师的支持下，随即又提起民事诉讼，下文将论及。

　　通过上述案例的分析，可知对于医讼案件来说，鉴定意见明显成了医生、病人和法院多方博弈的核心。由此，对于医病双方特别是医家一方来说，因关系到自身利益，当法院将涉讼案件提请相关医疗机构鉴定时，也会对医疗机构的选择格外留意。发生在 1936 年的楼炳鳌控告俞赞臣医师

① 宋国宾：《医业伦理学》，国光印书局，1933，第 111 页。
② 宋国宾编《医讼案件汇抄》第 1 集，第 130 页。

一案，就是一个典型的例子。在这起讼案中，中医俞赞臣被病家楼炳鳌控告过失杀人。上海第一特区法院立案后，按照程序要将俞赞臣所开药方送至上海国医公会进行鉴定。不过，在鉴定机构的选择上，俞赞臣的律师提出了不同意见。

> 被告律师则称神州医学会与国医公会，素有意见，且被告又非国医公会会员，为求公平计，应另送公正机关，方得其平。原告律师复提起中央国医馆上海分馆，此系国医之最高机关，谅无偏颇之虞。①

原来，俞赞臣为神州医学会的会员，而神州医学会和上海国医公会之间素有嫌隙。因此，俞之律师建议药方改由中央国医馆上海分馆进行鉴定。这一提议，最后得到了法庭的同意。在法院完全凭依鉴定意见做出裁判的前提下，俞赞臣医师的顾虑是可以理解的。这一事例也表明，对于转型期的中国而言，医事鉴定这种关乎医家声誉甚至命运的重要事务，在当时还难以做到完全公正和客观。换言之，在医学派别、人情关系等社会文化因素的影响下，也可能会有医学机构做出不利于医师的鉴定。而这类鉴定一经做出，医家便将完全陷入被动。中医名家陈存仁便记载过一则上海老中医恽铁樵的医讼逸事：

> 恽的药方确实不错，因为他是商务印书馆编辑出身，常州恽家也懂得一些医道，但半途出家，有些药方是书本上的成方，他却不知道根据病家的情况来活用……恽铁樵看中华书局股东周某人，周是位饱学之士。一次，周的女儿病了，也是先看殷受田，后看恽铁樵。吃的是恽铁樵的药，一帖药之后，周某的女儿就死了。周某哀女至恸，就向法院提起控诉。法院将药方交医学会评判，因恽氏向来喜欢说同道的坏话，所以医学会的评议书，也对他极端不利。初审时恽氏就败诉，二审时恽氏托人对法官有所"贡献"，只被当堂申斥几句就被无罪释放。周某人大为不服，亲自写了一篇《杀女记》，由中华书局用仿宋体排印成一本精美的小册子，分送各界，而且中华书局还向所有买书的人附送这本小册子，报纸上也转载了这篇文字。恽氏一声都不

---

① 《楼炳鳌丧子　诉国医用药有误》，《申报》1936年7月1日，第14版。

敢出，消沉了两三年。①

这则案例向我们揭示了很多方面的讯息。一方面，在这一诉讼案中，可以看到，涉讼医师自身的声誉在诉讼过程中同样非常重要。如若开罪同道，一旦发生诉讼，也可能会遭遇不利于己的鉴定，进而使医家陷于被动与麻烦之中。另一方面，在诉讼过程中，原、被告还可向法官进行"贡献"，这在不同程度上也会影响到审判的公正性。此外，还有一点值得注意，那就是当病家见到医家并未受到法律制裁后，竟"亲自写了一篇《杀女记》"并"分送各界"。病家的这一行为，显然是传统"报复"医家手段的一种延续。关于这一传统，本书第一、二章中有所讨论，此不再赘述。这也提示我们，对于那些业经法院裁决的诉讼案件也应多所留意。显然，法院的判决要想令涉讼双方都满意，在多数情况下恐怕不太容易实现。于是，败诉之后的病家有的会凭借自身资源，借助其他途径来继续向医家讨取"公道"。在这些途径中，传统的报复医家的方式，自然更为得心应手。相关方式尽管传统，却也能够产生一定的效果。恽铁樵"一声都不敢出，消沉了两三年"，病家着实出了胸中的一口闷气。在这一起诉讼案件中，历史与现实的分野、传统和现代的边界，彼此既十分分明，又很模糊。这也在另一个侧面体现了中国近现代历史嬗变的基本特征。

三　制度的张力？——检察机关与法院之间

在对民国医病纠纷进行研究的过程中，龙伟敏锐地发现，作为原控的病家、握有审判权的法院、被控的医家三者之间对案情认识存在的巨大分歧，是导致医讼案件上诉率高的重要原因。② 其实，如若将视野放宽，便会发现，在医家、病人和法院三者对事实的认定往往存有差异之外，检察机构所扮演的角色同样不容忽视。在这一时期所发生的医讼案件中，法院的检察机构和审判机构之间也往往会因对案情的认识不一，出现彼此颉颃和相互角力的现象，从而导致诉讼不易在短时间内了结。

"审检合一"，是南京国民政府时期司法审判制度的一个重要特征。

---

① 陈存仁：《银元时代生活史》，第 14 页。
② 参阅龙伟《民国医事纠纷研究（1927～1949）》，第 197 页。

1932 年国民政府所颁布的《法院组织法》明确规定："检察官对于法院，独立行使其职权"。尽管检察机关设在法院内，但其职责与法院是有严格区分的。也就是说，检察官具有独立实施侦察、提起公诉、支持公诉、指挥刑事裁判执行、"协助自诉"及"提起自诉"的职责。[①] 由此一来，检察机关和审判机关之间的紧张甚至对立时常发生。在南京国民政府时期检察制度的存废之争中，这也一度成为主张废除检察制度者的一大核心理由。[②] 当然，检察制度最终为国民政府所保留。由此，检察与审判系统之间的这种制度性紧张，也便在相当时间内一直存在。对于医讼案件来说，这也为检察官与法官进行讨价还价甚至分庭抗礼提供了法律依据和制度空间，特别是在由检察官提起公诉的案件中，表现最为突出。

在前面的章节中，我们曾经论及民国时期的自诉范围在扩大之前，诉讼案件往往由原告赴法院进行检控，检察官在调查取证后再决定是否提起公诉。进入 1930 年代，尽管自诉的范围有所扩大，但公诉依然在诉讼案件的提起中占有较大的比例。检察官与法官之间如因意见不一，也会在相关诉讼案件上纠缠不休，由此导致讼案一诉再诉。在宋国宾医师编辑的《医讼案件汇抄》第 1、2 集中，因法院检察官不服审判而上诉的医讼案件便有沈克非医师讼案、郑信坚医师讼案及欧阳淑清医师讼案等。为了清晰地呈现这一历史状貌，下面我们来剖析一下郑信坚医师讼案。

这一讼案的大体情形是这样的。吴玉符 6 岁的儿子吴金铸患有脑膜炎症，于 1933 年 1 月 21 日被送往合肥基督医院进行医治。因基督医院没有当期血清，主治医师郑信坚在征得吴玉符的同意后，为小金铸注射该院冰箱保存的过期血清。对于注射过期血清，吴玉符尽管同意，但始终疑信参半。在注射之后，他曾致函内政部卫生署咨询。卫生署复函认为过期血清只可用于急救，否则"增加注射量于腰脊注射，时有危险"。这一复函，显然大大加深了吴玉符的疑虑。到了 2 月 11 日，吴玉符见小金铸病情仍无起色，而医院治疗费用又颇为昂贵，于是决意带金铸出院。吴金铸在出院一天后不幸身死。吴玉符怀疑儿子的死与注射过期血清有关，于是将郑信坚医师控告到合肥地方法院。相关资料显示，在吴玉符提出的诉讼申请

---

① 谢冬慧：《中国刑事审判制度的近代嬗变：基于南京国民政府时期的考察》，第 36 页。

② 相关具体论述，参看张培田《近代中国检察理论的演进——兼析民国检察制度存废的论争》，《中国刑事法杂志》2010 年第 4 期。

中，也含有那份内政部卫生署的复函。①

合肥地方法院受理此案后，法医程理南开具了鉴定书。依据血清与保存温度及疗效流失的关系，程法医认为，基督医院的血清保存在 6~7 摄氏度的冰箱内，每年疗效只会减少 7%。血清过期才逾一月，"只失去效力百分之八"，"尚不致人于死"。基于此，合肥地方法院检察官杨炳章认为吴玉符提出的质疑"究属推测之词"，因此该案应以不起诉处分。

对于这样的处理结果，吴玉符自然深为不满，遂向安徽高等法院提起上诉。安徽高等法院首席检察官接案并经该院检察处法医对此案进行鉴定后，将案件发回合肥地方法院检察官"继续侦讯"。这一次合肥地方法院另行选定一位名叫徐达的检察官处理此案。调查过程中，徐检察官在查看并分析原告和被告双方提供的资料后，认为郑信坚医师提供的关于血清于冰箱贮存中疗效减失等言论，以及安庆同仁医院、南通基督医院海格门、上海检疫处等机构的相关证明，均系"一种私人谈话，及学说评论"，"难以为法律上之根据"。此外，徐达检察官发现，血清药瓶上清晰地标有"失效日期已到期者，不可用"字样。特别是，安徽高等法院检察处法医江尔鹗给出了血清"过期即失其效力"的鉴定意见，认为即使将血清保存在冰箱之中，也不能"显治疗之效用"。基于上述诸点，徐达检察官决定对郑信坚医师提起公诉。②

显然，该起诉讼之所以被提起，与检察官对于这一讼案关键证据的认识和解读密切相关。特别是安徽高等法院检察处法医做出的不同于合肥地方法院的鉴定意见，对这一讼案的最终成立起到了关键作用。而此后的事实也证明，正是徐达检察官的坚持，引发了一场旷日持久的诉讼。

那么，对于这一起讼案来说，合肥地方法院在审理过程中，能否采信徐达检察官的起诉理由，以及又将如何来分析、评判案件的起诉依据，显然至关重要。尽管未能找到合肥地方法院的一审判决书，不过在安徽高等法院的判决书中，还是能够明晰合肥地方法院的具体裁处措施。有关资料显示，合肥地方法院在审理这一案件时，在鉴定意见的取舍上陷入了左右为难的困境，于是转而函请上海真茹法医研究所再行鉴定。结合真茹法医

① 宋国宾编《医讼案件汇抄》第 1 集，第 267 页。
② 宋国宾编《医讼案件汇抄》第 1 集，第 268 页。

研究所的鉴定结果，合肥地方法院又撮取了该案的数点疑问，复向血清原制造机关中央防疫处进行了咨询。中央防疫处答复说，血清如若保存得法，即使过期也能够使用，只是在效力上会逐渐减弱。在效力完全消失之前，注射血清对于脑膜炎的治疗还是会有一定疗效的。关于过期一月血清的效力会减弱多少，中央防疫处强调学界对此仍众说纷纭，实难给出确切意见。不过，可以肯定的是，过期一月的血清并不会完全失去效力。如果血清不适合注射，被注射者当时就会出现生命危险。吴金铸在注射过期血清后，"得以延长其短期之生命"，"即为此血清注射之功效。"中央防疫处的鉴定意见，对郑信坚医师来说，显然很是有利。

从案件的后续发展来看，合肥地方法院完全采信了上海真茹法医研究所和中央防疫处的鉴定意见，一审判决郑信坚无罪。不过，对于这一判决结果，徐达检察官表示不服，进而向安徽高等法院提起上诉。上诉理由为，过期的血清可能会贻误病机。徐达检察官指出，当时城内的民生医院即存有当期血清，而基督医院在注射过期血清并遭到病家的质疑后，才向民生医院借得当期血清。因此，医师的贻误病机，有可能导致病人病重身死。郑信坚显有"应注意并能注意而不注意"的业务过失。不过，对于检察官的这些指控，安徽高等法院却并未采纳，而是肯定了合肥地方法院的判决结果，再次重申了上海真茹法医研究所和中央防疫处的鉴定意见，维持原判。

合肥地方法院检察官对安徽高等法院的判决结果仍然不服，又向全国高等法院提起上诉。查看其上诉理由，与前次上诉相同。全国高等法院在审理时，充分肯定了前两审的审判，并特别指出："原审采用上海法医研究所说明书，为此项过期之血清，其效力并未完全消失，被告用以注射，原无贻误病机之可言，自难断定被告应负业务上之过失、致人于死之责任。"① 至此，这一历时一年半之久的医讼案件，方始终止。

客观地讲，合肥地方法院函请更为专业的第三方医事机构做出医疗鉴定的做法，还是颇为公正的。也正是基于这一点，安徽高等法院、全国最高法院均采信了相关的鉴定意见，维持合肥地方法院的判决结果。而合肥地方法院检察官之所以提起公诉，与安徽高等法院检察处法医的鉴定证明

① 宋国宾编《医讼案件汇抄》第 1 集，第 287 页。

是有着直接关系的。同时，也可以看出，在这一案件的处理过程中，多少也掺杂了检察官个人的主观意志。如徐达检察官关于安庆同仁医院所做医疗证明为"一种私人谈话，及学说评论"的言论，便明显有失武断。不过，我们不能完全据此就否定他提起公诉的必要性。毕竟，对于维护病家的权益来说，这样做的意义是不言自明的。同时，过期血清的使用问题，确实也容易让人产生疑问。不过，在我看来，更应引起注意的是，因检方与审判方对证据解读不同而引发的这起诉讼，充分折射出了存在于检、审两者间的内在的制度性紧张。

对于民国时期的法制史来说，这一讼案颇有研究价值。即为什么检方与审判方会出现对证据解读和采信上的不同分野？除了与二者在法律制度设计中的角色扮演不同外，是否还有其他方面的因素，导致了两者各自坚持这样的一种裁断路径？对于这些问题的回答，显然还需要更为详细的资料进行细致的讨论。不过，如若与民国时期司法审判的特质相联系的话，便会发现，尽管检察官在一诉再诉过程中不乏武断甚至意气成分，但民国时期法院检察与审判彼此分离的制度建构，使检察官的追诉成为可能，在一定程度上体现了南京国民政府时期对于刑事犯罪厉行国家诉追主义的原则。而作为裁断的一方，合肥地方法院、安徽高等法院和全国最高法院的处理行为，则更好地诠释了民国时期法院在审判案件时所努力遵循的"证据裁判"原则。[①] 由于专业知识的局限，法庭在应对医讼案件时很难做出谁是谁非的评断。唯一可以采信的，只能是更为权威的医事鉴定机关的意见。这些举措在很大程度上折射出了民国法制精神中对公平审判以及民众权利保障的追求。

总之，南京国民政府时期检察与审判系统之间存在的这种张力，对于诉讼案件的影响是应该予以注意的，特别是对于专业色彩尤为浓厚的医疗诉讼来说，更容易引发检、控双方在证据的解读和采信上形成不同观点，从而给讼案的解决带来更为深刻的影响。

四　公正的追寻：法院不同层级的审判

民国时期医讼案件的一个突出特征就是高上诉率，一诉再诉直至最高

---

①　谢冬慧：《中国刑事审判制度的近代嬗变：基于南京国民政府时期的考察》，第45～47页。

法院的案件占有相当的比重。那么，当我们从法制的角度来对相关讼案进行讨论的话，一个问题便会不期而遇，那就是对于同一个案件，在不同的法院层级之间，又是如何来审判的？当我们从这一视角审视医讼案件时便会发现，在对医诉案件的审理上，不仅检察机关与审判机关之间会出现颉颃，即使在不同层级的审判机关之间也常会有很大的不同。这对于医讼案件审理所产生的影响是不能小视的。

这样的讼案，也有许多。比如前文曾数次讨论过的汪元臣医师讼案，当江苏省最高法院要求一审判决汪元臣医师有罪的镇江地方法院"更为审判"时，判决书曾对后者的裁断提出两点质疑。其一，关于裔瑞昌"两股关节不能活动"一点，江苏省最高法院指出，裔瑞昌的自诉状曾言明"其两股关节已不能活动"，说明在自诉人进医院治疗之前，"其左腿已不能自由活动"。那么，裔瑞昌失去行动机能，显然不是自接骨始，"与上诉人解骨不齐显无因果之联络"。因此，按照刑法相关条文控告汪元臣医师有业务过失，"当然不能构成"。其二，关于裔瑞昌接骨后因移动错位的指控，江苏省最高法院也指出，究竟"因何移动"，"是否由于上诉人业务上过失所致"，原审也未给出"相当调查"。原审指控被告"夹板未能缚系牢固"，难免出于"臆断"。基于上述两点，江苏省最高法院撤销了镇江地方法院的判决，要求后者重新审理。

再如，同样是前章曾经论及的尹乐仁医师讼案，公诉书认为，尹乐仁为村妇吴姜氏治疗脑膜炎，不慎将血清注射针折断遗留于病患体内，身为医家应为病人负责取出，"固不待言"。即使当日因"器具未备，不克急救"，但城乡之间交通极为便利，如若医生"稍具责任心"，应于返院后再行前往实施救治。然而医家竟"漠不关心，听其死亡"。此外，尽管注射针折断，但医生的治疗责任却并未因此而中断，尹乐仁竟"仓皇返院，迄未前往注射"，在业务上显然有"应注意而不注意"的责任。该讼案经南通县法院受理后，尹乐仁医师随即提出辩诉，中华医学会、上海市医师公会也分别就诊疗开具了证明书。但南通县法院依然判决尹乐仁医师有罪，处以罚金1000元。从其判决书来看，中华医学会、上海市医师公会的证明意见丝毫未起作用。判决书非常简单，在充分听取病家单方面的陈述后，以"被告尹乐仁，对于上叙因业务上过失致吴姜氏于死之行为，供认不讳"，"自应依法拟处"。至于民事追偿吴姜氏死亡支出部分，因"无证据证明，殊难准许"。

从这一案件的审理来说，南通县法院的审判显然过于武断。的确，尹乐仁返回城内医院后并未再次去乡下为病患治疗，于医德上不能说无亏。但在其临行之际，仍告诉吴姜氏自行前往医院，再行诊疗，也是事实。更何况，病人死亡与断针留于脊椎间是否有必然关系，亦需在医学部门开具鉴定证明后再行决断。因此，南通县法院的判决，显然有失公允。

南通县法院在判决之后，尹乐仁医师向江苏高等法院提出上诉，力陈病人死亡乃脑膜炎所致，与断针并无直接关系。一审法庭据以入罪的理由多系"主观"和"猜测"，没有科学依据。江苏高等法院在受理案件后，采取了与南通县法院完全不同的审理策略，分别将相关资料函寄国家司法行政部法医研究所和同济大学医学院，寻求鉴定支持。后者返回的鉴定意见指出，在临床上实行脊椎穿刺术时发生意外断针现象时有发生，所留断针不会致人于死。根据两者的鉴定意见，江苏高等法院认为，吴姜氏应死于脑膜炎症。南通县法院的审理"殊嫌率断"，"上诉意旨攻击原判采证不当，非无理由"，最终宣布尹乐仁医师无罪。

在这一案件的审理过程中，我们可以看到南通县法院和江苏高等法院之间，在诉讼案件的审理上呈现出了两种截然不同的态度。相对于县法院，江苏高等法院更加注意证据的严密性和审判的公正性。在面对医讼这一独特的诉讼案件时，更加倾向于倾听专家的意见，而不是凭借一般的法理常识去断案。

医事机构的审定意见，既然在案件审理过程中占据了极为重要的位置，那么，如若相关鉴定意见彼此出现歧义之时，法庭又会如何来取舍呢？显然，这也是一个非常重要的问题。相对来看，法庭对不同级别的医疗机构所开具的鉴定意见，会偏向于采信与讼案利益关联度小并且级别较高的鉴定机构的意见。这一点，在1934年发生的钟寿芝医师讼案中，表现便很明显。

在这一讼案中，安徽芜湖寿芝医院的看护王幼梅在为患有肺病的朱友三之妻张氏服药时，误将漱口用的一两余烧酒和水配药为张氏服下。在当日晚间，张氏开始出现昏迷症状，"面赤如火"，体温陡增，"颈项高肿，喉部亦现病象"。朱友三在察看病人所服用的药杯后发现尚留有酒气，遂产生怀疑，并当即向看护长王颐、看护王幼梅询问是否对病人有碍，王颐和王幼梅均答以无事。第二天，朱友三又将此事告知医院院长钟寿芝。钟院长告以病人已转为喉痧，病状"系内里烧出来的"，并为病人打了一针。7 月 21 日，病人身死。朱友三内心伤痛不已，经地保余兴祥报请对尸身进行检验，未发现有中毒迹象。不过，在检验过程中，朱友三将医院用烧酒和水配药的事告诉了检验吏，检验报告上检验吏下了"肺病忌酒，观其骤然转症，似不为无因"的断语。①

尽管看护长王颐、看护王幼梅对误将烧酒和水配药为病人服用之事矢口否认，但芜湖地方法院检察官找到了在该院照料病人的刘祥兴出面作证实有此事。于是，检察官向芜湖地方法院提出了公诉。从芜湖地方法院的审判书来看，法院完全采信了尸身检验报告，认为张氏的死因与王幼梅误用烧酒配药有直接关系，看护长王颐监督疏失，因此应一同承担业务过失责任，分别被判处有期徒刑一年。

在芜湖地方法院一审判决后，钟寿芝医师向安徽高等法院提出了上诉。与此同时，中华医学会芜湖分会致函中华医学会，就重症肺炎是否忌酒征询医学解释。中华医学会在给安徽高等法院的公函中，极力声明烧酒对肺病患者"不但无伤之可能，且有治愈肺炎之效力"。不过，显然考虑到涉讼医师为中华医学会会员的身份，安徽高等法院对于中华医学会的证明并未单方面采信，而是去函向司法行政部法医研究所征求鉴定结果。法医研究所的鉴定结果认为，对于肺病重症患者，如给以二两六七钱烧酒一次饮服，"殊有增进病势之可能"。对于司法行政部法医研究所的鉴定结果，安徽省高等法院非常重视并据以认定，看护王幼梅"误进烧酒之行为，实为促成朱张氏死亡之结果"，王幼梅负有业务过失之责任，处罚金 400 元。至于看护长王颐，本负有监督看护王幼梅之责，但考虑到为病人误服烧酒是王幼梅个人行为，一审判决认定王颐同负业务过失之责，"实欠允当"，判决王颐无罪。

在这一案件中，显然安徽最高法院对于芜湖地方法院的检查报告也拿捏不准，对于中华医学会的证明因利益关系也不敢贸然采纳，于是不得不向司法行政部法医研究所寻求帮助。作为全国最高的医事鉴定机关，司法行政部法医研究所在司法判决中为各地法院所倚重，② 其出具的鉴定证明

---

① 宋国宾编《医事讼案汇抄》第 1 集，第 88～89 页。
② 关于司法行政部法医研究所的建立及其在全国的影响力，可参见龙伟《民国医事纠纷研究（1927～1949）》，第 308～311 页。

自然会被充分采信。通过上述几则事例来看，相对于地方法院，显然省高级法院、全国最高法院在对案件的审判上，更为注重证据的严谨和程序的公正，相关的审理手段，也更为符合科学和现代社会的需求。这在很大程度上呈现了南京国民政府时期司法审判的一个面相，其对于民国医讼的解决影响不可谓不大。这一时期的西医讼案之所以一讼再讼，与从法制层面的因素不无关联。

五　大赦后的追偿：民事诉讼的持续

在法庭对医讼案件的裁断中，还有一种情况，那就是部分案件因国家颁布大赦而最终以不起诉裁决。比如，1932 年 6 月 24 日国民政府颁布《大赦条例》，宣布凡犯罪在中华民国 21 年 3 月 5 日以前，最重刑罚为 3 年以下有期徒刑、拘役或专科罚金者，均予以赦免。[①] 而根据 1928 年旧《刑法》有关规定可知，业务过失科罪，最高处 3 年以下有期徒刑拘役或者 1000 元以下罚金。相关科罚，正好在大赦所能包括的范围之内。由此一来，部分医讼案件即使医师存有过失，刑罚也将被赦免。正如龙伟所指出，尽管在南京国民政府时期，《大赦条例》的颁布只不过是偶然性事件，但这一律法的颁布对医讼案件的结果来说，是有着决定性影响的。[②]

《大赦条例》颁布后，部分医讼案件的刑事控罪就此结束。对于因陷入涉讼而焦头烂额的医家来说，自然是非常幸运的事情。但是对于病家来说，大赦给他们所带来的影响也应引起我们的重视。特别是当病人认定医家负有业务过失之责，并决心向医家讨还"公道"时，病家又会采取哪些举措呢？医家真的能在大赦后完全抽身事外么？换句话说，南京国民政府的大赦行为，又将给医病关系带来何种影响呢？通过对这一时期诉讼案件的研究可以发现，并不是所有的医师都能在大赦后幸运地抽身。部分医师仍会被医家提起民事的追偿。

比如，上文曾予论及的邓青山医师讼案，就在这场官司打到全国最高法院而不可开交之时，《大赦条例》颁布了，最高法院决定不再对邓医师

---

① 《大赦条例》（民国二十一年六月二十四日国府公布即日施行），《中华民国法规汇编》第 11 编，立法院编译处编印，1934，第 439 页。
② 龙伟：《民国医事纠纷研究（1927～1949）》，第 213 页。

进行刑事追责，但是原告彭武扬却向邓青山提出了民事赔偿，要求邓青山赔偿抚慰金 3.2 万元，殡葬费 6400 元，死者自身权利丧失费 3.84 万元，子女生活费 8400 元，共计 8.52 万元。[①] 民事赔偿数额，相当可观。由于资料的缺乏，这一讼案究竟如何了结，目前尚无从知晓。

再如，在前面章节中曾提及的汪元臣医师讼案，在医师业务过失的认定上，江苏省高等法院要求镇江地方法院重新审理。然而，就在镇江地方法院准备重新审理时，该案却因大赦而结束了。[②] 汪元臣医师讼案，至此看似告一段落。但一波未平，一波又起。在律师的帮助下，裔瑞昌旋即又向镇江地方法院提起了民事诉讼。因该案资料相对齐备，让我们来看一下在这场民事诉讼案件中，病人、医生和法院部门是如何展开互动的。

在民事诉讼书中，裔瑞昌向汪元臣医师提出了赔偿 6000 元洋的诉请。赔偿理由为：每月在万祥铜锡店充任经理和司账的月薪为 24 元，另有其他收入约 15 元，由此每年收入约为 600 元，故以“周年一份原利计算”，要求被告赔偿洋 6000 元整。为了增强说服力，裔瑞昌一并向法庭提交了万祥号账簿一本，以及证人杨鉴卿证言一份。对于裔瑞昌提出的民事赔偿要求，汪元臣医师做出了辩诉。在辩诉状中，汪医师依然坚持其在刑事诉讼阶段的辩诉理由并给出了相关证据，再一次提出裔瑞昌在入院之前即不能行走。与此同时，汪元臣医师对病家提出民事赔偿表示不可理解。汪医师指出，因国家《大赦条例》的颁布，自己的所谓“刑事罪”已被免诉。“刑事既不成立”，则自己“根本无过失责任可言”，因此，病家所做的民事控诉也便失去了法律的依据。

汪元臣医师的申诉理由，显然未能获得法院的支持。针对原告、被告的控辩理由，镇江地方法院给出了自己的判断。镇江地方法院认为，结合相关证据来看，原告裔瑞昌在入院治疗之前为万祥号铜锡店经理和司账，能够逐日记账。然而，在施行手术之后，裔瑞昌“全身不能转侧，终日僵卧已成残废”。其致残之由，不言自明。并且，被告在原本知悉病人患有梅毒的情况下，仍坚持为之“用药麻醉”，“硬将两股关节摇动”，“其对于病人体质病症来源未加注意，自属无可讳言”。至于被

---

① 宋国宾编《医讼案件汇抄》第 1 集，第 132～134 页。
② 宋国宾编《医讼案件汇抄》第 1 集，第 208～209 页。

告所提及的过失伤害赦免，镇江地方法院同样给予了驳斥："大赦固系罪刑俱赦，但既曰赦，系指有罪而后赦，并非因赦而无罪。"因此，被告刑事犯罪虽可免除，但并不意味着民事责任也一并赦免。在认定汪元臣犯有业务过失之后，镇江地方法院又对裔瑞昌的民事赔偿额进行了审核，认为裔瑞昌每月薪金 24 元属实，有账簿可以为证，但其他收入找不到证据支撑，因此，法庭不予支持，最后判处被告汪元臣医师应给付原告裔瑞昌银洋 2880 元。

镇江地方法院的这一民事判决让汪元臣医师实难接受。判决后不久，他即向江苏高等法院提交了上诉状。在上诉状中，汪元臣除继续强调本身的所谓"业务过失罪"已因大赦而免除外，还对镇江地方法院关于原告"全身不能转侧，终日僵卧已成残废"的指控做出驳斥，指出裔瑞昌在入院前即已不能行走，治疗后仍具备写作能力，且原告腿骨已经接好，所谓的赔偿毫无道理。

汪元臣医师的申诉，并未能够让自己摆脱被动的局面。江苏高等法院在受理此案后，对于一审关于汪元臣医师的业务过失罪予以认可，指出裔瑞昌在铜锡店同时充任经理，不可能终日坐在一处从事账簿书写工作。然而经手术后，裔瑞昌已不能再行动，因此上诉人应负有责任。不过，在赔偿数目上，江苏高等法院认为，裔瑞昌尽管月薪为 24 元，但随着年岁日高，其薪水势必会逐渐减少，经过综合考量，最后将赔偿数额定为一审数额的一半。相对于第一审的判决来看，江苏高等法院的判决显然要合理了许多。

不过，即使如此，对于江苏高等法院的民事判决，汪元臣仍然不能服从，再次向全国最高法院提出了上诉。有意思的是，病家裔瑞昌也向全国最高法院提出了上诉因为他对江苏高等法院减半赔偿的判决结果也非常不满，要求维持一审的赔偿数额。全国最高法院民事第一厅在审理该案时，指出了该案在审理中存在的几个主要问题。其中，镇江宏仁医院医师赵琴伯所开具的多次被上诉人汪元臣所引用的用以证明裔瑞昌在手术前不能行走的鉴定书，其真实性当如何认定，一审和二审始终未予重视。一审和二审仅据证人杨鉴清的证言和万祥铜锡店的账簿即认定裔瑞昌在未经医治之前尚未完全丧失行动能力，是禁不住推敲也难以令人信服的。此外，一审和二审关于赔偿金的判定本身也存在很大的问题。一审最大的问题即在于被赔偿人不可能在此后每月都能拿到薪金 24 元，对此二审进行了修正，有其合理性在。但是，二审的赔偿数额本身也缺乏严谨性。最高法院指出，赔偿总额应在查明受害人"所丧失或减少劳动能力的损害后"，"按其日后陆续可取得之时期分别扣除，依法定利率计算之中间利息定之"。为了更为清晰地计算出赔偿数额，最高法院还给出了具体的计算公式。[①]最高法院指出，一审和二审在计算赔偿额上的不严谨，致使医病两造请求废弃原判决，"不得谓无理由"。据此，最高法院最终裁定，原判决撤销，发回江苏高等法院更为审判。[②]

这件诉讼案件的最终审判结果，由于史料的缺失，目前尚不可考。不过，根据相关资料来看，汪元臣医师恐怕很难完全赢得这场民事诉讼。[③]在这一案件的整个民事审判过程中，我们可以清晰地观察到医生、病人和不同级别的法院所采取的不同举措。其中，江苏镇江地方法院和江苏高等法院的确严重忽视了汪元臣一直在强调的鉴定证明。在宏仁医院的鉴定意见和裔瑞昌的证人之间，镇江地方法院和江苏高等法院选择了后者。如果从审判程序上来看，这显然有所偏颇。在关于赔偿金的计算上，江苏高等法院的确比镇江地方法院合理得多，但也有思虑不周之处。最后，全国最高法院对此进行了修正，其赔偿数额的计算方法显然更为科学合理。在上述三个级别的法院审理之中，我们也可以清晰地看到，法院的审理结果是如何影响医病双方的。最明显的，就是江苏高等法院的审判，直接导致了涉讼两造的纷纷上诉。最高法院决定驳回重审，在很大程度上是出于严谨和公正的考虑做出的，而这一行为本身，也使这一案件要再持续些时日，并进而在社会上继续产生影响。可见，民国医病纠纷的日益纷纭，国家司法机关的裁处举措也是产生了不小影响的。

---

① 按最高法院的计算方法，假使被害人第十年可取得的金额为 288 元，因丧失劳动能力而不能取得，赔偿人现在所应支付的年额赔偿，应依 $X + X \times 0.05 \times 10 = 288$ 来计算，为 192 元。其余依此类推。

② 参见宋国宾编《医讼案件汇抄》第 1 集，第 230 页。

③ 当这场讼案仍在刑事诉讼审理过程之中，身为中华医学会业务保障委员会会长的宋国宾医师，便曾在一篇评论文章中对汪元臣胜诉表现出无多大信心。尽管文章更多的是在为汪医师鸣不平，但字里行间还是能够读出作者的那份担心。后来的事实证明，无论是刑事审判还是民事审判，相关审判结论对于汪元臣医师来说都很是不利。参见宋国宾《汪元臣其不免于罚乎?》，《社会医报》第 152 期，1931 年，第 2367～2368 页。

＊　＊　＊

　　龙伟曾经花费了不小篇幅来论述民国时期业务过失法本身的模糊性对医讼案件的审断所产生的影响，指出民国刑法对业务过失较为模糊的界定，导致司法和医疗实践中社会各界对医师业务责任的含混不清，这种含混既导致了医讼案件的频发，又影响了医讼的审理，加重了医家的职业忧虑。[①] 确实如其所述，民国刑法中关乎业务过失的条款，尽管对于维护病人的合法权益具有重要作用，但由于其本身的模糊性也给医讼案件的形成与处理带来了影响。"应注意能注意而不注意"，这一条款本身就极具模糊性。在实际操作层面，很难使司法人员做出明晰的界定。很显然，对于极具专业特色的医病纠纷来说，当其一旦进入司法程序，因其本身的诸多特质，如若原、被告一再坚持的话，便很难在短时间内得到顺利解决。

　　当然，必须明确的是，在医讼案件的审理过程中，调解依然被使用，这在俞松筠医师讼案中有着最为集中的体现。不仅与案件相关的涉讼医师积极奔走于医病双方之间，更有社会贤达如马相伯、熊希龄等为诉讼的和解甘做"冰人"，并且，最终在这些社会名流的大力劝解下，案件得到了较为圆满的解决。在这里，司法并未对案件表现出过于执着的干预，通过有关资料可以看到，甚至法官也做出了希望双方能够冰释前嫌的努力。

　　相关事例表明，围绕着业务过失这一条款，医生、病人与法院的检察、审判各方都在进行着各自的解读，同时也从各自的立场出发去努力证明自身观点和行为所具有的"正当性"。审判机关在审理诉讼案件时，会受到诸多因素的影响，进而影响到案件的审理进程，甚至审判方向。当然，我们也可以清楚地看到，尽管有诸多外在因素的影响，但他们都在努力追求客观与公正的结果。为求医讼案件审理的公正性，各级法院都在寻找权威而有影响力的鉴定机构和鉴定专家。鉴定机构或专家出具的意见，逐渐为民国时期各级司法机关在审理医讼案件中所倚重。如果证据充分，鉴定意见被充分采纳，无论病人还是医家，都将得到不容置疑的裁断。

　　这里有一个值得注意的现象，即鉴定机关之间，也会因价值取向的不同导致彼此之间出现矛盾与差异。那么，审判机关在面对这些差异时，或

---

　　① 龙伟：《民国医事纠纷研究（1927～1949）》，第129页。

者说在面对两份截然不同的鉴定意见时，在诉讼的裁定中，又将如何来取舍便显得非常重要。相关资料显示，审判机关在不能厘定彼此责任的情况下，在审判中一般会采取"两害相权取其轻"的裁断原则，对被告的审理偏向对其有利的鉴定，在很大程度上有利于保护被告的合法权益，体现了民国时期法律中的进步精神。当然，这种审理偏向，反过来也会影响病家的接续行为，逼使其进一步上诉，寻求自身权益的保护。由此，也会给医讼案件的审理带来进一步的影响。

检察机关与审判机关在面对诉讼案时，由于本身职责的不同，两者之间存在着某种制度性的内在紧张。因此，在审判过程中，检方极力想证明的，是被告切实存在"应注意能注意而不注意"的行为；而审判方则要极力分辨并评判被告人是否存在类似的业务过失。民国时期的检察机关尚未从法院系统中剥离出来，但检方与审判方作为公权力，并未出现某种"合流"，而是在一定程度上有着彼此的制衡。像在郑信坚医师讼案中，合肥地方法院检察官一再提起上诉，但各级法院并未因此而判处被告败诉，而是依据上海法医研究所的鉴定意见一再驳回上诉。这一案例鲜明地体现出了这一时期的司法特色。

另外，即使是不同的审判机构之间，在面对医讼案件时，有时也会产生某种张力。最为明显的，就是高等法院会撤销一审或者二审做出的裁断，或驳回重新审理。如若按一般的理解，为维护司法审判的形象，这种现象应该不会或者很少发生。不过，在我们搜集到的医讼案件中，类似的医讼并不少见。通过对不同级别的审判意见的比较来看，高级法院更为看重的是审判的程序是否禁得起推敲。显然，在这一方面，地方法院做得明显不够，这不免也给现实中的医病关系带来了一定程度的影响。与地方法院相比，高等法院在审理医讼过程中，体现出了注重证据与公正严谨的特征。高等法院在对医讼案件的审理中，更为关注的是寻求与医病双方无直接利益纠葛的鉴定机关与鉴定专家的支持。在鉴定意见充分且审判程序合理的情况下，最终做出自己的判决。此外，根据有关材料来看，这一时期的诸多西医讼案，在初审时往往相关裁处都不太有利于医家，不过在最终的审判中，省高等法院或者全国最高法院又往往判决医家胜诉。这种迥然不同的结果，也似乎在某种程度上反映了最高法院与西医在某种程度上有着很大的亲和度。这种亲和度存在的基础，可能与二者均源于现代西方文明直接相关。这在一定程度上会使医生产生将诉讼坚持到底的决心。在一些案件中，医病双方一讼再讼，应该说与不同级别的法院之间在处理诉讼时的差异不无关系。

通过上文的案例分析还可以看到，国家某些重大政策的颁布，也会给诉讼案件的审理带来影响。从医讼案件的审理来看，本来可能是一个能够充分坐实医生犯有医疗过失的案件，由于《大赦条例》的颁布，应有的处罚被一一赦免。对于身为被告的医家来说，自然心中一块石头落地。但对于病家来说，则是另外一种心境了。黄宗智的研究表明，相对于刑事案件，民国时期的国人本不愿涉入民事案件之中。这与民事案件在审理中，需要支付相对高昂的诉讼费用紧密关联。在从医讼案件的审理过程，却可以清晰地看到，当由于国家法令制度的改变而对诉讼产生实质影响后，病人却在律师的支援下，可以转而走向民事赔偿的诉讼之路。通过上述汪元臣医师讼案、郑信坚医师讼案，也可以看到，国家的法律明显支持了这样的诉求。尽管类似的案件在民国时期可能并不是很多，但病家这一维护自身权益的举措，在中国法制史上却有着不可忽视的地位。从这个意义上，我们也可以看到，国家司法系统在案件审理中，是如何影响到病人的观念和行为，并进而在相当程度上形塑现实中的医病关系的。

以上，我们通过对相关案件诉讼文本的解读，试图还原部分典型案例中各方的声音和行为。当然，在诉讼书中，由于掺入了律师的意见和专业术语，我们已很难分辨出病家原本的话语。不过，这并不妨碍去分析病家的意图。在同一例案件中，医生、病人、检察机关和审判机关在对责任认定上，彼此之间往往存在相当程度的张力甚至不易弥合的认知差异。在很大程度上，正是这种张力和认知差异的存在，直接导致了医讼的审理过程不可能是一帆风顺的。这一时期的医讼案件往往一波三折，一讼再讼，如果仅仅从司法实践的角度来看，显然这便是问题的症结所在。

第八章 新闻媒体对医病形象的建构
及其对医病纠纷的影响

> 为医者，苟治愈一重症之患者，则世人即以波纹状之宣传，使不数日间，已脍炙社会人氏之口，而引起一地方人士之信仰。于是随声附和来门求诊者踵相接。反是，而误治一患者而致死亡，则一犬吠声，万犬传之，未几庸医杀人之声沸腾于全市。①

——胡安邦

由于新闻媒介的缺乏，在古代社会医讼案件即便发生，也很难进入大众的视野，进而成为舆论关注和谈论的核心，这也是医病纠纷在传统社会沉寂的原因之一。② 到了民国时期，特别是到了 20 世纪二三十年代，新闻出版业在上海、北京、天津、南京、广州、汉口、青岛等大中城市得到繁荣发展，并在社会舆论的塑造上发挥着日益重要的作用。③其中，由于拥有相当成熟的现代印刷工业，上海一直是民国时期全国新闻业的中心。比如，1936 年，上海一共有 369 份中文和外文的定期出版物，包括 57 家日报、44 家周报、50 家双周刊、144 家月刊、7 家双月刊、12 家季刊和 55 家其他出版物。依据 1933 年报纸和期刊的投递数量，徐小群估计，在街头巷尾购买报纸和杂志的读者之外，上海 1933 年一共有 263616 人订阅报纸和杂志。由于每份报纸和杂志，往往会拥有数个读者，因此实际的读者数会是订阅者的几倍。从阅读群体来看，伴随着现代大都市识字率的提升，民众的阅读能力也有了一定的提高，

---

① 胡安邦：《国医开业术》，第 32 页。
② 更为详细的讨论，参见马金生《明清时期的医病纠纷探略》，《史林》2012 年第 1 期。
③ 方汉奇主编《中国新闻事业通史》第 2 卷，中国人民大学出版社，1996，第 173 ～ 513 页。

由此读者的构成也日益多元化。比如，早在 1920 年代，便出现了黄包车夫一边阅读报纸、一边等待客人的习常现象。① 由此来看，在大都市之中，报纸和杂志显然已进入了社会各个阶层的家庭手中。

随着现代国家和社会对医疗卫生事业的重视，特别是 1930 年代医讼案件的凸显，医病纠纷也开始为新闻媒体所关注。那么，这一时期的新闻媒体又是如何来报道医病纠纷的，或借用新历史主义的话语来说，媒体是如何来建构医讼案的"真实"，进而再现医生与病人的角色的呢？由于缺乏细腻而深入的研究，我们对此不甚了了。显然，民国时期新闻媒体关于医讼案件的相关报道，不仅隐含着社会对医病关系的体认，同时反过来也会对现实中的医病关系产生影响。有鉴于此，本章将以《申报》所登载的医讼报道文本为中心，探讨其是如何建构医病形象的，并进而观察医生和病人在媒介的影响下是如何展开互动的，希望能够对拓展这一时期的医病关系史研究有所裨益。

在展开讨论之前，有必要对选择《申报》为研究对象做一简要说明。如前章所述，民国时期上海为中西医分布最为集中的地区，同时也是医病纠纷发生最多的区域，而上海的各大媒体对医病纠纷持有相当程度的关注热情。在这些新闻媒体之中，作为当时上海首屈一指的大报，《申报》以其报道的广泛性和连续性，无疑颇具典型意义。此外，包括《申报》在内的上海主要报刊当时还通过多种途径向外省投递，对江南地区以及内陆地区均有着不同程度的辐射影响力。② 因此，撷取《申报》为研究个案，也便具有一定的代表性。为了研究便利，我选取了医讼频发的 1930 年到 1937 年作为研究时段，在这一时段内共搜集到关于医讼案件的典型新闻报道计 81 篇。下面的讨论，将主要结合当时较有社会影响的部分讼案的典型报道而展开。

一　新闻媒体对医病形象的呈现

当下新闻学界对新闻文本的分析，多从标题、导言、信源、引述形态

---

① 参见徐小群《民国时期的国家与社会：自由职业团体在上海的兴起（1912～1937）》，第 45～49 页。

② 如据沈洁研究，清末和民国初期上海的报刊书籍主要通过书局设立分号、书商贩运、外地赴上海采购、邮路以及师友传阅等多种途径向周边以及内陆地区扩散。参见沈洁《"清室之亡，实亡于上海"析——兼论新书业与"君宪""革命"之关系》，《上海档案史料研究》第 17 辑，上海三联书店，2015。

和结论报道等方面入手，希望通过较为缜密的分析，进而揭示文本背后所隐藏的"权力关系"。① 在本章中，我也尝试沿用这样的一个分析路径。

新闻标题与基本内容

众所周知，新闻的标题无不经过精心选择和设计，在讲求简短的同时还要力求精准，以最大限度地实现新闻撰写者所欲表达的主旨。当我们对新闻媒体进行文本分析时，对标题的解读便显得非常重要。每当医讼案件初起之时，《申报》往往会以耸动视听的标题予以报道，除了主标题外，多数报道还有副标题。下面所罗列的一些典型标题，多数即是这样一种写作结构。

陶明东控庸医杀人案

服药后腹痛剧烈　独生子死于非命

两律师大开舌战　梁棣伶不准辩护

医生蔡幼笙被控玩忽业务

服药三剂胎原大动

胎儿流产孕妇亦死

律师田鹤鸣控俞松筠医生

业务过失致产妇染痾成疾

少妇顾林一产后腹泻致死

李石林痛妻产后病死 诉妇医院院长医生

第二特院昨日开审 医界纷往旁听

李陈述其妻入院及得病惨死甚详

喉科儿科医生朱子云被控

蔡子荣控其过失杀人

临讯时原告竟不到来

---

① 从现有研究来看，新闻学者对新闻文本的分析显得驾轻就熟。以媒介中的医病形象为例，台湾学者邱玉婵曾对当代台湾医病纠纷中抬棺抗议的新闻报道进行文本分析，揭示了台湾媒体是如何通过文本的书写来再现现实中的医生和病人形象的（参见氏著《医病形象的媒体建构：医疗纠纷抬棺抗议新闻分析》，《新闻学研究》第 93 期，2007 年 10 月）。邱文的分析路径对笔者启发良多。

徐益增控中医案　胎儿呈到法庭

是否误认怀孕为停经

酒精瓶中物须加鉴定 ①

由此可以明显地看到，新闻标题在竭力渲染医、病双方之间剑拔弩张的场面。新闻作者多使用具有耸动性的文字，从而使主、副标题读起来标颇具戏剧性。尽管主、副标题字数有限，但承载的信息却相当丰富，不仅将医病双方的名姓、职务等一一道出，而且直接点明了医讼案件的起因及其连带关系（见图 8-1）。为了更进一步明晰新闻作者在报道类似案件时的写作策略，下面我们再结合两则标题，并对其报道的基本内容做一考察。

李石林痛妻产后病死　诉妇医院院长医生

第二特院昨日开审　医界纷往旁听

图 8-1　李石林讼妇医院院长医生案报道

---

① 分见《申报》1930 年 1 月 8 日，第 15 版；1931 年 4 月 11 日，第 15 版；1933 年 11 月 11 日，第 15 版；1934 年 8 月 9 日及 10 月 20 日，第 12 版；1936 年 1 月 12 日，第 13 版。

李陈述其妻入院及得病惨死甚详

寓居法租界霞飞路尚贤坊三十四号门牌在北京路开设东华工程建筑公司本地人李石林，今年四十岁，其妻王氏，年约三十五六岁，夫妇情感弥笃，已生子女六个，近又怀孕，为第七生产。至本年六月二十九日孕期足月。清晨腹中觉痛临产，李即将王氏送至尚贤坊后面萨坡赛路一号尚贤堂妇孺产科医院待产。当日上午十时，产生一子，由医师葛成慧接生，产时母子平安，不料三日之后，产妇忽然变病，热度高至百度以上。李因留院无适当医治，故将氏接归，自行延医，治疗无效，于七月十二日身死。李石林以妻之变病致死，实缘该医院漠视病人、玩忽职务、不为医疗所致，心难折服。爰延严荫武、陆聪祖两律师代理，具状第二特区地方法院，依据刑法二九一条，自诉尚贤堂妇孺医院院长张湘纹、医生葛成慧、看护长顾琴玉等玩忽业务致人于死，请求传讯……

徐益增控中医案　胎儿呈到法庭

是否误认怀孕为停经　酒精瓶中物须加鉴定

南京路盆汤弄八十二号鸿运照相馆经理、本地人徐益增，年三十一岁，其妻竺氏，近怀孕达四月，因感身体不适，遂于去年十一月九日赴南京路香粉弄管鲍里七十二号女科专家老宋家中医虞佐唐处诊治。经虞诊断之下，认为系属停经，并非怀孕，须服通经之剂，乃处方所用，悉为表剂。讵竺氏服药之后，非但不见效，反见加重，故于二十二日复往诊治。而虞坚持为停经，以通表之药处方。氏即照服。不料服药之后，腹痛如绞，顿时流血其多，神志昏迷。怀孕四月，胎儿遂因此而堕下。急另延他医诊治，始知为虞佐唐诊断错误所致，于是将堕下之胎儿，储藏于酒精瓶之中，以防腐烂。一面延沈宗泳、王寿安律师具状第一特区刑庭，对虞佐唐提起堕胎之诉，请求依法治以刑法二百九十一条第一款之罪，并令赔偿相当损害金。曾由第一法院一度传讯，昨午后由姜树滋推事开刑二庭续讯。徐益增将堕下之胎儿储于酒精瓶中，呈上法庭。而虞亦延赵传鼎律师辩护，原告律师为求事实公正计，请求庭上交专家鉴定。姜推事当谕徐能否交纳十元之鉴定费，徐答可以缴纳。庭上乃谕改期候鉴定后再核。

从上述颇为典型的新闻标题的设计及其基本内容来看，新闻的写作者在报道角度上具有明显的倾向性，即相关报道往往注重突出病家的悲剧色彩，特别是着意凸显病人病变或辞世的可疑性，进而点明其与医讼形成的关系。像"服药后腹痛剧烈 独生子死于非命"，"产妇忽然变病，热度高至百度以上"；"不料服药之后，腹痛如绞，顿时流血甚多，神志昏迷"，这些文字会使读者不禁产生相应联想。

从历史上来看，明清时期医病纠纷的发生，在很多情况下与医生即时的诊疗效果相关。如果在诊疗之后，病人病情急转直下以致身死，那便很容易引发纠纷，甚至成讼。[①] 到了民国时期，这一情形并未有多大改观。显然，这样一种写作架构和报道策略，应是最直接地反映了当时的社会情态。不过，从其报道效果来说，明显是将控诉的矛头对准了医家，加强了医病双方之间的疏离感和冲突性。特别是在部分报道中，使用定性式的词语，将责任直接归咎于医家，具有强烈的情感色彩。类似报道的写作策略，很容易刺激阅读者的神经，勾起读者"移情"式的解读和理解。

信息来源与报道意向

"我们要理解新闻，就必须理解'某人'是谁、信源是谁，以及新闻从业者如何应对他们。"[②] 在分析新闻文本时，新闻报道的来源必须要予以关注。具体到医讼新闻，其来源是医生、医疗机构还是病人，会直接影响到新闻报道的角度和观点。如果单方面采信某一方的观点，媒体的报道与事实可能会大相径庭甚至完全相反。病家和医家，无疑是医讼报道的主要信息来源。从相关报道来看，往往并不提及信息来源于哪一方面，但若仔细阅读报道内容，还是能够看出相关信息源自何处。总体来看，相关信源首先是病家家属及其亲朋，其次是法庭上的相关陈述。关于前者，不妨来看一则新闻报道。

---

① 参见马金生《明清时期的医病纠纷探略》，《史林》2012 年第 1 期。
② 〔美〕迈克尔·舒德森：《新闻社会学》，徐桂权译，华夏出版社，2010，第 158 页。

成衣店主暴病　打二针毙命

南汇人潘金桃，今年三十九岁，在法租界蒲石路二百二十号门牌开设勤余记成衣店有年，营业尚称发达。不料潘于此二三日内，忽患头昏病症，时发时愈。自己以为小恙，并不急于医治。至五日下午一时半，潘在店内病又复发，觉头脑昏重，不能抬起。遂入房睡卧，以图静养。不料走到床前，忽跌仆倒地。经伙友等得知，即赶上将其扶起，抱至床上睡卧。顿时神志昏迷，不省人事。其妻施氏，适因事出外，伙友及同居等情急即为延医，亦不暇选择。因自己装有电话，遂翻查电话簿页见有八里桥街一百八十号树德医院，系花柳妇科专家，即打一电话致该院，招院长顾宗文（年四十岁、无锡人），刻不容缓。顾乃依拔号诊例雇乘祥生汽车赶往诊视。时病者已气息奄奄，而脉搏极微。不问病者家属等之同意，即为打一针克罗米强心针于手臂上，毫无应效，遂再在病者胸部施打第二针。病者即"啊吓"一声，迨针头拔出，下部放出臭屁一声，病者即气绝长逝。顾乃向其家属收取医药拔号诊金车资，共计二十七元八角。斯时潘妻尚未返店，店中人对此一笔医药费无人负责。而顾逼索甚急。正在催索时，潘妻施氏由外回来，见丈夫已死，并听得邻人及同居等言，系被顾打针不慎致死。氏即报告法捕房，派中西探前往调查，并将药瓶两只带案；一面将尸身送同仁辅元分堂验尸所。昨日，报请特二法院。①

从上述整篇新闻报道来看，其中所传递的完全是病家单方面的声音，至于医生则完全被"消声"，说明新闻记者并未向涉讼医生进行任何验证。换句话说，尽管这篇新闻稿并未点明信息来源，但很明显是来自病人家属一方。类似报道，在《申报》中占有很大比重。如果说上述报道的信息来源仍有一定的隐秘性质，下面这则新闻报道的按语，则直接反映出信息来源正是病人家属。

新新社云，美国法学博士田鹤鸣，设律师事务所于江西路170号，以其妻顾林一女士（毕业于上海法政学院）前在静安路282弄中德产科医院分娩。该院院长德医俞松筠博士，因产妇大便不通，以皮

---

① 《成衣店主暴病　打二针毙命》，《申报》1934年11月7日，第12版。

带灌肠，又因产妇乳涨，更以冰袋冰乳房，致田妻顾氏腹泻成痢，卒致殒命。田以其妻之死，实由于俞医生之业务过失所致，昨特状请上海第一特区地方法院，提起刑事诉讼，控俞以庸医杀人罪。兹探录其原状如次。[①]

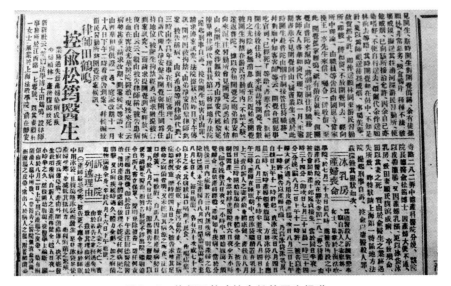

图 8-2　律师田鹤鸣控俞松筠医生报道

此则新闻的"按语"，直接表露了信息来源，点明报道者系直接向病家家属取得了刑事诉讼状，并将诉讼状的内容原原本本登载在《申报》之上。如果从新闻执业者的职业操守来看，此一做法是有违新闻报道的公正客观要求的。在诉讼案尚未定案、涉讼双方尚未明确法律责任之时，对于医师的声誉来说也是极其不负责任的。这一做法，也让人不得不怀疑新闻记者与其信源之间具有某种程度的"权力关系"。

这一时期《申报》的信息来源除了病家及其亲属，还有一个途径就是法庭。新闻记者如何引述法庭上医病双方的证词，显然是非常重要的。从新闻报道要求公正、客观来说，对医病双方在法庭上针对诊疗进行医理上的讨论应进行直观的转述。不过，从《申报》相关报道来看，多数新闻记者对此往往并不关心，在相关内容的引述上往往一笔带过，不妨来看一则

---

① 《律师田鹤鸣控俞松筠医生》，《申报》1933 年 11 月 1 日，第 15 版。

典型报道。

幼孩患痢疾　服药皮内溃烂

　　住居戈登路蒋家巷三九一弄四五〇号镇江人唐立文之二岁幼子大狮子，因患痢疾，乃于九月四日至小沙渡路劳工医院求治…………昨日午后，此案又经傅琳推事开刑八庭续讯。宝隆医院之诊断书亦已吊案，该书内所述节，完全系根据双方之陈述。当发交原告呈案所谓含有毒质之药粉，和以蓖麻油，涂于唐大狮子之手臂，以视其是否确有溃烂之可能，但涂上相当时间后，并无何种现状发见。继由沙姓医师到庭，证明曾代唐大狮子诊治口腔炎之经过。庭上即命开始辩论，由两造律师互辩后，傅推事即宣告终结，定八日下午二时宣判。①

　　从此则报道来看，其核心显然在于刻画病者的离奇遭遇。至于医病双方律师在法庭上的"互辩"内容，本为该讼案的症结所在，同时也应是这篇报道的重点，然而，该报道仅是点到为止，根本没有做任何进一步的交代，说明这些内容并不是新闻记者所欲关注的。当然，在双方律师的互辩之中，势必会有大量的医学专业术语，艰涩难懂。由此，也不排除新闻记者由于对医学知识的生疏以及医学辩论本身的枯燥乏味，考虑到读者不感兴趣而有意略过。在征引类似内容时，新闻记者往往只注重营造冲突或者戏剧性的效果，而有意地回避或者淡化医病纠纷核心问题的做法，在激发或者满足读者的猎奇心理的同时，却往往使读者很难辨清谁是谁非，进而也就容易跟着媒体所欲建构的"事实"或"意向"去进行理解。

医病形象的再现

　　为求新闻记录的客观真实，如实记载医病双方的性别、年龄、身份、职业等自然和社会属性，是新闻媒体在记录医讼类新闻时采取的普遍方式。在《申报》有关报道中，涉讼双方的身份特征被清楚地记载了下来。如若病家为社会上层，具有一定的社会影响力，《申报》也会着意强调。如"美国法学博士田鹤鸣，设律师事务所于江西路170号……其妻顾林一女士（毕业于上海法政学院）"；"住法租界霞飞路尚贤坊三十四号门牌在

---

① 《幼孩患痢疾　服药皮内溃烂》，《申报》1936年10月7日，第12版。

北京路开设华东建筑工程公司之本地人李石林之妻李王氏，即王芝芬"；①
等等。对病家身份的强调，显然是为了凸显病家的不同一般。如对李石林
控告张湘纹、葛成慧两医师讼案的报道，因医病双方都为知名人士，《申
报》采取了全程跟踪的报道方式，甚至马相伯等人会商如何解决此案的来
信，《申报》也做了全文转载。不过，相对来看，《申报》在报道中往往
注重的是再现病者及其家属的普通民众身份。比如：

> 寓居闸北华兴里五十三号门牌之绍兴人陶明东，年五十二岁，向
> 业染坊。②

> 闸北太阳庙路潘陈里八号门牌崇明妇人毛蔡氏……③

> 住华界丽园路谈家宅五十四号盐城人丁金荣之兄丁金仁，年近不
> 惑，业木匠。④

> 本邑梨花庄庠水公会旁居民御阿泉，年二十八岁，务农为业。妻
> 赵氏，年二十二岁，素在纱厂为女工。⑤

> 蔡万杰，今年三十一岁，盐城人，住闸北恒丰路警察所该管之长
> 安路安里二十五号门牌，放黄包车为业，稍有积资。⑥

> 住居戈登路蒋家巷三九一弄四五号镇江人唐立文之二岁幼子大
> 狮子。⑦

> 住居北河路三十七弄十二号宁波日报职员郑太慈之妻子……⑧

> 南京路盆汤弄八十二号鸿运照相馆经理、本地人徐益增，年三十

① 《律师田鹤鸣控俞松筠医生》《妇孺医院控案续讯》，《申报》1933 年 11 月 1 日，第 15
  版；1934 年 10 月 5 日，第 10 版。
② 《陶明东控庸医杀人案》，《申报》1930 年 1 月 8 日，第 15 版。
③ 《呈控庸医杀人案》，《申报》1930 年 2 月 11 日，第 15 版。
④ 《胡南山堂药店误配药方案续讯》，《申报》1935 年 10 月 31 日，第 11 版。
⑤ 《庸医治病误伤人命》，《申报》1934 年 10 月 12 日，第 11 版。
⑥ 《烟灰岂能治痨瘵　滑头医生被控》，《申报》1935 年 3 月 27 日，第 11 版。
⑦ 《幼孩患痢疾　服药皮内溃烂》，《申报》1936 年 10 月 7 日，第 12 版。
⑧ 《郑太慈之妻　难产身死涉讼法院》，《申报》1936 年 1 月 8 日，第 13 版。

一岁，其妻竺氏。①

　　绍兴人倪金堂，年二十五岁，在北浙江路三十八号天和染号为伙友。②

　　常州妇人马董氏……③

　　从这些再现病家形象的描述来看，媒介凸显的往往是病家的市井小民身份。像"毛蔡氏""阿泉""赵氏""竺氏""马董氏"等，更是点出了病人的社会底层特征。相对于强调病家的普通民众身份，对于医家，媒体在报道时往往会凸显医家身份的不同寻常。在具体报道中，不仅将医家的名讳、年龄、祖籍、所在医院等信息一一载明，甚至还会将医家背后的家学渊源、工作履历等相关情形着意说明。

　　比如：

　　公共租界北河南路景兴里六百九十九号门牌医生丹阳人陈玉铭……④

　　著名喉科儿科专家中医朱子云，江湾人，现年四十五岁，行医已二十五年，设诊所于虹口周家嘴路四百四十七号，营业异常鼎盛。⑤

　　中德产科医院……该院院长德医俞松筠博士……⑥

　　周山浜元德堂药号主刘振声……⑦

　　南京中央医院外科主任沈克非……⑧

　　江湾女科名医蔡小香之孙蔡松春、蔡柏春昆仲，得乃祖之衣钵，

①　《徐益增控中医案　胎儿呈到法庭》，《申报》1936 年 1 月 12 日，第 13 版。
②　《倪金堂割包皮丧命》，《申报》1936 年 11 月 2 日，第 13 版。
③　《陈澄医师被控案死亡家属请剖验》，《申报》1936 年 7 月 21 日，第 14 版。
④　《陶明东控庸医杀人案》，《申报》1930 年 1 月 8 日，第 15 版。
⑤　《喉科儿科医生朱子云被控》，《申报》1934 年 10 月 20 日，第 12 版。
⑥　《律师田鹤鸣控俞松筠医生》，《申报》1933 年 11 月 1 日，
⑦　《庸医治病误伤人命》，《申报》1934 年 10 月 12 日，第 11 版。
⑧　《中央医院沈克非被控案》，《申报》1935 年 3 月 4 日，第 3 版。

悬壶于东西华德路积善里一弄五号门应诊，营业不恶。①

尚贤堂妇孺医院院长张湘纹、医生葛成慧、看护长顾琴月。②

劳工医院……该院女医师张秀钰。③

住在金陵路一百三十四号之泰州人（系一不挂牌无卫生局照会之医生）名封筱甫诊视。④

海关路三百十七号门牌惠九锡国药号主兼营国医之余姚人俞赞臣。⑤

前已曾在宝隆医院充当看护，现在白克路五百三十三号彩华洗染店为帐席之宣锡寿……⑥

虹口塘山路公平口四五一号普安医院院长陈澄，曾任国民政府军事委员会军警正，兼充海军上海医院医务主任及仁济医院外科主任。⑦

这些报道中提及的"著名喉科儿科专家""女科名医""元德堂药号主""中央医院外科主任""妇孺医院院长""上海医院医务主任及仁济医院外科主任"等，显然是为了突出医家的不同寻常。像报道中提及的沈克非，1916 年考取清华大学庚子赔款预备生班，1924 年毕业于美国俄亥俄州克利夫兰西余大学医学院，获得博士学位，1925 年归国后，曾先后担任北京协和医院住院医师和住院总医师，1930 年代先后担任南京中央医院副院长、院长等职，是当时西医界正在冉冉上升的明星，具有耀眼的光环。⑧ 另如，对名医蔡松春妇科世家身份的强调，也颇具意味。按，蔡小

---

① 《女科医生蔡松春等被控》，《申报》1935 年 3 月 13 日，第 12 版。
② 《妇孺医院控案续讯》，《申报》1934 年 10 月 5 日，第 10 版。
③ 《幼孩患痢疾　服药皮内溃烂》，《申报》1936 年 10 月 7 日，第 12 版。
④ 《烟灰岂能治痨瘵　滑头医生被控》，《申报》1935 年 3 月 27 日，第 11 版。
⑤ 《楼炳鳌丧子　诉国医用药有误》，《申报》1936 年 7 月 1 日，第 14 版。
⑥ 《倪金堂割包皮丧命》，《申报》1936 年 11 月 2 日，第 13 版。
⑦ 《陈澄医师被控案死亡家属请剖验》，《申报》1936 年 7 月 21 日，第 14 版。
⑧ 中国科学技术协会编《中国科学技术专家传略·医学编·临床医学卷》第 1 卷，人民卫生出版社，2000，第 72 页。

香系蔡氏妇科的第五世传人，因医术出众，为当时上海中医界"四大名医"之一，具有相当广泛的社会知名度和影响力。[①] 其实，蔡松春、蔡柏春并非蔡小香嫡孙，而是蔡小香之侄蔡幼笙的儿子。很可能是在蔡小香亲属的压力下，《申报》翌日不得不在显著版面以《被控妇科医生并非蔡小香之孙》为题予以更正。[②] 可以看出，《申报》对涉讼医师专家身份的强调，在一定程度上固然有利于形塑医家的权威，但其用意也并不难理解。试想一下，在医学界享有盛誉的医家被病家控诉，会产生怎样的社会效应！同时，也正是这样的案件才足以引起读者持续的关注，一探案件的究竟。

引述内容的形态

如何引用新闻内容，对于新闻写作来说，具有很强的可操作空间。我们来看一下《申报》是如何引述医病双方的控辩内容的。

陶明东控庸医杀人案

寓居闸北华兴路华兴里五十三号门牌之绍兴人陶明东，年五十三岁，向业染坊。于民国十年生一子，取名忠杰，颇为聪颖。陶宠爱异常。至国历去年十二月初间，忠杰忽患风寒之热病，陶心忧甚。嗣得悉公共租界北河南路景兴里六百九十九号门牌医生丹阳人陈玉铭颇具时誉，乃抱子登门求诊。当由陈医生诊治之下，开就药方，其药约有十余味，并于方上注明该药须研细成末，分作两份。陶乃购药归家给子煎服。不料服后约三小时，忠杰忽觉腹痛甚剧，床席不安，未几即一命呜呼。陶固疑系误服不对诊之药，致爱子丧身，故检出原方，交诸名医评断有无错误。据称该方脉案既未表明因病之原，更未指出危险之点，模模糊糊，不知所云。其用药表湿并施，苦寒乱投，更不知何所根据，岂不知新起之病，苦寒之品，足使郁遏不宣。是忠杰之死，不死于病而实死于医也？陶闻言以渠年逾不惑，只此一子，今被陈药石而死，致死于非命，何啻斩宗绝嗣？[③]

李石林痛妻产后病死　诉妇医院院长医生

……据自诉人李石林声诉自诉意旨事实云。我妻王氏，因怀孕足

① 张明岛、邵浩奇主编《上海卫生志》，上海社会科学院出版社，1998，第617页。
② 《被控妇科医生并非蔡小香之孙》，《申报》1935年3月14日，第15版。
③ 《陶明东控庸医杀人案》，《申报》1930年1月8日，第15版。

月，于本年六月二十九日清晨，觉得腹痛，我即伴送至尚贤堂妇孺产科医院，住头等房间待产。由葛成慧医生接生，于同日上午十点零五分，生一男孩。产妇以前平安生产六次，皆依旧俗请稳婆收生，此次送往医院生产，尤为瓜熟蒂落，毫无阻碍，亦无病象，产后亦甚平安。至六月三十日，不知何故，该院院长张湘纹请一黄姓医生代行诊察。七月一日，产妇身体忽发热，照理医生对产妇身体发热，应慎重细心检查其致热原因，妥为医治。乃被告等均不注意，仅谓系乳涨，只须少饮开水、少吃粥，热度即能减退，并不予以适当医治。致翌日热度更高，其时产妇畏寒颇甚，心觉不安，自向医生索要寒热表，而该院竟不予阅看，只云略有热度，并无妨碍，只要静卧。三日下午我去探望，自带有量热器，突见产妇热度高至华氏一零四度二，室内臭气难闻。我失声大惊，回顾室内，并无看护之人。急掀电铃，呼看护生来，嘱其请医生来诊察。讵知久候无人入室。我遂自赴该院二楼看护室叫看护长，则看护竟无一人在内，足见该医院之忍视病人，无以复加。至七月四日下午，我自请陈景煦医师前往诊视。一入病室，即觉奇臭难闻。陈医师即谓恐系产褥热病。迨加细视，产妇身体已发现红白也发现红白瘰子，热度高至一零四度八，果系产褥热病，系内产时施用手术不尽，消毒与产后看护洗涤不慎所致。我知病势危急，留院无益，决定迁回家内，另行延医治疗，乃该医院竟迫令在印就之自愿出院书单子上签字，可恨尤极。至产妇抬回家中，延陈医师与习信德医师两人诊察，皆认定是产褥热病，即打针治疗，终难挽救。至七月十二日夜半二点三十分时身死。产妇在临死前，极口呼冤，谓生命全丧医院之手。故我痛恨该医院玩忽、害人生命，请求庭长从严究被告等赢得之罪云云……①

上述两则报道颇具典型，第一则报道系完全基于病家话语而写就；第二篇报道中病人的控诉几乎占据了整篇报道的2/3。两篇报道所引述的内容，皆在有意塑造病家悲惨无助的一面。在陶明东控告陈玉铭医师讼案中，当陶之子身死后，陶明东曾怀疑用药有误，于是拿着药方询"诸名

---

① 《李石林痛妻产后病死　诉妇医院院长医生》，《申报》1934年8月9日，第12版。

医"，结果"据称该方脉案既未表明因病之原，更未指出危险之点，模模糊糊，不知所云。其用药表湿并施，苦寒乱投，更不知何所根据"。在这里，究竟为哪位名医所说，报道中并未说明。从此案后续报道来看，陶明东又指称相关评论为"学校先生"所为。①可见，新闻记者实并未做认真取证。再看李石林控告妇孺医院一案的报道，所引述病家的控诉内容，完全是在批判医师的玩忽职守和冷漠无情。为了达到这一效果，新闻稿还着意将一些关键词语诸如"身体发热""竟无一人""产褥热病"等用黑体字突出显示（见图 8 - 1）。在一个对于注重人情伦理的社会，上述报道所刻画的病人愁苦万端、医家冷漠无情的形象所能够产生的读者共鸣与不满情绪是可以想象的。

媒体在引述病家控诉内容塑造医家玩忽职守、冷漠无情形象的同时，部分讼案报道往往也会笔锋一转，进而引述医家的辩诉内容。相关情形，多出现在具有一定社会影响力的讼案报道上。如若仔细比较，便会发现在对医家辩诉的引述篇幅上，往往比重很小。并且，在引述医家辩诉内容时，相关报道也会不同程度地形塑医家玩忽职守、冰冷无情的形象（至少在读者看来）。仍以妇孺医院讼案初起时的新闻报道为例，在引述完病家的控诉内容后，报道稿也以简短篇幅引述了医师们的辩诉内容。

李石林痛妻产后病死　诉妇医院院长医生

……张湘纹供，自诉人之妻李王氏来院生产，系葛医生接生，产后葛医生于七月一日辞职，去后我另请胡彝珠、邝翠娥、王葆贞诸医师轮流诊治。自七月一日起，李王氏由胡医生等看的，七月一日李王氏身体忽发热一零一度即退，二日又至一零一度多。当时均以为乳涨，饮以消乳药。至七月三日下午，胡医生检查李王氏之白血球为八千多，似不致有产褥热之病。七月四日下午，自诉人要求领回，我等并未阻止。又据葛成慧供，我仅接生，迨产后我即辞职。在我未走前，李王氏并无病兆。顾琴月供，我系看护长，对病人吃什么药，非我所管，每天由胡医生等诊视等语。庭上又传证人谈素珍等讯问一

---

① 《陈玉铭被控庸医杀人罪》，《申报》1930 年 2 月 9 日，第 15 版。

过，官以本案尚须传讯证人陈景煦医生等，遂谕退候定期传证再讯，即退庭。①

在张湘纹、葛成慧两医师讼案中，医病双方聘请律师大打官司，在当时上海可谓沸沸扬扬。《申报》对此案表现出高度热情，不仅全程进行了跟踪报道，相关报道也均放在了较为显著的位置。上引文中"以为""似不致""仅"等词语的使用，非常耐人寻味。一方面，类似词语可能是当时法庭上的原有用语，被记者直录过来表述某种客观实际；还有一种可能，就是记者在报道这一新闻时有意为之。作为人命关天的大事，身为医家，当病人高烧之时，并不做详细的检查，而想当然地"以为"是乳涨（不应该如此）；当病人白细胞达到八千多时，医家又未引起足够的警觉，还认为"似不致"发生产褥热病；当病者家属要求将病人领回时，也全然不以病人为念，"并未阻止"（更不应如此）；医师葛成慧和顾琴月在法庭供述时，则完全是一副推脱责任的面孔，一个声明"仅接生"，另一个则声明只管看护病人，病人所吃何药则全然不管。这些供述无论是医师本人的原始供词，还是新闻记者的有意选择，这样一种新闻写作方式，都给读者营造出了一种直接印象，那就是张湘纹医师等对产妇死亡之事不但存有职责疏漏，而且相互推卸责任，全无救护病患之心。

当然，对于病家的控诉，医家也不会都是这种"模棱"回应，多数医家也会据理力争，力陈自己的施治情形及其理由，希望能够为自己辩解，维护自身的声誉。类似内容，在部分报道中也同样会被媒体转引。

陈玉铭被控庸医杀人罪

……嗣据被告陈玉铭供称，我系专门推拿科，且属祖传。在沪行医已六十余年，经历三代，专治儿科，治法以推拿打针敷药施之。原告之子，系由其母抱来，其时面色已变，口不能言，气喘不已。我初拒却，经该妇恳求，谓渠子前亦患重病，经余医愈。今又染疾，且不能饮食，务求赐方。我始询问病源，据言起病已四天。我即开方，嘱其敷要派那，并叮嘱如将所敷之药吞服，亦无妨碍云云……②

---

① 《李石林痛妻产后病死　诉妇医院院长医生》，《申报》1934年8月9日，第12版。
② 《陈玉铭被控庸医杀人罪》，《申报》1930年2月9日，第15版。

女科医生蔡松春等被控

　　……诘之被告等供称自诉人于二月十号到来看病，由我等诊脉之下，即断系怀孕，故连次所开药味，均属养血理气之品。虽脉案上未曾开怀胎字样，只因业女科者有种种不便之处，故未开明。医治数次，至十四号原告已经病愈。讵至廿二号，原告又来，谓因偶尔疏忽，手提重物，致又见红，此系其自不小心。我等当又为悉心诊治，设法安胎，故决不致服我等所开之药而致堕胎云云……①

　　从这两则报道来看，在陈玉铭讼案中，陈医师在辩诉中着重强调了两点。一是自己的世医身份，"我系专门推拿科，且属祖传。在沪行医已六十余年，经历三代，专治儿科，治法以推拿打针敷药施之"。显然，陈玉铭对自身世医背景的强调，实际是为了表明自身的医学权威；二是说明病者是在病重的情形下来求诊的，并且起初并不同意施诊，后禁不住病人央求才同意施救，并给出了治疗方案。在蔡松春医师讼案中，病家控告蔡松春医师将怀孕误作月经不调进行诊治，结果导致病人小产。对此，蔡医师遂做出了截然相反的回答。

　　客观来讲，当讼案初起之时，法庭上由于缺乏权威的鉴定证明，医病双方谁是谁非，往往不易判断。具体说来，陈玉铭和蔡松春医师完全可能是在做客观陈诉。不过，如果放在整篇报道中去阅读的话，就会发现这些辩护对医家自身来说很难发挥作用，甚至在医家形象的媒体塑造上，这些辩护的作用可能完全会适得其反。原因很简单，由于媒体总是先行报道病家的控诉内容，而病家的控诉重点又紧紧围绕医家的冷漠与无情展开，由此医家的自我辩护尽管可能是真实的，但在整篇报道中却往往会暗合病家对医家不负责任的控诉，坐实了医家"不负责任"的形象。就整篇报道所欲表达的意图而言，媒体对医师辩护的引述，在很大程度上使报道的前后逻辑更为顺理成章。

对案件终结的报道

　　对于具有一定关注度的社会性新闻进行追踪报道，是媒体为追求阅读效应的根本要求。在对待医讼案件的相关报道上，《申报》的报道策略具

---

　　① 《女科医生蔡松春等被控》，《申报》1935年3月13日，第12版。

有很大的选择性。在具体做法上，有些医讼在开始时予以报道，但在此后的审判环节和审判结果上却不再报道。这样的报道，多出现在一些市井小民并未引起社会反响的医讼案件上。当而对涉及社会上层人物的医讼报道，多是一直持续的。这背后不无新闻记者独特的考量。为昭示媒体的公正性，《申报》在报道医讼案件的审结时，如果医师胜诉也会予以报道。不过，如果仔细考虑便会发现，相关的新闻往往并不会放在报纸的显著位置。对于媒体的这种做法，西医范守渊曾以自身的经历撰文予以揭露和批评：

> 凡遇到类乎这种医讼事件发生时，在开始刊登新闻时，总是用着极注目的标题刊出，惟恐阅者不留情、遗漏掉。到了案情结束时，有的或竟不再登载，有的即使刊登，也登在极不注目的地位，竟使阅者会找寻不到他。①

类似的报道案例的确有许多。比如，上述所举陈玉铭医师讼案，后经审理判处陈医师无罪，相关新闻被登载于 1930 年 2 月 16 日《申报》第 15 版版面底端右下角位置；蔡松春、蔡柏春医师讼案，最后也以医师无罪判决，相关报道被登载于 1935 年 4 月 9 日《申报》第 11 版版面底端左下角位置。这样的编排，与相关案件在初起时被置于版面头条等明显位置是有着很大的不同。此外，即使案件终结，相关报道内容仍有一点值得注意，那就是报道的最后，往往还要将败诉一方的"不满"再次表明，即说明败诉人及其代理律师不服相关判决，拟再行提起上诉。请看下面的两则典型性报道。

陈玉铭无罪

悬壶于北河南路景兴里之医生陈玉铭，近被绍兴人陶明东在临时法院控告草菅人命、庸医杀人一案，数经开庭研讯，均记本报。昨晨为该案宣判之期，双方均到庭候示。旋由孙推事升座宣告判决。被告陈玉铭无罪开释。原告代理律师叶菁康闻断，即起立声明原告不服，

---

① 参见范守渊《这也算是一场医讼》，《范氏医论集》下册，第 590 页。

须提起上诉。孙推事遂谕陈玉铭在上诉期间仍交三百元保。[1]

张湘纹等被控案判决

……法院据状，经王纲煦庭长迭次开庭，传集两造研讯，并函请中华医学会鉴定，宣告辩论终结，定期宣判各情，已迭志前报。昨日午后，为该案宣判之期，双方当事人各偕律师到院候示。至二点三刻时，由王庭长开刑庭判决，张湘纹、葛成慧、顾琴月均无罪。微闻自诉人方面，对此判决，表示不服，俟接到判决书后，将提起上诉。[2]

从如实陈述事实的角度来看，相关内容的登载有其合理性，同时也是提示读者，案件仍将继续，应当继续关注。[3] 不过，从另一方面来看，相关内容的登载以及对此后讼案的进一步报道，也容易使读者形成这样一种观念，那就是当类似案件发生时，如果法庭"判决不力"（无论是从医家还是病家的角度来看），还可以继续上诉。这对医讼案件往往陷入缠讼的境地，其影响是不容忽视的。

二　媒体报道对病家行为的影响

相关研究表明，民国时期生活在大都市的民众，已经越来越熟练地应用媒介来表达自身的诉求。在各大报纸之中，不乏经医生治愈的病人所刊登的答谢广告，尽管有些答谢广告可能是医家的行医策略，但显然也有着相当比例的病人是诚心为之。[4] 这对于医家的名誉和营业来说，显然是非常有利的。不过，媒体的作用显然是多方面的。通过对《申报》医讼案件文本的解读和分析，可以看出，新闻记者在对医病形象的刻画上，是有着内在意图的。总体来看，在对病家形象的刻画上，《申报》往往强调其弱

---

① 《陈玉铭无罪》，《申报》1930 年 2 月 16 日，第 15 版。

② 《张湘纹等被控案判决》，《申报》1934 年 11 月 9 日，第 12 版。

③ 类似案例很多，比如沈克非医师讼案即是如此。"中央医院外科主任沈克非被控过失杀人嫌疑案，经地方法院宣判无罪。死者陈允之母不服，上诉高等法院。数度开庭，迄未终结。高院定四日在苏再开庭，传当事人沈克非及陈贞一并证人齐作之到庭审理。"见《中央医院沈克非被控案》，《申报》1935 年 3 月 4 日，第 3 版。

④ 关于民国时期医家借病人宣传自身的做法，可参见尹倩《民国时期的医师群体研究（1912～1937）——以上海为中心》，第 44～45 页。

小、悲惨与无助的一面；而对于医家则往往强调其作为专家的专业背景，但在引述内容的形态上又常常刻画其"冷漠无情""唯利是图"的媒介形象。很明显，媒体在医讼案件中的报道方式，将给现实中的医病关系带来深刻影响。

关于媒体对医病关系的潜在影响，早在1930年，程瀚章西医师便曾深刻地指出："尝综合本埠各报社会栏中所载此项新闻，细考其事件之来由，及依法判决之结果，其咎多不在医家。然医家因此受金钱、精神、名誉上之损失，恐属不少。而未经法院审判一度登载各报而自行和解者，亦非少数。然设若各报社记者，不将此类新闻广为渲染，则医家方面苟理直气壮，自无委曲求全之必要；而病家诬陷之黔驴，势必技穷，敲诈之机会，当然减少。"① 程瀚章的这一番话语，尽管是从医家的角度立论的，但无疑指出了问题的关键，即媒体的报道与医家声誉息息相关，为了顾全名誉，不将事态闹大，有些医家在医讼初起时不得不"委曲求全""自行和解"；至于病家一方，在媒体的舆论声援下，则更加"有恃无恐"，不惮向医家兴讼甚至讹诈。可见，无论是从医家还是病家方面来说，媒体的报道方式给医讼案件的发生与处理都带来了相当程度的影响。

程瀚章医师的这一观察，无疑是非常独到的。对于病家而言，媒体在报道上向病家"一边倒"的报道方式，极易使其信心满满，至少，能够使病家认识到在同医家的博弈中，媒介是一个非常得力的帮手。特别是媒介所具有的先声夺人的舆论优势，更是让病家看得清清楚楚。于是，我们也便看到，在现实生活中，一旦产生医病纠纷，病家往往第一时间便向媒体寻求支持，通过将自身塑造成"被伤害者"的形象，进而能够将医家置于"舆论"的风口浪尖之上，使自己占领"道德"或者"正义"的制高点。类似的事例，实是相当多见。像前面有关章节中论及的俞松筠医师讼案，便是一个颇具代表性的案例。在法庭开庭审理之前，病者家属田鹤鸣竟然能够将整张讼状刊载于《申报》之上，其用意是不言自明的。再如，绍兴石门槛儿科徐仙槎为东关汪四一之子奎生治疗伤寒，因开错药方而将奎生

---

① 程瀚章：《凡关于病家与医界讼案在未经法院判决之前各报不得渲染以维医师信誉（上海医师公会秋季大会提案）》，《社会医报》第129期，1930年，第1410页。

治死。显然是病家第一时间将此事报知媒体，并非常有效地整合了当地媒体的力量，致使"该地各报，均极重视。除新闻栏详载外，并有专篇评论，分析痛论之"，"至于评论则痛快淋漓，攻讦更甚！"如此一来，将一件本来寻常的医病纠纷，"闹得满城风雨，聚论纷纭"。① 类似于病家田鹤鸣和汪四一的做法，在这一时期是非常多见的，在此不再一一详述。②

　　病人希望借助媒体的力量同医家展开博弈，还表现在很多方面。有充分的资料表明，当病家对医疗效果有所怀疑或不满时，也会写信向媒体咨询。类似事件清晰地揭示出，在病家心目之中，媒体完全是与自己站在同一条阵线上的，甚至还有病家去函向报社咨询，是否可以根据手头现有证据向医家提起诉讼。1934 年 4 月 30 日，一位署名"吕云山"的病者家属投信申报馆，询问申报"医药版"的编辑自己能否到法庭控告医生，如能够的话又将以何种名目去控告。信的内容显示，这是一位平时非常留意《申报》"医药版"的读者。

　　编者先生：

　　　　很多的难问题，先生都是解答得十分透切，这是值得佩服呀！先生，我也有件很难的问题，请先生拨冗解答一下，不胜感激。

　　　　事实是这样：去年废历十二月初十日，我妻染病，即请某医士二人诊治（三人）开方服药后，病不见减，反见增加，共诊四次，至十六日晨即病逝。我妻自得病以来，（此外）并未经任何医生看过。直至垂死时，十六日晨赴上海医院诊治。据该医院医生说，病已难以救治，并详细说明所患之病因病源。查与以前医生所说，完全不同，可见我妻之死，完全系该医生未识病情误诊而死。现在我有上海医院诊单为凭及该医之药方，能否到法庭提起讼诉，并请先生答明该医生应犯何罪。

　　　　此颂，撰安。

　　　　　　　　　　　　　　　　　　　　　　　吕云山　谨启

---

① 徐恺：《绍兴满城风雨之杀人案》，《光华医药杂志》第 1 卷第 2 期，1933 年，第 9 页。
② 比如，1935 年 1 月，家住上海的钱仲英因不满中医张润生的治疗，径自在《申报》上刊文攻讦后者。这类做法，与田鹤鸣等病家显然出于同一逻辑。参见《国医张润生为钱仲英案谨事实详告各界》，《申报》1935 年 1 月 28 日，第 2 版。

从《申报》编辑的回信来看，尽管其对吕云山的遭际颇感同情，"也颇疑惑那二位是'庸医杀人'的嫌疑犯"，但苦于证据不足，还是劝告吕云山放弃兴讼，并告诫以后在延医诊病时应该慎之又慎。① 这一则事例，再一次从一个侧面展示出了媒体与病家之间有着某种天然的"共情"成分，以及基于此而形成的亲和力。

在直接利用媒体表达自身诉求的同时，媒介上的"风吹草动"也会在病患中产生影响。民国时期，无论是中西医之间还是中医、西医内部，在相当时期内，医师之间时常发生相互攻讦的现象，因一时意气而闹上报端的事例，也并不乏见。让人颇感兴趣的是，有的事例竟然也会为病家所利用，进而引发了医讼。1935 年，发生在厦门的林妙彦、林君仲两位中医师在报上相互指摘并引发医讼，便是一则代表性的案例。

这则个案的大体情况是，厦门林神教之子林耀星于 1935 年 7 月 10 日患上了恶寒，发热腹痛口渴，四肢厥冷。于是，林神教请来西医为病患润肠，但并无效验。不仅如此，林耀星于 17 日又并发痘症。林神教遂改请中医林妙彦施诊。林医师开方令以三黄解毒汤加减服之，亦未见效。第二日，林神教又改请中医林君仲医治，林君仲新开一方，令以丝瓜化毒汤加减连服两剂，但亦不见效。7 月 20 日，林耀星病逝。林神教恐尸身传染，即雇人将患者送往碧山台湾公会火葬场内火化。然而，就在此时，中医林妙彦与林君仲却在报纸上刊发启事，互相攻击对方用药有误，致使病人不幸辞世。

在读到林妙彦与林君仲医师相互指责的文章后，原本并未有诉讼想法的林神教不禁心生疑云。在思量再三之后，林神教决定以"业务上过失杀人"和"诈财"为由，将林妙彦与林君仲两位中医师控诸法庭。于是，原本因诊治措施不同而引发争执的两位医家，就此成了病人的被告，这恐怕是两位中医师在媒介上刊文之初所不曾逆料的。

相对而言，媒介对医病关系所产生的影响，往往不是上述这般立竿见影。事实上，媒体的报道在潜移默化、润物无声之中对医家形象以及医病关系所产生的影响，才是最主要的。如上所述，对于医讼，媒体往往只是热衷于营造一时的轰动性效应。由此一来，对于读者来说，所产生的影响

---

① 《庸医》，《申报》1934 年 4 月 30 日，第 21 版。

则是不可小觑的。西医范守渊曾一针见血地指出：

> 看报的人，有看前者，而不看后者。那么，他们便只有前者被诬时的歪曲新闻的观念，而始终不会改正当初的歪曲宣传的印象，不会理解这事件的最后事实。

为了佐证自己的这一看法，范守渊还以张秀钰医师讼案为例，提及当案件已然结束，法庭宣判劳工医院胜诉并驳回原告的诉讼请求后，时隔多日，仍然有很多人向他询问这一诉讼案件的相关情况。

> 许久许久之后，还有不少人们，问起我们这件案子，后来如何了结；也有还问起我们用错药粉，伤害病人的案件，怎样解决的。这不是很明显的证明，他们只看见开始引人注目的歪曲宣传的第一次新闻，而未看到后来事件大白了，终结后的消息吗？①

可见，对于一般大众来说，由于新闻媒体在报道中存在明显的倾向性取舍，很难获得某一医讼案件的进展信息，也不易在医、病双方的唇枪舌剑中分清谁是谁非。而新闻媒体在医讼上所做的具有强烈倾向性的"单方面"报道，无疑非常不利于医师形象的正面建构。如果这种情况仅限于一两家媒体，通常也不会产生多大的影响，但当一个地区的几大主要媒体在医讼未起时，不约而同地刊发或转载病家的一面之词，恐怕在读者的心中，对所有的医师都要产生抵触与疏离情绪了。由此，一旦在不久的将来因治疗而与医家发生纠纷时，病家会采取的措施便也不难想象了。

三　与新闻媒体和病家做斗争：医生的作为

新闻媒体对医讼案件的单方面报道，常常会使医师陷入被动局面，也令涉讼医师非常愤懑。对于自信并无过错的医师来说，面对新闻媒体的这一做法，显然不能等闲视之。当媒介上开始登载相关信息时，有些医师也不得不在第一时间通过发布声明的形式即时澄清事实，以维护自身的形象和声誉。从《申报》的相关资料来看，尽管在关乎医讼的报道中很难听到

---

① 参见范守渊《这也算是一场医讼》，《范氏医论集》下册，第590页。

医生的"声音"，但当《申报》上有"不实"（至少在医家看来）报道时，也不乏涉讼医师为自身声誉考虑，撰文为自己进行辩白。像上文所引述的《成衣店主暴病　打二针毙命》报道中的医家顾宗文在看到相关报道后，便写了一篇《意外纠纷记》刊发在《申报》上，详细叙述了自己给病人诊疗的经过，对于报纸的报道予以批驳。在这篇文章中，顾宗文医师强调病人在到达之前，即已"陷于高度昏睡状态"，即使在店铺伙计的一再恳求下注射两针强心剂后，病患依然昏迷不醒。然而，"各报记者"在关于这一诉讼案的相关报道中，均谓"病者于注射后尚能'唤呼啊呀'一声"，实际上"全系传闻失实"，是记者"纷纷取材于病家，以讹传讹"。① 同样，在俞松筠医师讼案中，就在田鹤鸣将讼状全文登载在《申报》上的第二天，俞松筠医师即委托律师登载声明，将相关诊治情形予以说明，希望能够为自己挽回被动不利的局面。

医生一旦涉讼并为媒介所报道，对医师的声誉和营业来说，会带来很大的负面影响。程翰章西医师曾指出，也有医家为息事宁人，往往采取私下和解的方式终结纠纷。类似的事例，在现实中应该不在少数。对于医师来说，显然这也是媒介所具影响的一个方面。不过，依据相关资料，可以发现，在特定案件中，新闻媒体的介入不仅仅不会消弭纠纷，相反还会激化医病之间的矛盾。具体而言，当医病纠纷发生后，在事态尚有转圜余地时，媒介的宣传与鼓动，一旦对医院或医师的声誉造成负面影响时，医师往往会非常不满，从而影响或终止和解的进程，甚至会促使医病纠纷迅速演化为医讼案。此外，正在进行中的医讼，在面临和解的可能时，对自身信心满满的医家，也会以病家先在报纸上登载声明恢复其名誉为和解的条件，如果病家并不同意，则医讼依然要进行下去。这在张湘纹、葛成慧医师讼案中即有体现。

事情大致是这样的。1934 年 6 月 29 日上午，李石林之妻王氏在位于上海萨坡赛路一号的尚贤堂医院顺利产下婴儿。然而，两日后产妇食欲渐趋减退，身体高烧不止。对此，尚贤堂医院医师许以无事。7 月 4 日下午，对妻子病情并不放心的李石林暗自在外延请陈景煦医师来院诊视。陈医师认为是产褥热。至此，李石林对尚贤堂医院颇为不满，在签

署自愿出院书后，遂将产妇搬出尚贤堂医院。7月12日，王氏因病势沉重身死。临终前，产妇见人便疾呼其生命实丧于医院之手。李石林在其妻死后，乃以尚贤堂医院"玩忽业务"为由，向上海第二特区地方法院提起诉讼。

作为此案的中间人物，陈景煦医师的处境无疑是最为尴尬的。原因很简单，病家以其诊断为依据提起诉讼，这也就意味着自己必将开罪于同道。于是，陈医师一方面向中华医学会去函表明自己是凭借学识进行诊断，对医、病双方均无偏袒之意；另一方面则积极游走于医师和病患之间，希图加以调解。在陈医师的多方陈说、反复劝导下，李石林终于愿意撤回诉讼。然而，就在此时，8月7日上海的《大晚报》和《大美晚报》却登载关于此一诉讼案的相关讯息，特别是《大美晚报》的报道，更是对尚贤堂医院多有指摘。见此，张湘纹、葛成慧两医师颇为不满，在与李石林的谈判中亦不肯让步，致使和谈破裂，陈医师的努力全成泡影。

在此一讼案初步调解失败后，为了撇清责任，陈景煦医师致函《申报》馆，声明自己在为病人进行诊疗时，并未有过消毒不尽与看护洗涤不尽等评论，希望《申报》能够刊载声明，以正视听。

> 敬启者：据当事人陈景煦来函声称，于本月9日《申报》本埠新闻栏内，载李石林君与尚贤堂医院涉讼一案，内有关于陈景煦医师之点，谓"七月四日下午，我自请陈景煦医师前来诊视，即觉奇臭、难闻……系产褥热病，系因产时施用手术不尽消毒，与产时看护洗涤不慎所致"等语殊有出入。查鄙人于七月四日被请诊视已故李王氏之病状，当时除声明热度一零四点八度及身上红疹外，对于产时手术及看护洗涤等事，鄙人从未目睹，更无妄加评论之理。至于病人经过情形，业已由鄙人作就报告，由鄙人签字盖章，呈交法院矣。外界如有未得鄙人同意报告或流言，鄙人概不负责。惟恐外界不明真相，特委贵律师代表更正等情。[①]

于此可见，新闻媒体在医病关系的互动中，扮演着非常重要的角色。即使是作为第三方的医家，在医讼愈演愈烈之际，为了更有效地撇清自身

---

① 参见《来函》，《申报》1934年8月14日，第14版。

责任，都需要借助媒介来予以澄清。

在第一次调解失败之后，作为中间人和调解人的陈景煦医师，并未曾放弃为医病双方进行调解的努力。就在第一次庭审之后，陈医师复邀请另一位医师徐乃礼加入调解。在陈、徐二位医师的共同努力下，张医师终于同意和解，但前提条件是病家李石林应先"撤回诉讼，并登报声明，恢复医院名誉"。然而，李石林也强调要张湘纹医师先向其书面道歉，方可撤回诉讼。结果，陈医师第二次的调解努力又宣告失败。在这一讼案之中，媒介在医病双方为维护各自的"颜面"而进行的讨价还价过程中扮演着重要角色。

如上所述，在张湘纹、葛成慧医师讼案中，陈景煦医师为了开脱自己曾去函《申报》要求刊载声明，显然，陈医师对于《申报》的报道有所不满。其实，对于新闻媒体在类似中的有失公正，很多医师曾行文报社希图有所更正。

比如，1930 年 5 月 14 日的《申报》刊载了一则发生在无锡的医讼报道。据其报道内容，无锡南门外黄坭埄千元堂药号沈岐卿年方九岁的幼子锡珍"因感受风寒，以致寒热交作"。沈岐卿于是请来西医钱保华，到家中为儿子看病。钱医生诊断是脑膜炎，并为患者"抽取骨髓"，"连抽两日，遂致不治而死"。沈岐卿"悲愤异常"，乃"致函钱医生，严词质问，限令将抽骨髓根据，及断为脑膜炎究竟有何证验"，限三日内明白答复，否则将诉诸法庭。[①] 这显然是一篇单方面的报道，情况是否属实，并没有向医生进行任何查证。《申报》的这篇报道让钱医师非常震怒。不过，钱医师自己并未出面，为他打抱不平的，是无锡医师公会。1930 年 7 月，无锡医师公会致函上海申报馆，指出该报所登载的关于无锡讼案的报道"完全与事实不符"，要求其予以澄清。

> 径启者：阅五月十四日贵报无锡地方通信栏内有"庸医杀人"新闻一则。内称沈岐卿子最近因感受风寒，经钱保华医师连抽骨髓两日而死，完全与事实不符。查沈孩于二月七日早起病症状，显然为脑膜炎，有续诊西医李克乐、谭述谟致敝会之复函可证。钱医仅于二月

---

① 《庸医杀人　严词质问》，《申报》1930 年 5 月 14 日，第 10 版。

七、八两日诊治二次后，经中西医三十余人络续诊视，卒因注射血清次数不足，变成慢性，延至五月十日而死。距钱医初诊时已远隔三月余之久，而贵报所载谓立致毙命，毫无根据。复称沈姓将以法律解决，更属乌有。总之沈姓业贩中药，素嫉视西医。一旦因其爱子顿染脑膜炎剧病，中医束手，乃屈志求救于西医。不知重症脑膜炎，经一二次放脊髓液及注射血清，病势初固稍杀，然尚需继续如法施治多次，或可断根。而病家不听忠告，转请中医诊治，以致病原不除，延成慢性，而至不可救。病家反误听脊髓液乃人身精华，精华放去病体不能复原等谬说，归咎于钱医，引起纠纷，散布诽语，以图中伤敝会。业经派员向各方面调查明确，开大会公平讨论，并将讨论结果制就评定书，分发各界，复刊载敝邑各报，俾事实真相及医学原理均能大白，免除社会上种种怀疑及误会，阻碍日后西医之正当治疗。事关西医界全体信用及钱保华个人名誉，不得不摘要凑陈，尚祈赐登无锡地方新闻栏内以昭大公，不胜盼祷之至。

很明显，无锡医师公会之所以出面，其中一个很大的原因与中西医之间的论争甚至敌对具有密切关联。此外，无锡医师公会在致函中也极力为钱保华医师辩护，指称病者所患疾病为脑膜炎显然是事实，"有续诊西医李克乐、谭述谟致敝会之复函可证"。至于病人不幸亡故，乃是病者家属不相信西医，改延中医从而贻误治疗所致。其潜台词非常明白，那就是西医的诊疗，并没有任何过错。无锡医师公会的来函尽管将批判的矛头对准了病患家属，但显然对《申报》的报道内容也表现出相当不满，"贵报所载为立即毙命，毫无根据。复称沈姓将以法律解决，更属乌有"。①

正是看到了媒介在医病关系中所具有的巨大影响，因此在进入1930年代后，中西医界开始纷纷呼吁，希望新闻媒体在报道类似案件中能够保持足够理性的态度。早在1930年，当医讼案件作为社会问题开始凸显之际，上海中医协会执监联席会议，便就新闻媒体关于报道诉讼案的报道方式进行讨论，决议函请"报馆在擅控医生案未宣判前勿遽登载用'庸医杀人草菅人命'等标题"，用以保障医师声誉，"以重人权"。② 在医师协会

---

① 《无锡医师协会函》，《申报》1930年7月4日，第10版。
② 《中医协会执监会议》，《申报》1930年6月14日，第16版。

充分发挥作用的同时，也有中医个人撰文发声，呼吁媒体在报道讼案时应该客观公正。如徐恺曾经专门就绍兴徐仙槎讼案被"炒作"得沸沸扬扬撰文，指责绍兴各报不严格按照新闻门类加以报道。在文章的结尾，徐恺呼吁媒体应该对相关做法有所反省，否则"倘若违背了这原则，简直是不明新闻学理，自贬价值，还成什么体统哩！"①

同样，西医界也积极呼吁，在法庭是非未明之前，媒体不得随意刊载类似信息，否则不仅会自降新闻媒体的公正与客观性，也会给社会带来不良影响。比如，1934 年，一位署名为"知"的西医也曾撰文指出，媒体对于医讼的不实报道，所产生的影响是非常明显的，那就是加剧社会对医生的不信任。因此，他建议新闻记者在发布新闻时，一定要实事求是，以增进社会对医生的信仰心。

> 社会对于医生，往往抱着一妒忌的观念，新闻界是社会的指南针，似乎不能随俗俯仰的罢！年来新闻记者对于医病纠纷案件，每每本着有闻必录的态度，登载许多不符真相的事实，使得社会对于医生的信仰减少，主张人类同情心的新闻记者，是不是应当这样呢？②

西医范守渊在重点剖析了一桩医讼案件后，也曾恳切吁请新闻媒体：

> 凡遇到医讼事件时，应待医讼案件经公正的法院宣判之后才去发表。凡在未曾正式宣判之前，是非不明、真伪难辨之时，万勿听凭原告片面之词而随便刊载、任意传布才是。③

一直到了 1940 年代末期，依然有西医师在不断撰写文章，呼吁媒体在讼案审理未明之前，不应随意刊载医讼讯息。

> 有罪裁判未确定前，保障不得记载医事案件之内容。医事案件大都不理取闹或出于泄愤之目的，通常均以检察官不起诉处分或法院无罪判决而终结。可是一经报章披露，医师名誉已受打击，终身贻人口实。同时，病人或其家属，抓住这个弱点，往往以诉讼为要挟工具。假如医事案件禁止

---

① 徐恺：《绍兴满城风雨之杀人案》，《光华医药杂志》第 1 卷第 2 期，1933 年，第 9~11 页。
② 《某记者演说辞中新医之四种毛病》，《医药评论》第 6 卷第 8 期，1934 年，第 4~5 页。
③ 范守渊：《这也算是一场医讼》，《医事汇刊》第 9 卷第 1~2 期，1937 年，第 9~32 页。

记载，是非真相，必有大白之一日，医师亦不畏与病家对簿公庭了。①

由此可见，尽管中西医界为捍卫自身的声誉，对于媒体的做法提出批评，希望媒体在医病关系的构建中起到公正客观的作用，但显然，这样的努力，并未能够收到太大的效果。一直到 1940 年代末期，新闻媒体的相关做法依然未有明显改观。可以说，当医讼案件兴起后，媒介、医生和病人三者之间错综复杂的博弈长期存在。显然，在这一过程之中，中西医界特别是秉持科学主义的西医也便会越发认为，必须坚定地同这种社会现象进行斗争。由此一来，在医讼案件中，医病双方之间的对立情绪也便容易随之不断升温。② 民国时期的医讼一经兴起，便不乏一诉再诉直至最高法院的案例。有的病家甚至在打完刑事官司后，还要大打民事官司。这一历史现象，除了与南京国民政府时期的法制变革以及中西医论争等因素有关系外，③ 恐怕与新闻媒介的推波助澜也有着莫大关联。

* * *

从历史上来看，自从新闻媒介出现之后，医家、病人与新闻记者之间的关系，一直都很微妙。当然，不同的时代，三者之间的关系又有所不同。这与特定时期医学的发展以及整个社会对待医学、医家的态度是有着密切关系的。如果从一个较为宽泛的概念来看的话，其实新闻记者也是一个潜在的病人群体，生活中不免也要与医家有着交集和互动。因此，新闻记者对医家的观感，在一定程度上也反映着整个社会对医家的态度。当然，作为知识生产与思想传播的承载者，新闻记者又不同于其他病人。因此，在不同的历史时期，新闻记者在对待医学以及医生的态度上也会有所不同。④

---

① 立言：《如何处理医事纠纷》，《震旦法律经济杂志》第 3 卷第 11 期，1947 年，第 154 页。
② 参见马金生《从医讼案看民国时期西医在华传播的一个侧面》，常建华主编《中国社会历史评论》第 13 卷。
③ 参见马金生《中西医之争与民国时期的西医诉讼案》，《浙江学刊》2013 年第 2 期。
④ 当代台湾媒体在关于医病纠纷抬棺抗议的报道中，所刻画的病家形象是悲惨、不理性和暴力化的，这种呈现不仅不利于病家的形象，"反而更加强化了对这群人的偏见和刻板形象"。（参见邱玉婵《医病形象的媒体建构：医疗纠纷抬棺抗议新闻分析》，《新闻学研究》第 93 期，2007 年 10 月）当然，也有必要指出，媒介中病人形象之所以如此，与抬棺抗议这一行为本身及作者选择此一素材进行研究有关。

民国时期的《申报》，一方面是新闻记者在社会新闻版面中对医讼案件的大量报道，另一方面在医药版面中则不乏医家反驳的声音。这种现象其实也不难理解。由于医学本身的专业特征，使得一般新闻记者在医学知识方面存有先天不足，在相关版面内容的编排上，只能更多地听命于医家，这也是在医药版面中为何多为中西医界的动态及中西医家的"声音"的原因。而在社会新闻版面中，这情况就完全不同了。对于医讼的报道，新闻记者完全可以独立完成，具有绝对的掌控力。而《申报》在医讼报道中偏袒病家的行为，也多少反映出新闻记者对医家存有的抵触情绪。这一历史现象，只能从当时的医病关系中去寻求解释。

民国时期的西医以及受西医影响积极变革的部分中医，都希望通过新型医业伦理的构建来树立医家对诊疗的绝对权威，医学专业化的进程大大加快。在这一进程中，原本掌握诊疗主动权的病家显得很不适应，医病关系充满了紧张。① 《申报》的报道方式，表明新闻记者同其他病人群体对医家有着比较一致的认知。另外，《申报》将医讼归于社会类新闻的定位，也决定了医讼类新闻的报道特征，多少反映着媒介迎合世俗认知的一面。换言之，媒介所呈现的医家形象，在很大程度上也可以说是媒体和病家"共谋"的产物。而恰是这一点，给现实中的医病关系带来了深远的影响。

具体而言，当医讼案件经新闻记者之手进入民众视野后，在媒体讲求新闻性、轰动性的本质追求与能动操作下，新闻记者颇具情感倾向的新闻书写将不可避免地影响到媒介中医病形象的呈现。相关报道在受众中产生共鸣的同时，也会不同程度地强化后者的既有认知，从而给现实中的医病关系带来影响。换句话说，《申报》重视塑造诉讼初起时医病双方紧张对立的情绪而疏于刊载结案信息的做法，显然不利于民众及时了解案件进展，而停留在诉讼初起时对医师不利的认知上。这对于修补现实中医病关系来说，是很不利的。

总之，民国时期医讼案件的沸沸扬扬，个中的原因可能有很多，但媒

---

① 相关研究，参见雷祥麟《负责任的医生与有信仰的病人——中西医论争与医病关系在民国时期的转变》，载李建民主编《生命与医疗》，第478页；杨念群《再造"病人"：中西医冲突下的空间政治（1832～1985）》，第45～84页；马金生《从医讼案看民国时期西医在华传播的一个侧面》，常建华主编《中国社会历史评论》第13卷。

体的作用显然不可忽视。一方面，媒体对医讼案件的关注和报道，使得医病纠纷逐渐演化成为一个公共话题，为社会各界所关注；另一方面，媒体的报道方式，也深深影响了现实中医病纠纷的发生与解决。也正是在这个意义上，我们说，《申报》不仅对医讼案件的"真实"进行了报道，同时也对医病形象进行了建构。这也便印证了这样一句话：新闻记者总是善于"通过报道中的选择、凸显、架构、遮蔽和塑造，在真人——读者和观众心目中留下一种印象（他们相信的其实是这个印象），并让读者和受众在其生活中作出回应"。① 民国时期新闻媒体在医讼报道中对医病形象的建构，对此又做了一个新注脚。

① 〔美〕迈克尔·舒德森：《新闻社会学》，第3页。

第九章　西医界对医病纠纷的认识与应对

> 以二十一世纪之医行于十八世纪之社会，此医师之所以不为社会认识，而行道多荆棘也。[1]
>
> ——刘永纯

> 数年以来，医师有无罪而受人控告者矣，有无故而受官厅之非法逮捕者矣……若再不设法保障，则一尸体之解剖，一手术之施行，一药针之注射，一言语之权变，皆有为人告发之余地。[2]
>
> ——宋国宾

对民国时期的西医师来说，行医中感到最为头痛的事情，莫过于医病纠纷的发生。在 1930 年代，医病纠纷作为一个公共问题，开始在社会上凸显，着实令西医界惊诧莫名，甚至一时难以适应。西医师陶炽孙（又名陶晶孙）曾便经用"医病纠纷，极于今日"来形容当时的情形，从中可让今人依稀能够读出身为医师的那份焦虑与不安。几乎出于同样的心境，在 20 世纪三四十年代，西医界对医病纠纷发生的原因以及应对之道进行了认真思考与讨论。那么，当时的西医界究竟又是如何来认识医讼的生成的呢？在现实中又具体采取了哪些举措来应对医讼的发生？这些举措反过来又将对现实中的医病关系带来哪些影响？在这一章中，我们将对此进行一一探讨，希望能够在一定程度上明了民国时期的西医是如何认识并调整其与病家、同道以及国家的关系的，进而为考察并审视西医在因应医病纠纷中所做出的各种尝试和努力有所贡献。

---

[1]　宋国宾：《医业伦理学》，"序九"，第 1~2 页。
[2]　宋国宾：《医事建设方略》，《中华医学杂志》第 20 卷第 7 期，1934 年，第 964 页。

一个时代的社会环境如何，往往会被用来解释社会问题的产生。民国时期社会的动荡不安，便被西医与医病纠纷的发生联系在了一起。大量史料表明，在民国时期的多数医家看来，医讼的发生恰恰是民众智识未开与社会风气败坏的体现。比如，西医卢叔达便曾从整个大的时代环境来分析医讼发生的社会原因：

> 战乱不止，社会不宁，致一部民众心理变态，往往善的因，得到恶的果；好的情，变成坏的事。本来没有纠纷的，或在常理上可不至于纠纷的事，偏偏故意引起纠纷。医师本自由职业，渐渐的变为不自由了，这可说是医事纠纷的潜在原因，亦是医事纠纷的最大原因之一。①

卢叔达的分析显然颇有道理，但是，类似的论断难免也有些宏阔。同时，相关论述也有着强烈的泛道德色彩。对于医病双方频繁涉讼的社会现象，一些西医并不满足于仅从社会道德上寻求原因与解释，他们力求从众多诉讼案件中归纳出具体原因。如若综合审视这些方面的内容便会发现，相关讨论多是从病人、医家和国家的层面展开的。

一　对医病纠纷的认识与因应

"没有医学常识的病家"

病家在病人死亡后兴讼，在部分西医看来，其实也并不难理解。患者因诊治无效死亡，这对于其家人来说，在感情上显然难以承受。于是，在感情的作用下，往往会怀疑医师是否尽到了责任。② 尽管对病家的这一心理心存理解，但西医师也同时指出，医学自身存在着局限，对于不能够医治的疾病，即使西医有救人之心，也无回天之力。然而，病家对医学技术的有限性多不能理解。上海著名的西医梁俊青即曾颇带情绪地说过下面一段话：

---

① 卢叔达：《医事纠纷原因的推测》，《医事通讯》第 1 卷第 2 期，1947 年，第 2～3 页。
② "病家报了愿望，费了时间，花了金钱，结果挽救不回亲爱家属的生命，而激起精神异常兴奋，本情理中事，所以上不怨天，下不尤人，延医的目的，是想救其亲属。今亲属不救，不得不怀疑甚至埋怨到医生救人责职的未尽。"参见卢叔达《医事纠纷原因的推测》，《医事通讯》第 1 卷第 2 期，1947 年，第 2～3 页。

当然，我们也是人，并不是神仙，碰着无法医治的病症仍旧是一筹莫展的。所以要想每一个病人都被我们救活过来，那实在是不可能的，我们也绝对没有这样的神通。但是，假如病人（或则病人的家属）有了这种过分的要求，那么医家和病家中间的纠纷就容易发生了。①

在西医师看来，病人不仅对医学技术的局限性认识不清，同时对医生的职业属性也心存误解。在西医看来，医病之间的关系，乃"一方履行技术义务，与一方履行相当报酬之一种结契"。医师的义务只在履行技术的当与不当，不在"病之愈不愈"。然而，社会上却普遍以为"病之就医，其目的固在求病之愈"。一旦病人不幸亡故，病家要么在"感情的误用"下产生"轻举妄动之涉讼行为"，要么在医生催要诊金时，以不甘人财两空而"迫上涉讼途径"。②

西医同时发现，由于病家难以理解医病双方之间的"契结"关系，导致本应由病家按照约定偿付的诊金在收取时也存在着诸多的困难。一旦医生索取诊费过于急切，即易遭到病家的无情举控。

医生为社会服务，似乎不应以金钱报酬为目的，但在公医国有制度未施以前，总是高调，不切事实，盖枵腹从公，从井救人，是不可能的，所以医生有门诊出诊手术费之规定。在今日虽迹近买卖，类乎商贾，但能对病家忠实不欺骗、不怠惰，就也算是公平交易。病的好不好，另有复杂因子。病家不能因病者不治，即可为图赖纳费之理由。不幸今日社会，每有不明事理之病家，因医之索费过急过严，遂亦招致病家之敌视，而拒绝应付医药等费。③

西医谢筠寿也观察到，当病家在对诊疗效果不满而医家仍执意收取诊金时，每每会导致医讼的发生。

近年来病家控告医师之案，层出不穷，推究其故，不外乎感情与

---

① 梁俊青：《医界之自肃》，《申报》1948 年 5 月 28 日，第 7 版。
② 汪企张：《医家病家涉讼原因之研究》，《医药评论》第 6 卷第 7 期，1934 年，第 1～3 页。
③ 卢叔达：《医事纠纷原因的推测》，《医事通讯》第 1 卷第 2 期，1947 年，第 2～3 页。

意气。而诊金之收取，尤为重大之原因。盖一般病家，以为病既医而不愈，或竟医而致死，不加医以罪，已属宽大，焉有再收诊金之事。如强行收取，即致涉讼。①

客观地讲，诊金在医病双方之间，确实是一个非常敏感的话题。② 在明清时期，部分地区医家的诊金便已非常高昂，进而对医病关系产生了一定的影响。③ 到了民国时期，诊金在医病关系中所起的作用也越来越明显。比如在苏州，医师不仅有门诊，还有出诊、车金等各种名目。这些名目加在一起，对于平民之家来说，压力还是不小的。在苏州市档案馆存有一份《请规定中西医师诊金及手术费用以资划一而利病者案》的档案资料，这是一份提案，提案人为彭补勤，联署人为沈召周、高润中。从其内容来看，该提案的提出时间当在1940年代中期。资料显示，当时的苏州诊金已相当昂贵。

> 查医师之为人民诊治疾病，除维持生计外，似应含有若干成分之济世性质，庶不负医者之本意。而目前每有少数医师诊金车金等颇昂，动辄四五十万元，如施行手术则取索更巨。试问贫病辈何以负担。惟有坐以待毙耳。为顾念贫民健康计，对中西医师之诊金、车金、手术费用似有抑平或重行规定以资划一之必要。

如果历史地看，苏州地区的诊金，在明清时期相较其他地区已经很高，而且相对于明代，清代苏州的医价又有所上升。一些名医的医价，甚至要高于北京的御医。④ 到了民国时期，医家出诊费昂贵的状况依然未有改变。上述资料表明，高昂的诊金给一般民众带来不小的经济压力。因

---

① 谢笃寿：《医费之法律观》，《医药评论》第7卷第1期，1936年，第22～24页。

② 诊金的收取，在近代成为医疗职业化的突出体现，但这一商业化行为，却在很长时期内使得医师在身份认同与角色冲突之间难以调适（参见尹倩《身份寻求与角色冲突：近代医生诊金问题探析》，《华中师范大学学报》2012年第1期）。有意思的是，令18、19世纪的西方医家最为头痛的也是需要花费大量精力"设法向病人讨要他们应付的诊金"。参见〔美〕约翰·伯纳姆《什么是医学史》，第28页。

③ 参见邱仲麟《诊资与药钱：明代的医疗费用与药材价格》，常建华主编《中国社会历史评论》第9卷；张田生《清代的医病矛盾与医家应对》，《福建师范大学学报》2015年第6期。

④ 参见张田生《清代的医病矛盾与医家应对》，《福建师范大学学报》2015年第6期。

此，彭补勤等人呼吁，当地医师公会应统一制定诊金与手术费用，并告知医师一体遵行。① 可以试想，如病家花费了高昂的诊金，而病人不愈甚或病情转坏，病者家属的愤懑会达至何种程度！

诊金在医病关系中所占有的分量，不仅仅是一般的民众对此感同身受，一些西医师也敏锐地看到了这一点。比如，著名西医师庄畏仲注意到，病家对诊金之所以如此敏感，除了病人死亡带来的情感因素外，也与民众相对贫穷的生存状态紧密相连。

> 医业道德与病家心理之矛盾现象亦夥矣。凡病家延医之目的，为欲医其病，同时因社会经济之衰落，在中下之家，又苦无医药之资。医家果以医病为业，医酬之享受，亦为分内之事。病家延医，于医酬果无闲言也。然新医药之费用，不仅医酬而已，种种之治疗，或需较高之代价。设若一胃癌病人焉，自应为之介绍镭锭之治疗，病家遵行而得治愈也不论，遵行而无效也，因耗去巨金之故，不免抱怨介绍之原医。又如普通药之注射费，每次约一元至五元，设遇需用高价注射药或血清之时，需费较巨。在医家绳以医德，对症用药；在病家之心理，必以为医家之炫奇自利。病家人得愈，亦有指费用太巨者不论；不幸无效，则反唇相讥。蒙之经验，在高价药品应用之前，病家多询其代价。代价稍高，必欲保能治愈，乃使医者难堪。欲不用则有负使命，欲用之则病家逡巡。②

庄畏仲的这段话，点出了在特殊的历史情境下，医疗费用在医病双方关系中的作用。高昂的西医费用的确使得社会中下层家庭难以承担，病家在同意支付高昂的医疗费用后病人仍未康复，在失望之时便会心生怨怼。在这种情况下，如果医家催索甚急，病家不仅不会偿付酬金，甚至还会"有作非分之求"，指摘医师诊疗过误，"甚至有不明事理之病

---

① 在这份提案中，彭补勤等人提议，门诊费应以 1 万元为标准，出诊费 5000 元（加早加五成），车金以 5000 元为标准（跟车自理，出城酌定），手术费则视其繁简自 1 万元至 10 万元不等。参见《请规定中西医师诊金及手术费用以资划一而利病者案》，苏州市档案馆藏，档案号：I09－001－0010－134，该档案无具体时间，从其诊金的标准来看，当为 1940 年代中期。
② 庄畏仲：《医业道德与病家心理之矛盾现象及其救济》，《医药评论》第 5 卷第 4 期，1933 年，第 18～21 页。

家，或亦想借端索诈，以为丧殁图财之妙策"。① 也就是说，现实生活中也有病家或为了报复，或为了金钱而有意敲诈医师，如若不遂其所愿，使动辄兴讼。②

病家的上述认识和"不端"行为，在当时的西医看来，关键还在于民众对西医缺乏信心。谢筠寿便曾指出，现实之中时常有病家对西医存有偏见，"有曰新医为霸道者，有曰新医为只知头痛医头脚痛医脚者，甚至有挖眼作药、重症毒死等无稽谈话"。③ 由于对西医存有偏见，在传统的就医习惯影响下，有的病人对医药尽管一知半解，却每每自作聪明，"指摘医治种种误点，以为入罪证据"。④ 俞松筠也曾颇有感慨地写道，在日常的应诊之中，时常会见到病家"因病不得已而求医，然其内心表现，仍觉怀疑而藐视"。尽管"医者谆谆相告"，病人却"藐藐相违"。"设有不幸，则咎归于医，而不知自作聪明之害，实非医者能力所能挽救。故医病双方之纠纷，愈见其多。"⑤ 西医计济霖更是一针见血地指出，民众医学知识的贫乏，就是医病纠纷发生的根本原因，"迩来医者与病家往往因不可挽救之病发生纠纷，以至涉讼法庭历久不决者，比比皆然，即人民无医学知识之表现也"。⑥

矫正病家积习的努力

由于医病纠纷的发生导因于民众对西医缺乏认识，因此，西医将加大医学知识的普及和宣传视为矫正病家旧有积习的治本途径。⑦ 在发表于《申报》的一篇文章中，谢筠寿呼吁西医不仅要致力于医术研究，同时也应负有医学知识"通俗宣传之任务"。只有"使社会明了新医之内容如何，优劣如何，而后始可推行无阻"。⑧ 谢筠寿认为，在医学知识的普及和宣传上，医学团体应该承担起相应的责任。为此，他专门写信给全国医师联合会，希望后者能够起到示范和带头作用，以逐渐提高民众的信仰心。也有医师认为，为增进民众的医学知识，还要依靠"各种教育力

① 卢叔达：《医事纠纷原因的推测》，《医事通讯》第1卷第2期，1947年，第2～3页。
② 汪企张：《医家病家涉讼原因之研究》，《医药评论》第6卷第7期，1934年，第1～3页。
③ 谢筠寿：《吾所希望于全国医师联合会者》，《申报》1934年1月1日，第22版。
④ 汪企张：《医家病家涉讼原因之研究》，《医药评论》第6卷第7期，1934年，第1～3页。
⑤ 俞松筠：《医讼应需公断》，《医事汇刊》1934年第20期，第314～316页。
⑥ 计济霖：《谈医》，《申报》1934年7月23日，第16版。
⑦ 乌训卿：《矫正病家感情用事的积习的管见》，《新医药刊》第24期，1934年，第1～4页。
⑧ 谢筠寿：《吾所希望于全国医师联合会者》，《申报》1934年1月1日，第22版。

量"，只有"民众有了相当的医药常识，生了病就不至于乱请医生乱服药。若遇医药不济，发生什么不幸，也不会任意找医生打官司了"。① 此外，还有医师主张在平时的诊疗过程中，对于病家绝对不能一味地服从和敷衍，而是应借助诊病的机会及时宣讲医学知识，"以科学详细揭示病情，使病家粗知科学之医理。诊病既竟，披纸处方，主药佐药，应告以中华药典之名称，及分量性质，病家有嫌忌手术及注射等者，医师应婉告以非此不足以收效，万不可一时敷衍其要求"。②

在病家求愈心理急切以及对医家信任心不足的情况下，如何坚持医家的道德，显然是一个重要的问题。对此，有医师认为，愈是这样的情况下，医师愈应站稳立场，发扬医德。在一篇专门探讨医业道德与病家心理的文章中，庄畏仲强调，在医病关系紧张的"过渡时期"，医生更应"以正道正人心，但求己德无亏，人言何患，水到渠成，是非乃判"。他以为病患打麻醉针为例，假使医家认为不必打针，而病家却再三要求希望能够暂时缓解疼痛，在这种情况下，医家一定要耐心解说，不能迁就，只要医家坚持，一定会有收获。相反，如若医生"巧言令色"，一意迎合病家心意，"纵以迎合畸形心理而博得病家一时之快，在最近之将来，必归于淘汰无疑"。③

对于民国时期的西医来说，民众的怀疑确实影响行医环境。因此，西医陈翥云提醒同道，在诊疗时一定要"审慎"，严格按照国家的《医师暂行条例》行医。如非医师亲自诊察，不得"施行治疗"，或者"开给方剂及交付诊断书"；如医师不是亲自检验尸体，"亦不得交付死亡诊断书"。否则，如若因"一时情感上关系，常以通融行事"，一旦发生法律问题，"则有不能不负其完全责任者"。陈翥云强调，在为病人治疗时"应备治疗簿记载病人姓名、年龄、性别、职业、病者病历、医法"，并将"治疗簿应保存五年"，以备随时查考。特别是"席不暇暖"、业务繁忙的医师，更应提高警觉，否则"对于病者病历记载多就简略，或为避免麻烦全不记载者，一旦事发，被告茫然不明其病历与疗治，此常为刁顽者所乘，借端

① 毅公：《医讼》，《社会卫生》第4、5期合刊，1945年，第117～121页。
② 庄畏仲：《内地开业医师之使命》，《医药评论》第88期，1932年，第1～3页。
③ 庄畏仲：《医业道德与病家心理之矛盾现象及其救济》，《医药评论》第5卷第4期，1933年，第18～21页。

敲诈，此又不可不注意者也"。①

　　在执行医业的过程中，应该万分小心谨慎，并不是一两个西医师的看法。为了避免无辜涉讼，宋国宾医师甚至提醒同道，即使是日常与病家的通信也要谨慎与小心。有的病家在生活中时常心存"机巧"，因在兴讼之前苦无"学理上之根据"，遂以通信的方式向有关医师请益。被征询之医师又"不察其用心，往往轻加批判"，于是"病家据此为控告之资矣"。甚至更有"狡诈"的病家，担心医家会有偏袒之意，乃"约其词，隐其事"，只以某病用某法治疗当与不当来询及医家，一旦医师答以"不当"，就会将之作为凭据控诸法庭。医师的回答，有时会不知不觉落入病家的圈套，从而致使"冤狱以成"。宋国宾强调，尽管通信看似小事，但"医病纠纷，层出叠见，虽原因不一，而通信问病不能无关焉"。由此，西医为"自身之地位计，为学术之尊严计，对此黑暗之社会，似未可漫然不加以防御也"。②

　　当然，也有医家提议，在行医环境如此恶劣的情况下，西医也不能一味地采取决绝的态度，适当的圆融也是必需的。比如，卢叔达便曾提醒同道，有时候"洁身自爱，知难而退"也应成为医师"考量之一事"。如果医师能事先逆料患者在诊疗后会出现不良反应，则应提前向病人家属说明，并督促病者家属再请其他医师来会诊，在会诊时也要一面安慰病人，同时详细向病者家属进行解释。此外，为了避免病家误会，应尽量少在病者家属面前说"外国语"。特别是当病人病情危急时，主治医师为规避责任而拒绝施诊，也往往会招致病者家属的怀疑和误解。因此，在行医中一定要圆通些，把握好"分寸"和"火候"。

> 故医之对于病家，过于负责不可，太不负责亦不可。无益之注射，无益之手术，当然不应施行。而需要之注射，需要之手术，如无绝对把握，总在事前详为解释随机应变。盖医为自身责任计，为自身名誉计，为防止纠纷计，对付病家，有时且比对付病人为难。若固执己见，武断孤行，常可引起病家之恶意。③

---

① 陈蔼云：《医事纠纷今后解决的途径》，《医事汇刊》第 8 卷第 3 期，1936 年，第 322～324 页。

② 参见恪三《三谈通信问病之弊》，《医药评论》第 6 卷第 9 期，1934 年，第 2～3 页。

③ 卢叔达：《医事纠纷原因的推测》，《医事通讯》第 1 卷第 2 期，1947 年，第 2～3 页。

由上述西医的论述来看，对如何规避与病人互动过程中存在的"危险点"，可以说已经考虑到了方方面面。显然，这是他们在行医实践中总结出来的。

二　西医界的自省及其匡正举措

在西医看来，医病纠纷的发生与西医自身方面的因素也有莫大关联，特别是与医家的医疗道德和西医界的不团结关系密切。这几乎是当时西医界一致的看法。

提升医业道德的努力

在西医看来，医德的高下与医病纠纷的发生存有直接的联系。有的医师为了规避责任有意将责任推及他人，这种同道间相互"诿责"的习气，很容易导致诉讼的发生。对于这一现象，西医汪企张曾经尖锐地批评说，一些道德低劣的医家"每恐祸之及己"，"为急图脱卸计，不惜设阱陷人"。而病家"一时惑于谗言，而轻易兴讼"，"屡见不一"。① 此外，还有一些医术高明的医师，因"用意切于求利"，举措失当，从而产生了恶劣的影响。医家过于求利，在病家看来"医术被看作是一种商品"，"医生就被看成商人一般了"，医生的名誉地位，也就随之深受影响。有鉴于此，西医毅公呼吁西医界应"自行整饬，"号召医界同人共同改变这一负面的形象，"提倡固有的医德，尊重自己，消除一切江湖习气。如是则无谓的纠纷，亦可减少不少了"。②

除了医家的道德，医界的不团结也是令西医感到苦恼的问题。宋国宾在总结分析医讼形成的原因后，直言不讳地指出，在医讼案件中病家竟然能够"以医学上之根据"质疑医师，实在是一大"奇事"。因为"高深之医学"，并不是一般的病家与普通律师所能知的，也并非"毫无学术之旧医及江湖医生之所能深晓"。因此，对于病家的兴讼之举，"不得不令人疑及一二异派之同道操纵于其间"。他进而推测，一定是病家在讼案未发生之前曾求教于"其他异派之医"，而被问之医师不明所以即"妄下批判"，

---

① 汪企张：《医家病家涉讼原因之研究》，《医药评论》第 6 卷第 7 期，1934 年，第 1~3 页。
② 毅公：《医讼》，《社会卫生》第 4、5 期合刊，1945 年。

于是，"病家乃振振有辞矣"。①

也有的西医师"别具用心"，心存恶意，明明知道诊疗过程并无差错，却偏偏要"夸己之能，摘人之短"；② 更有"一二感情用事之徒，不但不能忠告病家，消弭无谓之纠纷，化干戈为玉帛。且以此为报复异己者之机会，阴授病家以控告之理由"。③ 这种自古即存在的相互抨击的坏习气，纵使言者无心但听者有意，很容易让病家心生疑虑并进而引发纠纷。从相关资料来看，在民国时期的西医界，同道之间在病家面前煽风点火、相互拆台的现象还是比较常见的。谢筠寿曾经非常痛心疾首地写道：

> 近年以来，往往有医师与病家涉讼之事，宣之报端。推究其原，难免有同道之暗助。何则，盖病家因对医师医术之不满，在感情容易冲动者，虽不免有愤怨之口吻。苟其相职之医师，能为之解说譬喻，则闻者亦心平气和，必不愿再事纷扰。倘不幸遇幸灾乐祸之医师，不明当时之医治情形，推波助澜，则病家因内行之医师，尚如此说，遂以为曲果在彼，兴问罪之师，叩律师之门，与医师见相于法庭矣。此不但伤同道之和气，实堕医师之尊严，其结果病家亦未必感惠，或反而丛怨其身。夫同行嫉忌之风，非吾高尚之新医所宜有，一言解纷，一言伤邦，尚祈吾同道中互相勖勉。④

民国时期的西医界，因医师学业出身不同，存在着英美派和德日系两个派别，彼此不睦，这在一些医讼案件中也有反映。以 1930 年代发生在南京中央医院的两起医讼案件为例点。1934 年 5 月 2 日，时年 7 岁的患者安黔因牙根化脓被送往南京中央医院诊治，牙科医生陈华为患者开刀，并于第二日将牙齿拔去。不料到中午时分，病人忽寒热大作，病情转为颜面及颞颌部蜂窝组织炎。5 月 9 日，沈克非医师为患者实施第二次手术，病人最终还是不治身亡。病人之母安张氏怀疑手术有误，将沈克非与陈华控诸江苏省江宁地方法院。医病双方一直将这场官司，打到了江苏省高等法院。半个月后，沈克非为陈允之割治盲肠，术后原本良好的病人病情忽然

---

① 宋国宾：《"医""病"纠纷与医界团结》，《医药评论》第 6 卷第 9 期，1934 年，第 1 页。
② 卢叔达：《医事纠纷原因的推测》，《医事通讯》第 1 卷第 2 期，1947 年，第 2 页。
③ 宋国宾：《"医""病"纠纷与医界团结》，《医药评论》第 6 卷第 9 期，1934 年，第 1 页。
④ 谢筠寿：《吾所希望于全国医师联合会者》，《申报》1934 年 1 月 1 日，第 22 版。

恶化并最终不起。安黔与陈允之的死，一石激起千层浪。《申报》《大公报》《法治周报》等新闻媒体纷纷发表文章予以评说，纷纷谴责中央医院"院长不能尽责"，"管理不能精密"，"医生不能尽职"，"官气不能革除"，将矛头对准了中央医院院长刘瑞恒，致使内政部指示卫生署严厉整顿中央医院。中央医院之所以引发众怒，在社会上产生恶劣的影响，据了解此事经纬的金宝善透露，除了中央医院在管理制度上的确有疏漏外，还与当时的英美派和德日派的派系之争有关联。原来出身于英美派西医的中央医院院长刘瑞恒在担任卫生署署长等职后，对南京政府的医政及他本人兼任校长的军医学校进行大刀阔斧的改革，得罪了许多人，其中，便不乏德日派医师。于是，这些被裁汰的医生联合起来"倒刘"，后来还公开检举刘瑞恒侵吞公款，最后一直闹得刘瑞恒辞去各种职务，远走香港方才了事。

　　中央医院被控这一个案，暴露出了诸多问题。其中，最为关键的，就是在民国卫生行政系统的形成过程中，充满着不同群体为了各自身的利益而进行的博弈与磨合。由此，即使是中央卫生行政机构，在对南京的医疗资源进行整合时都显得力不从心，并不能妥善处理各方的利益纠葛。而西医内部的彼此争斗，竟然采取了不惜将矛盾公开化借以打击对手的做法，这对现实中医病的关系产生了非常不好的影响。南京中央医院被控后，社会上很快即有谚语流传："你若厌世，快到中央医院去。"这道出了社会对南京中央医院甚至西医的恐惧与深刻的不信任。类似事例并不鲜见，恕不一一述及。①

　　西医师对医界不团结的危害是有清醒认知的。宋国宾就曾不无担心地指出，医界的团结与否，不仅事关医病纠纷的发生，同时更会成为"医界存亡之关键"。② 基于同样的认识，西医师胡定安也曾强调，如果确有诚心"为医事纠纷谋圆满解决之途径"，就应当"以科学大同，国家为重，消除派别，捐弃成见为主要条件"。只有全国医界相互屏弃成见，只以促

---

① 医界的不团结，往往会被病家利用，借以兴讼。比如，1936 年，上海劳工医院一位名叫张秀芬的西医师被病家举控。这一讼案的兴起，即与英美派西医和德日派西医的相互争斗有关。原来劳工医院为英、美西医所开，而宝隆医院则为德医所设。如果不是宝隆医院的德医出面，说病者之子大狮子所服用的药水有毒，病者家属即使心存怀疑，可能也不会贸然兴讼。另外，在这一讼案审判过程中，德医还出具了证明。在庭审过程中，当检验人员将药水涂抹于大狮子手臂时，却发现并无异常反应。参见《幼孩患痢疾　服药皮内溃烂》，《申报》1936 年 10 月 7 日，第 12 版。

② 宋国宾：《"医""病"纠纷与医界团结》，《医药评论》第 6 卷第 9 期，1934 年，第 2 页。

进医药学术为唯一职责，"庶几医事前途得留一线之光"。①

为提升医家的职业道德、改变西医界不团结的现状，一些西医师开始着手进行医业伦理的研究，并为之做出了重要贡献。在这些医师之中，宋国宾无疑是最为积极、也是贡献最大的一位。在宋国宾看来，医师伦理学对于医师的培养具有非常重要的意义。作为社会职业的一种，医师对于国家、社会、病人和同道之间所应遵循的伦理，自非普通伦理所能涵括。因此，当医师在学校培养期间，"若不于读书时代，养成其良好之人格"，"则开业以后，自难免非道违义之事"。近年来所"层见叠出"的医病纠纷中，同道之间"尤多非道义之竞争"，"于此足见医者于自守之道、处世之方均无相当之修养"。因此，在学校之中，"若能增设医师伦理学一科，以为良医之训练，则数年以后，所谓医事纠纷者，无形中自可减少矣"。②

1933 年，宋国宾整理出版了《医业伦理学》一书。这是近代中国第一部医学伦理学专著。在该书的"自序"中，作者坦言，写作此书的目的是希望通过对医师伦理的强调，以改变国内医界"纷乱如丝，莫可究诘"及"同道之争论，医病之纠纷，日充耳而不休"的社会现状。③ 全书分别从"医师之人格""医师与病人""医师与同道"和"医师与社会"四个方面，论述了医师应具备的基本素养与伦理要求，呼吁医师应具有高尚的医疗伦理与操守。

这部书的出版，对于塑造新时期医师的形象无疑起到了重要作用，因此颇得医界的好评。比如，西医汤蠡舟即认为，此书"不特可为中流砥柱挽既倒之医德，更能减少病人与医师之纠纷及同道之争端，实为有裨于世道人心而不可多得之杰作也"。④

对于宋国宾倡扬医德对于减少医病纠纷的作用，西医胡定安同样采取了激赏的态度："我常常以为恪三兄在当今人欲横流医事纠纷的中国，尤其在世界医学突飞猛进的趋势中，居然把医德作为发展中国医学的基本观

---

① 胡定安：《中国医事前途急待解决之几个根本问题（下）》，《申报》1934 年 1 月 8 日，第 13 版。

② 宋国宾：《医事建设方略（上）》，《申报》1934 年 8 月 13 日，第 17 版。

③ 宋国宾：《医业伦理学》，"自序"，第 1 页。

④ 宋国宾：《医业伦理学》，"序四"，第 1 页。

念，我个人始终看到中国医界的不团结和派别观念的造成，极表同情于恪三兄的主张。非把这医德确立了基础，决难挽转这种不良的局势和补救现状的改善。"不过，胡定安也指出，如果仅仅是提倡医德，难免有些空泛，缺乏约束力。因此他认为，还是应该以打破医界的派别为首要任务。他说：

> 医界怎样免去非道义的竞争？应当先从打破派别来求实践。医师怎样可以联络？相亲相爱。我们只有从医德的互相尊重来求实践。论学术可以争真理，讲团结须诚意相见，切切实实从医事中心来努力求实现。否则徒有信条、徒讲医德，不当作一回什么紧要的事。那么，纵使怎样地舌敝唇焦来讨论团结，都是空谈。①

至于如何打破医界的派别，胡定安并没有给出好的方法。不过，为了在更广泛的范围内对医师的道德操守形成约束力，在1930年代中期，西医越来越多地寄希望于自身团体的力量。

西医团体的出现，可追溯至民国初期。举其荦荦大者，比如1915年，由中国人发起组织的第一个全国性医学学术团体——中华医学会在上海成立。同年8月，西医的另一大学术团体——中华民国医药学会成立。相对于中医而言，两大全国性的西医学术团体的成立，显然具有先声夺人的作用。作为职业团体的西医师公会，一直要到1920年代中期才陆续出现。1925年11月，由余云岫、汪企张、蔡禹门发起成立了上海医师公会。1929年，上海医师公会在中华医学会、中国医药学会以及其他地方学会、公会的支持下，又成立了全国医师联合会。到了1930年代，各地的西医师公会纷纷成立，西医团体的规模至此愈形壮大，并在规范行医活动和保障西医权益方面作用日益突出。②

为了加强对医师的行医规范，特别是打破西医的门户隔阂，作为民国时期西医最为重要的学术团体，中华医学会发挥了重要作用。为了切实提高医师的道德水准，经慎重讨论，中华医学会于1934年专门编印了"医师条诫一小

---

① 胡定安：《从医德来促成医界精诚团结》，《医药评论》第6卷第1期，1934年，第6页。
② 参见尹倩《民国时期的医师群体研究（1912～1937）——以上海为中心》，第60页；江文君《职业与公共参与：民国时期的上海医师公会》，《史林》2012年第3期。

册"，分别印制成中英文文本。凡为中华医学会会员，人手一册，以资信守，"并规定本会会员如犯此条诫，本会当予以劝告，劝告不从，予以警告，警告无效，则当促使出会，以保全我全体会员之纯洁"。[①]《医师条诫》的编撰与发放，说明西医界更加有意识地运用团体力量规范自身的伦理与行为。

除了学术团体之外，作为职业团体的西医师公会，也积极对医师的医疗道德和医疗行为予以规范。以上海医师公会为例，在由其制定的《上海医师公会信条》中，便明确要求会员不得在"非医界友人或者病家之前"任意评诋同道，还要求同道之间一旦发生争端，应报由公会处理。[②]

西医界为了更为进一步扩大医学团体对成员的行为规范，1935 年西京医师公会向全国医师联合会提出提案，希望能够制定医师共同信条，以资遵守：

> 查各地医师人数日渐增多，而各地医事情形又属不同，若不制定共同信条，使各分会会员一致遵守，则对于医师道德及行为，或恐不无遗憾。如制定共同信条，即会员有不合理情事，分会权力弱小，窒碍难行，不能处理之时，亦可报告总会，设法制裁，庶于医界前途裨益良多也。参考各地医师公会会员信条，制定全国医师共同信条，颁布各地分会会员遵行。[③]

显然，西京医师公会的提案发生了作用。1936 年，全国医师联合会第四次大会在汉口召开，经与会专门委员的反复讨论，拟订了《全国医师信条》十则。信条明确规定，同道之间不能互相"毁谤"，"不作非道义之竞争"；医师开业，应"加入所在地之医师公会，遇有纠纷报告公会处理"；等等。[④]《全国医师信条》的拟订，特别是要求医师开业须加入医师公会的要求，对规范医帅的行为起到了重要的约束作用。医学团体对于医师行为的规范和约束，要远远强于空洞的伦理说教。

---

① 朱恒璧：《一年来中华医学会工作之回顾》，《申报》1934 年 4 月 2 日，第 16 版。
② 《上海医师公会章程》，上海档案馆藏，档案号：Q6 - 18 - 298，转引自尹倩《民国时期的医师群体研究（1912～1937）——以上海为中心》，第 113 页。
③ 《第四次全国医师代表大会议案：请由全国医师联合会制定医师共同信条以资各地医师共同遵守以利医事案（师字第四十五号议案）》，《医事汇刊》第 8 卷第 1 期，1936 年，第 77 页。
④ 宋国宾：《医师信条》，《申报》1936 年 5 月 26 日，第 16 版。

医事仲裁机构的成立

与传统社会相比，西医团体的出现，改变了医家在执行业务过程中独自面对各种羁绊的局面，使得医师的声音与利益能够通过组织的形式向社会及国家表达和争取。《全国医师信条》的拟订，说明在西医团体的作用下，众多西医在因应医病纠纷上的主张能很快转化为行动，充分显示出了自身的力量。

在1930年前后，当医病纠纷逐渐增多之际，无锡医生王海涛即致信全国医师联合会，要求从速组织医事纠纷仲裁机关。1930年1月，全国医师联合会第二次执行委员会对此进行了讨论，并函复各地医师团体先行组织。①1931年，西医界第二次全国医师代表大会在上海召开。此次会议讨论的内容颇多，其中一个大重要议题，即为"提议在国内有法庭并律师公会之区域由医师公会或会员组织医事护法机关保障人权案"。该议题的提出，主要针对医讼案件发生后"法官与律师往往因缺乏顾问机关"，每每"临时发生困难或竟含糊判决，徇情枉法"的状况。在西医看来，医讼发生后，医师的权利往往因法官的模糊处置而得不到有效保障。因此，医界必须积极介入医讼案件的审理之中，以抗衡不当权力的滥用对医师权益造成的伤害。

这次会议共达成了两点共识。其一，在设有法庭并已成立医师公会的县、市，遇有医讼发生，由医师公会出面介入；未成立医师公会的地区，则由医界推选会员三人以上，组成医事顾问团，呈请司法院指定其为法庭医事义务顾问。其二，在设有律师公会并已成立医师公会的地区，由公会出面，未成立医师公会的地区，则由医界推选会员三人以上组成医事护法团与该区域律师公会订立为义务顾问，凡遇关涉医事"专门智识、技能的案件"，须"尽量贡献维助保障人权"；若"医界有涉及法律事件，则由该律师公会义务办护，用彰公道"。②

事实表明，1930年代医师公会在各地的兴起，标志着西医专业化进程的步伐已明显加快。医师公会通过相关规章制度的设计，高度重视约束职业医师的行为，在西医诉讼案中也越来越发挥着积极的作用。为保障医师的权益，各地医师公会聘请社会上的著名律师作为法律顾问，积极介入

---

① 《全国医师联合会执委会》，《申报》1930年1月5日，第14版。
② 《第二次全国医师代表大会纪事》，《医事汇刊》总第9期，1931年，第20页。

医师之间以及医师与病人之间的纠纷。现有研究表明，西医师公会在医师职业权益的保障上，起到了积极的作用。①

在西医师公会积极介入医讼案件的同时，专门维护西医权益的业务保障机构的筹备也被提上议程。1933 年，宋国宾以上海市医师公会的名义向全国医师联合会递交了一份提案，要求迅速成立医业保障委员会。在宋国宾看来，医业保障委员会的责任主要有三个方面："（1）收集各国关于保障医业之法律、条例、著作，详加审核，以为规定保障医权条例之参考；（2）拟具条例大纲，供献政府，以为将来规定医业保障法律之参考材料，并促其早日颁布；（3）成立医事仲裁机关，以处置各地医事纠纷之案件。"②

在以宋国宾为首的西医师的积极推动下，1933 年，全国医师联合会经过慎重讨论，决定在中华医学会下专设业务保障委员会，用以保障医师的权益。宋国宾当选为首任执行委员会主席，牛惠生、金宝善、谷镜汧、庞京周、徐乃礼和王完白为委员会委员。业务保障委员会自成立之日起，一方面"以团体之立场，参照欧西各国之成规，证以吾国之民情风俗，切实研究医业之保障方法，以为政府之参考"；另一方面，则积极给予众多涉讼医师强有力的声援。③

1934 年，时任中华医学会总干事的朱恒璧，在总结过去一年来业务保障委员会在处理医病纠纷方面的成绩时，曾经颇为满意地说道：

> 医师业务之保障年来医师与病家往往因业务关系，发生争执，甚至涉讼。病家之以莫须有之手腕，罗织医师罪状者，时或有之。本会为保护会员正当利益，屡作不平之鸣。力所能及，无不以全副精神赴之。如最近合肥脑脊髓炎血清纠纷一案，合肥医院医师郑信坚先生被控，本会廉得其实，以公正态度征请海内医学专家发表意见，结果，佥认在学理上郑医师并无错误。因由本会综合各专家意见，具呈法

①　关于民国时期医师公会参与医讼案件的研究，参见龙伟《民国医事纠纷研究（1927～1949）》，第 268～281 页；关于上海医师公会，参见江文君《职业与公共参与：民国时期的上海医师公会》，《史林》2012 年第 3 期。

②　宋国宾：《请全国医师联合会组织"医业保障委员会"以保障全国医界权利并处理各地医事纠纷案》，《医药评论》第 6 卷第 2 期，1934 年，第 9～10 页。

③　宋国宾：《医事建设方略》，《中华医学杂志》第 20 卷第 7 期，1934 年，第 964 页。关于中华医学会业务保障委员会建立的详细过程，可参看张斌《中华医学会医业保障委员会的建立与影响》，《中华医史杂志》2004 年第 1 期。

院，代为剖析，冤乃大白。其它类是案件，不一而足。本会均曾尽力设法，为之保障，以尽法团天职也。①

在积极介入西医讼案的同时，为了更深入地研究医讼案件的起因，在宋国宾的组织领导下，中华医学会业务保障委员会还将当时发生的重大医讼案件辑成《医讼案件汇抄》，先后于1935年和1937年出版第1、2集，"举凡一案之事实，两造之讼辞，本会保障之文，法官判决之令，尽行载入"，希望"是册之编，其于排难解纷、息事宁人之道，不无小补也"。②

《医讼案件汇抄》编辑出版后，在医学界引起了不小的轰动。仅以第1集的出版发行来看，1935年8月中华医学会在《申报》上刊发预订消息，凡预订者照实价的8折出售，到8月31日止预订期满，不到一个月的时间，订购者即"已有数千余户"，库存量只余"数百册"。预订者"以医师、律师、法官占最多数"。③《医讼案件汇抄》的意外"畅销"，在很大程度上也反映出了当时医界、社会和国家对于医讼案件的重视。

中华医学会业务保障委员会成立后，截至1937年共参与处理西医诉讼案件"不下三十余起"；1946年5月至1949年7月，该委员会参与处理西医诉讼案件7起，均很好地保障了医师的权益。④至于该业务保障委员会在实际讼案中的表现，本书第五章中已经有过相应论述，不再赘述。

中华医学会业务保障委员会是保障西医业务最为重要的机构，为维护西医的权益做出了突出贡献。除了此一机构之外，地方性的西医业务保障机构还有许多。比如，1946年10月16日，上海医师公会、上海市医院联合会以及中华医学会上海分会共同发起成立了上海市医事纠纷委员会。同年10月29日，上海市医师公会还成立了医务保障委员会。两者主要面向上海地区的涉讼医师提供业务支持，为保障上海涉讼医师的合法权益做出了重要贡献。⑤

---

① 朱恒璧：《一年来中华医学会工作之回顾》，《申报》1934年4月2日，第16版。

② 施思明：《中华医学会概况》，《申报》1937年4月13日，第16版。

③ 《申报》1935年9月2日，第20版。

④ 施思明：《中华医学会概况》，《申报》1937年4月13日，第16版。关于中华医学会业务保障委员会在医讼案件中的强势表现，参见马金生《中西医之争与民国时期的西医诉讼案》，《浙江学刊》2013年第2期。

⑤ 参见龙伟《民国医事纠纷研究（1927～1949）》，第292～293页。

三　寻求国家的医权保障

在医家看来，医病纠纷特别是医讼的发生，原因显然是多方面的。除了病家以及医师自身的原因外，国家的角色同样不可小觑。民国时期的西医敏锐地观察到，随着时代的变化，病家正在利用国家的介入，积极谋求自身的权益。很显然，病家的这一行为，使医家时常要处于被控的地位。对此，西医乌训卿曾经明确指出：

> 从前对于医家有不满意的时候，不过侮辱谤毁而止，现在却要向法庭起诉，不但想赔偿损失，还要想借着法官的威力，去明定刑罚，才称快事。试看报纸所披露的，病家和医家的争讼，不是一天多似一天么？遇到法官贤明的，也许会认清事理，宣告无罪。否则，不难坐你一个业务过失的罪名，判上一二年的徒刑。赔上整千整万的金额，也不为奇。

很显然，这样的一种状况对于医家是非常不利的。因此，乌训卿呼吁，身为西医师绝对不能再以"于心无愧，毁誉随之"的消极态度去应对，应"先向司法界去努力"，"如果法官和律师，能了解吾们科学医的地位，那么病家的争讼，不息自息。不独没有起诉的，可以因律师的劝告而中止；即已起诉的，也可以因法官公正的论断而折服。[①]

然而，在当时的多数西医看来，国家司法部门在医病纠纷中所起的作用是不能令其满意的。1934 年，宋国宾在《申报》上发表了题为《法官处理医病讼案应该之态度》的文章，表达了对法官在近期医讼案件中表现的不满：

> 近据一二被控医师之报告，竟有少数法官，在医事诉讼案件中，对案情审理有重要作用的医事鉴定文件，竟然置若罔闻，其司法审理判断主文，仍要出以主观之武断。

---

① 乌训卿：《矫正病家感情用事的积习的管见》，《新医药刊》第 24 期，1934 年，第 1~4 页。

宋国宾还指出有的法官在审判过程中，竟然在法庭上直接斥责医师："尔辈医生致人于死，尚欲强辩乎"？① 本来应该是理性与理智化身的法官，在医讼案件中的类似表现显然令人大跌眼镜。不过，类似事件充分表明，一些法官对西医是有着很复杂的"情绪"的，这种情绪也深刻影响了案件的审理。对于西医来说，这一点显然很是不利。鉴于法官在案件审理中的重要作用，而一些法官在诉讼案件中却是如此武断，1935 年，在一篇题为《医讼之面面观》的文章中，他又写道：

> 今有法官之于医案，始则不问被控者是否为正式医师而轻于受理，既则偏听病家感情作用之讼辞，而忽视医学上之根据，判决之文既难服人心，而上述之举遂牵连不绝。②

西医陈翥云在对医病纠纷的成因进行仔细研究后，也得出了和宋国宾类似的看法。他指出：

> 查近数年来，此种纠纷迭起，其原因虽甚复杂，大概含有下列几点。一方面死者亲属以为医师业务过失，致病者于死地，乃控于法院，刑事起诉处分，民事附带要求赔偿损失。法院派法医鉴定，但因法院法医室设备未周，草率从事；或尚有法医者即普通医师，对于法医学识经验缺少，以致错误而起纠纷。一方面为讼棍之徒，从中拨弄是非，怂恿尸属借图敲诈。如果医师确实有诊断错误，用药不当，致病者于不起，自当负其责任。否则如法医鉴定错误，则医师被控，所谓祸从天上来，无端受累，情不自甘。惟有呼吁上诉，且有感于此风一开，人人自危。即使极轻之处分，亦必不甘屈辱，分庭对抗，涉讼数年，犹不解决，此医事纠纷所以日趋严重也。③

在西医看来，西医师之所以备受病家的控告，除了律师在其中拨弄是非，法院法医室"设备未周"之外，最为关键的，还在于缺乏完善的法律

---

① 宋国宾：《法官处理医病讼案应有之态度》，《申报》1934 年 10 月 22 日，第 15 版。
② 宋国宾：《医讼之面面观》，《医药评论》第 7 卷第 9 期，1935 年，第 1～2 页。
③ 陈翥云：《医事纠纷今后解决的途径》，《医事汇刊》第 8 卷第 3 期，1936 年，第 322～324 页。

对医家的权益进行保障。

> 年来国内医界，纷乱异常，医家与医家之争执、医家与病家之纠纷，层出不穷，腾播人口。此无他，法律无切实之保障故。其应守之规则，应有之权利，不能自明，亦不能为人所了解也。于是，一有事端，则社会之不满意于吾道者，攻讦沓至，诽谤纷来。吾医界无如之何也。盖医业之情形，最为复杂。其所应守之规律，应享之利益，非普通法律之所能包括无遗。欧西先进之国家，无不有《医师法》之颁布，而我国独无。此混乱之现象，所以无有已时也。[①]

针对法官在裁断时不免出现误断，一些医家呼吁同道一定要有法律意识。西医陈仰韩指出，造成"我同业近来之受控为业务过失者，纷至叠来"的一个主要原因，就是法官在裁判时并不"尽凭学理"，而是往往以"个人之感情与习惯之迷信"作为审判标准。因此，要想"消弥医界今后之讼案"，不仅有待于社会以及医界道德的提升，同时也有待于"我医界同人之必须有相当之法律常识"。陈仰韩还从现行刑法中将相关法律条文逐一辑出，希望从业医师用以自省与自保。医事法规的缺失，确实给医界带来了很多负面的影响。这不能不让熟悉西方发达国家医事制度的医家颇为不满。现实中不乏在事实未清、责任未明之前医师即被警察非法逮捕与拘禁的事例。因此，西医积极呼吁政府应出台保护西医的制度和法规，并将之看作"当前之急务"。[②]

促进司法公正的主张

为了保障医师的正当权益并促进西医的健康发展，1930 年代中期，西医界积极谋求国家在行政和司法方面的多重支持，特别是呼吁司法审判机关应尝试采行专家鉴定制度、专家陪审制度、法医解剖制度以及冤狱赔偿制度，积极营造有利于西医的舆论氛围。

鉴于医学本身的专业化特质，所以西医呼吁，在医讼提起之前应先行将有关案件请专家进行鉴定。1934 年，俞松筠医师撰文指出专家鉴定是

---

① 《请全国医师联合会组织"医业保障委员会"以保障全国医界权利并处理各地医事纠纷案》，《医药评论》第 6 卷第 2 期，1934 年，第 9～10 页。
② 陈仰韩：《医师应有之法律常识》，《医药评论》第 7 卷第 1 期，1935 年，第 19～22 页。

解决"医病相讼正轨"，并进而呼吁："医法二界，应即迅速组织医事诉讼之'公断处'，凡吾正式医师之被控者，应先候'公断处'之公断。一经公断曲直后，再受法律之裁决。若在控诉未判之先公然侮辱者，应受相当之处罚。"至于公断处如何组织，俞松筠并未在文章中给出方略，而是寄希望于"同道之高见"。①

同是在1934年，宋国宾在《申报》上发表文章，呼吁在医讼案件的审判过程中建立专家陪审制度，用以监督司法审判的公正，"吾人为维护公理，平反冤狱起见，于正式医学机关文字之鉴定外，当再进一步要求陪审"。至于陪审者的资格，则"应为深通医学而又兼明法律者，一面可以辅助法官审问时之不到，一面可纠正法官之轻表同情于任何一方"。②

法医在中国历史上有其悠久的历史。③ 不过，中国现代法医机构的建立，则始于林几于1932年自海外归来在北京创办法医研究所。④ 正式法医机构的成立，对死亡原因的明确判定及科学证明，无疑对于诉讼双方具有权威性。1935年1月，宋国宾再次在《申报》上发表文章，呼吁"尸体剖验"应成为"医狱定谳之唯一根据"。在文章中，宋国宾指出欲明了医师是否存有过失，并使医病两造心服，"非解剖已死病者之尸体，加以切实之检验不可"。他以南通尹乐仁医师讼案为例，指出病人之死究竟是否为注射血清时发生断针所致，只能"剖验死者之尸体，以求彻底之明了"。在文末宋国宾呼吁"嗣后如有医病之案件发生"，法官万不能仅以病家一方的控词为主，而是"首当以剖验死者之尸体为第一要义"。如果"病家拒绝验尸"，则"法官亦当拒绝受理"。⑤

1935年，一场由全国律师协会掀起的旨在保障人权的冤狱赔偿运动在上海首先兴起。⑥ 受这一运动的影响，宋国宾在医学刊物上撰文呼吁，

---

① 俞松筠：《医讼应需公断：解决医病相讼之正轨》，《医事汇刊》第20期，1934年，第314~316页。
② 宋国宾：《医案陪审之建议》，《申报》1934年12月3日，第17版。
③ 张哲嘉：《"中国传统法医学"的知识性格与操作脉络》，《中央研究院近代史研究所集刊》第44期，2004年6月。
④ 关于林几的生平及其法医生涯的相关论述，可参见黄瑞亭《法医青天——林几法医生涯录》，世界图书出版社，1995。
⑤ 宋国宾：《尸体剖验为医狱定谳之唯一根据》，《申报》1935年1月28日，第15版。
⑥ 关于这次冤狱运动的原情况，可参考孙彩霞《20世纪30年代的冤狱赔偿运动》，《历史档案》2004年第2期。

应该在医界积极引入冤狱赔偿制度。在宋国宾看来，冤狱赔偿不仅使"受害者稍偿其名誉及金钱上之损失于万一"，而且能够使"诬告者知所警惕，司法者慎重从事"，实为至善至美之事。在"与日俱增"的医讼案件中，"属于冤狱者不知凡几"。尽管多数讼案最后以医师获胜告终，但医师在名誉和声望上却损失惨重。

> 一为病家所控告，则报纸之宣扬、社会之责备，早已腾于悠悠之口，无论其胜负之结果如何，要其难得易失之名誉已一落千丈，故医病讼案中，医师所受名誉之损失为巨，而金钱与精神身体犹次之。即使诬告之病家、误断之法院事后赔偿，而从前之令誉，亦无能恢复于一时矣。

为了保障医师权益，减少医师的损失，宋国宾呼吁，如果讼案解决后责任在于病家诬告，病家必须赔偿；如若责任在于"法官之误断"，"则构成冤狱之责任，当由司法者负之"。宋国宾最后强调，冤狱之赔偿应势在必行，否则"何以减少医讼于万一乎？"①

专家鉴定、陪审制度、尸体解剖与冤狱赔偿，对于医师的权益保障来说，具有积极的意义。在1937年所出版的《医讼案件汇抄》的"跋"中，宋国宾曾经充满憧憬地写道，如果这四种制度被国家司法部门一一实行，社会上的医病纠纷将大大减少，甚至彻底消失。他指出：

> 夫医学为至专门之科学，病人之不治，死于医抑死于病，非专家不能判也，法官虽熟于法律之条文，而不娴于医理，故受理之际，必须函请正式医团作公正之鉴定，以为判决时之根据；而同时义须施以尸体之剖验，以求事实之天明，法官不得存一毫武断之态度于其间也。虽然鉴定矣、剖验矣，而法官仍孤行其意，则如之何？此陪审之制度与冤狱之赔偿所以必须实现也。夫有专家法医之陪审，而后法官始不至越权，审问始皆中肯綮，有冤狱之赔偿，而后病家始不敢轻于诬告，法官始不敢任意判刑。鉴定也、剖验也、陪审也、赔偿也，四

① 宋国宾：《冤狱赔偿与医讼》，《医药评论》第7卷第7期，1935年，第3~4页。

者逐步实现，其于医病之纠纷或可消弭于万一乎？①

　　为了推动政府部门采纳上述建议与主张，1935年国民大会召开前夕，宋国宾再次撰文呼吁医界代表应该向政府积极建言，强调医学专家参与医病纠纷的重要性，希望能够加快落实尸体剖验、专家鉴定和专家陪审制度，以利于医讼案件的公正判决。② 宋国宾等人的呼吁，得到了西医团体的支持。1934年3月26日，全国医师联合会向司法行政部提出了"请饬令各级法院对医药案件当尽量聘由专家参加陪审"的吁请。吁请中指出，"唯东西科学先进各邦凡法院审理有关医药案件例有医药专家参加陪审"，但这一制度在中国却迟迟未能建立，导致各级法院在审理相关案件时，"每多失却真理，囫囵判罪，误谬时见"。尽管法庭设有法医，但由于医药各科专业性之强，法医也时常难以鉴定。为慎重起见，希望司法行政部能够通令各级法院，"当尽量聘由医药专家参加探讨或陪审"，"免致遗误而昭公允"。③ 不过，对于这一吁请，司法行政部在4月6日做出回应，以现行法令难以支持为由并未允准。④

　　尽管专家陪审制度的建议并未得到国民政府的采纳，但是专家鉴定和尸体解剖的动议在西医团体的呈请下得到了司法行政部的认可。1934年年底，中华医学会业务保障委员会呈文司法行政部，要求对医病纠纷采行专家鉴定，建议由中立的正式医学机构，对病人的死亡进行公证鉴定，以为法官断案提供参考依据。⑤ 1935年3月，时任中华医学会会长的牛惠生呈文司法部，其请"通令各级法院，凡关于医讼案件，一律送由正式法医解剖核定"，以利于诉讼案件的早日解决。否则，对于"未经深厚病理检

---

① 宋国宾：《医讼汇抄跋》，《申报》1935年8月26日，第16版。
② "近数年来，医病纠纷，日甚一日，而法院对于医讼案件之判决，每多以普通法律为根据，不知医业至为专门，罔知律文之法官，似难武断医家治病之误否。故审理医案，欲其无冤，非有医学专家之参加不可。参加之方法有三：首为死者尸体之解剖，次为医学团体之鉴定，三为医学专家之陪审"。参见宋国宾《国民大会中医界代表之使命》，《医药评论》第8卷第10期，1935年，第1~2页。
③ 《为请饬令各级法院对于医药案件当尽量聘由医事专家参加陪审呈司法行政部文》，《医事汇刊》第19期，1934年，第220~221页。
④ 《为请饬令各级法院对于医药案件当尽量聘由医事专家参加陪审呈司法行政部文》，《医事汇刊》第19期，1934年，第221页。
⑤ 医业保障委员会：《本会理事会业务保障委员会呈司法行政部文》，《中华医学杂志》第20卷第12期，1934年，第1561~1562页。

验的医事诉讼不予受理"。① 司法部在接到呈文后，分别行文各法院望一体遵照施行。

专家鉴定以及法医剖验的主张得到司法行政部门的肯定，是西医团体的一大胜利。不过，西医界并未就此满足，他们还发现，司法行政部因法医人员"不能无专司职守"，专门聘请了医师充任法医。结果，在对诉讼案件的裁定中，因缺乏法医学方面的知识，"法医与开业医师，每因病者致死原因之各个观察不同，诊断与鉴定书亦因之而异"，引发了"法医与医师间之医事纠纷"。② 另外，由于医学分科的日益细密，西医对国内最具权威性的法医研究所的裁决也有所保留和怀疑，呼吁司法行政部应聘请各方面的专家，以更为科学而公平地帮助处理医讼案件。

1936年，为了更好地解决医学鉴定问题，司法行政部根据法医研究所所长孙逵方"非集全国多数之医学专家，审慎详讨难以应付"的主张，以法医研究所为主体成立了法医学审议会，专门聘请曾广方、赵承、邝安堃、翁之龙、颜福庆、牛惠生、郭琦元、梁翰芬、乐文照、刘永纯、程慕颐、陈鸿康、朱恒璧、沈成武、潘承诰、李清茂、富文寿等医学名流，"希望医师与法医之间的医事纠纷，能够由其审议而解决之。③ 法医学审议会的成立，与西医在保障医权上的长期坚持与争取是分不开的。

此外，在整个1930年代，西医以及西医团体还在不同场合积极呼吁，希望政府能够出台相关法令。

在1936年，西京医师公会提交了《请立法院迅速厘订医师会法明白规定公会在法律上应具之权限予以保障维护业务而免医事纠纷案》。提案明确指出，由于"政府既无相当之保障，社会更乏明确之认识"，从而导致行医环境非常艰难，时有"恶意之陷害、敲索、险诈之能事"发生。医师在执行业务时，动辄得咎，滋扰百出，不仅医师业务废弛，同时连带名誉受毁，"证之历年我医界之不景气现象，莫不由此演变而成"。尽管医师公会负有维护会员权益的职责，但因"政府对于医师会法迄未颁布，权限不清，职责不明，法律失其依据，保障徒托空言"。因此，"应请立法院早日颁布医师会法，俾在法律上有所根据与保障，庶可排除障碍，而医业得

---

① 牛惠生：《医讼案件纠纷请由正式法医检定》，《申报》1935年6月5日，第8版。
② 陈蔼云：《医事纠纷今后解决的途径》，《医事汇刊》第8卷第3期，1936年，第323页。
③ 陈蔼云：《医事纠纷今后解决的途径》，《医事汇刊》第8卷第3期，1936年，第323页。

进行无阻也"。①

为了推动医师会法的出台，西医界在 1936 年利用召开第四次全国医师代表大会的机会，草拟了《医师会法》，希望国家能够有本可循。对此，西医徐乃礼曾有过下面的一段记载：

> 年来余服务全国医师联合会，所见所闻之医讼事件，微论为当局所咨询或为同道所报告者，更仆难数。医师法未经制定，医师缺乏保障，故医师联合会已根据今春第四次代表大会之决议，草成医师会法，以贡献于当局，此为同道本身之利益，尤愿此次所出之代表，促医师会法之早日观成，俾医业之保障早见巩固，有关医事前途，实非浅鲜也。②

医权保障运动的开展

不过，遗憾的是，国民政府并未颁布《医师会法》。一直到 1943 年，在医学界的积极推动下，中国历史上第一部《医师法》方始颁布施行。但是，在这部法令中更多体现的是对行医活动的管理，而对于医师权利的保障则并未涉及。对此，宋国宾难掩内心的失望，写下了如下的感言：

> 年来医讼案件，时有所闻，业务纠纷，层见叠出，吾辈所希望之医师法，在能保障医权，减少医讼。本法虽列开业及组织公会之权，而于医权之条文，如使用麻醉毒品，施行手术，中止妊娠，解剖尸体，鉴定疾病死伤，及最后病诊金之保障等问题，似应条分列举，明文规定。③

尽管《医师法》对于保障医师权利存在诸多不足，但其相关规定，毕竟明确了医师公会的法律地位，从而使其维护医家权益的合法性大大增强。到了 1940 年代中期，随着国内形势的渐趋稳定，特别是宪政运动的开展和推广，西医的民权理念与民权意识更为炽烈。越来越多的西

---

① 《请立法院迅速厘订医师会法明白规定公会在法律上应具之权限予以保障维护业务而免医事纠纷案》，《医事汇刊》第 8 卷第 1 期，1936 年，第 76~77 页。
② 《医师职业团体国民大会代表之使命》，《申报》1936 年 8 月 18 日，第 19 版。
③ 宋国宾：《读医师法感言》，《申报》1947 年 5 月 9 日，第 7 版。

医认识到，医师是公民的一分子，具有参与政治的权利和义务。一些敏锐的西医甚至意识到，西医只有介入政治活动，才能确实保障医师的合法权益，进而推动医学的发展和进步。[①]

鉴于在医讼责任未明之时，经常发生医师横遭警察逮捕的现实，1940年代中后期，西医界利用国内有利的政治局面，掀起了医权保障运动。上海、广州等大城市的医学会、医师公会纷纷上书政府部门，要求切实保障医权，坚决杜绝随意逮捕医师的现象发生。比如，1946年，广州市医师公会专门呈文给广州市政府，要求在医讼案件初起时，一定要慎重对待。呈文道：

> 窃属会会员以医为业，均经专科以上学校毕业，并经训练实习，后再由国家考试及格始赋予医师资格。然执行业务之际，恒与病人接触，若遇危急重症，虽经服药注射或施用手术后，仍不能挽救而卒至于死亡者，在所难免。设遇习狡之徒，指为治疗过失，则须具有医药专门学识之机构人员对于处方之得失、分量之轻重、药物之化验、尸体之剖解，施以精确之检查，与研究其罪名之成立与否，需要相当时日，始能确定。现迭据会员来会报告被病者家属捏控治疗失当，有经警察分局传讯缴存处方纸签供后，即行遣回，将案移送法院候讯者；有拘押十数小时仍须觅人具保，然后释出又不移送法院办理者。似此只凭一面之捏控，在证据未臻明了之前而遽加拘押，则医师不独丧失自由，其名誉业务之损失实难估计。迨真相大白，系属冤诬，则医师之业务损失从何补偿？名誉从何恢复？此后若不加以保障，则人怀自危之心，遇危急重症即裹足不前，不敢诊治。影响所及，民命何堪？设想医师恒受病人付托治疗之责，若猝遭羁押致不能按时施治，间接贻害病者之生命，又咎将谁属？属会为保障会员身体自由计、为市民危急病症获得救治计，当经合集理监事联席会议议决，应沥情呈请层宪嗣后有被控诊疗过失案件，警局只得先行查询录案，着原告径向卫

生局告诉，听候研讯，依法办理。庶不致案情未白而首蒙冤抑，信□未完而身体横遭羁押，俾可安心业务。开恳转呈层宪通饬军警民政机关于案件未确定前，免于拘押。俾直接保障会员自由，间接所谓维护民命等议，记录在案。除分呈市卫生局、市社会局、市党部、市人民自由保障委员会外，理合录案呈请察核，恳赐照准。

从这一呈请可以清楚地看出，广州医师公会的申请理由除了医学为专门学问需要专业认定方可确定医师是否存有过失外，还强调了作为自由职业者的医师同样具有人权。广州行辕政治部主任黄珍吾在接到呈文后，批复广州市警察局，命令后者"嗣后遇有此类事件发生，应审慎依法办理"。①

再来看一下上海的情况。1947 年 6 月，上海市医院联合会电请上海市参议会，希望参议会能够保障医师权利。在这份函电中，上海市医院联合会指出，医师既受国家考核并发予执照，其行医自有固定地址与职位的限制，这与其他"自由职业任意转移易于逃逸"是有着很大的区别的。更何况病人死亡是否因"手术或药剂之错误"，"只有剖验而判断"方能知晓，医师既不能毁灭证据，同时与其他过失杀人者也有本质区别。因此，在责任未明之际，警局根本没有对医师先予羁押的必要。相反，如若警局对涉案医师遽予拘捕，则会产生严重后果，所谓"医师治疗疾病，遇有过失致人于死亡，虽涉嫌疑，而其罪行尚未确定，遽予羁押，则使执行医事者寒心，因而影响全般医务至巨"。相关严重后果，如概括而言，主要有以下三个方面。

> 一，执行医事之医师，其负治病之使命，绝非死者唯一之对象，身失自然，则其他病人必受牵制，陷于停顿，甚至其他危急之症或继之不治；二，如医师罪行初涉嫌疑，尚未确定即先羁押，则兔死狐悲，举凡执行医事者咸具戒心，其为明哲保身计，再遇疑难急症，遑敢接受；三，现今医务人才颇感缺乏，政府正在竭力培植，如无切实保障，莘莘学子势必裹足莫前，欲求造就全民族保健，配比人才，恐

---

① 《医师被控疗治过失致死人命案件应依法审慎处理》（1946 年 11 月 20 日），广州市档案馆藏，档案号：7 - 4 - 193。

将因此不能达成。

基于上述三点的考虑，上海市医院联合会恳请参议会建议上海市政府"如遇医师因涉过失杀人嫌疑，在其罪行未经确定以前，应予交保免先羁押，以资保障而重人权"。由此可见，西医在吁请保障医师权利时，其理由是非常的光明正大的。确切地讲，西医要求保障医师的权利，也是从整个国家和民族的未来角度出发的，所谓"保障医师即保健全民族"是也。正如本书第五章所揭示的，这与西医自身对整个民族所具有的正面意义充满自信，其实是一脉相承的。上海市参议会很快讨论通过了医院联合会的函请，并以提案决议的形式转函上海市政府。上海市政府接到提案后，饬令市警察局切实遵照执行。① 至此，上海市医院联合会通过市参议会寻求医权保障的努力，在政府部门的积极回应下，可谓是取得了阶段性的胜利。

* * *

如果仔细阅读民国时期西医的有关言论，便会发现，他们认为西医所肩负的不仅仅是治疗疾病的责任，在很大程度上也肩负着强国保种的职责。植根于晚清以来思想文化传统的这一医学期待，可以说深深地影响了民国时期的西医师们。② 在多数西医师看来，西医所具有的拯救社会的科学价值，实际上同人民大众的健康、中华民族的崛起是紧密联系在一起的。也正是在这个意义上，西医不证自明地将民国时期的病人与社会当作了改造的对象。从民国时期西医的言论以及行动来看，其自我塑造的完全是一种不屈不挠的革新形象。

当我们以医病纠纷为中心来观察西医是如何认识其与病人、同道以及国家的关系的时候，就会发现，在那时的西医看来，病人、社会与国家，都是有着不同程度的"问题"的。病人（社会大众）固守传统、愚昧落后、不信仰科学，在很大程度上影响着西医的健康发展。从这一点来说，他们根本不配做合格的"现代的病人"。西医同道间的不团结，也让西医

---

① 《上海市参议会关于本市医院联合会请向政府建议保障医师人权的档》（1947年6月），上海市档案馆藏，档案号：Q109 - 1 - 1390。

② 徐小群：《民国时期的国家与社会：自由职业团体在上海的兴起（1912～1937）》，第176页。

师备感痛心。要改变这两者，一方面固然需要西医团体的决绝与万众一心，更需要国家的认可与支持。不过，在西医师的眼中，国家所起的作用同样不太值得称道。时局的动荡以及国家法制的缺失，使得西医的行医环境得不当有效保障。由此，病人、社会乃至国家，便都成为西医要努力"改造"的对象。

也正是在这个意义上，对于如何减少医病纠纷，西医卢叔达曾经道："但愿吾医界同仁为自身计，同时并为同道计，反言之，为同道计亦即为自身计，处处加以考虑。对自身、对同道、对病家、对社会，面面俱到，我相信医病纠纷之事就大可减少了。"① 在卢叔达看来，医讼的发生与解决，显然需要每一个西医师从各个方面去努力，于此可以看出西医师在因应医病纠纷案件上的积极心态。卢叔达的呼吁与倡导，在很大程度上能够代表民国主流西医的看法。

在西医界因应医讼频发的努力中，如若我们从其对病家、同道和国家所做的努力及取得的成效来看，不可谓不大。特别是西医通过团体的建设，积极谋求医德的提升以及对医业的保障，彰显了西医作为一个现代职业所具有的力量。西医在因应医讼的过程中，善于利用有利时机，通过向国家提出各种吁求和颇富建设性的举措，也在客观上推动了西医的在中国的发展，大大推动了民国时期关于医讼案件裁决方面的相关机制与制度建设。当然，由于历史条件的限制，西医界所提出的陪审制度以及冤狱赔偿制度都未能实现。不过，西医积极提倡的专家鉴定以及解剖制度，得到了民国政府的认可和推行，这对于维护医病双方的权益来说是具有重大意义的。

西医之所以能够提出这么多颇具建设性的主张，其背后可资利用的资源，显然与西方国家现代医学制度的发展分不开。这从西医在认真检视民国时期的医病纠纷的成因时，时常会与西方国家进行对比便可以看出。徐小群在其著作中曾经指出，中国自由职业者与政府的共生关系是现代国家生成的一个重要组成部分。② 出于对西医职业权益的保护，西医向国家提出了建立相关法律制度的主张和吁请。对于国家来说，也需要建立完善的

---

① 卢叔达：《医事纠纷原因的推测》，《医事通讯》第 1 卷第 2 期，1947 年，第 2～3 页。
② 徐小群：《民国时期的国家与社会：自由职业团体在上海的兴起（1912～1937）》，第 320 页。

卫生行政与司法审判制度。换句话说，相关的司法制度，也是一个现代国家所必须具备的。正是由于两者在这些方面有着可以展开互动的基础，才共同推动了民国时期医病纠纷裁决机制的逐步完善。

当然，西医在应对医病纠纷时尽管相对强势，但严峻的社会环境也并非是其能够在短时间内就可以迅速改变的。针对民国时期民众在求医上的固有心理和习惯，在行医过程中也有为数不少的西医会兼顾甚至迁就病家的心理。对于西医迁就病家的现象，当时就有西医大加批评，并给这种现象做了一个非常形象的概括，称之为"新医的中医化"。陶炽荪曾经对这一现象有过颇为精当的描述：

> 我见得各校医学生对于吾国医疗制度都是宿命论者。他们为青年学生，可是他们正许容旧医之存立，他们承认旧医的速效主义，他们凑和病人的中医思想而不作严格的治疗及诊断，往往还要羡望中医开业术之妙……今拼命反对中有什么用，不如我们也采中医之长来敷衍病人好了。①

西医庞京周也曾对这一现象进行讨论，认为之所以有西医师采取这样的一种诊疗方式，"不外乎新医保持自身的业务发展，去迁就了社会上的心理"，"病家不赞成开刀的，新医也说开刀太猛烈了。病家问脉上有没有风寒食积，新医也胡说上几句似是而非的脉理"。② 由此可见，对于一些西医来说，理想归理想，但现实终究为现实。在旧有医疗习惯的影响下，西医也不得不采取实际而圆滑的方式来灵活行医。

西医在因应病人方面受到中医行医策略的影响，还表现在当医病纠纷发生后，每每有医师以私下和解的方式谋求解决。相关资料表明，一

---

① 陶炽荪：《最近吾国医疗上的恶现象及其根据》，《东南医刊》第 3 卷第 4 期，1932 年，第 18~19 页。在另一篇文章中，陶炽荪将这种医师在行医过程中与传统中医的相似取径揭示得更是一览无余："看毛病的时候，你要把病人所讲的话都听完，你要把病人看得仔细点。你要把诊断（即预后）说得清楚一点。如果能够说得出他要什么时候死便更好，那么病人会佩服你的本事；而如果有前医看过，那么你要骂前医之不行，看前医的处方（病家很高兴把前医的处方拿出来，因为他们不详药方，给你看看叫你批评）。那么如果前医的药量不多，你就说，他把药量用得太少了，原来他不敢用那么多的。如果前医用量已多，那么你说，他用得过分了，应当和平一些。这样就能得到病家的信仰。"见氏著《民众医疗资料》，《东南医刊》第 3 卷第 4 期，1932 年。
② 庞京周：《论新医不应为环境逼迫而旧医化》，《医药评论》第 13 期，1929 年，第 3~6 页。

直到 1930 年代中期，这种状况依然广泛存在。在一篇探讨如何防止医病纠纷的文章之中，西医师夏苍霖指出，当医患纠纷发生时，"各地医师恒有以金钱私自和解之举"。夏苍霖认为这种向病家妥协的行为，只能会使后者更加无所忌惮，"适足启健讼者侥幸之心，而开纠纷之门"。医师的妥协行为，与放任匪徒绑票无异。因此，夏苍霖主张"对于以金钱私自和解之同道，应有所惩戒"。夏还提议，对于胜负已分的诉讼案件，医师因名声受损，还要积极向病家提起反诉。至于某些讼案中有同道为病家"密授机宜，指示一切"的行径，更应"揭发其隐，鸣鼓而攻，同道共弃"。只有做到这一点，"或足稍戢医讼之兴"。① 从夏苍霖对于医师私下和解行为的强烈指责中，也可以看到和解在当时的西医界是在一定范围内存在的。

尽管如此，如果我们从整个民国时期西医因应医病纠纷的举措来看，其主流方面是非常强势的。西医毅公在 1940 年代中期，曾主张西医界在面多医讼案件时，应采取如下旗帜鲜明的态度：

> 我们主张对于医药纠纷的处理，在手续上须重法律，在精神上须重科学。惟有根据法律，才可求得公平；惟有根据科学，才可求得真实。病家的感情用事，虽然也有可以原谅之处，但我们却不允许听凭病家放纵感情而牺牲了无辜的医生。②

毅公的话，应该说是最能代表当时的西医界在面对医病纠纷时所坚持的态度。这种态度塑造了西医自信、改革和强势的外在形象，也给民国时期的医病关系带来了深刻的影响。在同病人打交道的过程中，西医界高举科学主义的大纛稳扎稳打、步步为营，积极树立西医整体的专业权威，多方谋求职业权益的合法保障，让人们从另一个侧面再一次真切地感触到了近代西医发展与嬗变的律动。

---

① 夏苍霖：《防止医事纠纷之管见》，《医药导报》第 1 卷第 9 期，1934 年，第 13～14 页。
② 毅公：《医讼》，《社会卫生》第 4、5 期合刊，1945 年，第 117～121 页。

第十章　中医界对医病纠纷的认知和因应

　　中医名家陈存仁在《我的医务生涯》中，对自己一生的行医活动做了详细的回忆。陈存仁回忆说，民国时期的"医界团体，除了领取开业执照，最忙最麻烦的一件事，就是各会员医生纷纷发生讼案"。由于曾经在上海中医协会做过秘书，他对中医讼案非常熟悉。陈时常帮助涉讼的医师起草相关文字，赢得了许多的诉讼案件。① 与西医师一样，医病纠纷的发生，也令民国时期的中医们备感头痛。那么，这一时期的中医界又是如何来认识医病纠纷的发生，并进而采取了哪些举措来规避和因应医病纠纷的呢？特别是，如若与西医相比较，中医的这些举措又有着哪些相异之处？如此等等，都需要我们去深入探讨。

　　对于这一问题的讨论，我认为，同样应将其纳入晚清即已开启的中医职业化进程之中。所谓的职业化，按照徐小群的研究，指的是自由职业者及其团体组织力图建立自由职业标准，获得自由职业地位并得到国家和社会普遍承认的过程。在这一过程中，自由职业团体与国家的互动构成了主线。② 如若我们按照这一论述考察民国时期中医医讼与中医职业化进程的关系，便会多有发现。中医的职业化，在近代中国可谓一波三折。在西医和现代国家双重冲击下几乎遭灭顶之灾的中医，在中国近代史上的所作所为，无不与其向自身命运的抗争相联系，并打上了深深的时代烙印。③ 中医在诉讼案件中的相关认识与表现，也与中医的职业化进程相联系。总体来看，在沉重的历史枷锁中通过群策群力、艰苦异常的努力而逐渐取得国

---

① 陈存仁：《我的医务生涯》，第 66～67 页。
② 关于"现代职业"，一般包括有系统的高等专业知识、严格的准入制度、有着同业间的伦理道德规范等多重标准。参见徐小群《民国时期的国家与社会：自由职业团体在上海的兴起（1912～1937）》，第 9～13 页。
③ 关于民国时期中、西医职业化的研究，可参见徐小群《民国时期的国家与社会：自由职业团体在上海的兴起（1912～1937）》，第 134～150 页。

家认同的中医，在对医病纠纷的因应及医病关系的建构上，呈现着更为复杂而多元的历史面相。

一　自保

传统中医与病人的互动，是在一种人情脉络中进行的。由于医病互动的空间多在病人家中，病人及其家属往往握有主动权而在诊疗中指手画脚，这不免给医家诊疗意志的贯彻带来了诸多限制。在第一章中，我们已经有所讨论。为了行医考虑，积极营造人际脉络，小心规避责任以自保，是多数传统中医时常采取的策略。[①] 对于中医来说，这种传统的医病关系模式即使到了民国时期，依然在很大范围内存在。

熟识南京行医"法门"的庞继善，在1930年代初撰文披露，为了顺利行医，经营好人际脉络，依然是重要"秘诀"，即使在南京这样的大城市，亦是如此：

> 你要在南京行医有把握的发达，只有细细地好好地替那般官太太小姐少爷们诊断时多卖些力，开方时更要比替别人看时多绞一倍脑汁。你若医好了这批人的病，胜过登常年的封面广告百倍。她们的酬谢，固然丰富；代你作义务宣传，也很卖力。你假使遇不着这批主顾，那你至少要抽出点工夫到堂子里去逛逛，或是代私娼们看看病。[②]

良好的人际脉络，不但有利于招徕业务，同时也会成为医家的"保护伞"。拥有一定盛誉的医家即使治坏了病人，病人也只能认命。更何况，还有的医生会投入社会名流门下，更是使行医顺风顺水。据柳一萍披露，民国时期上海中医的行医"法门"是"拜老头子"：

> 除非你做一个没出息的医生，连生活也维持不住；或者兼做副业，那你不想在医业发达上赚钱，可不必去拜老头子。除此以外，你果真要想做未来的一个阔绰的时医，少不掉要登老头子的门，跪倒在

---

① 邱仲麟：《医生与病人：明代的医病关系与医疗风习》，载余新忠主编《医疗、社会与文化读本》。

② 庞继善：《南京行医的秘诀》，《光华医药杂志》第1卷第1期，1933年，第42页。

老头子膝下。这老头子，那一个来头大，值得拜他？我不便介绍，你可自己访师式的去拜访；托人央说，都可以。一旦老头子收你做徒弟了，你只要时常和他接近，最好使外人也知道你拜那一个老头子，人家就不敢无事生非的欺侮你。

尽管柳一萍并未指出"老头子"都包括哪几类人，但也不难揣想，指的应是在社会上有头有脸的人物，其中，当然也包括在医界素有威望的老先生。拜了"老头子"，不但没人敢欺侮，即便是治死了人，也能够在"老头子"的斡旋下化险为夷：

> 即使当真做错了事，误人！杀人！病家打听着你是某某老头子的徒弟，也只好自认晦气，不敢和你为难了。有时，老头子还能出心帮你忙，消灭了纠纷，这真比常年法律顾问的律师功效万倍。①

尽管上述两位观察者是以批判的眼光去审视南京和上海等地的行医活动，但也鲜明地反映出民国时期的中医们依然有意地利用人情风土等"地方性知识"去积极构建行医网络。这种行医上的"秘诀"和"法门"，恐怕绝不限于上海与南京，大量资料证明，这些开业"诀窍"，在其他地区也在相当程度上存在着。② 如果将这些"秘诀""法门"去和明清时期的医家相比

---

① 柳一萍：《上海行医的几种法门》，《光华医药杂志》第 1 卷第 1 期，1933 年，第 40～42 页。

② 《光华医药杂志》还曾载有武汉、常熟、白茆等地的行医"窍诀"。比如曾在江苏常熟行医的任天石披露，在常熟行医一定要学会主动"联络巫卜"，"常熟一般没生意的医生，十个中有九个是去和那些街头巷尾的巫卜们，暗中联络，每月津贴大洋若干。彼等即代为竭力介绍，因为在城区中间的风俗（乡间更不谈！），还是满布着暗无天日的迷信，老百姓一生了病，'延医服药'的四字，做梦也想不到！初起总是求神问卜，信仰鬼神。倘然联络了这般巫卜，定能收到很好的效果。这是什么？因为他们能够代你做法，往往对问卜求神的病人说：'你的病很重啦！某种恶魔，要冥箔多少，到某处去烧，但除祭神求佛外，又须要延医服药'"（参见任天石《常熟行医的门槛》，《光华医药杂志》第 1 卷第 2 期，1933 年，第 34～35 页）。《光华医药杂志》还载有一篇揭露如何对付富贵病家的"开业要诀"。明于此"要诀"的作者指出，对待富贵病人，态度一定要谦和、有耐心，特别是要注意迎合病人的心意，"那种人是最喜欢服补药的，你正不妨投其所好，时时开开补药方"。此外，还要学会将自己包装成为医术高明和业务繁忙的医生，让病人摸不清楚你的底细。"总之，这种'诀'是讲不完的，只在你见机而作，必要的时候，还要傲慢滑头……"参见钱公玄《怎样对付一般富贵的病家》，《光华医药杂志》第 1 卷第 5 期，1934 年，第 31～32 页。

图 10 - 1　《光华医药杂志》发表的关于行医法门与诀窍的文章

对的话，就会发现其实并没有多大的不同。明清时期的医家在行医过程中，也要尽量多方攀附官方政要与社会名流，并借之以拓展自身的社会影响。①

---

① 参见雷祥麟《负责任的医生与有信仰的病人——中西医论争与医病关系在民国时期的转变》，载李建民主编《生命与医疗》；马金生《明清时期的医病纠纷探略》，《史林》2012 年第 1 期。

当然，毕竟时代的脚步已步入民国时期，传统中医的医业伦理不可能不在新的时代中发生变化。特别是进入 1930 年代之后，随着中医职业化进程的加快，现代西医的医业伦理也为中医所逐渐吸纳，并不同程度地在现实诊疗中产生了影响。从这一时期中医关于医疗伦理建设的讨论中，可以清晰地看到新式中医开始强调病人应该对医家诚实、学会听命于医家等。从医病关系的角度来看，新式中医对病人的态度和传统社会已有所不同。比如，中医胡安邦在《国医开业术》中便旗帜鲜明地指出："患者之主张，决不可信"。① 更有中医呼吁，中医应革除手段圆滑的旧习气，应该积极诊疗、放手施治。② 本书第四章对新中医在现代医疗模式建设中的努力及其效果，已经进行过讨论，这里不再赘述。

总之，新式中医的这些主张在在表明，在民国时期的中医界，一种现代的医疗执业伦理正在慢慢形成。不过，很多中医师随后发现，如若在现实中如实贯彻这一伦理，也会遭遇与西医同样的麻烦，那就是与病人产生纠纷。一直在江苏淮安行医的中医曹瑞堂，专门撰写了一篇名为《医难》的文章，揭示了行医的难处：

> 死者所服方剂，果平淡无奇，而为普通人所习见者，非议尚少。设医者于千钧一发之际，谋起死回生之法，出奇制胜，病终不起，则毁谤立至，甚至对簿公庭。呜呼，以人之热忱，遭此污蔑，宁非不平之尤耶？然事实昭示，吾人固数见不鲜也。③

曹瑞堂的文章尽管"短小"，但意味深长。中医姚惠安亦曾论及，每当病人病入膏肓之时，病人家属时常会百般恳请医生进行诊治，如医生全力拯救，每每会因此而麻烦缠身：

> 若徇情而为其论治，明知病者已无回生之望，自必在无法之中觅取一法以应急。而所立之方，只求病者能得一线之转机，已属实现其

---

① 胡安邦：《国医开业术》，第 25 页。
② 参见雷祥麟《负责任的医生与有信仰的病人——中西医论争与医病关系在民国时期的转变》，载李建民主编《生命与医疗》。
③ 曹瑞堂：《医难》，《光华医药杂志》第 2 卷第 1 期，1935 年，载段逸山主编《中国近代中医药期刊汇编》第 4 辑第 36 册，第 417 页。

所望，何能再顾到症情上之面面俱到呢？从事实上说，在病者已濒于危的时际，医者虽徇情而用药，当然已不能负有医药上的责任了。可是凡一事的结果，绝没有这样的简单，往往会发生人情之外的事件，那就是病家对于医生时有提起玩忽业务及过失杀人的告诉。①

客观地讲，如何处理好这对矛盾，对于医家来说，的确是非常棘手的。面对这一境况，也有个别中医呼吁并且试图仿行西医与病家签订生死书的办法，以规避不可预知的风险。

江苏名中医周小农在 1935 年的《神州国医学报》上，曾刊文述及一则 1920 年代发生于无锡的旧事。周小农写道，当时无锡管社有一位病人病势沉重，其家人往返三十余里，请城中王姓医者予以医视。然而，王姓医者在诊察后，认为病人"病已不可为"，遂"坚不予方"，"乘舆回城"。病者家属求治心切，遂邀集数人"追至里许，挽恳设死中求生之法"。尽管病家百般哀求，但是王姓医者还是执意不许。王姓医者的行为，或是为了求自保不得已而为之。在周小农看来，王姓医者"拒绝不予一方"的行为，也未免有些太拂人情。身为医家，良心上又如何过得去呢？他在《绍兴医药学报》上撰文，主张号召医家应"征求病家签字条件，以便放胆论治"。文章的结尾还附有委任书样本，上面列有病人、家属、证人与医生的名字，同时载有"病在重候而犹不忍坐视，希图挽回万一。夙仰某某先生，道术高明，虔恳曲意斡旋，放胆医治，成则有幸，败则无过。立此委任书为证"等字样。②

周小农的这一倡议，显然是受到了西医的影响，也符合现代医学伦理的发展趋势。然而，从我们所能见到的资料来看，中医师与病人签订委任书的做法，似乎并没有在民国时期的中医界推广开来。不过，通过这则案例，也可以清晰地看到，中医已经开始尝试借鉴西医的手段来行医。

显然，对于民国时期的多数病人来说，如何学会服从医生的意志，还需要一个长期的磨合过程。③ 尽管姚惠安指责病人的行为实在"不合人

① 姚惠安：《医界应请法律救济的一个重要问题》，《光华医药杂志》第 3 卷第 1 期，1935 年，第 19～20 页。
② 参见周小农《读瀣尘去疾二君药方鉴定权及感言书后》，《神州国医学报》第 1 卷第 7 期，1932 年，第 2～3 页。
③ 相关研究，可以参考雷祥麟《负责任的医生与有信仰的病人——中西医论争与医病关系在民国时期的转变》，载李建民主编《生命与医疗》。

情"，但民国时期是一个实实在在的"人情"社会。在现实生活中，对于病家时中时西的择医策略以及相对恶劣的医疗环境，任何医家都不能大意，认真因应病家的要求，谨慎行医依然是"明智"的选择，即使是颇有学识的医家，在行医中也多明哲保身。

> 医界同胞，不乏聪明颖达之士，于旧学固有根底，于科学亦加探讨。观其名言谠论，则头头是道，辄中肯綮。及其临证处方，则又嗫嚅踯躅，随俗浮沉……一味敷衍，名利双收。①

鉴于病家的频繁兴讼，更有中医建议还是应该坚持传统的行医策略，否则，一旦涉讼，悔之晚矣。民国时期著名中医刊物《神州国医学报》的编辑吴去疾便曾仿照古人，列出在行医过程中如遇到如下八种病人，一定要格外留心、万分审慎：

> 病本不治，已濒绝境者；富贵之家，方药乱投者；贫贱之家，信卜不信医，非至万不得已之时，不肯就医者；略识药性，自作聪明，喜服不经之方，致成不治之症者；信任不专，忽彼忽此者；不自爱惜，淫于嗜欲者；调护失宜者；卒中邪气，顷刻告殂者。

吴去疾指出，但凡遇到上述病家，医家一定要及时抽身，"其能洁身自好知难而退者，上也"。如若将病情如实向病者家属相告，"使之事后无可归咎，亦不失为中策"。相反，如若医家"恋恋于医金，或侥幸于万一，或为之包医，或处以重剂"，"一旦遭非常之变，而身受攻击矣"。最后，吴去疾强调，现实生活中引起诉讼的医家多是贪恋诊金而致，正所谓"病家与医者之不免相见于法庭，其故每多于此"。②

对于病势濒危或者信心不专的病人，吴去疾并不主张医家去主动负责，积极施治，而是建议要善于自保。尽管这与主张积极施治的现代医业伦理不同，却是现实中不得已的抉择。

也有热心的中医师在医学刊物上发表文章介绍相关的医事法律知识，

---

① 参见曹瑞堂《医难》，《光华医药杂志》第 2 卷第 1 期，1935 年，第 81 页。
② 吴去疾：《读国医药方之鉴定权感言》，《神州国医学报》第 1 卷第 4 期，1932 年，第 7~10 页。

希望能够提醒同道多加注意。20 世纪三四十年代的《医界春秋》《光华医药杂志》等中医药杂志，多数辟有"医事法律讲座"类专栏，向广大的中医普及法律知识。比如，对于堕胎问题，因其在中医涉讼中占有相当大的比重，即有医学刊物专门辟出专栏介绍相关法律知识，探讨医家在堕胎问题上所应承担的刑责。有文章指出：

> 产妇每因堕胎而致死伤，故医生如遇怀胎妇女请求堕胎者，无论何种原因，均须严厉拒绝，免蹈法网……间言之，医生未知妇女之怀胎，而误用足以堕胎之药物者，虽不成立堕胎之罪，苟于产妇因堕胎而发生不良之影响时，医生仍负伤害罪之责任。我侪为妇女诊病时，关于妇女之是否怀胎，岂可不加注意，而玩忽从事哉！①

还有医家专门就行医中医家的业务过失方面的刑事责任等进行介绍和研讨。② 类似的文字，在民国时期的中医期刊中是多见的。总之，综合这些法律宣传来看，所涉及的多是关于中医行医的敏感和热点话题，其目的都是在提醒中医同道要小心行医，以应对不测之虞。③

熟悉民国中医讼案背景的陈存仁，曾经对中医讼案的发生原因进行过总结。他认为"医讼案件，皆因不慎"。因此，陈存仁呼吁同仁行医时一定要坚守医德，谨慎业务，不然就容易"身败名裂"。如前所述，在执业方面，陈存仁曾指出，民国时期的中医诉讼多由女性孕后小产、小儿惊厥等引发，这与中医并不擅长手术有关。因此，作为中医，绝对不能为贪图钱财而以身试险为人堕胎。否则，稍有差池，就会招致大的麻烦。他还指出，也有一些并非真正的"中医"为人堕胎而引起诉讼，这不免给中医的声誉也带来了很坏的影响。陈回忆说：

---

① 蒋文芳：《医生使孕妇堕胎在法律上之刑罪》，《光华医药杂志》第 1 卷第 2 期，1933年，第 36 ~ 37 页。

② 比如，1933 年《光华医药杂志》第 1 卷第 3、4 期分别登载了上海大律师沈镛的两份辩诉状，均系为上海名医辩护，辩护状"议论警惕，据理力争"，最终为医家赢得了官司。医学杂志登载该诉状，其目的是不言自明的。

③ 如蒋文芳《业务上过失之刑事责任》、沈凤祥《病家毁坏医生名誉之刑事责任：医家应有之自卫常识》，《光华医药杂志》第 1 卷第 2 期，1933 年，第 36 ~ 37 页；第 1 卷第 5期，1933 年，第 33 ~ 34 页。

我离开了上海，易地开诊，见到（这个地方）常常有中医为人堕胎，被判徒刑。其实这种中医，并不是真正的中医，可能是地下西医及无牌护士，他们都是用钳子和刮宫的器具来操作，以及非法施用西药，手术做的不好，病人送入医院，医院便报告警局起诉，行医者便被判入狱。中医是不会动手术的。我看到这种新闻污及中医声誉，为之叹息不置。

为了佐证自己的论断，陈存仁还结合自身的行医经历，举了几个非常生动的个例。在这几个案例中，陈存仁对病人特别是怀有身孕或者有此嫌疑的女性病者均格外留心。比如，有一次，一位老妇人带着一名十六七岁的少女来到陈存仁的诊所求诊，坦言少女十四岁月经初潮，只是来了三次后便一连17个月也均未见行经。陈存仁在诊脉之后发觉不对，向老妇陈说少女已有男友。闻听此言，老妇人竭力否认，并赖着不走，执意央求陈存仁为少女用药"通一下经"。陈存仁百般无奈，答应为女孩看病但并不开给药方，而是要求少女留存尿样一份，并嘱其第二天下午再来。后经化验所检验，果然查出少女已有孕在身。第二天中午老妇与少女来到诊所时，陈存仁即向其出示了检验报告，并声明只能开给安胎方，拒绝别的方子。老妇与少女见此，只得"相对无言而去"。①

在这一事例中，如果陈存仁未能诊断出少女已有身孕，或者在诊断后即为之通经，一旦胎儿行下，陈存仁便会犯有"堕胎罪"。联系到当时为数不少的中医因堕胎案被控，便不难想见陈存仁可能面临的窘况。由此来看，民国时期的中医要想不涉讼，不得不以谨慎自保为第一要务，此外，恐怕并没有其他更为有效的方式了。

二　革新

民国时期的中医是在西医的持续打压下，实现着自我蜕变的。西医的专业化以及救治社会的团体能力，是中医一度不能达到的。② 尽管对西医的咄咄逼人及其所凭依的科学主义话语多有反感与抵触，但为了生存与发

---

① 陈存仁：《我的医务生涯》，第68页。
② 杨念群：《再造"病人"：中西医冲突下的空间政治（1832～1985）》，第252～255页。

展，中医界对自身需要科学化也不得不承认。发展现代中医教育，繁荣中医学术，实现中医的科学化，日渐成为民国时期中医界努力的重要方向。①所有这些行动，也直接或间接地为医病纠纷的解决提供了前提条件。具体而言，为了规避医患纠纷，中医界在自身医德建设以及建立医讼鉴定组织等方面进行了多方努力与积极尝试。

对于中医界存在的诸多弊端及其对医病关系所产生的影响，多数中医是有着清晰认知的。就医家方面而言，医病纠纷的发生，除了技术性的过失之外，在医疗伦理方面主要与医家的职业道德密切相关。比如，陈存仁在忆及旧上海的医疗活动时，便曾指出："旧时上海病人的习惯，病重时常常请两三个医生各处一方，来对证一下，但是医生与医生之间，往往甲医说乙医不对，乙医说丙医不对，相互讥评，已成习惯"。②同业相轻是中医界一直存在的一大陋习，对于生活在那个时代的每一个医家来说，对此都会感同身受，甚至还可能会有切肤之痛。显然，中医要想发展，必须革除这一弊端。民国时期力图革新的中医，无一不在为此鼓与呼。比如，在中医方本慈看来，中医同道之间相互诋毁不仅仅是一大"陋习"，简直成为中医界的一大"劣根性"。他指出：

> 俗云，同行为敌国。我国医界亦大多如是。对于同行，隐善扬恶，专以诋毁为能事。一曰某医不可，二曰某医不良，惟独自己是医界万能，事事以自己为高，别医一文不值。似此同业相残，无非欲打倒同业众人，以增进自己业务上之利益耳。此国医之毛病者一。③

方本慈认为，同业相残的劣根性深植于中医界，必须要予以革除。至于如何根除，他并未给出具体性建议。不过，从其他中医的有关言论来看，多数中医认为要祛除这一弊端，还是应首先从提升医家道德的方向去努力。从其理论资源来看，多数中医依然是从传统医德伦理汲取养料的。像出身于中医世家的张赞臣在其主编的著名医学刊物《医界春秋》中，便呼吁医家应培育"慎重之态度，谦让之美德"：

---

①　刘卫东：《20 世纪 30 年代"中医科学化"思潮论析》，《齐鲁学刊》2008 年第 2 期。
②　参见陈存仁《我的医务生涯》，第 12 页。
③　方本慈：《中医亟应革除劣根性》，《光华医药杂志》第 4 卷第 1 期，1936 年，第 25～26 页。

吾为医者，更宜胸存道德为本。若无道德，则品行卑污，任意妄为，卒受社会人民所轻视，故吾医士之道德，宜竭力修养者也。夫医者之地位，本以仁术为济世之天职，决非若一般僧侣抱卜商贾等可比。盖医之业务，在各业中较为高尚。当以慎重之态度，谦让之美德为主，医者非此则不能司贵重之民命……我国医业，自古以来，有一种弊病，即对于患者有傲慢之气，同道有妒忌之心也。夫傲慢之气，与妒忌之心，野蛮时代之陋习。今世转文明，我医界如何有以革除此陋习也。[①]

类似的呼吁，从民国时期的中医界来看，还是非常普遍的。在第一章中，我曾经讨论过，传统社会的名医对于同业相倾也多口诛笔伐，但实际效果并不显著。个中原因，实与传统社会的名医往往各自为战，难以形成职业团体进而规范医家的行为是分不开的。这样的一种状况，到了民国时期，随着中医的职业化进程得到了明显的改观。[②] 特别是中医药团体的纷纷建立，在规范、构建中医的职业伦理方面作用尤为明显。

1906 年成立的上海医务总会，是中国近代最早的中医药团体。民国建立之后，各地中医药团体的数量日渐增多。到了北洋政府时期，出现了包括神州医药总会在内的一些在全国范围内均具有影响力的中医药团体。到了南京国民政府时期，中医药团体获得了重大发展。1929 年的废除中医运动，使得中医界感受到了空前的存在危机。正是通过中医界以及有关方面的团结合作，方使得"废止中医案"最终破产。也正是借助相关活动，使得中医界越来越认识到团结合作对于中医发展的重要性。进入 1930 年代，中医药团体大量成立，成为这一时期中医界自强图存的重要特征。有史家概括这一时期的中医团体发展时指出："南京政府时期是近代以来中医药社团最多的时期，各地中医药界纷起组织社团，除了研讨和交流学术外，还有团结抗争的寓意，这是此期的一个明显特点"。[③] 现有研究表明，1912 年至 1947 年的 35 年间，先后共有 240 多个中医药团体成立，其

---

① 参见张赞臣《医生之道德与人格》，《医界春秋》第 15 期，1927 年，第 4 页。
② 关于中医职业化进程的研究，参见尹倩《民国时期的医师群体研究（1912～1937）——以上海为中心》。
③ 参见邓铁涛主编《中医近代史》，广东高等教育出版社，1999，第 352 页。

中，1930 年到 1937 年成立的中医团体就有 130 多个。① 当时的中医药团体，无论是学术团体还是职业团体，在中医伦理规范方面都做出了明确规定，这对于树立中医的团体精神发挥了积极的作用。

以上海为例，1933 年 12 月 24 日，上海市国医公会第四届会员大会通过了"国医公约十八条"。"国医公约十八条"分别针对医家、病家、同道以及学术四个方面所拟定。比如，在同道方面，"国医公约"明确规定，公会会员"对病家切忌攻评前医方药"；"对友人切忌评论同道短长"；"与同道会诊，须虚心磋商，勿争意气，坚持成见"。如若同道之间发生争端，"不能解决时，应报告公会处理"。② 1935 年，上海市国医公会、上海市国医学会、中华国医学会和神州国医学会"近以世风日下，人心不古，行医者往往被不肖之徒，借端敲诈，兼有医界败类自相毁谤情事"，特向各医会会员发出通告，呼吁会员加强团结，不得相互倾轧，"其有身为会员，而竟违背国医公会订立之国医公约、国医学会订立之学术道德条例，帮同敲诈、加害同道者，本会等一经察出，立即取消其会员资格，并予以相当惩戒，以儆效尤"。通告中还特别强调，此后如若发生医病纠纷，"应即据实具报各本会，听候处置，各该会会员不得私自了结"。③

在着手推动中医甄别与全力提升医业道德的同时，中医界也开始积极探索建立相关的医讼仲裁机制。在本书第五章中，我曾经指出，在西医诉讼案中，西医团体在为讼案鉴定药方并为涉讼医师提供支持方面发挥了积极作用。④ 不过，对于药方鉴定这一在西医看来最为正常的事情，中医界却表现得格外犹疑。而中医最终决定接受药方鉴定这一现代机制，在很大程度上，则是与其担心鉴定权旁落西医之手直接相关。

事情得从 1929 年中医郑蓉孙和董庭瑶讼案说起。浙江鄞县张某之子张志元得了麻疹，先后延请中医郑蓉孙和董庭瑶诊视。两医在药方中均以生石膏和大黄为主，可惜均未见效。后来，张志元口鼻流血而亡。鄞县地方法院检察官乃委托当地西医应锡藩进行鉴定。鉴定认为，医生在麻疹未

① 参见邓铁涛、程之范主编《中国医学通史·近代卷》，人民卫生出版社，2000，第 257～270 页。
② 《上海国医公会改选大会记》，《光华医药杂志》第 1 卷第 3 期，1933 年，第 56～57 页。
③ 《上海市国医团体通告会员互相劝勉》，《光华医药杂志》第 2 卷第 8 期，1935 年，载段逸山主编《中国近代中医药期刊汇编》第 4 辑第 37 册，第 395 页。
④ 参见马金生《中西医之争与民国时期的西医诉讼案》，《浙江学刊》2013 年第 2 期。

透发时过早使用寒凉药物，导致病者身死，医家实难逃干系。

根据中医理论，应锡藩的鉴定意见是有其合理性的。但由于这一案件发生在中西医论争最为激烈的1929年，结果引发了当地中医界的强烈不满。宁波中医协会在收到郑、董二人的求助函后讨论认为："中医无西医之学术经验，西医亦无中医之学术经验，是各自为学，不能相通。"法院将医家所开药方交付西医的做法，"似属有意摧残中医"。西医应锡藩对郑、董二医的药方"妄行鉴定，似属妄机推翻中医"。如果法院果真据此定案的话，"则将来国粹之中医无振兴之希望，大多数业中医者之生命尽在西医掌握之中，生杀予夺，惟其所欲矣"。随后，宁波中医协会一边向卫生部上书抗议，一方面以此案"事关全国中医大局"，通电全国中医团体，呼吁中医界"务须共同急起力争"。①

宁波中医协会之所以对郑、董两位中医师的讼案如此紧张，其原因实已表露明白，显然是将此讼案与当时的"废止中医案"联系在了一起，认为是国民政府与西医"合谋"的产物，由此对中医的生存前景不免产生担忧。

对鉴定权旁落的担忧，迅速在中医界蔓延。1932年，上海第一、第二特区法院分别就有关中医诉讼案件函请上海国医公会鉴定药方以"作为宣判之标准"，但这在上海国医公会内部却掀起了不小的波澜。多数中医师认为，鉴定药方乃是"医界最不幸之事"，药方的鉴定属于"社会的法律问题"，应由"社会的职业团体"受理。国医公会作为"文化的学术团体"，实"本不愿与闻"。但他们同时也意识到，国医方药的鉴定权，对中医的发展关系尤大。因此，鉴定药方之权，"不问其操诸职业团体，与操诸学术团体，权犹握诸于己"。相反，如若其权"授之于目国医为彼障碍之西医"，后果将不堪设想。因此，药方之鉴定，实为"事势所迫，不能置诸不理"。②

正是在这样的一种考虑下，中医界也开始积极谋划相关鉴定机构的成立。1935年，中央国医馆筹备设立了"处方鉴定委员会"。③据《中央国

---

① 更为详细的论述，参见郑洪、陆金国《"国医"之殇：百年中医沉浮录》，广东科技出版社，2010，第139~140页。
② 瀚尘：《国医"药方"之鉴定权》，《神州国医学报》第1卷第4期，1932年，第6~7页。
③ 《中央国医馆设处方鉴定委员会》，《医界春秋》第107期，1935年，第43页。

医馆处方鉴定委员会章程》，委员会设委员 7～9 人，由中央国医馆馆长聘任，并指定一人为主席。委员会议由主席召集，须有过半数的委员出席方得开会。相关决议，须征得出席委员 2/3 以上同意方可通过。委员会收到的诉讼案件，由主席指定一人先做初步审查，并将审查意见分送各委员审定，最后由主席召集会议做成鉴定书。如果初步审查意见不能得到出席会议的 2/3 的委员通过，则主席再指定一名委员复查，然后再征求其他委员意见，最后做成鉴定书。如果复查意见仍不能得到出席会议的 2/3 的委员同意，则交由馆长裁决。[①]

中央国医馆处方鉴定委员会成立后，即函请司法部，希望司法部知照各地法院，"嗣后各级法院遇有处方诉讼案件，如当事人不服当地国医分支馆或医药团体之鉴定，声明拒却时，拟请原来受理法院径函本馆，交由该委员会重行鉴定以昭慎重"。司法部在接到函请后，也向各省高等法院、江苏省高等法院第二分院一并下发了训令："合行令仰知照并转饬所属一体知照"。[②]

在国家层面的国医机构设立药方鉴定委员会的同时，地方上的中医团体也尝试设立鉴定机构。1935 年，在国医丁福保和宋大仁组织下，上海中西医药研究社筹划建立了一个民间性的中医药讼案鉴定委员会。上海中西医药研究社，系于 1935 年 1 月 26 日由主张中西医药汇通的中西医名流褚民谊、丁福保、黄雯、张树勋、徐元甫、宋大仁、江晦鸣、范天磐等 30 人成立，其宗旨在于"研究现代新旧医药，普及民众医药卫生常识"。[③]中医讼案鉴定委员会的成立，距该社成立时间并不长，说明这一医学团体自建立之日起，便对医讼案件的鉴定有着明确的认识和构想。

此外，该讼案鉴定委员会的成立还有一层目的。即因涉讼案件多交由本地的中医团体进行鉴定，个中时有中医团体偏袒医家的现象存在，该鉴定委员会的成立也是为了规避这一现象继续发生。

> 今日中医药在我国所占之范围，实较西医药为大，则中医药讼案

---

① 《中央国医馆处方鉴定委员会章程》，《司法行政部训令》（训字第 5854 号），《司法公报》第 80 期，1935 年；另见《法令周报》（上海）第 50 期，1935 年，第 331 页。

② 《司法行政部训令》（训字第 5854 号），《司法公报》第 80 期，1935 年。

③ 《中西医药研究社成立大会纪》，《杏林医学月报》第 73 期，1935 年，第 15 页。研究社中既有中医，亦有西医。

之兴，正未有已。而其鉴定之重要，又何如乎？回顾既往，我国司法当局，遇中医药讼案之须鉴定者，均委中医药团体行之。夫中医药团体而行中医药之鉴定，于理固无不合。惟我国今日之中医药团体，尚少真正之学术机构，此可不必讳言。则其鉴定时，贿赂之施，感情之用，又何能免？法律上欲求其鉴定之准确公允，其可得乎？故历观以往中医药讼案之鉴定，其鉴定者所出之鉴定书，类多圆滑之词，如"某方案尚无不合"等语，以搪塞之。[①]

有鉴于此，为体现公正的学术立场，使自身成为法院和国人信任的医学鉴定机构，中医药讼案鉴定委员会规定接受鉴定"概不受酬"。委员会"各委员之姓名，除呈报主管机关存案以备查核外，亦一律秘而不宣"。至于"鉴定之送达委托人，亦以本社名义行之"，希望能够以此"避恩怨之猜疑，绝干请之途径"，避免"感情偏袒贿赂不平"的情形出现。此外，在鉴定讼案时，该委员会特别强调中医讼案并不能单以科学学理定其是非，同时应辅以中医的临床经验，坚持"学理与经验并重"，"凡一讼件之鉴定或审定，必求其公正允当，并根据中西医药学理与经验，附以说明"。

在中西医药研究社中医药讼案鉴定委员会成立后，中医丁福保、宋大仁等即上书国民政府司法部，"请训令全国各法院，指定该社为中医药讼案机关之一。如有关医药纠纷案件，须学术上证明者，请发下该社鉴定"。这一吁请很快得到司法部的回应。1936 年，司法部向各级高等法院下发训令，认为相关呈请对于中医讼案的解决不无"足资辅助之处"，因此，"嗣后各该院受理关于中医药讼案，遇有不易解决纠纷之件，得酌量送由该社办理"。[②]

三　维权

早在民国初年，新成立的神州医药总会即致电北洋政府，希望政府能够支持建立中医学校，以培养中医人才。这一请求尽管并没有获得北洋政府的支持，但表明了中医团体已然看到西医是如何通过培训人才而建立其

---

① 《呈为呈请中医药讼案鉴定委员会恳祈鉴核准予指定为中医药讼案鉴机关事》，《司法公报》第 155 期，1936 年。

② 《司法行政部训令》（训字第 6343 号），《司法公报》第 155 期，1936 年。

合法性的。换句话说，中医团体自建立之日始，即努力寻求政府的支持，寻求国家对中医合法地位和职业权威的承认。① 在此后的二三十年间，为了求取生存，中医开始自我革新，积极向职业化迈进。如何取得中医的合法地位进而保障医家权益，一直是中医念兹在兹、孜孜以求的目标。这在其因应医患纠纷的努力中，也有着清晰体现。

1930 年代初期，当中西医讼开始在社会上凸显之际，中医徐恺在一篇探讨医病纠纷成因的文章中，便曾有过如下分析：

> 庸医误人杀人，固然罪有应得，然而要追问：庸医究竟如何造成？庸医的根源产生在何处？照我看起来，虽说由于中医界团体组织不健全，不能杜绝庸医产生，然而最大的原因，还是政府对于中医漠不关心，任他自生自灭的结果。老实说，今日庸医的猖獗，是政府医事管理疏忽之咎！归根结底，政府急应有计划完善的合理的医药管理。那么，庸医误人杀人的纠纷，自然而然的会减少了！②

中医群体的多元与芜杂，确实是中医自身发展的软肋。而造成这种状况的原因，与南京国民政府对中医一贯的打压以及中医医政建设的滞后直接相关。③ 尽管国民政府于 1929 年曾颁布《医师暂行条例》，但并未正式施行。在很长时期内，各地对中医的甄别与检定，都是民国地方政府自行实施。由于甄别标准不一，有的地区对中医的甄别显然很有效，也有一些地区则取效甚微。到了 1930 年代中期，中医陈影鹤对检定制度存在的问题，曾有过一段很是精辟的分析与总结。

> 检定制度当有系统之组织，中医检会，迩年来各地虽如林立，第不仅书本不能统一，即检定制度，各不相同。有一年而考一次，有半年而检定数次，有私自办理，有归地方行政长官办理，驯至甲地考之不能取者，而乙地可不经检定而取。办法纷杂，书非一律。如此不独

① 徐小群：《民国时期的国家与社会：自由职业团体在上海的兴起（1912～1937）》，第134 页。
② 徐恺：《绍兴满城风雨之杀人案》，《光华医药杂志》第 1 卷第 2 期，1933 年，第 9～11 页。
③ 关于民国时期中医医政建设的总体评价，可参见文庠编著《移植与超越：民国中医医政》，中国中医药出版社，2007，第 234～235 页。

使受检定者，怠志精进；抑且易使检定者，轻视检定也。①

为求得中医的生存和发展，在中医界以及一些国民政府上层政要的推动下，南京国民政府终于在1936年出台了《中医条例》。《中医条例》的颁布，意味着中医取得了正式的法律地位和国家认可。与此同时，全国也有了统一的检定医师的标准。其在振奋中医界的士气、推动中医界的团结方面所发挥的作用和影响，不应小觑。② 1943年，国民政府颁布《医师法》，中医教育资格的合法性进一步得到承认。1945年，国民政府复颁布了《医师法管理细则》，在《医师法》的基础上进一步完善了中医的执业登记制度。③ 这些法规的先后颁布，尽管由于战争等因素的影响其效用不免大打折扣，但显然有利于规范中医团体，也为中医在更为有利的平台上向政府寻求保障医师权益提供了可能。

如前章所述，民国时期的中西医师在与病家发生纠纷时，横遭警局逮捕的事例时有发生，特别是对于中医来说，遭遇警局拘捕、关押的事例更是多见。这样的一种状况，几乎存在于整个民国时期。不过，随着中医职业化进程的加快，特别是中医团体的广泛发展，自1930年代起中医界即对警局任意逮捕医生的行为多次提出抗议。到了1940年代中期，随着宪

① 陈影鹤：《复兴中医之先决条件》，《光华医药杂志》第4卷第1期，1936年，第10～11页。在陈影鹤之外，也多有其他中医曾对此进行过检讨。比如，光华医药杂志社吴兴双林分社社长沈家琦曾对检定结果之所以不理想进行过分析，他说："今者各地检会林立，其发起之意义，固不可谓非提高人才而设想，但各地所设立之检定会，创立迄今，强半已在多年，而仍无卓著之效果者，此无他，以无系统之组织及明确之方针，而更于检定委员，不能以身作则故也。不观历来过去检会所演成之闹剧者，非涉于舞弊等卑劣贪污行为，即身履之检定委员，每视检定之事为儿戏，强半敷衍塞责。"参见沈家琦《中医检定问题》，《光华医药杂志》第4卷第1期，1936年，第9～10页。

② 1936年《中医条例》的颁布，无疑是中医界的一大胜利，在民国中医发展史上也具有里程碑式的意义。《中医条例》颁布之后，中医界上下无不受到鼓舞。进一步推动中医界的团结发展、祛除中医的劣根性，一度也成为主流中医界的心声。比如，光华医药杂志社香港分社社长张维仁便曾指出："当此《中医条例》经已公布之后，中医界所处的环境，正如舟行海中，险浪惊涛已稍见平息，苟能合全体之力，鼓勇前进，即目的之地终会有达到之一日。若舟中人仍事排挤，诚恐有覆舟之险矣。吾甚愿此后中医界应全国一致开诚布公，通力合作，一概意气之见，及无谓纠纷，当绝对不许重见今日。否则，甘自堕落矣。"参见张维仁《现在中医界所急宜注意之点》，《光华医药杂志》第4卷第1期，1936年，第15～17页。

③ 参见赵洪钧《近代中西医论争史》，第137～141页；龙伟《民国医事纠纷研究（1927～1949）》，第255～261页。

政运动的开展，各地特别是一些大城市中，先后成立了参议会和人民自由保障委员会等组织，部分中医也得以参与其间，与西医一起将向国民政府争取医权保障的行动推向了高潮。其中，上海、广州、苏州等地的中医界，在医权保障方面的呼声与行动颇为突出。

以上海为例。1945 年 10 月，上海市参议院议员、中医陈存仁向参议会提交《请市政府转饬市警察局所属保障医疗技术人员身体案》。提案指出，当诊疗失效之际，"病人之家属，每有因感情冲动，或别有企图，罔顾事实，尝以'庸医杀人'一类罪名向本市警察局所属各机关贸然控诉"，警察机关也往往以侦讯关系，"每将医师及护士等骤加羁押"。提案强调，如若医师对于病患之死亡确有过失，"自有其个人对于法律上之责任"。然而在"是非不白、责任未明之前，即将医师护士等加以拘押"，则"医师所有之诊疗工作，及医院内全部医务，势必停顿。其他求治病人即无法诊治，影响市民健康至巨"。因此，陈存仁呼吁此后在办理类似案件时，"警察机关应注意事实、经过，切勿以病家一面之辞而加以拘押。如医生有因过失致死之嫌，应饬原告人正式向法院起诉。如警察局认为案情重大者，亦应准予交保先行释放，以免影响其他病人"。

提案经上海市参议会讨论通过后提交上海市政府，上海市政府在提案回复中承诺，就"保障医疗技术人员身体自由一案自应遵办"，并"分令各分局遵照"。①上海市政府做出的相关承诺，无疑令上海医学界大为振奋。上海中西医师公会将有关材料印制成册，分发给所有会员。这在上海的中西医界，一时传为佳话。② 这一提案获准后所产生的积极影响，也很快超越了上海医学界，扩散至全国医学界。比如，重庆市中医公会专门函请上海市政府，希望上海市政府能够将关于此一提案的"全部文件及翻印分发医师执存之证件抄录赐寄"，"以凭本市依据持请得获实行"。③

再来看一下广州的情形。1946 年，广州中医王棣生为病人治病，病人由于病势沉重不幸身死。病人家属怀疑是王棣生用药有误，遂将之控诸警局。

---

① 《上海市参议会请市政府要求所属机构保障医疗技术人员身体自由的文件》（1945 年 10 月），上海市档案馆藏，档案号：Q109 - 1 - 167。
② 《医治纠纷案》（1946 年 11 月 17 日 ~1947 年 3 月 6 日），上海市档案馆藏，档案号：Q131 - 4 - 340。
③ 《上海市参议会请市政府要求所属机构保障医疗技术人员身体自由的文件》（1945 年 10 月），上海市档案馆藏，档案号：Q109 - 1 - 167。

警局派员将王拘押直至四日之久。此事传开后，一时舆论大哗。广东省中医师公会出面提出抗议，后广州市警局不得不将王棣生移交法院进行审理。后经法院商请中医研究团体进行鉴定，发现并无过误，遂宣告王棣生无罪开释。

因此事发生在国民政府宣布还政于民的时候，广东省中医界非常义愤，于是呈文广州市人民自由保障委员会，指出"各级地方机关……于医事人员人权之保障未加注意"，"医事人员多受无理之压制，甚或加以非法之拘捕。业务执行常遭侵扰，名誉与自由蒙受损毁。其摧残医事、妨害自由，莫此为甚"。呈文呼吁，在此"大法将行，还政于民之秋，人民如非违法，其身体自由不能加以侵害。况医事人员系社会保健之自由职业者，如不切实予以保障，则不独影响社会医事之进步，而关系民族健康前途甚大。为特电请察核，敬恳切实依法保障医事人员，俾能安心从业而谋人民之防疗保健，实为医便"。广州市市长欧阳驹在收到广州市人民自由保障委员会转来的呈文后很快做出批示，要求警察机关"嗣后应切实依法保障医事人员，如无罪行确据或有干犯刑事者，毋得滥押"。①

苏州医师在医权保障方面也做出积极努力，值得我们注目。1947年9月，苏州吴县参议会召开第二次大会第六次会议。在此次会议上，中西医师分别就医事保障问题提出了议案：

> 案查本会第二次大会第六次会议讨论事项第十四案陈参议员荣章等提议医师治疗危笃疾病难免偶有死亡，家属不明医理，往往攻毁涉讼致影响医师信誉极巨，应请设法保障，增强医师服务精神案（社字第五号）、第十五案朱参议员棣华等提议为中医师业务上发生纠葛时警察局不得任意拘押须饬当事人向法院告诉以重人身自由案（社字第七号）、第十六案余参议员余生佳等提议为避免病家与医界无谓纠纷设立医事纠纷公断处案（社字第廿六号）、第十七案季爱人建议为保障民命维护医药案（人民意见书第十一号），以上四条合并讨论，经决议：（一）函县府转警局对病家与医师发生医务纠纷时应不予接受，直接向法院告诉，如病家无理滋扰，违犯警章时，得由警局依法保护；（二）由各医师公会会同组织医事纠纷研究公断机构；（三）由各医师公会函请各

---

① 《保障医事人员权利》（1946年8月29日），广州市档案馆藏，档案号：7-4-406。

报馆对医事纠纷事件公证登载，以免为无理病家所朦影响业务。

对于上述议案，吴县县政府全部予以采纳，训令吴县警察局此后如若遇有病家与医师发生纠纷，"不得受理"。①吴县警察局接到训令后，也分饬各驻所遵照执行。在这一案例中，我们看到，中西医师分别利用其参议会议员的身份，为自身的权益发出声音。像呼吁发生医病纠纷警局不得拘押的朱棣华为中医，吁请设立医事纠纷公断处的余生佳为西医，后者还曾遭遇医病纠纷，并被认定犯有业务过失而遭受处罚，②对于医病纠纷，可谓有着切身之痛。朱棣华与余生佳两人在吴县参议会上的表现，实可视为民国时期中西医界在医权保障上相互声援的一个缩影。换句话说，尽管中西医界在学理等方面针锋相对，但在医权保障这一点上，却因有着共同的利益诉求而站到了一起。

当然，从此后的历史发展来看，尽管依然不能杜绝警察任意拘捕并羁押医师的事情发生，但中医界积极利用国内的政治环境，勇于争取医权保障的努力在中国医学史上甚至中国近代史上都是可圈可点的。

* * *

与传统中医比起来，民国时期的中医已然具有了诸多新的特质。如逐渐清晰的现代职业意识、为保障职业权益保障而重视法律等，这些都是传统的中医所不具备的。尽管如此，民国时期的中医在面对病人时，仍不得不谨慎小心用以自保。民国时期医病关系的现况，也的确令中医头疼。为了规避责任，传统的因应病人的方法，对于中医来说无疑是驾轻就熟的。当然，西医

---

① 《关于病家与医师发生纠纷本局不得受理的训令》（1947年9月27日），苏州市档案馆藏，档案号：C03-001-0202-081。

② 1932年1月5日，时为苏州阊门内持德医院院长的余生佳为都亭桥绍成蜡烛店主妇徐高氏注射白喉血清，不料在注射血清后不到一小时，徐高氏即气绝身亡。蜡烛店店主徐镜清遂以"过失杀人"罪将余生佳控诸吴地法院，并在报纸上登载"杀人西医余生佳"等文字。余生佳据此也以"名誉损害"为由，将徐镜清诉至法院。吴地法院判决余生佳赔偿病家抚慰金2000元，殡葬费1000元；徐镜清赔偿余生佳名誉损失费1000元。对于这一判决，医病双方均感不满，遂上诉至江苏高等法院，结果仍维持原判。医病双方又上诉至全国最高法院，最高法院驳回了余生佳的上诉请求，并判决徐镜清赔偿余生佳部分废弃，将案件发回江苏高等法院重审。可看看《西医余生佳过失杀人案上诉驳回》，《光华医药杂志》第2卷第7期，1935年，载段逸山主编《中国近代中医药期刊汇编》第4辑第37册，第357页。

对中医的冲击所带来的影响是巨大的，也正是这种压力和影响给了中医诸多自我蜕变与革新的可能。随着 1930 年代中医职业化的快速发展，中医界积极以现代的医学组织与医业伦理来规范中医的行为，并广泛开展与政府的多方互动，借以促进中医的整体发展，并进而保障医家的合法权益。

从中医自身的发展来看，1930 年代中医药团体的广泛建立，不仅大大推动了中医界的团结与合作，同时对于规范中医职业伦理以及树立中医团体精神来说均产生了积极的效果。① 事实表明，中医药团体对医学伦理特别是医德的强调与追求，取得了良好效果。据陈存仁医师回忆，他在青年时代曾追随名中医丁仲英习医，后来丁仲英被推举为上海中医学会会长，陈存仁做了学会的秘书。当时中医界胡乱批评别人药方的行为非常普遍，在一次开会讨论这一问题时，与会者一致认为相关行为是缺乏医德的表现，应该予以禁止。根据会议决议，陈存仁拟订了一份通告，呼吁同道间应互相勖勉。通告经中医界几位老先生修改润色后，分发给全体会员，"从此，同道互相诽谤的恶习也就渐渐减少和消灭了"。② 不仅如此，在中医药团体的积极介入下，中医与病人私下和解的现象，到了 1940 年代后期也趋于少见。

当然，中医向现代医学的转变中也掺杂了诸多的被迫与无奈。这从其应对医患纠纷，特别是成立相关的药方鉴定组织中有着明显体现。中医药方鉴定组织的筹建，显然有着保障中医发展的考虑，但从其运作初始来看，却不是所有的中医都对此持肯定态度。比如，浙江省中医公会理事长、杭州名中医汤士彦对国医馆设置药方鉴定委员会便曾提出过商榷性意见。在汤士彦看来，如若处方鉴定委员会在鉴定病家的药方时稍失公允，不但不能维护中医权益，还会让病家借机争讼敲诈。此外，因地理方物的不同，医家所开的药方也难免会有所不同，鉴定委员会能否做到"统鉴南北"也很难说。③ 客观

---

① 参见郝先中《30 年代上海中医界团体精神之建立》，《中医文献杂志》2007 年第 3 期。

② 陈存仁：《我的医务生涯》，第 16 页。

③ 汤士彦认为，人的体质与所生存的环境具有密切的联系，因此根据不同地区的病人，医家的诊疗方案以及药量使用的多寡是存有一定差异的。对于位居南京的处方鉴定委员会来说，在鉴定药方时通盘考虑进而给出公正的意见是不易做到的。"譬如黄河流域的国医处方，麻黄最高量，往往用到三四钱；而在长江流域一带，只不过几分到一钱而已。人地各异，体质不同，乌能一律？假使鉴定委员会囿于南京一隅，其能否统鉴南北，实成疑问。"参见汤士彦《中央国医馆设置处方鉴定委员会的商榷》，《光华医药杂志》第 3 卷第 3 期，1936 年，第 2 页。

而论，汤士彦的顾虑与看法不能说没有道理。不过，如若与中医鉴定权旁落西医之手相比，汤士彦的顾虑显然要置于次要地位了。

现有研究表明，中医药团体及其医讼鉴定组织在民国中医诉讼案件的解决中，起到了非常重要的作用。[1] 不过，与西医的中华医学会业务保障委员会比较而言，中医鉴定组织在处理相关案件时的态度则要内敛许多。比如，1934 年 8 月，上海国医公会依上海地方法院检察官之请，讨论医师为杨大筛子所开药方是否有误时，发现药方模糊之处甚多，因此径自回复上海地方法院检察处"无从鉴定"。[2] 这对于涉讼的中医本人来说，意味着什么是不言而喻的。类似的事例，即使是国医馆在鉴定药方时，也会偶尔发生。而这在西医医业团体之中是很难看到的。显然，这与中西医在民国时期不同的历史际遇不无关联。

在同国家的互动过程中，尽管中医多遭打压，但是并没有就此屈服。中医自晚清以来，所表现出的一直是不屈不挠地倔强态度。中医于 1936 年取得法律认可后，更是借助国内的有利形势，积极维护中医界的合法权益。在 1940 年代中后期的医权保障运动中，中医同西医界一起在向国家争取保障医权上发出了自己的声音。于是，一幅非常有趣的画面出现了，那就是尽管中西医在民国时期一度势同水火，但是在保障医权这一点上，两者最终站到了一起。对于这一点，我们应该有所认识。

总之，如若综合考量民国时期的医病关系，便不难发现，无论西医还是中医所要面对的，依然是深受传统医疗习惯影响的病人。此外，对于中医而言，还要面对一心要置其于死地的强大对手西医的挑战，以及政府的持续打压。就是在这三重压力下，中医在努力地完成着自身的蜕变。也便由此，民国时期的中医在对医病纠纷的认识以及因应举措上，与西医便有了诸多不同。相对于西医的强势与步步为营，中医的因应则要复杂、内敛许多，其措施既有延续传统的一面，同时也有着迫于历史情势向现代医学过渡，进而积极进取的一面。也正是在这个意义上，我们说，中西医在面对医病纠纷时的不同表现，在很大程度上实是反映着两者在近代中国的不同历史际遇，以及彼此之间的张力与趋同。

---

[1] 龙伟曾对上海国医公会在中医诉讼案中的表现有所考察，其积极作用可见一斑。参见龙伟《民国医事纠纷研究（1927~1949）》，第 280~281 页。

[2] 《市国医公会开会纪》，《申报》1934 年 8 月 20 日，第 14 版。

结　论

一　民国医讼凸显的时代社会文化根源

赵世瑜曾针对明清史和近代史的研究现况进行过反思，呼吁打通明清和近代时期的历史分野，在社会史研究中倡导一种总体史史观。① 对于推进中国史学研究的深入开展来说，无疑这种倡导是颇具意义的。不过，揆诸中国史学界，能够自觉秉持这样一种治史理念的实证性研究，总体上还不多。对于新兴的医疗社会史研究来说，在处理关涉从传统向现代转型的有关问题时，上述的治史理念应在研究伊始便有所自觉。特别是在处理一些关涉历史转型的问题上，如果只关注转型时期"传统"或"现代"的某一阶段，缺乏"瞻前顾后"的整体史视野，便会不同程度地因局部的"短视"而遮蔽掉许多有趣的历史面相。

以医病关系史研究为例，目前的研究多数仍各自拘守在明清或近现代的专业畛域之内，彼此缺乏积极的对话与互动。由此，在部分问题的讨论上，导致人们的认识难以深入。比如，针对民国时期医讼问题的凸显，到底应该将其放在一种什么样的历史脉络中来寻求理解和解释？从明清时期医病纠纷的沉寂，到民国时期医病纠纷的聚讼纷纭，这一转变是如何出现的？在这一变化的背后，又反映着一种怎样的社会文化的变迁？如果我们将这一问题照此深入开掘的话，便会发现，相关研究瞬间变得复杂而有趣起来。

不可否认，每一例医讼案件，都有其产生的具体原因。不过，如果

---

① 关于明清史与近代史的断限所引发的问题，以及能否从社会史的角度对两个时段进行积极而有效的沟通的讨论性文章，参见赵世瑜《明清史与近代史：一个社会史视角的反思》，载氏著《小历史与大历史：区域社会史的理念、方法与实践》，三联书店，2006。

我们并不仅仅满足于以一种技术史视野去探究每件讼案的是非对错，而是将医讼作为一种社会现象加以整体考察，便会发现其生成的原因、类型与解决的方式等方方面面都有着特定的社会文化根源。为了从一个广阔的历史脉络中来理解民国时期医病纠纷的凸显，我将研究的触角上溯到了明清时期。因为正是从这一时期开始，医病关系呈现出了紧张化的趋向。这一结论，已为越来越多的研究所证明。然而，我同时也注意到，这一时期的医讼案件却并不多见。对此，我分别从医家的传统施诊策略、病家的求诊行为、官方的相关态度以及传统社会的特质等层面进行了分析，并指出这些因素的彼此共存交织，便是明清时期医病纠纷"沉寂"的关键原因所在。在此后的诸多篇章中，我则主要分别对这些因素在向现代社会转型的过程中是如何发生变化的，以及这种变化对现实中的医病关系又带来了哪些影响，进行了力所能及的考察与梳理。通过这些专题性研究，我力图说明，正是这些社会文化因素在现代社会转型过程中逐一发生变化之后，最终导致了医病纠纷在民国社会逐渐演化成了一个公共问题。

具体而言，明清时期的医家在行医时往往"择病而医"。这一行医策略，在传统社会不但能够使医家易于规避纠纷，在传统医疗文化影响下还可能被病家视为医术高超的表现。与此同时，由于对医家缺乏信仰心，有条件的病家在诊疗过程之中会时常换医，这也不免使医疗责任难以清晰地界定。同时，由于明清政府对行医活动缺乏有效监管，并对医讼案件秉持息事宁人的态度，只要不是发生即时、明显的变故，病家一般不会将不治的责任归咎于医家，更多的时候只能归因于渺茫而不可预测的"命运"。"医病不医命"及"命由天定"的生命观念，在传统的医疗文化中可谓根深蒂固。此外，中国传统封闭的乡土空间与熟人社会，也导致了一些非常事件在一个很小的范围内即能得到消解。更何况，由于缺乏公共的媒介载体，医病纠纷在发生后也往往难以形成一种社会舆论并持续发酵。由此，明清时期的医病纠纷，即便发生也难以成讼，更难以引起社会的广泛关注。

不过，随着从传统社会向现代社会的转型，这些对医病纠纷和医讼的生成有着制约性作用的传统因素，却无不逐一发生着深刻的变化。

伴随着现代西方医学在华的传播，西医与部分新式中医开始建构一种有别于传统的、以医院和医师为主导的新型医疗模式。历史表明，尽管这种现代医疗模式的构建已大势所趋，但颇具意味的是，国人并不甘心乖乖地被规训为"良好的病人"，医病双方针对医权与医疗空间展开了若明若暗、若隐若显的争夺。由此一来，自明清以来就日益紧张的医病关系无疑更形复杂，医病双方在相互摸索之中的隔膜也日趋加深。民国时期的西医每每感喟病家"希望医师所负的责任过大"，[①] 显然与国人对现代西医的认知以及同医师互动中的隔膜是存有一定关联的。医病双方的这种疏离，随着现代国家司法制度的日益完善，有了不同于传统社会的解决空间和解决路径。南京国民政府时期的一系列司法改革，特别是 1928 年《中华民国刑法》正式颁布，内有"业务过失"罪相关条款成了刺激现代医讼生成的最直接因素。与此同时，因应人权保障的呼请，南京国民政府颁布的其他法律条款，也给民国时期医讼的生成和持续发展带来了深刻的影响。尽管在诉讼案中不乏中医和病家对簿公堂的案例，但是传统的用以规避责任的"择病而医"策略，在民国时期也一直为数不少的中医所沿用。相对来看，尽管也有西医为规避责任，在诊疗中多方迎合病家的心理，但这显然不是主流。整体而言，在科学主义话语与相对有利的政治环境的影响下，西医基于自身的医业伦理，在面对医讼时显示了迥异于中医的强势与自信。由此一来，便呈现出了西医生讼案往往会一讼再讼、不易息结的历史特征。此外，就民国时期的医讼生成而言，南京国民政府时期卫生行政体系的初步确立，也并非如有学者所说对医讼产生了抑制作用。实际上，有关卫生行政部门对非法行医者的处理方式，对医讼的增多恰恰起到了一定的助推作用。随着国家对行医活动监管的日益强化和严密，越来越多的有着业务过失的非法行医者遭到查处并被移送法院（庭），这显然是医讼增多的重要因素。还需要特别指出的是，民国时期现代新闻媒体的迅速发展，使其与传统社会有了巨大差异。这一时期报章对医讼也表现出了格外的兴趣，并常常予以偏向病家的单方面报道，塑造的往往是医师负面的社会形象。这对医讼成为一个"公共问题"来说，显然也有着不可低估的影响。

　　综上所述，当我们对明清和民国时期医病纠纷和医讼的生成及其存在

---

① 参见范守渊《这也算是一场医讼》，《范氏医论集》下册，第 551 页。

状态进行历史考察后，便会发现，一定时期的医病关系，恰恰是特定时期的社会文化因素交互作用、共同影响的结果。与明清时期相比，民国时期无论是现代医学的理念、诊治手段，还是城市社会的发展以及国家的制度建设，无不发生了相当程度的变化。正是这种变化，深刻影响了民国时期的医病关系，并导致了医讼案件的凸显。

二　从医讼看中国社会的现代转型

从医讼的生成与分布来看，民国时期的医讼多发于东部地区的大中城市，而少见于内陆与乡村，这与现代医疗资源和司法机构等的分布状况是密不可分的。法院（庭）、法官、律师还有西医，所有这些代表着现代性的事物，无一不相对集中在东部地区的大城市之中。对于医讼的发生来说，这些因素显然都是不可缺少的历史条件。民国时期医讼生成与分布状态，为人们更好地认识传统与现代的关系，提供了一扇窗口。

"传统－现代"的研究范式，长期被史学家广泛应用于历史研究之中。然而，人们在研究中往往将二者之间的对峙关系多所强调，而对两者间的存续状态少有关注。随着研究的逐步深入，晚近以来学界对此已有所反思，这种状况得到了一定改观。比如，杨念群便曾经提出："传统不应成为诠释现代化叙事的被动性要素，而应拥有独立自足的演进规则，至少两者处于平行存在、互相较力的状态。既然是输赢未定、互有消长，就不能预先作出裁判。"① 通过本书的研究，可以看出，民国时期医讼案件的凸显，并非如有学者研究所示，是医病关系在民国时期突然紧张所致。实际上，自明清社会以来，医病关系的紧张便一直持续并趋于复杂，最终在向现代社会转型中某些外在社会文化因素的变动和共同作用下方予以显现。这也就提示我们，在面对"传统与现代"这个问题时，不能将其截然两分，而是既要看到传统与现代相异的同时，也要看到其存有连续的一面。

民国时期城市与乡村、东部沿海与内陆地区发展的差异，在一定程度上代表着现代与传统的分野。东部沿海地区大都市中的现代性因素日益增

---

① 参见杨念群《中层理论——东西方思想会通下的中国史研究》，江西教育出版社，2001，第172页。

多，与此相伴随的，是一种有异于传统乡村的新型社会的诞生。正如费孝通先生在《乡土中国》一书中所揭示的，传统中国乡村社会是一种熟人社会，人与人之间关系，存在着一种按照地缘、血缘关系的远近而形成的"差序格局"。在这一熟人社会中，用以维持和调整人际关系的纽带，往往是基于人情伦理而形成的宗族宗法或乡俗民约。研究表明，当传统乡村社会发生纠纷时，乡村中的里长、老人等有名望和地位的人物，往往扮演着仲裁纠纷的中间人角色。① 在乡绅、耆老的调解下，多数纠纷往往在一个相对封闭的地域空间中便会得到较为完满的解决。

从明清社会的医疗活动来看，病人的求医问诊主要由平时熟识之医或亲戚朋友代为介绍。医病之间的互动，便是在这样的一种相当浓郁的人情文化脉络中进行。② 通过本书前面的讨论，可以看到，这样的一种医病关系，在民国时期一直延续着。在面对医病纠纷时，依然有为数众多的中医和部分西医，通过与病家私了的形式谋求纠纷的解决。其中，地方名流依然在其中扮演着举足轻重的调解人角色。从病家方面来看，旧有的传统也一直在继续，病家因对医家不满而采取的传统的抗议甚至折辱医家的行为，到了民国时期也依然存在。比如，病家抬尸至医家门前抗争这一典型报复医家的行为，到了民国时期并未因为进入新的时代而被彻底摒弃。③

尽管如此，时代毕竟发生了变化。在现代大都市之中，传统的"差序格局"的影响依然在一定程度上存在，但城市中的工作生活毕竟已和乡村社会发生了巨大变化。与传统乡村的熟人社会不同，城市空间更多体现的是一种陌生人社会，人们在交往中依靠的主要是法制和契约观念。传统的用以维持人们交往的人情伦理，在新的城市生活中不免受到了冲击。如果按照这一理路来审视现代西医的话，便会发现，西医医疗模式强调的正是

---

① 参见〔日〕中岛乐章《明代乡村纠纷与秩序》，郭万平、高飞译，江苏人民出版社，2012，第 195～213 页。

② 参见雷祥麟《负责任的医生与有信仰的病人——中西医论争与医病关系在民国时期的转型》，载李建民主编《生命与医疗》；杨念群《如何从"医疗史"的视角理解现代政治》，常建华主编《中国社会历史评论》第 8 卷，第 33 页。

③ 如中医徐恺所记载的发生在绍兴的那件医讼案件，"最近，浙江绍兴地方，发生一件庸医杀人的事，引起该地各报，连日登载，且多在新闻栏内参加评意，大肆攻击，以致闹得满城风雨，聚讼纷纭。同时病家更将死尸扛到医生家里，胡闹交涉。现在，这件事已由病家控告法院，正在审查期内"。参见徐恺《绍兴满城风雨之庸医杀人案》，《光华医药杂志》第 1 卷第 2 期，1933 年，第 9～11 页。

一种现代契约关系。病人通过偿付诊金的方式将身体托付给医生，以换取医生的全面负责。在这一现代医疗模式的背后，体现的恰是与现代契约社会相同构的部分。

由于城市化水平发展总体不高，民国时期的城市社会显然处于从传统人情社会向现代陌生人社会的过渡阶段。也正是由此，时人在契约关系的认识上，还存在诸多陌生和模糊之处。这种不适应感，最突出的体现便是在对待诊金的态度上。在传统社会，医者对于诊金的收取并没有硬性规定。在为数众多的关乎名医的经典案例中，人们时常会读到名医为贫病患者诊疗"概不取酬"的动人事迹。这说明传统时期的医病关系，在很大程度上并不是现代意义上的商业关系。在传统的医病关系中，多少笼罩着一层温情脉脉的儒家伦理色彩。这在一定程度上，会使病人在医治无效后而诿命于天。然而，传统的医疗文化在医学的职业化以及现代医疗模式的逐步确立中，不免遭受巨大冲击。传统的"行道"概念，已为"行医"所取代。医师，已是一种现代职业。无论医师的诊疗是否取得效果，诊金的收取都是医病互动中不可缺少的部分。这一转变，显然难以为时人所普遍接受。在民国社会对医界抱持怀疑的时代背景下，时人难免要对医疗契约产生某种误读：既然现代医学执意要病人听命于医生，并收取不菲的诊疗费用，那么，一旦病人出现不测，这个责任也便要由医家来承担。民国时期的病人总是要求医生担负"过大的责任"，也便与病家对医疗契约的模糊认知有所关联。

也正是在这个意义上，民国时期江苏、浙江、上海等地区的医讼有着较高的发生率，也便不难理解。一方面，这些地区在民国时期现代化程度相对较高；另一方面，生活于这些地区的国人对现代化的感触无疑也最为直接和复杂。在这些地区，西方与本土、传统与现代的交融与碰撞最为突出。如同这些地区经济贸易纠纷多发一样，① 医讼案件的高发显然有其共同的内在逻辑。如果从历史的发展来看，现代医讼的生成及其解决，在很大程度上已然成为现代性的一个标志和体现。它所赖以产生的基础以及遵循的解决理路，已与传统乡村截然不同。当然，在处于城市与乡村连接处的郊区中发生医病纠纷时，其处理方式也特别值得关注。正如我在第六章

---

① 相关研究参见唐仕春《北洋时期的基层司法》，第 350～353 页；徐小群《民国时期的国家与社会：自由职业团体在上海的兴起（1912～1937）》，第 41～42 页。

讨论所显示，在这个空间之中，现实中的医病关系无疑又兼具着城市和乡村的混合特征。当医病纠纷发生之后，在处理方式上，传统与现代两股力量角力与共存表现得尤为鲜明。在这个意义上，民国时期医讼案件发生的数量及其地域分布状况，是中国传统社会向现代转型的一个缩影。

在明清时期，囿于医讼的少见，我们并不能对兴讼者的社会属性进行精确考察。不过，从个别病家在遭遇纠纷时不惜到京城进行"京控"来看，考虑到所需花费的成本，恐怕也并非一般民众所能担负。到了民国初期，由于社会上层人民对国家政策和医学常识有所了解，因此在相关纠纷案例中表现主动，有着明确的告诉意图。不过，也有大量事例表明，到警局踊跃告医的普通民众，也不在少数。到了20世纪三四十年代，当医病双方涉讼法庭时，病家的构成显然也是相对复杂与多元的。龙伟曾经指出，民国时期涉讼的病家多有一定的社会背景。① 不过，也正如我对手头所掌握的、能够对原告的社会属性进行确定或推测的西医讼案的统计分析（见附表1），尽管并不乏军界、商界和报界的病家，但个中多数为社会底层民众。高级知识分子，特别是受过西式教育的高级知识分子，则很少见其踪影（仅有1例）。②

这一历史现象，显然与民国时期特定的历史文化背景相关。如前面章节所示，20世纪二三十年代，科学主义思潮空前发展，并在社会上产生了重要影响。但是，科学显然还未在民国社会全面立足。无论在思想文化层面还是在社会层面，针对科学的价值及其局限的质疑甚至批判之声一直存在。③ 对于西化知识分子来说，科学与理性的确立依然任重而道远。相关情形，在民国时期的医讼案件中，同样有着十分鲜明的体现。在急切欲以科学改变国族命运、启迪民众智慧的知识分子看来，维护西医也是在为科学保驾护航。西化知识分子对科学价值的强烈追求，在梁启超被北京协和医院错割肾脏身死一事上有着集中体现。

1926年初，梁启超因持续尿血住进协和医院。经诊查发现右肾有一

---

① 参见龙伟《民国时期医事纠纷研究（1927～1949）》，第88页。在这一论说中，龙伟引用了一则中医攻讦西医的言论作为重要例证。在医讼案件资料相对有限的情形下，相关言论不是不可以征引，但在使用时显然应有所警觉。

② 即俞松筠讼案，田鹤鸣为留美法学博士。

③ 参见李维武《中国科学主义思潮的百年回顾》，《哲学动态》1999年第12期。

黑点，医生诊断为右肾生瘤，遂由医师刘瑞恒主刀将右肾割除。然而手术之后，却发现割错了肾脏。此事传出后，一时舆论大哗。就在梁氏家属与社会各界交相谴责协和医院时，梁启超却挺身而出，在北京《晨报副刊》发表署名文章，以不追求协和医院责任的方式平息了这场争端。梁启超明知被误治将不久于人世而仍不愿涉讼，其出发点便在于对西医所代表的科学的维护，生怕自己的追偿行为会给科学的传播带来不利影响。① 有更多的资料表明，同样是基于对西医所蕴含的科学价值坚信不疑，多数受过西式教育的知识分子在罹患疾病时，往往会寻求西医诊治。即使治愈无望，一般也不会认为是医师的过错，从而也就不会如一般民众那般去贸然兴讼。对此，中医吴去疾曾有着这样的观察："吾尝见多人，因患热病，为西医冰伏以丧其生者，其人皆智识中人，平日极端相信西医者也。"②

假使正如多数西医所说，西医所面临的社会环境和病人是需待科学改造的对象的话，那么，我们看到的恰是社会底层民众对待科学时所表现出的不同于西化知识分子的态度。这种对待科学的不同态度，即使是不同级别法院的法官在裁断医讼时也有着不同的体现。在医讼凸显的 1930 年代，我们会看到，基层法院在裁断中往往倾向于医家有罪，而高级法院则一般会判决医家没有过失（见附表 2）。这一情形的出现，除了下级法院审判能力不足外，或许还与相关审判人员对西学存有不同程度的陌生和排斥心理相关。对此，我在前面有关章节中，已有所讨论。如若沿着这一思路，我们同时也会发现，西医讼案历经波折最终多数能够胜诉，这一现象恐怕也与西医和法院两者同源于现代西方文明有着莫大程度的关联。这一关联在现代中国科学主义盛行的时代背景下，对西医讼案的解决产生了至关重要的影响。

要之，如若将西医的东传，视为现代西方文明在中国传播的一个方面，那么，西医在民国时期所遭遇的这种局面，也正是现代西方文明在中国本土社会传播状态的一个缩影。相对而言，社会精英特别是受过现

---

① 关于梁启超被错割肾脏更为详细的叙述，可参考范明强《烂漫天才：梁启超别传》，华夏出版社，1999，第 298~302 页。

② 参见吴去疾《田俞讼案之国医立场观》，《神州国医学报》第 2 卷第 3 期，1933 年，第 6 页。

代西方教育的知识分子，对西方文明一般抱持欢迎的态度，并将推广西学视为自身的使命。而社会底层在面对现代西方文明时，由于与日常生活习俗等存有较大差距，往往存有不同程度的排斥心理，在接受现代西方文明时，也要困难和缓慢很多。这也便在很大程度上导致了现代西方文明的在中国传播及其影响，会因社会阶层的不同而存有不同程度的割裂状态，甚至在同一阶层中也往往可能会表现出某种层次性。显然，这也是中国社会从传统向现代转型过程中，人们应该予以注意的重要历史面相。

三　现代国家制度建设与民众日常观念的转型

龙伟曾经敏锐地指出，民国时期病家"有病必愈"的愿望，是导致医讼发生的一大诱因。具体表现为，在治疗后病势沉重甚或不治后，病家往往将医治乏效归咎于医家的水平低下和业务过失。[①]在这里，龙伟指出了民国时期病人观念的一般特征，是符合历史实际的。不过，如若我们将之与传统社会，特别是明清时期病人的观念进行比对的话，就会发现，两者之间发生了相当大的变化。换句话说，从传统社会病家所秉持的"药医不死病，佛度有缘人"及"生死由命，富贵在天"，到民国社会的"有病必愈"，"是病皆有药、无鬼不死人……天下没有不治的症候"，[②]病人的生命观念显然已发生了实质性的变化。那么，对于这一历史现象，又当如何来理解？近代国人生命观念的这一转变，又是如何发生的？对于这些问题，我认为非常有必要加以讨论。为此，我在前面的诸多章节中，努力呈现并探讨了在现代社会转型过程中，国人日常生活观念的转变及其与相关制度架构之间的内在关联性。

面对医病纠纷的凸显，民国时期的中西医界出于自身利益的考虑，对病家的兴讼行为颇多不满，不但将其看作影响医学健康发展的痼疾，而且还将其视为社会进步的一大障碍。比如，西医范守渊便认为"医师与病家间之发生医讼"，不但是"医界的不幸"，同时也是"整个社会的不幸"。[③]

---

① 参见龙伟《民国医事纠纷研究：1927～1949》，第105页。
② 谢筠寿：《医师的能力和满意的医术》，《医药评论》第6卷第2期，1934年，第5页。
③ 参见范守渊《这也算是一场医讼》，《范氏医论集》，第549页。

医讼的发生，无论是对医家还是对病家而言，都是不希望出现的。诉讼之中，即使一方胜诉，也未必会成为真正的赢家。当然，如若医病之间并无任何矛盾产生，也便形成不了医讼。但这样的一种医病模式，恐怕只存在于理想之中。也就是说，医病纠纷的存在与发生，可能会有时空之别、多寡之分，但作为社会矛盾的一种表现形式，无论是过去、现在，还是将来，都是不可避免的。如若我们能够形成这一共识，那么，对于民国时期医师关于医讼所持的态度与观感，显然不能予以简单认同。

医病纠纷既然不可避免，那么问题的关键也就转化为，一旦纠纷发生，是否应有一个权威而有效的仲裁机制予以处理，从而使医病双方之间的矛盾，能够在一个有序而合法的环境中得到解决。从明清时期有关资料来看，尽管社会上并不乏医病纠纷产生，但由于缺乏有效的仲裁机制，多数纠纷只能通过民间的自我调解得到解决。不过，在这些相对比较"温和"的途径之外，我们也看到了无序与粗暴的一面，那就是有的病家出于报复心理，对医家进行侮辱、殴打，乃至有杀医的行为出现。而医家一旦不慎遭遇纠纷，在更多的时候也只能自叹晦气。而民国时期医病双方力图通过以司法诉讼的形式来解决矛盾，彼此在法庭上为各自的权益据理力争，这种截然不同于明清时期的处理方式，显然彰显的是时代的一大进步，在一定程度上反映了国家对民众权利的尊重与维护，体现着人们生命、法制观念的变迁。

如上所述，除去社会精英对权利有着主动的追求外，一般国人权利观念的转型是需要有一套复杂的催生机制的。其中，现代国家的制度设计与引导无疑是最为重要的。

在明清社会，医病纠纷的发生，在很大程度上与即时疗效直接相关。如果突然发生变化，病人病情急转直下或者死亡，就非常容易引发纠纷。只不过，这些纠纷，在传统社会"抑讼"的政治文化生态中，并没有形成诉讼而已，更多的是以民间私下了结的形式了结。由于国家对医家的行医活动基本采取不闻不问、放任自流的态度，医病之间一旦产生纠纷，病家如若将医家控诸官府又无真凭实据，有时还会因闹事之嫌遭官府责打。由此，在行医活动缺乏有效规范，政府部门又不能提供有效保障的情况下，一般民众也只得将生命托之于冥冥的上苍。到了晚清时期，国家通过考试医生与缉拿私医对行医活动进行规范，正是借由此一举措，我们看到了诸多民众因对医疗不满而积极奔赴警署告医的案例。至今保存在各地档案馆中的当年病家在警局所录的口供，包含着最为原始也最为直接的病家的控诉理由。通过这些口供的解读，可以清楚地看到，一般民众在纠纷初起时更多是一种怀疑和不满情绪，对于诊疗手段的是非曲直则缺乏明确判断。这说明一般民众的观念尽管在转型，但在很多情况下却是比较模糊的，并且，在某种情形下，甚至还会以一种相当负面的面貌出现。

南京国民政府成立后，随着现代司法改革的逐步推行，终于使医讼有了相对独立的司法空间。通过司法的形式来解决纠纷，这对于普通百姓的法制观念与权利观念的培育来说有着重要意义。因为，就是在这个过程之中，普通民众逐渐熟悉并运用法律的渠道来维护自身的权益。伴随着民国时期国家法律观念的变革，以及一定程度上对人民权益的保障，诉讼逐渐成了维护自身权益的一种新手段。在这样的一个大变局下，民众如因疗效不满，在律师的帮助下会非常容易去发起诉讼。更何况，在这一时期发起诉讼的成本又非常之小。由此一来，病家动辄诉讼，这在医家看来也是"有病必愈"的观念使然。

对于那些身为社会精英的病家来说，因对医疗活动的不满而发起诉讼，这是可以理解的。在民国时期的医讼案件之中，便有诸多类似的事例。比如，律师与新闻记者，便曾是民国时期的医家较为头痛的病患群体。毕竟，这些群体由于有着相对明确的权利意识，同时也掌握一定的医学知识，使其敢于向医家提出质疑。而对普通百姓来说，他们究竟又是本着一种什么样的目的去诉讼的？当我们翻检病家的刑事诉状时，便会发现，在经由律师或者相关人员修饰过的讼状中，已不易找到病家最为原始的动机。与民国初年相比，刑事诉讼状上的控诉更多地有了医学和法律知识的支撑，表面看起来比民国初年的口供要"堂而皇之"了许多。尽管如此，在部分病家的诉讼状中，我们依然可以读到病人的怀疑和情绪的宣泄。对于一般民众来说，在多数情况下之所以要兴讼，可能依然还是一种简单的不满情绪的表达，恐怕还很难说已具有一种明确的法制和权利意识。不过，现代司法的诉讼程序，又在形塑着一般民众的权利意识及其法制行为。

此外，媒介关于医讼的宣传对民众观念的影响同样不可小觑。尽管对于近代以来大城市中人们对身体健康的态度依然缺乏深入的研究，不过，正如我在第四章的研究所示，民国时期大都市中的人们对于生命健康的关注度，明显比传统社会有了不小的提升。这与民众生命意识、权利意识的变化构成了相辅相成的关联。现代新闻媒体与人们对生命健康议题的关注，同样有着极其密切的联系。在对医讼案件的报道上，媒体一般采取偏袒病家的态度，特别是对诉讼内容与进程进行选择性报道和浓墨重彩的渲染，所建构出的媒体中的医病形象给现实中的医病关系带来了深刻影响。对于读者大众来说，通过对报纸报道的相关案件的阅读，也会潜移默化地影响其法制与权利意识的培育。

正如有论者所说，民国时期的医讼案件中，也存在着一些"丑陋"的现象。比如，一些病家见有利可图，遂以控之法庭相要挟以达到勒索之目的。这样的一种行为，如果从历史发展来看，实际上依然是明清时期报复医家手段的一种延续，也是在传统社会向现代社会过渡中不可避免的历史现象。但不可否认的是，这样的一种行为，在促进底层人们权利观念的觉醒，也有其值得肯定之处。由此可见，近代国人生命观念的转变，是在一系列复杂的社会、文化与制度因素的多重刺激下才逐渐发生的。同样，在这一过程之中，生命观念与权利意识已在发生变化的国人，反过来又会对相关的制度产生作用和影响。

当然，如果我们将视野进一步放宽，就会发现，民国时期国人在诊疗时倾向于将责任归咎于医家的现象，仍主要发生于城市之中。在广大农村，病人经诊疗无效后，依然是将不幸归咎于上苍，认为是天命所定、没有办法的事情。这在民国时期有着非常多的记载。国人观念之所以存在着的这种空间上的差别，实际上与中国现代化在区域和城乡之间的发展不平衡是密切相关的。

在第一章中，我曾经论及，明清时期的病家即使被医生医死，也往往认为是命运所致，并不会将责任怀疑到医家的头上。这样的一种观念，一直到民国时期依然存在并发挥作用。在农村地区，有中医家便敏锐地发现，有的病家在病势沉重求医治疗的同时，仍"迷信于鬼神"。"一病之来，不究察于病源，而偏执于迷信。今日观花，明日照水。不是报犯，便命烧胎"。如果病人不幸病死，则"归诸天命，徒呼负负"。如若病人在医家的精心治疗和护理下得以痊愈，则"归功于菩萨有灵，祖宗福荫"。[①] 王侍吾在《中国

---

① 参见任应秋《现代业医的三大障碍》，《光华医药杂志》第 4 卷第 1 期，1936 年，第 22~23 页。

医药目前的两大缺憾》一文中亦曾指出，农村地区"一般患病的人"往往"贪图便宜"，生病之时所请的多是些"杀人不用刀"的医生。如果不幸被医死了，其家属仍诿之于"天命"，并且"还加以一种委屈的话：某人也是他们医好，某人也是他们医好……他所以不会医好的原因，岂不是'天命'吗？"① 这一现象在民国时期仍很普遍。也难以想象，有此观念的病家会去向医家贸然兴讼！

　　此外，传统的身体观念依然在顽强地发生着作用。从这一时期的医讼来看，但凡涉讼的案件，由于司法审判的需要，多数病人的尸身都要经过剖验，以探明死者亡故的真实原因。虽然当时的讼案并没有为我们留下多少关乎病属在死者被解剖时会是何等心情的相关资料，但从国人素来重视尸体的传统理念来看，恐怕亦是五味杂陈。如若说接受手术是为了继续生存而勉为其难的话，那么对于已死之人仍要遭此"一劫"，落一个不得全尸，显然会让一般国人难以接受。这种认知心理，自然对医讼的发生有着遏制作用。对此，多数医家看得非常明白，并曾加以利用。比如，对于中华医学会会长牛惠生呈文司法部请求"通令各级法院，凡关于医讼案件，一律送由正式法医解剖核定"的吁请，中医吴去疾即指出其目的在于"止讼"。"盖吾国习俗，多以尸体为重，一闻解剖之说，更惊骇万状，莫敢屈从"，所以"止讼之法，莫妙于此"。接着，他以爱国志士李大年在上海红十字医院割治肺病无效身死一事为例，指出李之亲友"初欲涉讼"，但考虑到尸体会遭到解剖，遂"隐忍而止，即其证明"。②

　　客观地讲，关于病家生命观念的两种截然不同的概括，其实均是明清和民国时期医家的观感。从有关资料来看，民国时期国人在生命以及医疗观念上的变化，其实主要还是在大都市（如上海、广州、南京、北京）中才能看到。医家的评论，也无不是针对城市中的病人所发。而在广大的乡村，从当时中西医师所遗留下来的资料来看，在对待生命与医

---

　　① 参见土侍吾《中国医药目前的两大缺憾》，《光华医药杂志》第 3 卷第 1 期，1935 年，第 20 ~ 21 页。

　　② 关于李大年医治肺病身死情形，参见吴去疾《李君大年割肋而死》，《神州国医学报》第 3 卷第 8 期，1934 年，第 15 页。关于法医解剖尸身与减少医讼之关系的论说，吴去疾《医讼案件纠纷请由正式法医检定》，《神州国医学报》第 3 卷第 10 期，1934 年，第 19 ~ 20 页。

疗上，更多的还是保存了传统社会的"听天由命"的观念。由此可见，国人生命观念在现代社会的转型，其实是存在明显的时空特色的。换句话说，民国时期医师所攻讦的病家过高的心理预期与"有病必愈"的观念并不是凭空而来，而是中国社会从传统向现代转型过程中的衍生品、伴生物。生活在城市中的人，之所以在生命、医疗观念上发生如此深刻的变化，只能从城市与乡村这两种截然不同的生存空间和生活方式中去寻求解释。或者说，我们只能从近代以来在城市中所出现的现代制度建设及其对人们日常生活的影响去寻找原因。如此，或可逐渐逼近这一问题的核心与实质。

四　民国医讼研究的当代价值

美国学者保罗·斯塔尔（Paul Starr）在其经典著作《美国医药的社会转化》一书中曾指出，20 世纪初美国医学专业权威的出现以及广阔的医疗产业的形成，是诸多异质因素相互作用、彼此推波助澜的历史过程。总体来看，19 世纪下半叶和 20 世纪初美国城市化人口的迅速增加，催生了强劲的医疗市场需求。城市中狭小的居住环境，迫使民众从家庭的医疗空间转移到了专业医院。19 世纪末兴起并完成的"细菌学革命"，使医科院校的毕业生相对于其前辈来说，更容易树立并获得医学的权威。与此同时，结束于 19 世纪末的"交通革命"无疑又使得优秀医生能够占有广泛的医疗市场。①

保罗·斯塔尔的研究，向我们揭示出了一个非常重要的历史面相，那就是美国医学专业权威的出现，是众多的历史文化因素共同作用下的结果。由此，在全书的结尾，他严正地指出，在美国医学专业化的改革上，如仅着眼于某一因素的改变，都不会成功。本书的研究旨趣显然与保罗·斯塔尔是一致的。正如我在本书中一再强调的，医病关系的构成与发展，本身也是特定时期社会文化的产物。因此，任何着眼于医患关系的改善所做出的努力，都需要有一种系统性视野和整体性眼光。换句话说，如欲构

---

① 参见 Paul Starr, *The Social Transformation of American Medicine*（New York：Basic Books，1982）关于该书的主旨概括，并参见雷祥麟《负责任的医学与有信仰的病人——中西医论争与医病关系在民国时期的转变》，载李建民主编《生命与医疗》，第 492～493 页。

建一种相对理想的医病关系，不仅仅要关注医生和病人两个方面，同时应该在更宽泛的层面对医病双方以及第三方影响因素进行全盘的考量。如此，才能对当下中国医病关系的改善带来益处。

在时间过去多半个世纪之后，当我们重新回首审视民国时期的医病纠纷时，相信会别有一番收获。尽管民国时期的中西医家，对医讼的凸显抱持相当惊异的态度，但这一时期医讼发生的数量，如果与当今社会相比，恐怕真的不能同日而语。当今社会的医患纠纷，已然成了人们心中的一大隐痛。种种辱医、殴医甚至杀医的恶性事件时有发生，类似事件中冲击医生的病人及其家属显然也没有获得任何益处。医患之间的矛盾，似乎从来没有如此的尖锐过。相关事例或可表明当下国人的权利意识已经有了不小的提升，但这一社会现象所隐含的问题却不仅仅于此。对于如何缓和并化解医患矛盾，构建和谐的医病关系，已然成为政府部门与社会各界共同关注的一大核心问题。

正如美国医史学者亨利·西格里斯（Henry E. Sigerist）所说，医生和病人的互动，构成了医病关系的本质内容。因此，如何有效增强医病之间的良性互动，也便成了一个老生常谈但也常议常新的问题。民国时期医病纠纷的发生，有很多是由于病家的认知偏差而引起，同时也有部分是因沟通不畅而引发。如第四章中张洪源控告梅、俞两位医师的讼案，在一定程度上便是由于医师的态度刺激而促成。民国时期无论中医还是西医界，在通过医学团体规范医疗道德和医师权益的同时，也深刻意识到在同病家的互动中要万分留意、谨慎因应。在科学主义的支撑下，尽管西医总体上格外强势，但在现实中对此也不得不高度重视。与此同时，中西医界也认识到，良好的医病关系的建构，离不开病人医学知识与科学素养的不断普及和提升。但显然，这并不是朝夕之间能够实现的。民国时期中西医界关于医病关系的认知及其作为，对于当今社会均有其不可忽视的历史价值。当下的医护人员的确越来越乐此不疲地讨论与病人沟通的细节技巧，努力提升对病人倾听和解释的能力。这些做法都是非常重要的。不过，在我看来，如果只将医病关系的恶化归因于医生或患者的某一方，比如医德的恶劣或者病人的蛮横愚昧，又难免过于简单化了。对于恶化的医病关系来说，医生和病人群体无疑也是这枚苦果的直接品尝者。当下的医病关系之所以如此，可能还与特定时期的医疗制度和医疗文化密切相关。要想谋求医病关系的改善，更应该从一个更为广阔的背景下，去审视当今医病关系的社会文化根源。

侯杨方曾经指出，尽管社会动荡、国贫民困，但在 1940 年代后期，国民政府在城乡医疗卫生体系建设上取得了不小的成绩。"国民政府的公共卫生和医疗保障制度的建设卓有成就，在短短的时间内从无到有基本上建成了由政府主导、覆盖全国的县级医疗卫生体系"。在这一卫生体系的构建中，国民政府并没有将有限的医疗公共资源完全集中配置于大城市，而是为占人口绝大多数的农村人口也提供了最基本的现代医疗保障制度和卫生的生活环境。通过为农村人口提供疫苗注射、伤口处理、新式助产等成本低廉的手段，带来了死亡率的显著降低。[①] 显然，这是来之不易的。尽管如此，由于民国时期的现代医疗资源仍相对集中于大中城市，在很大程度上依然影响了民国医讼的发生和分布状况。于此可见，医疗资源的配置、布局对于医患关系所具有的影响力。

当前中国医疗资源的配置不均，依然是政府需要直面的一大问题。近些年来中国政府对医疗资源的财政投入已大幅增高，但相对于现实需求而言，显然还有进一步加大投入的必要。[②] 特别是当下大量的优质医疗服务资源，多集中于大中型城市及其公立医院，农村和社区基层医疗资源严重短缺。在城市化高歌猛进的当下，大量人口向城市集中。与此同时，随着经济收入水平和权利意识的提升，国人对自身生命健康表现出了前所未有的关注。城市公立大医院，往往成为城市居民与外来求医者的择医首选。相对有限的优质医疗服务资源在面对日益庞大的市场需求时，难免越来越显得捉襟见肘。一方面，在医疗服务市场化的过度追求以及指标化的利润绩效考核下，医生每天超负荷的应诊已让其左支右

[①] 参见侯杨方《国家医疗政策的变迁与反思》，《21 世纪经济报道》2007 年 9 月 10 日，第 35 版。

[②] 在过去相当长的一段时期内，国家财政对医疗卫生的投入有限。这一情形在 2009 年国务院发布《关于深化医疗卫生体制改革的意见》启动新一轮医改后，得到了迅速的改观。近些年来，国家财政对医疗卫生事业的投入已明显增多。据报道，2014 年全国医疗卫生财政支出预算已突破万亿，比 2013 年增长了 10.3%。尽管如此，在 2015 年的全国两会上，医疗改革依然是焦点之一。国家财政部门在不同的场合也多次表示要一如既往地继续加大对医疗卫生事业的财政投入。参见 http://www.jkb.com.cn/news/healthCareRe-form/2014/0616/343617.html，最后访问日期：2015 年 12 月 5 日。

绌、疲于应付。另一方面，病人在争夺有限的优质医疗服务中不仅要花费大量时间，同时还要支付可观甚至难以承受的医疗费用。就在医病双方的这一博弈格局中，当病人发现自己花费大量的时间艰难求医所换取的仅是医生"粗枝大叶"的检查，或者承受着医疗费用的压力而自身疾痛不但未予减轻反而愈形严重时，医患之间的矛盾便可能会瞬时爆发甚至升级为恶性事件。

同样需要指出的是，部分媒体对典型医讼案件的片面报道和过度渲染，又在不时地撩拨着医病之间那根本已十分敏感的神经。于是，医生眼中的病人形象变得越来越不可理喻，而病人眼中的医生形象也变得日益冷漠无情或唯利是图。医病形象，也便成为哈哈镜中那变形甚至扭曲的镜像。媒体的这一做法，与民国时期不无相似之处。如若从这个角度来看，导致医患关系恶化的内在因由可能并不在医生和病人那里，相反他们却可能是名副其实的受害者。显然，对于中国当下紧张的医患关系来说，在医生和病人群体相互磨合、积极探讨并改进互动之道的同时，似乎更应从医疗资源的均衡配置、医疗卫生制度的完善等层面去积极思忖导致医病关系之所以如此的原因所在。当然，这里同时需要指出的是，当今医疗资源的配置失衡和医疗卫生制度的弊端对医病纠纷的影响，已和民国时期有着很大的不同。

对于政府部门来说，民国时期司法领域的许多经验和教训，依然值得借镜和反思。南京国民政府时期的司法改革及其制度设计，在很大程度上对于保障民众的权益产生了积极的作用，与医讼的生成具有直接关系。不过，相关法令关于"业务过失"界定上的模糊，也为医讼的兴起带来了深刻影响。此外，因对讼案的发展和结果有着至关重要的作用，医疗过失的鉴定和研判一直是司法审判机关、医生和病人博弈的核心。直到今天，如何做出公正权威的司法鉴定，同样是司法部门和病人及其家属关注的核心问题。南京国民政府时期基层司法能力的相对薄弱，以及对上诉权利的缺乏限制及其较为繁复的司法审判程序，不仅使得原被告非常容易上诉，同时也导致了医讼案件往往一讼再讼，不易息结。显然，这对当下医事法律的进一步完善来说，具有重要的借鉴意义。当前的医疗纠纷在进入司法领域后，同样存在着程序烦琐的问题。这对医病双方来说，带来的不仅仅是内心的煎熬，还有难以预计的时间以及金钱投入。此外，关于医疗过失的举证问题，也是一般病家所难以实现的。要言之，过高的诉讼成本和高难度的举证，已使得越来越多的病家尽量避开司法领域，通过其他途径来寻求纠纷的解决。如近来的"医闹"问题，便显然与此相关。"医闹"的普遍存在，不仅严重妨碍了正常的医疗活动和医疗秩序，同时在社会上也起着非常恶劣的影响。基于此，如何建立一套相对成熟而便捷的医事司法制度，也在考验着有关部门的智慧。

如果我们将视野放宽，便会从当今病人对医生的不断控诉中发现，现代的医疗模式确实也有诸多需要省思之处。在第一章中，我曾利用明清时期的医案勾勒出了那个时代的医病关系。在名医所编著的《医案》之中，有着太多的关乎病家和医家互动的形形色色的故事和图景，记载着那个时代关于医生和病人的诸多历史记忆。故事中的病人，并不惮于向医家表达自身的感受和对施诊的意见与看法。而作为同是医家书写文本的现代病历，所记载的方式与内容是如此的不同。现代病历记载的完全是医生的诊断意见，充满了陌生的医学术语。除了生物学意义上的病变器官外，作为社会学意义上的病人，在现代医学术语的塑造下消失了。即使偶尔出现，也完全是被动、听话和沉默的角色。医病之间的具体互动，在病历中已很难找寻踪迹。现代病历中的记述严谨而冰冷，枯燥而乏味，映衬着医家高高在上的地位和权威。与明清时期相比，随着医病双方诊疗掌控权所发生的质的变化，现代医病互动的重心完全从天平的一端移向了另一端。

与传统时期相比，现代医学的诸多优势可能恰恰弥补了传统医疗模式的不足。特别是在现代生物科学和医学的飞速发展下，医生在诊疗上的专业化、程序化、标准化以及在此基础上建立起来的绝对权威，都是传统时期的医家所难以想象，更是那个时期的医学所无法企及的。现代生物科学和医学的发展在为人们的健康带来福利的同时，也在迅速拉高着民众对现代医学的信心和期待。然而，一个必须承认的事实是，现代生物科学和医学的进步，毕竟依然难以治愈所有的疾病。当医师面对复杂的疾病时，同样不免遭遇各种挑战甚或束手无策。然而，由于在医学知识掌握上的严重不对称，病家对此在心理上显然难以接受。病家过高的心理预期与现代医疗技术有限性之间的落差，在未来很长时期内恐怕都难以达致平衡。不仅如此，在现代医疗模式之中，病人参与权的严重被剥夺感，有时不免还要大大加重其对医家的不满和怀疑，由此导致的问题似乎更难以求解。因此，在传统和现代医病模式之间，是否存在或者能否找到一个协调和平衡的基点，用来构建出一种和谐的医病关系？或许，这应成为人们去认真思索的一个方向。

2015 年年末，十八届五中全会通过了《中共中央关于制定国民经济和社会发展第十三个五年规划的建议》。建议将建设"健康中国"，作为中国政府下一个五年规划的奋斗目标之一。为了实现这一目标，建议明确提出要继续深化医药卫生体制改革，建立覆盖城乡的基本医疗卫生制度和现代医院管理制度。相关改革配套措施中，有许多提法值得我们关注。比如，全面推进公立医院综合改革，优化医疗卫生机构布局，促进医疗资源向基层、农村流动以及完善医患纠纷调解机制等。特别是建议提出，在政府下一步的工作规划之中，还将重点推动全职医生和家庭医生的发展。①显然，只有将上述举措纳入一个足够宏大的历史脉络之中，才会明了这些措施对构建当前和谐的医患关系所具有的实质意义，并进而弄清其着力点应该在何处。

总之，民国时期的医病纠纷问题为人们探讨中国社会从传统向现代的转型，审视传统社会向现代社会的演进，提供了一个非常好的素材。如果从一个大历史的视野来看，民国时期医病纠纷的凸显，实是蕴含着一系列十分复杂的议题。这些议题，不仅对于深化民国时期的历史认知颇有助益，即使对于构建和谐医病关系以及建设"健康中国"的当下来说，同样具有积极的参考意义与时代价值。

---

① 参见本书编写组《中共中央关于制定国民经济和社会发展第十三个五年规划的建议》，人民出版社，2015，第 37～38 页。

参考文献

一 档案

北京市档案馆　全宗号 J181，第 18、19 卷

广州市档案馆　全宗号 7，目录号 4，第 193、406 卷

湖北省档案馆　全宗号 LS18，目录号 5，案卷号 182

上海市档案馆　全宗号 Q131，目录号 4，案卷号 340；全宗号 Q400，目录号 1，案卷号 2569

苏州市档案馆　全宗号 I03，目录号 001，案卷号 0202、0083

中国第二历史档案馆　全宗号 606，第 000013 卷

二 笔记、文集、日记、小说

（清）独逸窝居士：《笑笑录》，《笔记小说大观》第 23 册，江苏广陵古籍刻印社，1986

（明）冯梦龙：《笑府》，上海古籍出版社，1993

（清）龚炜：《巢林笔谈》，钱炳寰点校，中华书局，1981

（清）顾炎武：《日知录》，平平出版社，1974

（清）郭嵩焘：《郭嵩焘日记》，湖南人民出版社，1981

（清）李百川：《绿野仙踪》，侯忠义整理，北京大学出版社，1986

（清）钱泳：《履园丛话》，《笔记小说大观》第 25 册，江苏广陵古籍刻印社，1983

儒林医隐：《医界镜》，内蒙古人民出版社，1998

（明）无名氏辑《壶中天》，上海古籍出版社，1990

（清）吴敬梓：《儒林外史》，人民文学出版社，1995

（清）吴汝纶：《吴汝纶全集》，黄山书社，2002

（清）西周生：《葛爱之批评醒世姻缘传》，翟冰校点，齐鲁书社，1994

夏东元编《郑观应集》，上海人民出版社，1982

（清）慵讷居士：《咫闻录》，《笔记小说大观》第24册，江苏广陵古籍刻印社，1986

（清）俞樾：《右台仙馆笔记》，徐明霞点校，上海古籍出版社，1986

三　医书

包来发主编《李中梓医学全书》，中国中医药出版社，1999

（明）陈司成：《霉疮秘录》，学苑出版社，1999

陈养吾：《养吾医药论文》，养吾医庐，1957

陈熠主编《喻嘉言医学全书》，中国中医药出版社，1999

程瀚章：《西医浅说》，商务印书馆，1933

杜治政：《医学伦理学探新》，河南医科大学出版社，2000

范守渊：《范氏医论集》，九九医学社，1947

高尔鑫主编《汪石山医学全书》，中国中医药出版社，1999

韩学杰主编《孙一奎医学全书》，中国中医药出版社，1999

胡安邦：《国医开业术》，上海国医研究学社，1933

胡定安：《胡定安医事言论集》，中国医事改进社，1935

（明）黄承昊：《折肱漫录》，载沈洪瑞、梁秀清主编《中国历代名医医话大观》，山西科学技术出版社，1996

（清）黄凯钧：《友渔斋医话》，载沈洪瑞、梁秀清主编《中国历代名医医话大观》上册，山西科学技术出版社，1996

黄英志主编《叶天士医学全书》，中国中医药出版社，1999

李刘坤主编《吴鞠通医学全书》，中国中医药出版社，1999

李世华等主编《龚廷贤医学全书》，中国中医药出版社，1999。

（明）李时珍编著《李时珍医学全书》，夏魁周校注，中国中医药出版社，1996

李志庸主编《张景岳医学全书》，中国中医药出版社，1999

刘洋主编《徐灵胎医学全书》，中国中医药出版社，1999

（清）陆晋笙：《存粹医话》，载沈洪瑞、梁秀清主编《中国历代名医

医话大观》下册，山西科学技术出版社，1996

（清）陆晋笙：《景景室医稿杂存》，载沈洪瑞、梁秀清主编《中国历代名医医话大观》下册，山西科学技术出版社，1996

（清）陆以湉：《冷庐医话考注》，朱伟常考注，上海中医学院出版社，1993

陆拯主编《王肯堂医学全书》，中国中医药出版社，1999

（清）孟今氏：《医医医》，载沈洪瑞、梁秀清主编《中国历代名医医话大观》下册，山西科学技术出版社，1996

（明）裴一中：《裴子言医》，载沈洪瑞、梁秀清主编《中国历代名医医话大观》上册，山西科学技术出版社，1996

盛维忠主编《薛立斋医学全书》，中国中医药出版社，1999

盛增秀主编《王孟英医学全书》，中国中医药出版社，1999

（清）史典：《愿体医话》，载沈洪瑞、梁秀清主编《中国历代名医医话大观》上册，山西科学技术出版社，1996

（明）孙一奎：《孙文垣医案》，载伊广谦、李占永主编《明清十八家名医医案》，中国中医药出版社，1996

（清）王孟英：《归砚录》，载沈洪瑞、梁秀清主编《中国历代名医医话大观》上册，山西科学技术出版社，1996

（清）魏之琇编《续名医类案》，黄汉儒等校，人民卫生出版社，1997

项长生主编《汪昂医学全书》，中国中医药出版社，1999

（明）萧京：《轩岐救正论》，中医古籍出版社，1983

（清）心禅：《一得集》，裘庆元辑《珍本医书集成》第4册，中国中医药出版社，1999

（明）徐春甫：《古今医统》，人民卫生出版社，1991

（清）徐延祚：《医粹精言》，载沈洪瑞、梁秀清主编《中国历代名医医话大观》上册，山西科学技术出版社，1996

（清）杨熙龄：《著园医话》，载陆拯主编《近代中医珍本集·医话分册》，浙江科学技术出版社，1994

（清）余景和：《诊余集》，载沈洪瑞、梁秀清主编《中国历代名医医话大观》下册，山西科学技术出版社，1996

（清）俞廷举：《金台医话》，载沈洪瑞、梁秀清主编《中国历代名医医话大观》上册，山西科学技术出版社，1996

（清）喻昌：《寓意草》，载伊广谦等主编《明清十八家名医医案》，中国中医药出版社，1996

张民庆等主编《张璐医学全书》，中国中医药出版社，1999

郑林主编《张志聪医学全书》，中国中医药出版社，1999

四 政书法制类

蔡鸿源主编《民国法规集成》第 65 册，黄山书社，1999

（清）沈家本等编订《钦定大清现行新律例》，载《续修四库全书》第 866 册，上海古籍出版社，1995 年影印本

唐济安律师事务所书记办公厅编《中华民国刑法新旧全文对照表》，编者印行，1935

（清）许梿：《刑部比照加减成案》，载《续修四库全书》第 865 册，上海古籍出版社，1995 年影印本

（清）许梿：《刑部比照加减成案续编》，载《续修四库全书》第 866 册，上海古籍出版社，1995 年影印本

（清）姚雨芗纂、胡仰山增辑《大清律例会通新纂》，文海出版社，1987

（唐）长孙无忌等撰《唐律疏议》，刘俊文点校，中华书局，1985

（清）祝庆祺等编《刑案汇览三编》，北京古籍出版社，2004

五 资料汇编、县志

蔡陆仙编《中国医药汇海》，新文丰出版公司，1978

陈果夫：《医政漫谈初编》，正中书局，1949

段逸山主编《中国近代中医药期刊汇编》第 4 辑，上海辞书出版社，2012

李文海主编《民国时期社会调查丛编》，福建教育出版社，2005

刘更生编《医案医话医论名著集成》，华夏出版社，1997

民国《太和县志》，成文出版社，1970

民国《芜湖县志》，成文出版社，1970

《清朝野史大观》，上海书店，1981

《清代日记汇抄》，上海人民出版社，1982

邵之棠编《皇朝经世文统编》，载沈云龙主编《近代中国史料丛刊续编》第719册，文海出版社，1980

宋国宾编《医讼案件汇抄》第1集，中华医学会业务保障委员会印，1935

陶御风、朱邦贤、洪丕谟辑《历代笔记医事别录》，天津科学技术出版社，1988

王新华、潘秋翔编《中医历代医话精选》，江苏科学技术出版社，1998

徐珂编撰《清稗类钞》，中华书局，1984

中华医学会业务保障委员会编《医讼案件汇抄》第2集，1937

六　报纸、期刊

《光华医药杂志》《国医公报》《社会学界》《申报》《神州国医学报》《统计月报》《医界春秋》《医事汇刊》《医药评论》《中华法学杂志》《中华医学杂志》

七　专著

〔比〕安东尼·吉登斯：《现代性的后果》，田禾译，译林出版社，2003

陈邦贤：《中国医学史》，商务印书馆，1937

陈邦贤：《自勉斋随笔》，上海书店出版社，1997

陈存仁：《银元时代生活史》，广西师范大学出版社，2007

邓铁涛、程之范主编《中国医学通史：近代卷》，人民卫生出版社，2000

邓铁涛主编《中医近代史》，广东高等教育出版社，1999

丁福保：《畴隐居士自传》，诂林精舍出版部，1948

范行准：《中国医学史略》，中医古籍出版社，1986

费孝通：《乡土中国》，三联书店，1985

冯尔康：《清人生活漫步》，中国社会出版社，1999

〔法〕福柯:《临床医学的诞生》，刘北成译，译林出版社，2001

高翔:《近代的初曙: 18 世纪中国观念变迁与社会发展》，社会科学文献出版社，2000

〔日〕沟口雄三:《日本人视野中的中国学》，李甦平等译，中国人民大学出版社，1996

〔日〕沟口雄三:《中国前近代思想之曲折与展开》，陈耀文译，上海人民出版社，1997

郭蔼春编《中国医史年表》，黑龙江人民出版社，1984

〔美〕郭颖颐:《中国现代思想中的唯科学主义》，雷颐译，江苏人民出版社，1989

韩延龙、苏亦工等:《中国近代警察史》，社会科学文献出版社，2000

韩延龙主编《中国近代警察制度》，中国人民公安大学出版社，1993

何兆雄主编《中国医德史》，上海医科大学出版社，1988

胡成:《医疗、卫生与世界之中国 (1820 ~ 1937)》，科学出版社，2013

黄宗智:《清代的法律、社会与文化: 民法的表达与实践》，上海书店出版社，2001

江照信:《中国法律 "看不见中国": 居正司法时期 (1932 ~ 1948) 研究》，清华大学出版社，2010

〔美〕柯文:《在中国发现历史——中国中心观在美国的兴起》，林同奇译，中华书局，1989

李敖:《传统下的独白》，载《李敖大全集》第 1 卷，中国友谊出版公司，1999

李经纬等编著《中国古代文化与医学》，湖北科学技术出版社，1990

李经纬等主编《中医大辞典》第 2 版，人民卫生出版社，2004

李经纬主编《中外医学交流史》，湖南教育出版社，1998

李运午编著《医患维权——医疗纠纷典型案例评析》，天津人民出版社，2001

连阔如:《江湖丛谈》，当代中国出版社，2007

梁其姿:《面对疾病: 传统中国社会的医疗观念与组织》，中国人民大学出版社，2012

梁治平：《清代习惯法：社会与国家》，中国政法大学出版社，1996

廖育群：《岐黄医道》，辽宁教育出版社，1991

廖育群主编《中国古代科学技术史纲：医学卷》，辽宁教育出版社，1996

龙伟：《民国医事纠纷研究（1927～1949）》，人民出版社，2011

〔美〕罗伊·波特：《剑桥医学史》，张大庆等译，吉林人民出版社，2000

马伯英：《中国医学文化史》，上海人民出版社，2010

〔美〕乔治·福斯特、芭芭拉·加勒廷·安德森：《医学人类学》，陈华、黄新美译，桂冠图书股份有限公司，1992

任应秋主编《中医各家学说》，上海科学技术出版社，1986

沈福伟：《中西文化交流史》，上海人民出版社，1985

〔美〕史景迁：《追寻现代中国》，温恰溢译，时报文化出版企业股份有限公司，2001

宋国宾：《医业伦理学》，国光印书局，1933

汪孟邹编《科学与人生观》，亚东图书馆，1923

〔美〕王国斌：《转变的中国：历史变迁与欧洲经验的局限》，李伯重等译，江苏人民出版社，1998

王家俭：《清末民初我国警察制度现代化的历程（1901～1928）》，台湾商务印书馆，1984

王康久主编《北京卫生大事记》第 1 卷，北京科学技术出版社，1996

徐天民等：《中西方医学伦理学比较研究》，北京医科大学、中国协和医科大学联合出版社，1998

杨念群：《再造"病人"：中西医冲突下的空间政治（1832～1985）》，中国人民大学出版社，2006

杨雅彬：《近代中国社会学》，中国社会科学出版社，2001

于赓哲：《唐代疾病、医疗史初探》，中国社会科学出版社，2011

余新忠、杜丽红主编《医疗、社会与文化读本》，北京大学出版社，2013

余新忠：《清代江南的瘟疫与社会：一项医疗社会文化史的研究》，中国人民大学出版社，2003

余新忠：《中国家庭史·明清时期》，广东人民出版社，2007

余英时：《中国思想传统的现代诠释》，江苏人民出版社，1995

余云岫：《医学革命论初集》，上海余氏研究室，1950

余云岫：《医学革命论选》，艺文印书馆，1976

张大庆：《中国近代疾病社会史（1912～1937）》，山东教育出版社，2006

张晋藩：《中国法律的传统与近代转型》，法律出版社，1997

赵洪钧：《近代中西医论争史》，中西医结合研究会河北分会，1982

赵璞珊：《中国古代医学》，中华书局，1997

甄志亚主编《中国医学史》，人民卫生出版社，1991

〔日〕滋贺秀三等：《明清时期的民事审判与民间契约》，王亚新、梁治平编，法律出版社，1998

Anne Digby, *Making a Medical Living：Doctors and Patients in the English Market for Medicine, 1720 - 1911* （Cambridge and New York：Cambridge Universtiy Press, 1994）.

Arther Kleinman, *Patients and Healers in the Context of Culture：An Exploration of the Borderland between Anthropology, Medicine and Psychiatry* （Berkeley：University of California Press, 1981）.

Barbara Duden, *The Woman Beneath the Skin：A Doctor's Patients in Eighteenth-Century Germany*, trans. by Thomas Dunlap （Cambridge：Harvard University Press, 1991）.

Dorothy Porter and Roy Porter , *Patient's Progress：Doctors and Doctoring in Eighteenth-century England* （Cambridge：Polity Press, 1989）.

Edward H. Hume, *Doctors East, Doctors West：An American Physician's Life in China* （New York：W. W. Norton & Company, Inc. , 1946）.

Edward Shorter, *Doctors and Their Patients：A Social History* （New Brunswick：Transaction Publishers, 1991）.

Francesca Bray, *Technology and Gender：Fabrics of Power in Late Imperial China* （Berkeley：University of California Press, 1997）.

G. H. Choa, *"Heal the Sick" was Their Motto：The Protestant Medical Missionaries in China* （Hong Kong The Chinese University, 1990）.

Harold Balme, *China and Modern Medicine：A Study in Medical Missionary Development* （London：United Council for Missionary Education, 1921）.

Martin S. Pernick, *A Calculus of Suffering*：*Pain*，*Professionalism*，*and Anesthesia in Nineteenth-century America* (New York：Columbia University Press, 1985).

Paul Starr, *The Social Transformation of American Medicine* (New York：Basic Books, 1982).

Paul U. Unschuld, *Medical Ethics in Imperial China*：*A Study in Historical Anthropology* (Berkeley：University of California Press, 1979).

Ralph C. Croizier, *Traditional Medicine in Modern China*：*Science*，*Nationalism*，*and the Tensions of Cultural Change* (Cambridge：Harvard University Press, 1968).

Sean Hsiang-lin Lei, *Neither Donkey nor Horse*：*Medicine in the Struggle over China's Modernity* (Chicago：University of Chicago Press, 2014).

八　论文

〔日〕岸本美绪：《发展还是波动？——中国“近世”社会的宏观形象》，《台湾师大历史学报》第 36 期，2006 年 12 月

陈雁：《民国时期的医患纠纷与解决途径：以 1934 年南京中央医院被控案为中心》，《贵州大学学报》2014 年第 5 期

成令方：《医“用”关系的知识与权力》，《台湾社会学》2002 年第 3 期

崔莲玉：《清末卫生警察的创立及历史作用》，《中华医史杂志》1988 年第 2 期

邓文初：《“失语”的中医——民国时期中西医论争的话语分析》，《开放时代》2003 年第 6 期

杜正胜：《“疾病、医疗和文化研讨小组”的缘起和立意》，载氏著《古典与现实之间》，三民书局，1996

杜正胜：《医疗、社会与文化——另类医疗史的思考》，《新史学》第 8 卷第 4 期，1997 年 12 月

杜正胜：《作为社会史的医疗史——并介绍“疾病、医疗和文化”研讨小组的成果》，《新史学》第 6 卷第 1 期，1995 年 3 月

方行：《清代江南农民的消费》，《中国经济史研究》1996 年第 3 期

冯尔康：《晚清学者吴汝纶的西医观：兼论文化反思的方法论》，《天津社会科学》2007年第3期

傅芳：《中国古代医学史研究60年》，《中华医史杂志》1996年第3期

高晞：《卫生之道与卫生政治化：20世纪中国西医体系的确立与演变（1900~1949）》，《史林》2014年第5期

公丕祥：《清末法制改革与中国法制现代化》，《江苏社会科学》1994年第6期

郝先中：《晚清中国对西洋医学的社会认同》，《学术月刊》2005年第5期

郝先中：《西医东渐与中国近代医疗卫生事业的肇始》，《华东师范大学学报（哲学社会科学版）》2005年第1期

郝先中：《俞樾"废医存药"论及其历史影响》，《中医文献杂志》2004年第3期

郝先中：《中医缘何废而不止——近代"废止中医案"破产根源之分析》，《自然辩证法通讯》2006年第5期

胡幼慧：《另类疗者的社会空间：一项田野研究的初步分析》，《思与言》第36卷第2期，1998年6月

蒋竹山：《非参不治，服必万全——清代江南的人参药用与补药文化初探》，常建华主编《中国社会历史评论》第8卷，天津古籍出版社，2007

蒋竹山：《晚明江南祁佳彪家族的日常生活史——以医病关系为例的探讨》，《都市、帝国与先知》，上海三联书店，2006

雷祥麟：《负责任的医生与有信仰的病人——中西医论争与医病关系在民国时期的转变》，李建民主编《生命与医疗》，中国大百科全书出版社，2005

雷祥麟：《卫生为何不是保卫生命？民国时期另类的卫生、自我、与疾病》，《台湾社会研究》第54期，2004年6月

李化成：《西方医学社会史发展述论》，《四川大学学报（哲学社会科学版）》2006年第9期

李化成：《医学社会史的名实与研究取向》，《历史研究》2014年第

6 期

李建民：《传统医疗史研究的若干省思——〈陈胜崑医师全集〉读后》，《新史学》第 3 卷 3 期，1992 年 9 月

李建民：《一个新领域的摸索——记史语所"生命医疗史研究室"的缘起》，《古今论衡》第 1 期，1998 年 10 月

李经纬、朱建平：《近五年来中国医学史研究的进展》，《中华医史杂志》1994 年第 3 期

李经纬、张志斌：《中国医学史研究 60 年》，《中华医史杂志》1996 年第 7 期

李尚仁：《从病人的故事到个案病历：西洋医学在十八世纪中到十九世纪末的转折》，《古今论衡》第 5 期，2000 年 12 月

梁其姿：《疾病与方土之关系：元至清间医界的看法》，黄克武主编《性别与医疗》，中研院近史所，2002

梁其姿：《明清中国的医学入门与普及化》，《法国汉学》第 8 辑，中华书局，2003

梁其姿：《宋元明的地方医疗资源初探》，张国刚主编《中国社会历史评论》第 3 卷，中华书局，2001

梁其姿：《医疗史与中国"现代性"问题》，常建华主编《中国社会历史评论》第 8 卷，天津古籍出版社，2007

马金生：《从医讼案看民国时期西医在华传播的一个侧面》，常建华主编《中国社会历史评论》第 13 卷，天津古籍出版社，2012 年 6 月

马金生：《论民国初期北京地区的行医管理和医病关系》，《北京社会科学》2011 年第 4 期

马金生：《明清时期的医病纠纷探略》，《史林》2012 年第 1 期

马金生：《医病纠纷研究的史学关照：评龙伟著〈民国医事纠纷研究（1927~1949）〉》，《二十一世纪》第 144 期，2014 年 8 月

马金生：《中国医患关系史研究刍议》，《史学理论研究》2015 年第 2 期

马金生：《中西医论争与民国时期的西医诉讼案》，《浙江学刊》2013 年第 2 期

马金生：《自保、革新与维权——中医界对医患纠纷的认识和因应

（1927—1949 年）》，《浙江学刊》2015 年第 3 期

马金生、付延功：《明清时期医德问题的社会史考察——以 16 至 18 世纪为中心》，《史林》2008 年第 3 期

邱仲麟：《儒医、世医与庸医：明代典籍中对于医者的评论》，"明人文集与明代研究"学术研讨会会议论文，台北，2000

邱仲麟：《诊资与药钱：明代的医疗费用与药材价格》，常建华主编《中国社会历史评论》第 9 卷，天津古籍出版社，2008

孙慧敏：《清末中国对律师制度的认识与引介》，《中央研究院近代史研究所集刊》第 52 期，2006 年 6 月

田晓旭：《民国时期职业医师许可制的健全过程》，《中华医史杂志》2002 年第 2 期

涂丰恩：《择医与择病——明清医病间的权力、责任与信任》，常建华主编《中国社会历史评论》第 11 卷，天津古籍出版社，2010

汪维真：《弃中择西：清人吴汝纶医学观的转变及原因分析》，《安徽史学》2006 年第 2 期

吴嘉玲等：《顺从、偷渡、发生与出走："病患"的行动分析》，《台湾社会学》第 3 期，2002 年 6 月

夏明方：《十八世纪中国的"现代性建构"——"中国中心观"主导下的清史研究反思》，《史林》2006 年第 6 期

夏明方：《十八世纪中国的"思想现代性"——"中国中心观"主导下的清史研究反思之二》，《清史研究》2007 年第 3 期

夏明方：《一部没有"近代"的中国近代史——从"柯文三论"看"中国中心观"的内在逻辑及其困境》，《近代史研究》2007 年第 1 期

谢蜀生：《医学的空间：中国近现代疾病、医学史的人文解读》，《中华读书报》2006 年 6 月 7 日

熊秉真：《中国近世士人笔下的儿童健康》，氏著《安恙：近世中国儿童的疾病与健康》，联经出版事业公司，1999

杨念群：《"地方感"与西方医疗空间在中国的确立》，《杨念群自选集》，广西师范大学出版社，2000

杨念群：《民国初年北京的生死控制与空间转换》，杨念群主编《空间·记忆·社会转型："新社会史"研究论文精选集》，上海人民出版

社，2001

　　杨念群：《如何从"医疗史"的视角理解现代政治》，常建华主编《中国社会历史评论》第 8 卷，天津古籍出版社，2007

　　于赓哲：《被怀疑的华佗：中国古代外科手术的历史轨迹》，《清华大学学报》2009 年第 1 期

　　于赓哲：《从古人求医心态看古代民间医人水平》，《学术研究》2005 年第 9 期

　　于赓哲：《汉宋之间医患关系衍论——兼论罗伊·波特等人的医患关系价值观》，《清华大学学报》2014 年第 1 期

　　余新忠：《当今中国医疗史研究的问题与前景》，《历史研究》2015 年第 2 期

　　余新忠：《另类的医疗史书写——评杨念群著〈再造"病人"〉》，《近代史研究》2007 年第 6 期

　　余新忠：《晚清"卫生"概念演变探略》，《东洋史研究》第 64 卷第 3 号，2005 年 12 月

　　余新忠：《中国疾病、医疗史探索的过去、现实与可能》，《历史研究》2003 年第 4 期

　　余新忠：《关注生命——海峡两岸兴起疾病医疗社会史研究》，《中国社会经济史研究》2001 年第 3 期

　　张笠云：《"逛医师"的逻辑——求医的历程分析》，《台湾社会学刊》第 21 期，1998 年 10 月

　　张鸣：《旧医，还是新医？——七十年前的废止中医风波》，《读书》2002 年第 6 期

　　张哲嘉：《"中国传统法医学"的知识性格与操作脉络》，《中央研究院近代史研究所集刊》第 44 期，2004 年 6 月

　　赵璞珊：《西洋医学在中国的传播》，《历史研究》1980 年第 3 期

　　赵世瑜：《明清史与近代史：一个社会史视角的反思》，氏著《小历史与大历史：区域社会史的理念、方法与实践》，三联书店，2006

　　赵毅、刘晓东：《传统向近代的萌动》，《东北师大学报》1999 年第 1 期

　　甄志亚：《60 年来中国近代医史研究》，《中华医史杂志》1996 年第

4 期

　　甄志亚:《关于我国医学史研究目的和任务的回顾和探索》,《中华医史杂志》1991 年第 2 期

　　周宁:《吴汝纶与中西医》,《唐都学刊》2006 年第 4 期

　　朱建平:《近五年来中国的医学史研究》,《中华医史杂志》2004 年第 1 期

　　朱建平:《五年来中国医学史研究之概况》,《中华医史杂志》1999 年第 1 期

　　祝平一:《药医不死病,佛度有缘人:明、清的医疗市场、医学知识与医病关系》,《中央研究院近代史研究所集刊》第 68 期,2010 年 6 月

　　左玉河:《学理讨论,还是生存抗争——1929 年中医存废之争评析》,《南京大学学报》2004 年第 5 期

　　Angela Ki Che Leung,"Organized Medicine in Ming – Qing China: State and Private Medical Institutions in the Lower Yangzi Region," *Late Imperial China* 8 (1987).

　　Christopher Cullen,"Patients and Healers in Late Imperial China: Evidence from the Jinpingmei," *History of Science* 31: 2,1993.

　　Robert J. T. Joy and Dale C. Smith,"On Writing Medical Hisoty," *Annals of Diagnostic Pathology* 1 (1997).

九　学位论文

　　胡妮娜:《中国古代医患关系初探》,硕士学位论文,黑龙江中医药大学,2005

　　江照信:《居正法律思想与司法实践:1932～1948》,博士学位论文,香港中文大学历史系,2008

　　梁峻:《中国封建社会医政研究》,博士学位论文,中国中医研究院,1992

　　刘霁堂:《明清(1368—1840)医学道德发展史研究》,博士学位论文,广州中医药大学,2005

　　鲁萍:《晚清西医来华及中西医学体系的确立》,硕士学位论文,四川大学历史文化学院,2003

鲁萍：《争议中的传统：变动世界里的中医（1840～1937）》，博士学位论文，北京大学历史系，2012

彭浩晟：《民国医事法与医事诉讼研究（1927—1937）》，博士学位论文，西南政法大学，2012

吴雯竹：《法律上关于医疗事故处理方式的回顾与完善》，硕士学位论文，华东政法大学，2007

徐家力：《民国律师制度源流研究》，博士学位论文，中国政法大学，2000

Che-chia Chang, The Therapeutic Tug of War: the Imperial Physician-Patient Relationship in the Era of Empress Dowager Cixi (1874 - 1908) (Ph. D. Dissertation, University of Pennsylvania, 1998).

Hsiang-lin Lei, When Chinese Medicine Encountered the State: 1910 - 1949 (Ph. D. Dissertation, University of Chicago, 1999).

附　录

附表 1　《医讼案件汇抄》（第 1、2 集）所收录医讼案件原告姓名及从业情况

序　号	医诉名称	原告姓名	社会属性
1	邱邦彦医师讼案	江则珍	务农
2	江明医师讼案	余以海	务农，贫农
3	刘懋淳、叶立逊医师讼案	刘龙氏	无职业，家境并不富裕。
4	郑信坚医师讼案	吴玉符	职业不详
5	葛成慧、朱昌亚医师讼案	沈文达	业报
6	俞松筠医师讼案	田鹤鸣	律师
7	汪元臣医师讼案	裔瑞昌	业商，万祥铜锡店司帐
8	邓青山医师讼案	彭武扬	军界
9	赵光元医师讼案	董道南	县府传令衙役
10	林惠贞医师讼案	徐冬生	业商
11	钟寿芝医师讼案	朱友三	家贫，职业不详
12	张湘纹、葛成慧医师讼案	李石林	建筑业
13	吴旭丹医师讼案	石崧生	家贫，职业不详
14	沈克非医师讼案	陈左贞一	业商
15	尹乐仁医师讼案	吴小泉	佃农
16	冼家齐医师讼案	江延之	职业不详
17	张哲丞医师讼案	王圣域	职业不详，家境不富裕
18	陈泽民医师讼案	冯景山	业笔墨庄
19	欧阳淑清医师讼案	姚赘我	家境不富裕
20	张秀钰医师讼案	唐立文	业商

附表2　《医讼案件汇抄》（第1、2集）所收录医讼案件一审情形

序列号	诉讼案（名）	一审医师有罪	二审	三审	备注
1	邓青山医师讼案	√			
2	汪元臣医师讼案	√			
3	俞松筠医师讼案				
4	郑信坚医师讼案				
6	邱邦彦医师讼案				
7	尹乐仁医师讼案	√			
8	沈克非医师讼案				
9	钟寿芝医师讼案	√			
10	林惠贞医师讼案				
11	赵光元医师讼案				
12	刘懋淳、叶立勋两医师讼案	√			
13	江明医师讼案	√			
14	冼家齐医师讼案	√			

注：这些案件发生于1930～1935年，1936年后一审往往判医师有罪的情形有所转变。

附表3　1930年代前期中国西医分布一览

序号	城市	医师总数	百分比	人口数（邮政局估计）	每一医师人口数	每百万人中医师数
1	上海	1182	22.0	3558111	3010	3322
2	南京	275	5.1	902941	3283	3046
3	沈阳	216	4.0	889647	4119	2428
4	北京	252	4.8	1220832	4845	2064
5	哈尔滨	40	0.7	216833	5421	1845
6	厦门	63	1.2	473058	7509	1332
7	杭州	136	2.5	1136060	8353	1197
8	青岛	70	1.3	592800	8469	1181
9	济南	68	1.3	662642	9745	1026
10	广州	302	5.6	3156698	10453	957
11	香港	84	1.6	900812	10453	982
12	苏州	77	1.4	865800	11244	889

续表

序　号	城市	医师总数	百分比	人口数（邮政局估计）	每一医师人口数	每百万人中医师数
13	汕　头	54	1.0	647652	11944	834
14	天　津	83	1.5	1250539	15067	664
15	武　汉	104	1.9	1948274	18773	534
16	宁　波	39	0.7	1041455	26704	374
17	福　州	39	0.7	1508630	38683	259
18	长　沙	17	0.3	1243044	73120	137
19	其　他	1752	32.5	4196333	239517	41
20	不　明	537	10.0			
总　计		5390	100	441849148	81975	122

资料来源：朱席儒、赖斗岩著《吾国新医人才分布概观》，《中华医学杂志》第 21 卷第 2 期，1935 年，第 146～147 页。

附表 4　《医讼案件汇抄》（第 1、2 集）所收录医讼案件审结情况一览

序号	诉讼案（名）	法院级别			备　注
		县、市（政府）初级法院	省高等法院	全国最高法院	
1	邓青山医师讼案			√	
2	汪元臣医师讼案			√	
3	俞松筠医师讼案			√	
4	葛成慧、朱昌亚医师讼案	√（诉讼过程中和解）			
5	郑信坚医师讼案			√	
6	邱邦彦医师讼案		√		初级法院两次不起诉处分，病家多次要求复议，高等法院指令侦查。结果不详
7	尹乐仁医师讼案		√		
8	沈克非医师讼案				一审不服上诉，结果不详
9	吴旭丹医师讼案	√（诉讼过程中和解）			

续表

序号	诉讼案（名）	法院级别			备　注
		县、市（政府）初级法院	省高等法院	全国最高法院	
10	张湘纹、葛成慧医师讼案		√（诉讼过程中和解）		
11	钟寿芝医师讼案		√		
12	林惠贞医师讼案			√	
13	赵光元医师讼案	√（县政府处理）			
14	刘懋淳、叶立勋医师讼案		√		
15	江明医师讼案		√		
16	冼家齐医师讼案		√		
17	张哲丞医师讼案	√			
18	陈泽民医师讼案	√			
19	欧阳淑清医师讼案		√		
20	王兰孙医师讼案		√		
21	张秀钰医师讼案	√			

索　引

后 记

　　这部书稿是在我博士论文的基础上修改而成的。自 2006 年读博时起，至如今出版，前后写作、修改历时十年之久。虽不敢说是"十年磨一剑"，但我的确是尽力了。值此书稿付梓之际，诸多师友和亲朋的教诲与支持，点点滴滴，不禁纷纷浮上了心头。

　　我读博时的专业方向本为"史学理论及史学史"，但出于兴趣，我还是想从医疗社会史的领域去寻找论文选题。当我志忑地将这一想法告知导师徐兆仁教授时，没想到他完全是一种包容和开放的态度。徐老师建议我从历史诠释学的角度去思考博士论文的选题，不必拘泥于传统的史学理论或史学史的研究路数。当我决定将民国时期的医讼问题作为博士论文的选题时，徐老师对我这一跨学科的研究取向表示了肯定，但也严肃指出这一研究的难点所在。经过几番讨论，他看我意志决绝，同时对相关议题有一定的前期研究和思考，便鼓励我放手去做。论文初稿完成后，从章节目录到各章内容，徐老师均逐一进行了认真修改。特别是论文的"结语"部分，他更是提出了诸多建议，以最大限度地使论文富有理论色彩。尽管我最后的修改离他的要求还有不小距离，但可以想见，如果当初徐老师反对我做这一选题，恐怕也就没有这本书了。

　　说实话，当初选这一题目，我的内心也是没有多少把握的。为此，我曾多次向南开大学历史学院的余新忠教授请益。余新忠教授如今在国内医疗社会史领域已然名满天下，自不必多言。我在南开大学读本科时，他刚留校任教，在历史学院首开医疗社会史的选修课。出于好奇，我选修了他的课，并请他做我本科学年论文的指导教师，从此慢慢与余老师相熟。对于我的博士论文选题，余老师给予了积极肯定，这无疑使我备受鼓舞。不过，在研究过程中，我很快便发现，尽管自己有着许多看似"顺理成章"的思路，但要逐一落实却也并非易事。每当独自枯坐、百思莫解之时，我便会以电邮或电话的方式向余老师请教。每次请益，余老师都会热心地给我指点迷津，从没有流露出过不耐烦。记得有一次通话后，我发现已是夜里十点多了，心里在充满感激的同时，也颇生自责、歉疚之意。在日常的科研中，如果发现有关于明清时期医病纠纷的史料时，余老师也会提示我参考使用。博士毕业以后，余老师多次嘱我要对论文进行认真修改和充实，并曾数次提起要帮我联系出版。正是余老师的期待和督促，使我对论文的修改未敢忘怀和松懈。此外，关于论文选题和写作，我还要感谢中国人民大学清史研究所杨念群教授、中国科学院自然科学史研究所廖育群研究员、北京中医药大学基础医学院梁永宣教授、香港大学香港人文研究所梁其姿教授、台湾中研院历史语言研究所祝平一研究员、台湾中研院近代史研究所张哲嘉副研究员及雷祥麟副研究员等给予的诸多指点和帮助。

中国社会科学院世界历史研究所的刘军研究员和南开大学历史学院的哈全安教授，也是我生命之中的两位恩师。2003 年 9 月，在哈全安教授的力荐下，我从南开大学历史学院进入中国社会科学院研究生院，跟随刘军老师攻读硕士研究生。刘老师对当代西方的史学理论如数家珍，同时也是一位有着高度现实关怀的学者。这两点，对我的科研影响尤其大。哈全安老师现今主要从事中东国家现代化研究，但自我大学起便对我这个中国史专业的学生关爱有加，一直鼓励我在学术的道路上勇于攀登。他谆谆告诫，在学术研究中一定要深入思考，要形成自己独到的见解，不要为专家权威所惑。哈老师的著述文笔洗练，同时更具理论深度，有其独特的研究风格。他时常将自己研究中的心得向我和盘托出，也使我这个愚弟子每每豁然开朗，并在研究中去尝试努力践行。

在此，我还要感谢香港利希慎基金会的经费资助。2008 年 1～6 月，在利希慎基金会的资助下，我得以赴香港中文大学历史系访学。在香港中文大学图书馆，我欣喜地查阅到了内地图书馆稀缺的民国西医师宋国宾编《医讼案件汇抄》第 1 集，这对于我的博士论文写作来说，起到了关键性的支撑作用。香港中文大学图书馆宏富的藏书和优质的服务让人感动，很多在内地图书馆不能外借的珍贵书籍，在这里都能够借阅。可以说，在香港中文大学，我基本解决了博士论文研究中所需要的主要史料问题。此外，我也有幸认识了香港中文大学历史系的梁元生、苏基朗诸教授，并得到他们的悉心帮助和热情款待。

武汉大学历史文化学院的姜海龙兄长期以来在学术研究上给我诸多鼓励和帮助。海龙是我在南开大学读本科时的师兄，他学思敏锐，长于思辨，历史感非常强。每次和他探讨学术问题，总是能受到许多启发。在香港中文大学访学期间，正值海龙在中文大学攻读博士学位。由此，我便有了各种机会和他探讨论文的写作。在他位于学校山顶的宿舍中喝茶谈天，时或悠然地望一眼山脚下美丽的吐露湾，那真是一种精神和视觉上的享受。访学结束前夕，我已然对论文的写作成竹在胸。在书稿的修改过程中，还要感谢上海社会科学院的冯志阳兄。志阳是一个相对沉静的人，每次和他交谈，多数都是我在侃侃而谈，谈自己论文的创新之处，以及现下正在修改的重点和难点。志阳总是认真地倾听，但于关键之处总是能够给予适时回应，或肯定我的观点，或提示我还应注意哪些学者的研究，每每让我别有收获。我也要向大学挚友、现任职于江西中烟工业有限责任公司的刘宇聪表示谢意，他在阅读过我的文稿后，建议我进一步挖掘近世医病关系的演进与现代科学思想、医学技术之间的复杂关系。此外，我还要感谢中国社会科学院历史所的高希中、山东大学法学院的江照信、北方工业大学素质教育研究所的曲辉、贵州遵义医学院的付延功、四川大学历史学院的周琳、上海社会科学院历史所的蒋宝麟、华中师范大学历史文化学院的承红磊、国家图书馆的李靖和赵大莹诸友人在研究方面提供的启迪和帮助。

同时，我还要感谢民政部一零一研究所的领导和同事，他们在我申报国家社科基金后期资助的过程中给以全力支持，使我在项目申报截止的那一天成功提交了申请资料，并在申报成功后能够自由自在地修改。我特别要感谢社会科学文献出版社的徐思彦编审，在一次闲聊中，徐老师偶然问起我博士论文的题目，并鼓励我认真修改，争取申请国家社科基金后期资助项目。在徐老师的鼓励下，我从 2012 年年中开始，主要利用晚上的时间将博士论文的结构与内容进行了较大幅度的调整和增删。在不到一年半的时间内，博士论文的字数从原有的 16 万字扩充至 28 万余字，这为成功申报国家社科基金后期资助项目打下了良好的基础。同时，我也要感谢社会科学文献出版社的宋荣欣、李期耀编辑，他们认真负责的编辑和校对，使书稿减少了很多不应该有的错误。

最后，我要感谢我的父亲马福祥先生、母亲赵素英女士。父母都是老实本分的农民，尽管他们对于学术研究并无任何概念，但对我的读书求学一直都是全力支持。自我上小学起，父母便每天都起早贪黑做豆皮。我清楚地记得，他们在夜里两三点钟便要起床劳作，每天的睡眠时间才五个小时左右。这种生活持续了十多年。由于常年缺觉，父亲的记忆力很早便有些衰退。靠着做豆皮的微薄收入，父母硬是将我和弟弟供上了大学。父母的辛勤劳作和默默付出，对我们兄弟的为人处世影响极大，使我们养成了朴实而倔强的性格，并勉励我们在人生的道路上奋力前行。我还要感谢我的爱人王孝云女士，在我读博期间，外表柔弱但内心坚强的她肩负起了养家的重任，并承担了所有的家务劳动。她一如既往的支持，是我不断前进的又一动力。每当晚上我在电脑前敲敲打打时，幼子康康睡前时常会对我说上一两句"早点睡，不要工作太晚"之类的话。每当此时，我的内心总是暖暖的，浑身顿觉充满了力量。

　　这本书的出版，可说是我对博士学习生涯的一个交代，同时更是我科研生涯的一个新的开始。我深知，书稿中还有诸多有待进一步拓展和提升的空间。比如，近世以来社会经济活动的变迁是否对现实中的医病关系也产生了重要的影响？因能力所限，我并未能够予以深入探讨。尽管研究民国时期的医讼问题断断续续已有十年之久，但对于民国时期的医患关系史研究来说，我也只是迈出了一小步。民国时期医患关系更为丰富而细致的图景，还需要我不断去开掘和探索。我应该继续努力，争取以更大的成绩，来回报师友和亲朋们的期待与支持。

马金生

2016 年 5 月 26 日

于北京寓所

图书在版编目（CIP）数据

发现医病纠纷：民国医讼凸显的社会文化史研究／
马金生著 . -- 北京：社会科学文献出版社，2016.9
国家社科基金后期资助项目
ISBN 978 - 7 - 5097 - 9688 - 7

Ⅰ.①发… Ⅱ.①马… Ⅲ.①医疗纠纷 - 研究 - 中国
- 民国 Ⅳ.①D922.165

中国版本图书馆 CIP 数据核字（2016）第 215890 号

·国家社科基金后期资助项目·

发现医病纠纷：民国医讼凸显的社会文化史研究

著　　者／马金生

出 版 人／谢寿光
项目统筹／宋荣欣
责任编辑／宋　超　李期耀

出　　版／社会科学文献出版社·近代史编辑室（010）59367256
　　　　　地址：北京市北三环中路甲 29 号院华龙大厦　邮编：100029
　　　　　网址：www.ssap.com.cn
发　　行／市场营销中心（010）59367081　59367018
印　　装／北京季蜂印刷有限公司

规　　格／开本：787mm×1092mm　1/16
　　　　　印张：23.25　字数：377 千字
版　　次／2016 年 9 月第 1 版　2016 年 9 月第 1 次印刷
书　　号／ISBN 978 - 7 - 5097 - 9688 - 7
定　　价／79.00 元